카스트로,
종교를
말하다

혁명가와 사제가
종교와 정치를 놓고 벌인
세기의 대화

카스트로, 종교를 말하다

혁명가와 사제가
종교와 정치를 놓고 벌인
세기의 대화

초판 1쇄 인쇄 2016년 12월 12일
초판 1쇄 발행 2016년 12월 22일

대담 피델 카스트로·프레이 베토
옮긴이 조세종
펴낸이 김승희
펴낸곳 도서출판 살림터

기획 정광일
편집 조현주
북디자인 꼬리별

인쇄·제본 (주)현문
종이 월드페이퍼(주)

주소 서울시 영등포구 양평로21가길 19 선유도 우림라이온스밸리 1차 B동 512호
전화 02-3141-6553
팩스 02-3141-6555
출판등록 2008년 3월 18일 제313-1990-12호
이메일 gwang80@hanmail.net
블로그 http://blog.naver.com/dkffk1020

ISBN 979-11-5930-027-1 03300

카스트로,
종교를
말하다

혁명가와 사제가
종교와 정치를 놓고 벌인
세기의 대화

피델 카스트로 & 프레이 베토 대담
조세종 옮김

살림터

종교제도와 체제를 넘어

'카스트로와 종교', 매력 있는 주제입니다. 우리의 경우로 말하면, '김일성과 종교'라는 제목과 같겠지요.

이 책은 1985년 5월 브라질의 도미니코회 수사신부 프레이 베토 사제가 쿠바 혁명군 사령관 카스트로와 나눈 대화 내용입니다.

베토 사제는 신앙의 본질과 핵심이 과연 무엇인지 끊임없이 자문하면서 신앙이 자본주의와 공존한다면 왜 공산주의나 사회주의와는 공존할 수 없는지 되물으며, 끝내 카스트로를 찾아갑니다.

가톨릭 사제가 쿠바 혁명군 사령관, 그 국가원수와 나눈 삶과 신앙, 종교와 정치, 미 제국주의와 쿠바 사회주의 정책에 대해 나눈 얘기이니, 이 책은 자연스럽게 모든 이의 눈길을 끌었습니다. 그리고 유럽 등 전세계 32개국 이상에서 출판되고 번역되었습니다.

여기서 깊이 되새겨야 할 핵심은, 신앙과 종교, 신앙과 교회는 불가분의 관계에 있지만, 결코 동일하지 않다는 것입니다. 신앙의 표현과정이 종교이며 그 결과가 교회입니다. 신앙은 절대자와 개인의 내면적 인격의 만남으로 '실존적 체험'에 근거하고 있으며, 이를 가시화한 것이 종교 또는 교회제도입니다. 개인의 신념과 국가, 개인의 이상과 정부, 개인의 꿈과 각 공동체와의 관계를 연계하여 생각하면 더욱 쉽게 이해할 수 있습니다. 개인이 결코 공동체의 부속물이 아니기 때문입니다.

저는 베토 사제와 같은 신앙인으로서 바로 이 점을 깨달았습니다. 그러고는 문득 "아, 놓쳤구나! 우리 중 그 누가 북의 김일성 주석을 찾아가 이러한 주제로, 민족과 인민의 삶 곧 종교와 신앙에 대해 대화를 나누었었다면 얼마나 좋았을까!" 하는 큰 아쉬움이 제 머리를 때렸습니다. 물론 많은 분들이 김일성 주석을 만났고, 더구나 문익환 목사님은 통일 방안에 대한 합의까지 이룩하셨습니다. 그러나 거기까지였습니다. 소년 시기의 희망을 통한 인간 내면의 삶, 종교적 삶과 가치에까지는 도달하지 못했습니다. 남북 분단과 대치라는 숙명적 걸림돌, 정치적 억압이 인간의 관계와 신앙의 대화를 끊고 있기 때문입니다. 분단을 타파하고 극복해야 할 이유가 바로 여기에 있습니다.

우리는 누구나 여행 중에 많은 것을 깨닫습니다. 새롭고, 아름다운 자연 그리고 인간의 땀과 노력이 이룩한 문화와 문명을 대하면서 경이감을 느낍니다. 이때 우리는 사랑하는 이를 그리며 함께 있으면 얼마나 더 좋았을까! 하는 생각도 합니다. 공유의 아름다운 염원입니다. 그것이 바로 사랑과 신앙입니다.

제가 이 책에서 얻은 교훈입니다. 공유共有! 그렇습니다! 함께 나누어야 합니다. 그런데 스페인의 가톨릭과 쿠바의 가톨릭, 특히 주교와 사제들은 불의한 권력자와 부패한 부자들과 결탁해 모든 것을 독점했습니다. 또한 미국에 종속되어 쿠바 인민들의 자주성을 짓눌렀습니다.

이것이 카스트로의 혁명 배경입니다.

이에 베토 사제는 가톨릭교회가 미래를 향해 더욱 과감한 혁신을 해야 한다고 강조합니다.

교회의 재산 소유를 인정한 자본주의 체제에 안주하지 말라고 경고합니다. 예수님은 자신에게 불리하고 심지어 적대적인 환경에서도 하느님 나라를 선포한 분입니다. 따라서 교회와 교회공동체는 자산, 권리, 특혜를 과감히 던져버리고 체제와 법과 제도를 넘어 가난하고 고통받는 세계의 모든 이들과 함께해야 한다고 선언하고 있습니다.

모든 제도와 법규는 근본적으로 권력을 지향하며 그 권력 안에 불의와 차별이 늘 존재하기 때문에 예수님을 그리스도라 고백하는 모든 신앙인은 복음의 가르침대로 예수님의 눈으로 세상을 바라보고 공동체의 회개와 가난하고 고통받는 이웃을 위해 기꺼이 앞장서야 함을 역설하고 있습니다.

저는 피델 카스트로의 쿠바 혁명에 대해 깊이 생각하며 오늘 한국 사회를 아픈 마음으로 돌아보게 되었습니다.

쿠바는 오랜 기간 동안 스페인의 식민지였으며 1898년 이래 3년간 미국의 식민 통치를 거쳐 미국의 하수인으로 구성된 정부를 구성하고 독립했습니다.

쿠바 전 국토와 인민은 미국의 자본과 그들과 유착된 자본가, 지주, 유산계급자들의 가혹한 수탈과 억압을 감수해야 했습니다.

쿠바 혁명의 본질은 미국의 압제와 그 하수인들의 수탈에 맞서 인간으로서 품위를 되찾고자 하는 순수한 저항이었습니다.

1959년 쿠바 혁명이 성공하자 미국과 자본주의 세계는 사회주의 체제를 비난하고 그들을 독재자, 세계사의 이단아로 선전하고 세계공동체에서 그들을 분리하고 저주와 비판의 대상으로 만들었습니다.

미국의 압제와 그 하수인인 소수의 독점자본가로부터 해방된 쿠바 인민들은 기꺼이 그 고통을 감수했습니다. 식민 지배자와 그들을 수탈하는 매국노와 그 자본으로부터 해방과 자유를 선택한 것입니다.

미국 등 여러 나라는 쿠바 혁명 세력에 대해 민주주의를 억압하는 독재체제라고 비난하고 세계 여론을 호도했습니다.

쿠바 인민들과 사령관 카스트로는 자본주의 체제를 옹호하는 세력과 자신들을 비판하는 세계를 향해 묻습니다.

"지금 우리는 누구나 학교에 다니고 있으며, 아픈 사람은 무상으로 치료를 받고 직업을 원하는 사람은 직장에서 일하고 있습니다. 미국 지배하에서 꿈도 꿀 수 없었던 일들이 현실이 되었습니다. 전체 국민의 30% 정도의 지지를 받아 선출된 미국의 대통령은 세계 최고의 권력자가 되어 무소불위의 권력을 통제 없이 행사합니다. 2,000년 전 독재자라고 비판했던 로마의 네로 황제보다 더 많은 권력을 지금 미국 대통령은 가지고 있습니다. 빈부 격차와 차별과 배제가 만연한 미국 사회를 보십시오. 그것이 민주주의입니까?"

오늘 우리 한국 사회의 현실을 돌아봅니다.

일제가 패망한 이후 당시 조선은 미국과 소련의 점령으로 분단되었고 지금도 우리는 소모적인 사상과 제도에 대한 논쟁을 하고 있습니다.

쿠바의 인민들처럼 해방된 조선의 민중들도 식민 지배를 청산하고, 그에 부역한 매국노를 처벌하고 새로운 나라를 건설해야 한다고 생각했고 그 실현을 위해 노력했습니다.

해방과 함께 분단된 남북은 미국과 소련 강대국과 소수의 정치 집단이 민중들의 소망을 무참히 짓밟았습니다.

근대사를 전공한 교수님들은 저에게 당시의 상황을 설명해주었습니다.

북한 정권을 수립한 핵심은 만주에서 일제와 맞서 싸웠던 무장항쟁에 앞장선 사람들이었으며 그들은 새로운 나라 건설을 위해 친일파를 과감히 처단하고 일제 강점기 가장 큰 수탈의 대상이었던 토지제도 개혁에 나서 친일파들로부터 토지를 무상으로 몰수하여 농민들에게 무상으로 분배했다는 것입니다. 남쪽과 달리 분단 초기 북한 정권은 친일파를 청산하고 민중을 위한 정치체제를 만들기 위해 노력한 것입니다. 그러나 남쪽은 친일파와 미국에 빌붙었던 소수가 국가 폭력적으로 권력을 장악했고 정부를 수립했습니다. 충격적인 역사적 사실이었습니다.

쿠바 혁명 이후 반대파의 숙청과 그들의 탄압에 대해 가혹했다는 베토 사제의 질문에 카스트로 사령관은 냉정하게 대답했습니다.

쿠바 혁명을 반대한 무리는 미국의 앞잡이들이었으며 그들은 쿠바 인민과 국토를 수탈하고 자신들의 부와 권력에 눈먼 이기적인 자들로 그들을 석방하면 미국으로 도주하여 그들의 힘을 이용해 다시 쿠바를 수탈하려는 자들이기 때문에 그들을 처벌하는 것은 당연한 권리요 의무임을 강조했습니다.

우리의 역사와 아주 닮은 과거를, 쿠바 인민들은 너무나 다르게 받아들이고 청산했으며 물질적인 고통을 기꺼이 감수했습니다.

가난하고 고통받는 사람들에게 인간다운 삶을 보장하고 사회공동체로부터 차별과 배제가 없는 정의로운 세상을 만드는 것은 하느님께서 우리 모두에게 부여한 소명입니다.

하느님의 정의가 무엇이며 그것이 어떻게 실현될 수 있는지 고민하고 생각하고 그 길에 참여하길 원하는 모든 분께 이 책이 좋은 길잡이가 되길 바랍니다. 체제와 사상과 종교를 넘어, 진정 아름답고 평화로운 사회공동체를 소망하는 많은 분들께 자신의 신념과 신앙을 확신하고 헌신하는 계기가 되리라 확신합니다.

긴 시간 번역하고 책을 다듬은 역자에게 위로와 감사의 인사를 드립니다.

이 책의 긴 대화 속의 한 구절을 독자들과 함께 묵상합니다.

"사상이 울부짖음을 만들어내지 않습니다. 울부짖음이 사상을 만들어냅니다."

감사합니다.

신부 함세웅

30년 만의 출판을 계기로
쿠바와의 수교를 바라며!

이 책은 1985년에 쿠바에서 처음 출판되었습니다. 지금으로부터 30년 도 더 전에 나온 책이 이제 우리나라 말로 번역되어 나온다는 사실에 역자로서 감격스러울 따름입니다. 30년이 더 걸릴 만큼, 우리 사회에는 이 책이 나오기까지 긴 시간이 필요했습니다. 1985년, 그때는 광주항쟁 의 비극으로 탄생한 전두환 군사독재에 항거하는 사람들이 줄곧 공산 주의자로 몰려 극심한 탄압을 받던 시절입니다. 그러나 시간이 지남에 따라 러시아와 동유럽의 사회주의가 무너지고 사회주의를 표방하는 중 국과 베트남 등도 자본주의 국가에 문호를 개방하여 우리나라와도 수교 를 맺게 되었습니다. 이제는 이러한 사회주의권 국가들과 정치, 경제, 사 회, 문화적으로 결코 떨어질 수 없는 밀접한 관계를 맺고 있습니다.

그럼에도 불구하고 쿠바는 아직 우리나라와 먼 나라입니다. 얼마 남지 않은 마지막 미수교국입니다. 그런데도 한국은 쿠바의 9대 교역 국가이 며 해가 갈수록 더욱 많은 관광객들이 쿠바를 방문한다는 사실이 보여 주듯 정치적으로는 미수교국이지만 어느새 쿠바가 우리 사이에 자리를 잡고 있습니다. 그것은 이념의 차이를 비집고 쿠바의 독자적인 의료, 농 업, 교육 등에 대해 더 많은 사람들이 접근하기 시작하기 때문입니다.

이 책에 나오듯이, 피델 카스트로는 교황이 쿠바를 방문하기를 기대했습니다. 그 이후 기대에 호응이라도 하듯이 역대 교황님들이 쿠바를 방문하셨습니다. 사실 그것만 보아도 사회주의와 가톨릭교회의 화해가 이 책의 출간을 계기로 본격화되었음을 알 수 있습니다. 1998년 1월 21일, 요한 바오로 2세 교황님이 닷새 동안 쿠바를 방문해 만천하에 가톨릭과 공산주의의 화해를 선포하는 계기를 만들었습니다. 2012년 5월에 베네딕토 16세 교황님도 쿠바를 방문했고 2015년 9월에 프란치스코 교황님은 쿠바와 미국을 방문했습니다. 잘 알려져 있다시피 프란치스코 교황님은 특히 쿠바와 미국과의 관계 정상화를 요청하며 미국이 쿠바에 대한 봉쇄정책을 풀도록 중재했습니다. 그러한 노력의 결과로 쿠바와 미국과의 관계가 정상화 단계에 이르게 되었습니다.

이 책은 프레이 베토 신부님이 피델 카스트로를 인터뷰한 내용입니다. 피델 카스트로는 쿠바의 혁명가이자 정치가로 체 게바라와 함께 쿠바 혁명을 성공으로 이끈 불굴의 힘과 의지를 가진 혁명가입니다. 인터뷰는 1985년 5월 23일부터 5월 26일까지 4일 동안 주로 밤 시간을 이용해 진행되었습니다. 어떤 경우에는 밤을 새워 새벽까지 계속되었습니다. 1985년이면 혁명이 성공한 뒤 26년이 지난 시점입니다. 인터뷰는 피델 카스트로의 신앙에 대한 이해와 혁명 과정, 혁명의 승리 이후에 종교에서 비롯된 역사적인 사건과 신앙 의식을 보여줍니다. 그렇지만 종교뿐만이 아니라 정치, 경제, 사회, 역사, 사상에 이르기까지 그가 생각하고 경험한 내용을 진솔하고 힘 있게 피력하고 있습니다.

피델 카스트로와 인터뷰를 한 프레이 베토 신부님은 브라질의 도미니코회 수도자로 신학을 전공하기 전에 대학에서 매스컴을 공부한 남미의 명망 있는 해방신학자입니다. 우리에게도 베토 신부님의 책이 소개된 적이 있습니다. 역자가 20대 주일학교 교사를 했던 1980년대 말에 분도출판사에서 나온 『인생이 학교다』라는 책입니다. 브라질의 저명한 교육학자 '파울로 프레이리'와 '프레이 베토'의 대화를 담은 책이었지요. '해방신학의 구체적 실천을 위한 대담'이라는 부제가 붙은 책이었습니다.

프레이 베토 신부님의 해방신학적 관점은 피델 카스트로와의 대담과 함께 곳곳에서 자세히 등장합니다. 피델 카스트로는 해방신학에 공감과 경의를 표하며 가톨릭과 사회주의의 공존과 공통된 관심사를 추구합니다. 그러한 관심이 교황님의 쿠바 방문과 미국의 경제봉쇄 철회로 이어졌던 것입니다.

이 책에는 우리나라에 대한 언급이 두 번 나옵니다. 하나는 브라질의 경제 전문 언론인과의 대담 중에 피델 카스트로가 대담자 호엘미르에게 '남한'에 많은 투자를 하는 이유를 물었는데, '남한'의 면세정책에 의해 20퍼센트 이상의 수익을 올릴 수 있게 된 다국적기업이 '남한'에 18억 달러를 투자했다는 내용입니다. 또 하나는 피델 카스트로가 150년 동안 집권계급이 좌익을 살해한 열두 나라 중에 한 나라로 '남한'을 꼽은 내용입니다. 우리나라가 급격한 경제성장을 이룬 이유를 파악하는 장면과 외국에 우리나라가 극렬한 사회주의 탄압 국가로 알려져 있다는 내용이지요. 쿠바의 지도자는 멀리에서도 1985년 당시부터 다국적기업의 수익률 보장을 위해 노동자들의 저임금과 장시간 근로라는 희생으로 이루어진 우리 경제성장의 이면을 지켜보고 있었습니다.

그렇다면 쿠바는 우리에게 어떤 의미로 다가오고 있을까요? 더 이상의 성장이 불가능한 사회, 이윤을 내기 위해 경쟁을 하고 노동을 희생하면서 자본을 축적하던 시대는 21세기에 더 이상 가능할 것 같지 않습니다. 쿠바는 반세기 넘게 미국의 봉쇄 아래서 가난하지만 서로를 도우며 살았고, 풍족하지는 못해도 의료, 교육 등의 공공성을 통해 쿠바 인민의 삶을 질적으로 개선해나갔습니다. 여기 쿠바의 모습에서 우리의 오래된 미래를 찾을 수 있고 찾아야 됩니다. 성장을 기대할 수 없는 사회에서 어떻게 인민들의 복지를 위해 공공성을 강화했는지 피델 카스트로를 비롯한 동지들과 쿠바 인민들을 통해 배워야 합니다.

물론 이 이야기가 전개되었던 1980년대와 지금의 사정은 또 다를 것이지만 쿠바의 지도자가 갖고 있는 사회주의적 이상과 공공을 위한 투자에는 별 차이가 없을 거라고 봅니다. 아직도 대부분의 남미 국가에서는 청산하지 못한 외채에 시달리며 수많은 사람들이 가난한 사회의 광범위한 구조적 모순 속에서 고통을 받고 있습니다. 혁명가 피델 카스트로는 총으로만 혁명을 한 것이 아니라, 실제로 이러한 고통과 압제로부터 벗어나기 위한 공공의 정책으로 사회주의 혁명을 펼쳤으며 인민들이 자부심을 가질 만한 성과를 거두었음이 이 책에도 잘 나와 있습니다.

혁명가 피델 카스트로와 사제 프레이 베토의 대화는 그러한 이상을 향한 도전과 헌신이 사회주의자와 그리스도교 신앙인들 사이에 별 차이가 없음을 보여줍니다. 두 사람의 대담은 일반적인 인터뷰를 넘어섭니다. 신학자의 날카로운 통찰에서 나오는 질문과 정치가의 탁월한 경륜에서 나오는 대답으로, 칼과 방패가 마주쳐 불꽃이 튀듯 대화가 오갈 때도 있습니다. 프레이 베토 신부님의 "종교가 아편이라고 생각합니까?"라는 송곳 같은 질문에 피델 카스트로의 혁명가다운 답변이 이어집니다. "특정한 역사적 조건에서 (종교가 아편이라는 말은) 참됩니다. 하지만 종교는 그 자체로 아편이나 기적의 치료제가 아닙니다." 그리고 "쿠바에 민주주의가 있습니까?"라는 질문에 긴 설명과 함께 피델 카스트로는 "우리 체제가 훨씬 더 공정하고 훨씬 더 민주주의적이라고 믿습니다"라고 답변합니다. 그들의 말을 따라가다 보면 어느덧 쿠바의 종교문화와 정치 현실에서 등장한 쿠바 사회주의를 이해하게 됩니다. 그런 이해를 바탕으로 나누는 대화를 통해 결국 누가 혁명가인지, 누가 신학자인지 모를 정도로 이해와 화해 그리고 상호 존중이 서로에게, 독자들에게 전달됩니다.

베토 그리스도인과 마르크스주의자 사이의 대화는 신앙의 차원에서

뿐만 아니라 해방의 실천, 정의의 요구, 공동체적 삶을 위한 이타적인 봉사의 차원에서 열려야 합니다.

카스트로 그날 일한 누구에게라도 한 데나리온을 지급하는 것은 전형적인 공산주의 공식대로 필요에 더 합당한 분배를 의미합니다.

베토 가난한 이와 소원해진 사람은 그리스도와 소원해진 사람이라고 이전에 당신이 말했습니다.

카스트로 일찍이 당신은 "가난한 이를 배신하는 자는 그리스도를 배신한다"고 말했습니다.

베토 우리는 한 사람이 신앙인이면서 동시에 일관된 혁명가일 수 있으며 그 둘 사이에 극복할 모순은 없다는 것을 경험했습니다.

카스트로 '너의 이웃을 사랑'한다는 것은 연대를 실천한다는 의미입니다.

종교와 혁명 사이에 대립도 있고 뚜렷한 견해 차이도 있었지만, 실제로 쿠바 당국은 두 사람의 대담을 계기로 그리스도인들의 공산당 가입에 차별을 없앴습니다.

이 대화를 나누던 시점인 1985년 당시, 엘살바도르의 로메로 대주교가 살해당한 사건이 보여주듯 남미 대부분의 나라에서는 군사독재로 민중들의 신음이 가득했으며, 군부는 반대하는 세력을 공산주의자로 몰아 고문과 살해를 자행했습니다. 이 인터뷰를 시작하기 불과 며칠 전에도 미국으로 건너간 쿠바인들이 미국의 지원 아래 쿠바로 단파방송을 보내는 '침략행위'를 시작했습니다. 이렇게 고립되고 암울한 쿠바의 현실에서 종교와 혁명 사이의 대화가 사상 처음으로 이루어진 것은 놀라운 일입니다. 그 대화에서 그리스도교와 사회주의의 화해가 피어날 수 있었던 것은 두 사람 모두 고난 속에서도 더 큰 희망과 평화를 보기 위한 간절함이 있었기 때문일 것입니다.

한편, 사회주의 혁명으로 쿠바 가톨릭교회가 크게 흔들리긴 했지만 그렇다고 쿠바 교회가 사회주의 혁명에 의해 탄압을 받았다고 단순하게 말할 수는 없습니다. 혁명 당시 쿠바 가톨릭교회는 쿠바 민중들과 유리되어 있었습니다. 교회가 가난한 기층 민중들과 독재 세력의 탄압을 받는 이들과 연대하지 못했고 오히려 상류계급을 위한 기관으로 자리 잡고 있었습니다. 미국 가톨릭교회도 그렇지는 않았습니다. 미국 가톨릭교회는 정의와 공정의 관점을 유지했습니다. 남미의 가톨릭교회들은 한 발 더 나아가 민중들의 목소리를 신학으로 담아내고 로메로 대주교를 비롯한 수많은 성직자, 수도자들이 민중과 함께 피를 흘렸습니다.

오늘날 한국의 민중들은 망연자실, 피 흘려 쌓아온 민주적인 가치들이 한꺼번에 무너진 듯한 허탈과 위기를 맞고 있습니다. 지금 국정농단의 주범으로 지목된 대통령의 퇴진과 민주적이고 공적인 시스템이 제대로 작동하는 새로운 정부의 등장을 외치는 수백만이 넘는 촛불시위라는 격동의 한가운데서, 한국 가톨릭교회가 더욱 예언자적인 목소리를 내며 민중들과 함께 촛불을 들기를 바랄 뿐입니다. 한국 교회는 쿠바 교회를 반면교사 삼기를 바랍니다. 한국의 사회는 마치 쿠바의 사회주의 혁명 바로 전의 상황으로 돌아간 듯합니다. 쿠바의 혁명처럼 이제 국민들의 혁명으로 권력을 사유화한 대통령과 여당을 몰아내고 공적인 가치와 공공의 이익이 존중되는 새로운 사회를 만들어야 합니다. 일제와 독재의 잔재를 물리치고 민주주의와 공화주의에 굳게 뿌리내린 사회, 정치, 문화의 혁명을 이루어내야 합니다. 한국 사회는 혁명 이후의 쿠바 사회를 본받기를 바랍니다.

이 책 곳곳에서 그 진수를 확인할 수 있는 남미의 해방신학과 같이 한국 사회에는 우리의 신학이 필요하다는 것을 깊이 깨닫게 되었습니다. 물질적 부와 분단이라는 두 우상이 우리 사회에 단단하게 자리 잡고 있습니다. 하느님은 멀고 우상이 더 가깝고, 우상이 더 강력한 영향을 미치는 나라에서 우리의 신학은 어떻게 전개되어야 하는지, 그리고 성경은 어떻게 읽어야 하는지 묻게 됩니다. 영속할 것만 같던 가난과 핍박 속에서, 남미의 민중들은 해방신학의 관점으로 성경을 새롭게 해석하고 역대 교황님들의 사회교리와 남미 민중들에 대한 메시지에서 새로운 꿈과 삶을 찾는 계기를 찾았습니다. 지금 우리도 새로운 희망과 삶의 조건을 만들어갈 신학이 필요합니다.

부디 이 책이 오래된 미래를 살아낸 쿠바와 쿠바 인민들을 이해하고 연대하는 데 작은 도움이 되면 좋겠습니다. 고난 속에서도 그들의 인내와 지혜, 헌신과 연대에 공감하고 그들이 자부심을 갖는 여러 정책들을 더욱 면밀하게 연구하고 관심을 갖는 계기가 되면 좋겠습니다. 아울러 정치와 종교, 혁명과 신앙은 결코 둘로 갈라설 수 없으며, 우리의 삶 속에 서로 깊은 영향을 끼치고 있음을 보여주는 계기가 되면 좋겠습니다. 정치와 종교, 혁명과 신앙이라는 주제로 성찰할 수 있도록 대화를 나눈 피델 카스트로와 프레이 베토 신부님에게 30년이 지난 지금에야 진심으로 감사와 존경을 표합니다.

존경하는 함세웅 신부님께 진심으로 감사드립니다. 대통령의 퇴진을 위한 국민적 저항의 최전선에 앞장서 계신 신부님은 시간을 내기 어려운 상황임에도 추천사를 써주셨습니다. 이 책을 번역하는 데 힘이 되어주신 살림터의 정광일 대표님께 감사를 드립니다. 대표님은 이 책의 출판이 사회변혁을 위한 디딤돌로 이어지기를 바라셨습니다. 그리고 번역을 추천해준 죽마고우인 이병곤 경기도교육연구원 전문연구원에게 고마운 마음을 전합니다. 천주교 대전교구 정의평화위원회 위원장 김용태 신부님과 풀뿌리사람들 김제선 상임이사님, 대전사회적경제연구원 유승민 이사장에게도 감사한 마음을 이 글을 빌려 전합니다.

스페인어와 포르투갈어를 각각 모국어로 사용하는 두 사람의 영문판

책자를 번역했습니다. 번역 과정에서 생긴 부족한 부분들은 모두 번역자의 책임입니다.

이 책을 쿠바 혁명의 지도자이자 쿠바 인민들과 동지들의 영원한 사령관인 피델 카스트로의 영전에 바칩니다. 피델 카스트로에게 '남한'은 관심이 높은 나라였습니다. 생전에 그가 가장 아끼던 이 책이 한국어로 번역되었다는 소식을 전해드릴 수 없어 안타까운 마음이며, 삼가 고인의 명복을 빕니다.

끝으로 언제나 동지와 같은 애정으로 지지해주는 처 김계숙과 호현, 호정, 호경이에게 사랑한다 전합니다.

조세종 디오니시오

차례

추천하는 글 | 종교제도와 체제를 넘어 4
옮긴이의 말 | 30년 만의 출판을 계기로 쿠바와의 수교를 바라며! 10

피델 카스트로 & 프레이 베토 22

개정판 서문 | 20년 후 26
출간에 부쳐 36
서문 | 만남으로 가는 길 40

제1부 방문 일지 —————————————————

1985년 5월 10일, 금요일 53

1985년 5월 13일, 월요일 60

1985년 5월 14일, 화요일 74

1985년 5월 18일, 토요일 86

1985년 5월 19일, 일요일 98

1985년 5월 20일, 월요일 105

1985년 5월 21일, 화요일 107

1985년 5월 22일, 수요일 109

제2부 인터뷰 ────────────────

1

어린 시절 113

가족과 종교적 배경 120

피델이라는 이름으로 세례 126

산티아고 데 쿠바에서 보낸 초기 몇 년 133

가톨릭 학교에서의 교육 140

종교적 가르침 142

첫 번째 윤리적 가치들 154

마르크스주의 입문 179

2

몬카다 공격 194

체포 204

투옥과 전쟁 209

길레르모 사르디나스 신부 213

가톨릭교회와 혁명 216

가톨릭교회와의 첫 긴장관계 225

그리스도인들과 공산당 250

3

미국 가톨릭 주교들과의 대화 280

신앙 교리와 혁명 사이의 조화 284

교회와 신자들의 현재 역할 291

라틴아메리카의 가톨릭교회와 혁명운동 299

해방신학 309

가톨릭교회와 사회정의에 관한 성찰 332

4

요한 바오로 2세와 쿠바 342

혁명가 예수 그리스도 349

그리스도인과 공산주의자 356

공산주의와 종교 359

혁명의 요건인 사랑 362

계급투쟁과 증오 365

쿠바 민주주의와 유산자계급 민주주의 375

"혁명을 수출하기" 384

라틴아메리카의 외채 위기 387

브라질과의 관계 397

체와 카밀로 403

피델 카스트로 루즈 Fidel Castro Ruz

피델 카스트로 루즈는 1926년 8월 13일, 옛 오리엔테 지방에 있는 비란에서 태어났다. 유복한 지주 가정에서 자란 그는 쿠바의 산티아고와 아바나에 있는 명문 사립 가톨릭 학교에 다녔으며 1950년 아바나 대학교 법학부를 졸업했다.

대학 재학 시절 그는 반反정치부패 학생조직에 가입했다. 그는 쿠바의 (정통당으로도 알려진) 인민당 당원이었는데 1947년 당의 좌익계 지도자가 되었다. 같은 해, 그는 도미니카공화국의 트루히요 독재에 저항하는 무장 원정에 자원했지만, 원정대는 쿠바를 출발하지도 못했다. 학생 지도자로서 피델 카스트로는 미국이 후원하는 미주기구OAS 협의회를 창설하고 동시에 라틴아메리카 반제국주의자 학생회의를 조직하기 위해 베네수엘라, 파나마, 콜롬비아를 여행했다. 콜롬비아에 있는 동안에는 1948년 4월 보고타 민중봉기에 참여했다.

1952년 3월 10일, 쿠바에서 풀헨시오 바티스타의 쿠데타가 일어난 뒤 피델은 미국의 지원을 받는 바티스타 독재에 저항하기 위해 무장투쟁 혁명세력을 조직하기 시작했다. 그는 그 조직으로 1953년 7월 26일, 쿠바의 산티아고에서 몬카다 무장 수비대를 공격했으나 실패, 그와 함께 24명이 넘는 이들이 체포되어 재판에서 유죄판결을 받고 투옥되었다. 60명 이상의 혁명군들이 몬카다 공격 중이나 그 직후에 바티스타 군대에게 살해당했다. 감옥에서 피델은 재판 당시의 변론을 『역사가 나를 무죄로 하리라』라는 소책자로 편집했다. 그 책은 수만 부의 복사판이 배포되어 7월 26일 운동의 실행 프로그램이 되었다. 15년형을 선고받았으나, 사면을 위한 대중 캠페인이 벌어진 결과 피델과 그의 동지들은 22개월 뒤인 1955년 5월에 석방되었다.

1955년 7월 피델은 멕시코로 망명, 거기서 쿠바 무장투쟁을 위해 게릴라 수비대를 조직했다. 1956년 12월 2일, 그는 동생 라울, 체 게바라, 카밀로 시엔푸에고스, 후안 알메이다, 헤수스 몬타네를 포함한 81명의 전투군과 함께 대형 유람선 그란마호를 타고 쿠바 해안에 상륙했다. 그는 그 후 2년 동안 7월 26일 운동의 중심 지도자로 반군의 작전을 지휘했다. 초기의 패배 뒤에, 게릴라들은 힘을 재조직하여 1958년 말까지 시에라 마에스트라 산맥에서 쿠바 전역으로 투쟁을 성공적으로 확대했다.

1959년 1월, 바티스타는 쿠바에서 달아났다. 피델 카스트로의 요청에 응답해 수십만 명의 쿠바인들이 혁명의 승리를 확고히 하는 총파업 항쟁을 시작했다. 피델은 1월 8일에 승리를 거둔 쿠바의 반군 총사령관으로 의기양양하게 아바나에 도착했다. 1959년 2월 13일 신정부의 총리가 되어 1976년 12월까지 총리직을 역임했다. 이어서 국가평의회 및 각료회의 의장이 되었다.

피델 카스트로는 1965년 쿠바 공산당 중앙위원회를 설립한 이래 제1서기를 맡았다. 2008년 국가평의회 의장직을 사임했으며, 2016년 11월 25일 세상을 떠나 산티아고 데 쿠바에 묻혔다.

프레이 베토 Frei Betto

프레이 베토는 브라질의 사제로 1944년 벨루 오리존치에서 태어났다. 그는 어릴 때부터 가톨릭 학생 청년회에서 활동했다. 언론을 전공하는 대학생이던 1964년 군부 독재에 의해 투옥되었다가 이듬해 도미니코 수도회에 입회했다. 철학과 신학 공부를 병행하면서 저널리스트로 일하며 브라질 군부 체제 반대운동을 전개했다.

그는 세계적으로 저명한 교육자인 파울로 프레이리와 함께 일했다. 파울로 프레이리는 정치, 권력, 해방에 대한 자료들을 사용해 농부들이 읽기를 빨리 배울 수 있게 했다.

1969년 다시 투옥되었다가 1974년 석방되면서 가난한 노동자인 이웃들 사이에서 그리스도교 기초 공동체를 조직하는 데 가담했다. 1980년대에는 니카라과, 쿠바, 중국, 소련, 폴란드, 체코슬로바키아에서 종교와 국가 문제에 대한 자문 일을 했다. 그 후 무토지농민운동MST과 포르투 알레그리에서 열린 세계사회포럼에서 널리 알려졌으며, 브라질의 루이스 이나시우 '룰라' 다 실바Luiz Inacio Lula da Silva 정부의 사회 정책과 기아퇴치Zero Hunger 프로젝트에서도 자문을 했다.

프레이 베토는 제3세계 신학자들의 국제 에큐메니컬 협회 회원이며, 해방신학에 관한 열두 권이 넘는 책의 저자로 폭넓은 인정을 받았다.

사제이고, 학자이며, 무엇보다 예언자인
레오나르도 보프에게 바칩니다.

나에게 해방의 차원에서 그리스도교 신앙을 가르쳐주었고
도미니코회 브라질 관구에 이 사명을 고취시키셨던
마테우스 로차 수사님의 영전에 바칩니다.

이해 부족과 정의를 위한 복된 목마름의 가운데에서,
주님이 사회주의 속에 오시기를 바라며
세례자 요한의 방식으로 준비하고 있는
모든 라틴아메리카 그리스도인들에게 바칩니다.

20년 후

1985년 11월에 스페인어판 『피델과 종교』가 나온 뒤 20년이 흘렀어도 이 책의 내용이 여전히 매우 시기적절하다는 것은 놀라운 일이다. 일련의 기대하지 못했던 사건들과 우연들이 이 책의 시초가 되었다. 나는 도미니코 수사로서 나의 사목적 과업과 비견할 만큼 전문 경력을 지닌 저널리스트로 시작해 여전히 관계된 활동을 하고 있었지만, 내가 장시간의 인터뷰를 통해 사령관(피델 카스트로)의 말을 듣는 특권을 누리게 되는 일은 전에는 결코 일어난 적이 없었다.

1985년 2월 어느 날, 아바나에서 오후 11시부터 다음 날 오전 7시까지 계속된 대화 뒤에 피델이 인터뷰에 동의했을 때, 나는 무척 감사했다. 쿠바의 지도자는 보통 밤에 일하며 뛰어난 연설가인 데다가 굉장한 열정으로 토론에 참여한다. 그는 결코 10분이나 15분 동안만 인터뷰를 하는 사람과는 만나지 않았다. 일반적으로 그는 방문객이 하는 모든 말을 듣는 데 관심이 있었기 때문에, 오히려 날이 새기 직전에 말을 하기 시작한다. 모든 주제에 열린 마음으로, 그는 나에게 수도원의 요리, 수사들의 도서관, 복음을 가르치는 방법과 학습 체계 등 세부적인 것까지 물어보았다. 또한 경제, 날씨, 정치적 영향, 방문객 나라의 역사에 대해 질문했다. 그는 결코 상투적인 좌파의 문구에 빠지거나 마르크스 고전을 인용하지 않았으며, 혁명의 업적, 오류, 한계, 진전 등 쿠바 혁명에 대해 이야기했다.

당시 나는 쿠바에 관한 소책자를 쓰고 싶었다. 피델과의 인터뷰가 말미에 들어간 책을. 나는 사령관이 많은 인터뷰를 하지 않는다는 말을 들었는데(그는 매달 인터뷰하는 사람들에게 수백 가지 질문을 받았다), 특히 사생활을 말하기 싫어했다. 그럼에도 이른 아침 그의 보좌관인 초미 미야의 집에서 우리는 대화를 나누게 되었는데, 그에게 내 의도를 알리는 게 중요했다. 피델은 그의 가정과 라 살레 수도회와 마리아 수도회의 학교에서 자신이 가톨릭 교육을 받은 일을 열정적으로 때론 향수에 잠겨 회상했다. 나도 마리아 수도회 학교에서 수학했었다. 그때 이야기한 내용을 가지고 나와 인터뷰할 용의가 있는가? 그는 기꺼이 나에게 3개월 뒤에 쿠바로 돌아오라고 제안했다.

대중 정부와 정당

첫 번째, 나는 이념적 이유로 쿠바에 매료되었다. 혁명이 승리했을 때 나는 열네 살이었다. 그로부터 1년 전, 나는 좌파 학생 정치에 참여하기 시작했다. 턱수염을 기른 전사들이 시에라 마에스트라 산악에서부터 승리를 거두며 아바나로 들어왔을 때, 우리도 단호히 미국을 반대했었다.

그 후 CIA가 지원하는 베트남 전쟁과 브라질의 군사독재(1964~1985)가 시작되었다. 국가적 탄압의 희생자로 체포되어 나는 1964년 2주 동안 감옥에 있었고 1969년부터 다시 4년을 감옥에서 보냈다. 학생 시절의 투쟁과 정치적인 이유로 독재자에게 박해받는 사람들을 지원했기 때문이었다. 이러한 경험들로 인해 나는 더욱 강력하게 영웅적인 쿠바인의 저항에 동조하고 라틴아메리카에 대한 미국의 정책에 반대하게 되었다.

군사 독재 시절, 브라질 사람들은 쿠바에 대해 말을 꺼내는 것조차 허락되지 않았다. 나는 감옥에 있을 때 한 질의 책을 받았던 것을 기억한다. 목록을 확인하면서 큐비즘(Cubism, 입체파)이란 책 한 권이 빠진 것을 알았다. 그 이유를 묻자, 나에게 쿠바에 대한 작품 소지가 허락되지 않기 때문에 감옥의 검열관이 가족에게 되돌려 보냈다는 대답을 들었다.

1979년에 나는 산디니스타 혁명에 참여한 그리스도인들을 만나러 니카라과로 갔다. 1980년 7월 19일, 니카라과 작가이자 부통령 세르히오 라미레즈의 집에서 현재 브라질 대통령인 룰라와 나는 피델 카스트로를 만났다. 우리는 밤새 이야기를 했다. 사령관은 내가 해방신학에 대해 말하는 것을 듣고 놀랐다. 내가 왜 쿠바 정부와 공산당이 고백을 하는지를 묻자, 그는 "당신의 '고백'이란 무슨 뜻입니까?"라고 강하게 되물었다. 나는 이렇게 대답했다. "무신론자임을 공식적으로 인정받기 때문에 그들은 고백을 합니다. 정당의 고백적 성격은 신의 현존을 긍정하는 데 기초가 될 뿐만 아니라 부정하는 데에도 기초가 됩니다. 근대가 달성해 놓은 것들 중 하나는 정부와 정당의 세속적 성격입니다."

스페인어판 『피델과 종교』가 나온 뒤, 쿠바 정부는 헌법을 수정했고 공산주의 지도자들은 정당의 법규를 고쳐 대중 정당으로 만들었다. 그에 따라 종교적 신념을 고백하는 사람들에게도 쿠바 공산당의 문호가 개방되었다. 나는 그 당시 쿠바 정부와 그리스도교 교파들의 관계를 담당했던 카르네아도 박사에게 개방 이후에 많은 그리스도인들이 정당에 가입했는지 물었다. 그는 가장 놀라웠던 결론이 많은 공산당 당원들이 자신의 신앙을 유지하고 있었다는 사실이라고 말했다. 이제 그들은 당원의 지위에서 배제될 위험을 겪지 않고 공개적으로 그 사실을 시인할 수 있게 되었다.

국가와 교회 사이의 마찰

1981년 피델은 가톨릭교회와의 화해를 위해 쿠바 정부에 자문하도록 나를 초대했다. 프랑코 총통 독재의 한 종교 분파일 뿐이던 스페인 가톨릭의 강력한 영향을 받아, 제2차 바티칸 공의회 이전의 쿠바 가톨릭교회도 편견이 없이는 혁명을 볼 수 없었다. 결과적으로 혁명은 미국 정부에 의해 조작된 채 있었고, 혁명이 실현되자 미국은 새로운 쿠바 체제를 반대했다. 독재자 풀헨시오 바티스타를 전복시킨 뒤, 혁명가들은 민주주의의 가면을 쓰고 있는 국가의 엘리트들이 계급독재를 실행해나갈 수 없다는 것을 알았다. 가난한 사람의 권리를 존중할 때가 왔고, 그것은 문맹퇴치 캠페인, 농촌 개혁, 도시 개혁, 외국인 소유 재산의 몰수, 카지노와 매춘 폐업, 국가주권을 의미했다.

쿠바를 소련의 팔에 떠안긴 것은 바로 미국이었다. 시에라 마에스트라 산악에서 승리한 뒤 곧바로 피델은 오픈카를 타고 뉴욕 거리를 달렸다는 것을 상기해야 한다. 1961년 피그스 만에 미군, 즉 세 명의 사제를 포함해 케네디가 보낸 용병들의 상륙이 실패한 뒤에, 쿠바는 그 당시 세상에 존재하는 다른 지정학적 극점(소련-역자 주)과 연대하는 것 이상 스스로를 방어할 다른 대안이 없었다. 사회주의 채택은 국가와 가톨릭교회 사이의 관계를 깨뜨리게 했지만, 박해당하거나 교회 문을 닫는 일은 없었다. 교회는 혁명이 사람들 사이에 상당히 깊게 뿌리를 두고 있다고 믿지 않았다. 재산 몰수와 학교의 세속화에 분노한 교회는 '자유'와 '민주주의' 회복을 위해 애쓰는 반공산주의 입장을 취했다. 충돌은 피할 수 없었다. 그 모든 것에도 불구하고 혁명은 계속 종교적 자유를 존중했고, 바티칸과 우호 관계를 모색하기도 했다. 그러나 바티칸 성직자와 반혁명세력이 동일시되고, 정당의 이념적인 엄격함에 의해 무신론자는 긴장을 야기하고 대화를 어렵게 만든다는 평가를 받았다.

쿠바의 종교성

쿠바인들은 상당히 종교적이다. 쿠바도 라틴아메리카에서 예외가 아니다. 그곳에서도 보통 사람의 주된 사상이 종교적 용어로 표현된다. 쿠바의 중심적 역사 인물인 펠리스 바레라 신부와 시인이자 혁명가인 호세 마르티는 영성과 그리스도교 신념에 깊이 뿌리를 둔 빼어난 사람이었다. 가톨릭 사제인 기예르모 사르디나스는 시에라 마에스트라 산악에서 게릴라 전투에 참가해 혁명 사령관 반열에 올랐다. 브라질에서도 유사종교였던 아프리카 그리스도교 혼합주의 종교인 산테리아는 이베리아 가톨릭과 아프리카에서 온 노예들의 애니미즘이 결합되어 발생했는데, 쿠바에 널리 퍼져 있다. 혁명세력은 산테리아를 "민간전승"으로 분류하고 그것과 공존하는 것을 배웠다. 산테리아는 미국에 기원을 두었음에도 불구하고 개신교 교회와도 긍정적인 관계를 맺었다.

가톨릭교회는 쿠바에 결코 깊은 뿌리를 내리지 못했다. 혁명 이전에는 자신의 아이들이 가톨릭 학교에서 교육받도록 돈을 지불할 수 있는 엘리트와 중산층의 교파였다. 피델이 인터뷰에서 말한 대로, 이런 모습은 엄청나게 많은 도시 가톨릭교회에서 볼 수 있었고 변두리와 시골에는 모두 부족했다. 그러나 혁명은 기관으로서의 가톨릭교회 비중을 무시하지 못했다. 교회는 커다란 상징적인 권위를 갖는다. 교황에 의해 형성된 국제적인 관계는 정치적으로, 외교적으로 모두 중요했다. 이것은 피델이 가톨릭 공동체와 좋은 관계를 유지하기 원한 이유였다.

저항을 극복하기

1981년, 쿠바 주교들의 동의하에 나는 쿠바에서 국가와 가톨릭교회

사이의 화해를 증진하기 위한 일을 시작했다. 가장 긴밀한 화해의 표현이 이 책의 출간임이 판명되었다. 나는 피델이 2월에 나에게 약속했던 짧은 인터뷰를 준비해 1985년 5월 아바나로 돌아갔지만, 상황이 급변했다. 마이애미에서 반혁명 공동체가 라디오 마르티를 발족하고 직접 섬으로 송신했다. 피델은 인터뷰를 바랄 수 없었다. 그는 혁명에 대한 새롭고 "치명적인" 이 공격으로 너무 바빴다.

나는 헤밍웨이의 걸작 『노인과 바다』를 기억했다. 작가는 늙은 어부가 거대한 고기를 잡는 노력을 묘사했다. 피델은 내가 잡았던 거대 고기였으나 그 고기는 지금이 아니면 영영 놓치고 말 것이다. 어떤 기회는 두 번 다시 오지 않는다. 나는 그가 2월에 했던 약속을 지키라고 주장했다. 피델은 거절하고 거절하다 마침내 말했다. "당신이 질문할 문제가 무엇이요?" 나는 60개 이상의 목록을 만들어놓았는데 그 앞에서 이 질문들을 읽기 시작했다. 다섯 번째 질문에 이르자 그가 끼어들었다. "우리 내일부터 시작합시다."

피델은 무엇 때문에 동의했을까? 나는 질문의 내용이었음을 확신한다. 내가 한 질문들은 이론적인 것이 아니었다. 즉 마르크스주의나 종교에 관한 사변적인 것이 아니었다. 포이어바흐와 레닌에 관한 질문은 없었다. 나의 질문들은 친근했다. 나는 피델의 삶에서 핵심적인 가족들, 교육 및 정치적 사건들에 관심이 있었다. 10년 동안 가톨릭 기숙학교에서 교육을 받던 가톨릭 지주 가정의 아들이 어떻게 공산주의 지도자가 되었나?(시에라 마에스트라 산악에서 혁명에 승리를 한 뒤에 그는 자신을 무신론자라고 선언했지만, 내게는 불가지론자처럼 보였다.)

사령관은 자신을 현실과 역사적 사건들과 정치적 실천의 바탕 위에 두기를 좋아했다. 그는 정확한 과학적 사례를 제외하고 추상적인 개념과 이론들을 좋아하지 않았다.

이 책의 영향력

이 책은 혁명 내부에서의 진정한 혁명 때문에 나오게 되었다. 30만 부가 나온 초판은 턱없이 부족했다. 서점 문 앞은 장사진을 이루었다. 높은 가격으로 되팔기 위해 책을 많이 사두려는 사재기꾼을 막으려고 경찰이 동원되어야 했다. 쿠바의 산티아고에서 책을 팔기 시작했을 때 약 1만 명의 사람들이 책을 파는 광장에 모였다. 그 이유가 무엇인가? 이 책은 쿠바 사회주의에서 종교의 자유를 상징했기 때문이다. 처음으로 현직 공산주의 지도자가 종교에 대해 긍정적으로 말했고, 종교 역시 현실을 변화시키고 국가를 혁명하고 압제를 전복시키며 정의를 구현하는 데 도움이 될 수 있음을 시인했다.

인구 약 1,200만 명의 쿠바에서 100만 부가 넘게 판매되었다. 전 세계의 좌파와 진보적인 그리스도인들 역시 관심을 표명했다. 『피델과 종교』는 32개 나라에서 적어도 23개 언어로 번역되었다. 해적판도 나왔으나 나는 그중 한 부도 받아보지 못했다. 스위스의 독일어권에서 이 책은 1987년에 희곡으로 바뀌어 최우수 희곡상을 수상했다. 쿠바에서 레베카 차베스는 "진정한 희망"이란 이름으로 책을 준비하는 과정을 탁월한 기록물로 만들었고, 그 기록물은 여러 번 국제 영화제에서 수상했다.

이 책의 영향력으로 나는 공산주의 세계에서 종종 충돌을 일으키는 다양한 정부와 종교 사이에 화해를 시도하기 위해 많은 초대를 받았다. 나는 러시아, 중국, 폴란드, 라트비아, 리투아니아, 동독, 체코슬로바키아를 방문했다.

쿠바인들과 다른 라틴아메리카 좌익들만 이 책의 혜택을 본 것은 아니다. 쿠바의 가톨릭교회도 혜택을 보았다. 16년간 지속된 단절의 기간 뒤에 피델은 다시 한 번 가톨릭 주교들과 대화를 했다. 그 길은 1990년 쿠바를 방문하는 교황 요한 바오로 2세를 위해 준비하는 것이었다.

냉각된 관계

그렇지만 그것은 완전히 평탄한 항해는 아니었다. 1987년에 가톨릭교회가 지방의회와 동등한 아바나의 쿠바전국교회회의를 후원해 여러 명의 외국인들이 참가했음에도 나를 초대하지 않았을 때, 피델은 화를 내었다. 가톨릭 고위층은 모든 외국인들이 단체의 대표로 참가하지만 나는 그렇지 않다고 주장했다.

이 일이 있은 직후, 동유럽의 도미노 붕괴로 베를린 장벽이 무너졌다. 보스턴의 라우 추기경은 1989년 말에 쿠바를 방문해서 가톨릭 주교들을 위한 영신 피정에서 강론을 했다. 그는 주교들에게 폴란드 주교들의 예를 따르도록 촉구했다. 쿠바 사회주의도 곧 무너질 것이고 새로운 모세처럼 주교들은 압제에서 자유로 백성들을 인도할 준비를 해야 한다는 것이었다. 피정의 끝에, 주교들은 피델에게 혁명에 대한 혹독한 비판을 담은 편지 한 통을 보냈다.

사령관은 화가 났지만, 편지 내용 때문이 아니었다. 1990년 3월 브라질을 방문했을 때, 그는 나에게 혁명과 관련해 주교들의 비판적인 입장에 결코 어떠한 오해도 하지 않는다고 말했다. 그가 화가 난 것은 직접 대화할 수단이 있는데도 주교들이 직접 자신에게 메시지를 전달하지 않았다는 사실이었다. 결과적으로 피델은 그가 항상 존경했던 요한 바오로 2세의 방문 때까지 대화의 문을 다시 닫았다.

미래의 도전들

지금 가톨릭 공동체는 쿠바에서 더 큰 자유의 기운을 누리고 있다. 사제나 다른 종교 인사 가운데 아무도 투옥되지 않았다. 반대로 그들은 감옥에 갇힌 이들에게 사목적 지원을 제공할 수 있게 허용되고 있다. 수도회의 새로운 수도자들이 섬에 도착한다. 축일을 공개적으로 기념하며 가톨릭 출판물들이 유통되어 신학 서적들은 어려움 없이 쿠바로 들어온다.

쿠바 주교들에게 부족한 것은 그들이 하느님 나라를 향해 가는 길 위에 절대적으로 필요한 단계로서 사회주의를 이해하도록 받아들이는 신학이다. 혁명의 승리 이후 주교들은 거의 50년 동안 사회주의를 교회의 일부로 승인하지도 인가하지도 않았다. 그러나 이제 그들은 사회주의가 쿠바의 역사에 바람직하지 않은 삽입부호와 같은 존재라는 생각에서 벗어나야 했다. 이 관점은 가톨릭교회의 원칙들과 함께하는 사회주의보다 자본주의가 더욱 화합 가능한 체제라는 것을 보여준다. 특히 자본주의 체제는 교회 재산을 인정하고 교육, 의료, 그리고 가난한 사람이 접근하기 어려운 다른 보편적 권리들의 보장을 위한 사업을 교회가 운영할 수 있도록 허용했기 때문이다.

가톨릭교회를 향한 도전은 사회주의 체제에 반하거나 체제 밖에서의 활동이 아니라 사회주의 내에서 복음을 전하는 것이었다. 예수는 자신에게 유리한 환경에서 살지 않았다. 1세기 팔레스타인은 로마제국의 지배를 받았고 그에게 적대적이었다. 예수가 두 정치권력에 의해 유죄판결을 받고 처형되었다는 것이 그 증거이다.

복음을 전할 때, 그리스도인들은 자신이 일하게 될 사회체제를 선택할 수 없다. 자본주의를 악마로 표현하든 사회주의를 신성시하든, 아니면 그 반대이든 그들에게 달려 있지 않다. 그들의 복음에 대한 헌신은 가장 가난한 사람들에게 있어야 한다. 만일 어느 체제든 한 국가가 사람들의 편에 서 있다면, 교회와의 관계도 좋을 것이다. 만일 한 국가가 사람들을 억압한다면, 교회는 예언자적으로 맹렬히 비난하고 압제받는 사람들과 함께 정의를 위해 투쟁할 의무가 있다.

불행하게도 보통의 경우에는 그 반대이다. 가톨릭교회는 자산, 권리,

특혜를 첫째로 생각하며 예수처럼 행동하지 못한다. 예수는 자신을 가난한 사람들의 종으로 만들고 가난한 사람 중의 가장 가난한 사람을 풀어주었다.^{마태오복음 25:31} 라틴아메리카, 특히 브라질에서처럼 풀뿌리교회공동체와 해방신학은 추기경들과 주교들, 수도자들과 평신도 지도자들이 불의에 고통당하는 사람들 편에서 두려움 없이 지속적인 도움을 주도록 한 예외적인 사건이었다.

이것이 『피델과 종교』가 스페인어판을 처음 출판한 20년 후에도 여전히 시의적절한 책인 이유이다. 피델 카스트로는 마르크스주의와 그리스도교 사이의 관계보다 그의 종교적 훈육과 정치적 신념을 더욱 강조하면서, 예전에는 결코 이야기한 적이 없는 자신의 어린 시절과 청소년기를 자세히 들려주었다. 비록 산디니스타 혁명이 실패했고 베를린 장벽이 무너졌지만, 이 저술은 사회정의를 추구하는 모든 그리스도인들을 위해서뿐만 아니라 같은 것을 추구하는 모든 무신론자들과 공산주의자들을 위해서도 참고가 될 자료로 도움을 주었다.

이 책은 좌파들의 선입견과 그리스도인들의 두려움을 일소하는 데 도움이 되었다. 그것은 궁핍, 가난, 압제, 불평등으로부터 인류를 해방시키는 것은 초월적인 신앙을 갖고 있든 없든 상관없이 모든 이들의 윤리적이고 도덕적인 의무라는 것을 보여준다. 사람들 속에 있는 믿음은 우리에게 자유를 주고 우리를 더욱 인간으로 만드는 것이다. 그것이 하느님이 예수 안에서 가르치신 것이고 그 믿음을 행동으로 표현하는 유일한 길은 사랑을 통해 우리가 우리 아버지라고 부르는 하느님을 위한 조건들을 만드는 것이다. 진리의 표현은 실제로 온전한 생활을 영위하도록 전체 인간 가족에게 요구되는 빵과 조건들이 모두 갖추어질 때 이루어진다.

2005년 10월 7일, 상파울루에서

프레이 베토

몇 가지 진실이 천년 동안이나 애매함으로 엮여서 얽혀버린 실타래 속에 숨어 있다. 혁명 초기에 피델 카스트로는 이렇게 말했다.

"우리는 거짓에 매여 있고 거짓으로 살도록 강요당하고 있다. 그것은 우리가 진실을 듣게 될 때에 세계는 꼼짝도 못할 것이기 때문이다."

그리스도인과 공산주의자 사이에 밀접한 정치적 결합이 촉진되리라는 가능성 너머로 두터운 장막이 드리운다 해도, 피델이 브라질 도미니코 수사인 프레이 베토에게 허락한 이 인터뷰가 그 장막을 다시 물리칠 것이다. 독자들은 독서와 연구를 통해 여기 함께 "놀라운" 사건에 참여하고, 사전적 정의를 엄격히 지켜 말한다고 해도 우리는 이 대화를 깊게 탐독하는 사람들이 "매우 중요하고 독특한 사건, 상황, 혹은 업적, 다시 말해 기적"을 발견할 것이라고 말할 수 있다.

그리스도교 신앙이 깊은 실천적인 가톨릭계 인물과 굳건한 원칙에 입각한 입장으로 잘 알려진 공산당 지도자가 광범위한 대화를 나누었다. 인터뷰가 끝났을 때 그들은 자기의 신념을 더 확고하게 느꼈지만, 두 사람은 실천적 정치 투쟁에서 더욱 가깝고 깊은 관계를 형성하는 데 관심을 갖게 되었다. 물론 연구자들이 가장 흥미를 보이는 점이겠지만, 두 사람은 그리스도교와 마르크스주의의 최초의 근원에 대해 자신들이 주장하는 근거를 갖고 있었다. 그리고 그들 중 누구도 결코 자신의 원칙을 양보하지 않았다. 그렇지만 도덕성과 당대의 경제와 정치 문제, 그리스도 인들과 공산주의자들이 더 나은 세계를 위한 투쟁에서 협력할 필요성 등 매우 중요한 주제들에 대해 각자 상대방을 깊이 이해하게 되었다.

이것은 투쟁 전술 차원에서만 구상하는 협력이 아니고, 단지 우연한 일이나 정치적 동맹도 아니다. 물론 정의 내린 대로, 그들이 그리스도인 이든 공산주의자든 가난한 사람을 옹호하는 개인의 역할과 관련한 윤리 적이고 도덕적인 차원에서 확립된 협력은 지속적이고, 영구적이며, 전략 적 동맹의 성격을 띤다. 그것은 도덕적, 정치적, 사회적으로 굳건한 기초 위에 형성된 과제이고, 그 자체로 인간 사상의 역사에 커다란 업적이다. 윤리 도덕적인 기록은 자유를 갈구하고, 가난하고 추방된 사람들을 옹 호하기 위해 투쟁하는 이들을 일치시키는 인간의 인식을 간직하고자 하 는 경계선으로 나타난다.

어떻게 이 기적이 나왔는가? 사회 이론가, 철학자, 신학자, 그리고 다 른 모든 범주의 지성인들도 스스로에게 이것을 질문해야 할 것이다. 더 구나 그리스도인들은 신앙의 의무를 확실하게 인식하며 스스로에게 이 문제를 질문할 것이고, 마르크스레닌주의자도 마찬가지일 것이다. 쿠바 인들은 혁명을 이루었기에 피델 카스트로를 잘 알고 있고, 이 대화가 무 엇에 관한 것인지 안다.

그리스도인과 공산주의자 사이에 이해가 불가능하다는, 반동주의자 들이 좋아하는 도그마는 양 진영의 원칙을 깊이 이해할 때 무너질 것이 다. 마르크스레닌주의는 본질적으로 도그마에 반대한다. 다른 무엇보다 도 생활과 실천을 향한 관점이 지식 이론의 관점으로 적절하다는 것이 레닌의 공식적 원칙이며, 피델은 이 관점을 양립할 수 없는 현대 세계에 적용할 원칙으로 지도하고 있다.

이 책에는 실천적 관점이 등장한다. 비록 어떤 사람이 신과 종교를 중요하게 생각한다고 해도, 사람들을 위해 정직하게 투쟁하는 모든 이들 사이의 인간에 대한 깊은 이해 가능성과 필요성에서 출발해야 한다.

피델이 자신의 주장을 완전히 개념적으로 성숙시키고 풍요롭게 했으며 혁명 기간 내내 했던 생각을 이 책에서 훨씬 더 폭넓게 제시했다는 것을 강조하고 싶다. 우리는 그가 1971년 칠레의 가톨릭 사제와 나눈 대화, 1977년 자메이카 목사들과의 만남, 혁명 초기 몇 년 동안에 언급한 "가난한 사람을 배신하는 사람은 그리스도를 배신한다"라는 표현을 기억해야 한다.

이 책은 쿠바에서 가장 우수한 가톨릭 학교의 초중등 교육이 그에게 미친 영향과 피델 카스트로가 받은 윤리적 훈육의 주요 근거들을 보여준다. 물론 이 훈육은 지난 세기부터 역사상 중요한 인물들, 즉 펠릭스 바레라, 호세 드 라 루즈 야 카발레로, 특히 호세 마르티의 도덕적 메시지들이 함축되어 우리에게 전수된 전통을 포함하고 있다. 이 윤리적 요소는 대화의 가장 중요한 양상 중 하나임이 틀림없다.

전술적이고 정치적일 뿐 아니라 전략적이고 도덕적인 단계의 깊은 사고의 교류는 가장 최근까지도 결코 서로를 이해할 수 없을 것 같은 세력들 사이에서 시작되었다. 격동의 지역인 라틴아메리카에서는 그런 일이 일어난다. 어떻든 반드시 발생할, 멈출 수 없는 변화의 소식에 뒤이어오는 극심한 경제적, 정치적, 사회적 위기도 문화적이고 영적인 삶의 모든 영역으로부터 영향을 받는다. 그것은 쿠바 혁명이 이미 지역의 정수와 뿌리에 도달해 사회주의를 위한 거대한 혁신 단계로 들어갔기 때문이며, 엘살바도르와 니카라과 혁명과 그 과정들이 이러한 주제를 명백히 제시했거나 제시하는 데 기여했기 때문이며, 가톨릭교회 일부와 라틴아메리카의 다른 나라들과 쿠바의 그리스도인들이 새로운 방식으로 아주 오래된 뿌리를 간직해야 하는 문제를 이야기하고 있기 때문이다. 즉 믿는 이들의 역할과 사명은 사회적이고 정치적인 문제와 관련되어 있다.

인간의 사상과 정서에서 가장 중요한 두 역사적 원천, 즉 인간의 진보를 막는 적들이 늘 화해할 수 없다고 말하는 그리스도교와 마르크스주의는 새롭고 놀라운 이해의 길을 여기에서 찾는다. 이것은 인류의 미래를 진지하게 걱정하는 모든 사람이 확실히 깊이 되새기고 싶어 하는 문제이다.

1985년, 아바나에서

아르만도 알트

만남으로 가는 길

나는 1979년 이 작업을 계획했다. 나는 친한 편집자이자 하느님 안의 형제인 에니오 실베이라에게 『사회주의 안의 신앙』이라고 명명할 책에 대한 의견을 제시했다. 책이 나오려면, 유물론자와 무신론자로 분류되는 체제 아래 살아가는 그리스도교 공동체들과 접촉하기 위해 사회주의 국가들을 여행해야 했다. 많은 일들로 그 생각을 한쪽으로 치워놓아야 했고, 더욱이 비용이 상당히 든다는 것도 명백했다.

산디니스타 혁명의 승리 직후, 니카라과의 사목센터는 특히 농부들을 위한 모임과 교육에 자문을 하도록 나를 초대했다. 나는 영적 피정을 지도하고, 성경학습 입문과정을 제공하고, 그리스도교 공동체가 자신들의 신앙생활을 정치적 헌신으로 이어지도록 도움을 주기 위해 일 년에 두세 번 니카라과에 갔다. 나는 엘 크루체로의 디리암바 산맥에 사는 농부들의 일곱 개 사목회로 구성된 농업증진교육센터의 지원을 받아 프로그램을 완성했다. 이 여행으로 니카라과 인민 정권에 봉사하는 사제들을 만날 수 있었다. 1980년 7월 19일, 나는 혁명 1주년 축하식에 공식적인 내빈으로 참석했다. 그날 저녁에 지금 공화국의 부통령인 외무부 장관, 미구엘 데스코토 신부는 나를 세르지오 라미레즈의 집으로 데리고 갔다. 아침에 군중집회에서 연설하는 모습을 보았던 피델 카스트로를,

그날 그 신부의 집에서 만나 처음 대화를 나누었다.

나는 그가 1971년 11월에 칠레에서 만난 사제들에게 전한 성명서를 보고 느꼈던 충격을 기억한다. 그 성명서를 읽을 당시 나는 "국가안보를 이유로" 4년형을 선고받은 상파울루의 정치범이었다. 성명서에서 그는 "혁명에는 결정적인 도덕적 요소가 있다. 우리 국가들이 너무 가난하여 사람들에게 커다란 물질적 부를 줄 수 없지만 평등과 인간 존중에 대한 지각을 줄 수 있다"라고 말했다. 그는 산티아고의 실바 엔리케즈 추기경을 외교상 방문하면서, "사람들이 스스로 자유로울 객관적인 필요와, 그리스도인과 혁명가들이 이 목적을 위해 협력할 필요성에 대해" 추기경에게 말했다. 그는 이것이 쿠바의 배타적인 이해가 아니며, 그런 문제에 직면하지는 않았으나 라틴아메리카 상황에서 보면, "모든 혁명가들과 가난한 남녀들이 피할 수 없는 해방 과정에서 똘똘 뭉치는 것은 그리스도인들의 이해와 의무"라고 했다. 추기경이 쿠바 지도자에게 성경을 선물하면서 기분이 언짢은 건 아닌지 묻자, 피델은 이렇게 대답했다. "왜 그래야 합니까? 이 책은 위대한 책입니다. 나는 소년 시절 성경을 읽고 공부했습니다. 그리고 내가 관심 갖는 많은 것들을 다시 배울 것입니다."

사제들 중 한 사람이 정치에서 사제들의 존재를 무엇이라고 생각하는지 그에게 질문했다.

"예를 들어, 인간 집단의 어떤 영적인 지도자가 어떻게 물질적 문제, 인간의 문제, 생명의 문제를 무시할 수 있습니까? 그러한 물질적, 인간적 문제들은 역사의 과정과 독립되어 있을 수 있습니까? 사회적 현상과 떨어져 있나요? 우리는 그 모든 것을 경험하고 있습니다. 나는 항상 원시 노예제 시대로 돌아갑니다. 그때는 그리스도교가 부상했던 때이지요."

그는 그리스도인들이 "한편으로 다른 사람에게 박해받으면서 또 한편으로 박해자인 단계가 끝났고" 종교재판은 "사람들이 화형당한 반계몽주의 시대였다"는 것을 말했다. 지금 그리스도교는 "이상향의 교리,

즉 고통받는 사람들을 위해 영적인 위안을 주는 것이 아니라 보다 더 현실적일 것이다. 계급이 사라지고, 공산주의 사회가 등장할지 모른다. 그리스도교와의 모순이 어디에 있는가? 차라리 모순보다 더 공정하고, 더 인간답고, 더 도덕적 가치가 있는 초기 그리스도교의 부활이 있어야 한다.”

피델은 칠레 성직자를 호명하며 자신이 가톨릭 학교에 다녔던 때를 회상했다.

“가톨릭에서 무슨 일이 있었나요? 엄청나게 느슨합니다. 단지 형식적일 뿐 중요한 것은 없었습니다. 이런 현상이 거의 모든 교육에 퍼져 있었습니다. 나는 예수회에서 배웠습니다. 예수회원들은 엄격하고, 교육을 잘 받았고, 철저하고, 지적이고, 의지가 강한 사람들입니다. 나는 항상 이것을 말합니다. 그러나 나는 또한 그런 종류의 교육의 불합리성을 경험했습니다. 정확히 우리들 사이에, 그리스도교의 목적과 우리 공산주의자들이 추구하는 목적 사이에, 그리고 그리스도인들의 겸손, 금욕, 이타심, 이웃사랑의 가르침과 우리가 혁명가의 생활과 행위의 내용이라고 부르는 것 사이에서 나는 일치를 말합니다. 우리가 사람들에게 무엇을 가르쳤습니까? 죽이라고? 훔치라고? 이기적이 되라고? 다른 사람을 착취하라고? 완전히 정반대입니다. 서로 다른 동기에 응답하지만, 우리는 똑같은 태도와 행동을 주장합니다.

우리는 인간과 인간의 행위에 관해 정치가 종교 영역에 가까이 들어온 동시대를 살아갑니다. 나도 개인들과 그들의 물질적 필요에 관해 종교가 정치 영역에 들어올 수 있는 동시대를 우리가 보내고 있다고 믿고 있습니다. 우리는 사람을 죽이지 마라, 훔치지 마라 등 거의 모든 계명들을 지지합니다.”

자본주의를 비판한 뒤에, 피델은 이렇게 말했다.

“그리스도교와 자본주의 사이보다 그리스도교와 공산주의 사이가

1만 배나 더 일치합니다. … 우리는 사람들 사이에 분열을 만들지 말아야 합니다. 신념, 신앙, 이유를 존중합시다. 모든 사람은 자신의 입장과 자신의 신앙에 권리가 주어집니다. 우리는 우리 모두의 관심을 끌고 모두에게 의무를 지우는 이러한 인간 문제들의 영역에서 일해야 합니다."

병원에서 일하는 쿠바의 수녀들에 관해 그는 강조했다.

"우리가 공산주의자들이 해주기를 바라는 일들을 그들이 하고 있습니다. 수녀들은 나병, 결핵, 그리고 다른 전염성 질병에 걸린 사람들을 돌봅니다. 이상과 일에 헌신하고, 다른 사람을 위해 자신을 희생하는 사람들이 우리가 공산주의자들에게 해주기를 바라는 일을 하고 있는 것입니다. 솔직히 말해서 그렇습니다."

나는 세르지오 라미레즈의 서재에서 있었던 시에라 마에스트라에서 온 혁명가와 내가 지금 자문하고 있는 칠레 사제들과의 대화를 기억한다. 그것은 쿠바와 다른 라틴아메리카의 종교 문제에 대한 생각을 교환하기 위한 기초로서 도움이 되었다. 칠레의 경우, 참가자 중 한 사람이 그에게 신앙의 위기가 혁명 전에 일어났는지 혁명 중에 일어났는지를 물었다. 그는 신앙이 결코 자신에게 주입된 적이 없다고 대답했다.

"나는 결코 신앙을 가진 적이 없다고 할 수 있습니다. 그것은 기계적 작동이지 이성적인 일은 아닙니다."

그는 게릴라전에서의 경험을 회상하면서 이렇게 언급했다.

"어떠한 교회도 산에는 짓지 않지만, 어떤 장로교 선교사가 산으로 갔고 몇몇 소위 종파들의 구성원들도 따라갔는데, 그들에게는 추종자들이 몇 명 있었습니다. 그들은 우리에게 종종 말했습니다. '동물성 지방을 먹지 마세요.' 그러면서 그들은 그것을 먹지 않았습니다! 식물성 기름도 없었고, 기름 없이 전 기간을 보냈습니다. 그것이 그들의 수칙이었고, 그들은 수칙을 따랐습니다. 그런 소그룹들은 모두 한결같습니다. 나는 미국의 가톨릭도 사회적으로는 실천적이지 않으면서 소그룹 종파보다 훨씬 더 종교적으로는 실천적이라고 들었습니다. 그들이 피그스 만의 침략과 베트남 전쟁 같은 일들을 조직했던 것은, 그들이 앞뒤가 맞지 않았기 때문입니다. 나는 부유한 계급이 종교를 왜곡하고 자신들에게 도움이 되도록 만들었다고 주장합니다. 사제는 어떤 사람입니까? 그가 지주입니까? 경영주입니까? 나는 항상 이탈리아 문학에 나오는 유명한 사제인 돈 카밀로와 공산주의자 사이에 벌어지는 토론들을 읽고는 합니다. 나는 그런 토론이 저 분위기를 떨쳐버릴 첫 번째 시도들 중 하나라고 주장합니다."

쿠바와 관련해, 한 사제가 어느 정도 규모의 그리스도인들이 혁명에 방해가 되었는지 또는 추진 세력이 되었는지 그에게 물었다.

"아무도 그리스도인들이 방해가 되었다고 말할 수 없습니다. 어떤 그리스도인들은 끝까지 투쟁에 참여했고, 심지어 희생자들도 여러 명 있었습니다.

벨렌 대학교에서 온 서너 명의 학생들이 피나르 델 리오 북부에서 살해당했습니다. 사르디나스 신부처럼 사제들도 몇 명 있습니다. 신부님들은 스스로 우리의 대열에 가담했습니다. 방해요? 처음에는 어떤 계급인지가 문제였습니다. 그동안 종교와 어떤 일을 한 적이 없었습니다. 그것은 지주와 부자들의 종교였습니다. 사회경제적 충돌이 분출했을 때, 지주와 부자들은 종교를 싸움시켜 혁명에 대항하도록 애를 썼습니다. 그것이 충돌이 발생한 원인입니다. 스페인 성직자들은 매우 반동적이었습니다."

칠레 사제들과의 긴 대화 끝에, 피델 카스트로는 그리스도인들과 마르크스주의자들 사이의 동맹이 단지 전술상의 문제는 아니라는 것을 강조했다.

"우리는 전략적인 동맹을 원합니다. 그것은 영원한 동맹을 의미합니다."

피델 카스트로는 칠레의 아옌데에게 다녀온 뒤, 거의 6년 만인 1977년에 자메이카를 방문하면서 종교에 대한 주제를 다시 꺼냈다. 이 시기에 그는 주로 개신교 청중들에게 연설했다. 그는 재확인했다.

"쿠바 혁명이 반종교적인 감정에 의해 고무된 적은 결코 없었습니다. 우리는 사회 혁명과 종교적 신념 사이에 어떠한 모순도 없다는 확고한 신념을 우리의 근거로 삼습니다. 종교적 신념이 있는 이들을 포함해 모든 사람들이 우리의 투쟁에 참여했습니다."

그는 혁명을 하면서 쿠바나 다른 나라 사람들이 종교의 적으로 나타나지 않도록 특히 주의를 기울였다고 말했다.

"왜냐하면, 만일 종교의 적이 되었다면 쿠바뿐만 아니라 다른 모든 라틴아메리카의 착취자들이 협력해서 우리가 지지를 얻지 못하도록 행동했을 것입니다."

그는 종종 '왜 사회정의에 대한 생각이 종교적 신념과 충돌해야 하는가? 왜 그리스도교와 충돌해야 하는가?' 질문한다면서 이런 대답을 했다.

"나는 오히려 그리스도인들의 원칙과 그리스도의 가르침에 매우 정통합니다. 나는 그리스도가 위대한 혁명가라고 믿습니다. 그것이 내가 믿는 것입니다. 그의 전체 교리는 보잘것없는 사람, 가난한 사람에 대한 헌신입니다. 그의 교리는 인간에 대한 학대, 불의, 비하에 대항하는 투쟁에 헌신하는 것입니다. 나는 그리스도의 가르침의 정신과 그 정수와 사회주의 사이에 공통점이 많이 있다고 주장합니다."

피델은 그리스도인들과 혁명가들 사이의 동맹에 대한 주제로 다시 돌아가서 이렇게 말했다.

"종교적 목적과 사회주의의 목적 사이에는 모순이 없습니다. 어떤 모순도 없습니다. 나는 우리가 전술상이 아닌, 동맹을 맺어야 한다고 주장합니다."

그런 다음, 칠레 여행을 회상하며 이렇게 덧붙였다.

"그들은 나에게 동맹을 전술적으로 맺어야 하는지 전략적으로 맺어야 하는지 질문을 했습니다. 나는 종교와 사회주의 사이에, 그리고 종교와 혁명 사이에 전략적 동맹을 맺어야 한다고 말했습니다."

나는 성명서들을 기억하고, 공동체에 기반을 둔 그리스도인들의 진보에 대해, 그리고 오랜 고통을 겪고 있는 신앙인들의 신념, 하느님 말씀에 대한 묵상, 성사의 참여가 더 나은 삶을 위해 투쟁해야 하는 이들에게 어떻게 활력을 주는지에 대해 피델에게 말했다. 나는 라틴아메리카가 그리스도인들과 마르크스주의자들이 아니라, 혁명가들과 압제 세력의 동맹국들로 나뉘어 있다는 것을 느꼈다. 많은 공산주의 정당들은 신앙이 있는 가난한 사람들을 자신들과 소원하게 만드는 탁상공론적인 무신론을 천명하는 잘못을 범했다. 이론적인 원칙들과 학문상의 논의들을 기초로 동맹이 유지될 수는 없다. 해방의 실천은 그리스도인 투사들과 마르크스주의 투사들이 만날 것인가 아닌가에 달려 있다. 자본의 이해를 옹호하는 그리스도인들이 많이 있는 것처럼, 결코 자본가계급과 떨어지지 않을 사람들이 공산주의자가 되기를 요구하는 경우도 많다.

더욱이, 교회의 한 사람으로서 나는 특히 쿠바의 가톨릭교회에 관심이 있다. 이 특정 주제에 관해 우리가 말했던 것이 인터뷰에 포함되어 이 책으로 출판된다. 마나과 대담에서 토론했던 많은 주제들이 이 인터뷰에서 다시 다루어졌다. 누가 어떤 종류의 문제를 물어보든지, 심지어 그에게 동의하지 않는다고 해도, 나는 개인적으로 피델이 솔직하고 세심한 사람이라는 인상을 간직하고 있다. 비록 그가 어떠한 실재적인 종교적 신념도 갖지 않았다 해도, 그가 가톨릭 학교에서 받은 훈육의 영향을 전혀 받지 않았을 수는 없다. 그는 그리스도인 가족들 사이에서 태어났다.

세르지오 라미레즈의 집에서 대화를 시작한 5일 후, 나와 몇 명의 니카라과 사제와 수녀들이 함께 참여한 어느 모임에서 피델은 칠레에서 옹호했으며 자메이카에서 강조했던 기본적인 생각을 다시 밝혔다. 피델이 예견하지 못했던 그리스도인들의 단체가 미리 형성되었다. 산디니스타 혁명은 전통적으로 신심 깊은 사람들의 작품이었고 주교단의 축복이 있었다. 역사상 처음으로 자기의 신앙에 동기부여를 받은 그리스도인들이 자신들의 사목자의 지지를 받고 내란 과정에 적극적으로 참여했다. 니카라과 성직자들은 이것은 전략적인 동맹이 아니라고 주장했다. 모든 사람들 중에서, 그리스도인과 마르크스주의자 사이의 일치였다. 쿠바의 혁명사령관은 "성경이 가장 혁명적인 내용을 갖고 있으며, 나는 그리스도의 가르침이 매우 혁명적이고 마르크스레닌주의자의 사회주의 목표와 완벽하게 일치한다는 인상"을 받았다고 응답했다.

그는 자기비판적으로 이렇게 인정했다.

"교조적 마르크스주의자들이 많이 있습니다. 나는 이 문제에서 교조적인 것이 문제를 복잡하게 한다고 봅니다. 나는 당신과 우리가 현세의 천국에 대해 생각해야 하며 동시에 내세의 천국과 관련된 문제들에 관한 충돌을 피해야 한다고 생각합니다. 아직도 주위에 교조적인 사람들이 있고 우리에게 쉽지 않은 문제이지만, 교회와 우리의 관계는 이 적대적인 원칙과 같은 많은 요소에도 불구하고 점차 진전되고 있습니다. 물론 우리는 적대적인 상태에서 완전히 정상적인 관계로 들어갔습니다. 쿠바에서 교회가 폐쇄된 곳은 하나도 없고 우리는 원료, 건설, 자원에 관해 교회가 함께 협력하기를 제안하기도 했습니다. 즉 우리가 다른 기관들과 함께하는 것과 마찬가지로 교회에 실질적 협력을 제시하는 것입니다. 우리 인민이 내가 말하는 그대로의 모델이 될 필요는 없습니다. 모든 것이 의도하는 대로 나타나는 것 같습니다. 이런 사례는 니카라과와 엘살바도르에 더욱더 많습니다. 이와 같이, 내가 말한 것이 실천적으로 그리고 역사적인 사실로 이행되기 시작하고 있습니다. 나는 쿠바에 있는 교회보다 중남미 나라의 교회들이 훨씬 더 많은 영향력을 미칠 것이라고 생각합니다. 왜냐하면 그 교회들은 인간의 해방, 국가독립, 사회정의를 위한 투쟁에 매우 중요한 요소를 가지고 있기 때문입니다."

헤어지기 전에 쿠바 지도자는 나에게 자기 나라를 방문해달라고 초대했다. 나는 1981년 9월, 첫 번째 '우리 아메리카의 백성들의 주권을 위한 지성인 대회'에 참여하는 대규모 브라질 대표단의 일원으로서 초대에 응할 수 있었다. 대회와는 별도로, '아메리카연구센터'와 카르네아도 박사가 대표로 있는 현재의 '종교문제관리국'에서 라틴아메리카 종교와 교회에 대한 일련의 대담을 위해 나를 초대했다. 그들은 내가 쿠바를 떠나기 전에 시작했던 대화를 돌아와서 계속할 것을 제안했다. 나는 신학적 문제와 사목적 문제와 관련해 쿠바 공산당과 가톨릭교회 모두, 여전히 혁명의 초기에 그들 사이에 일어났던 갈등의 영향을 받고 있어 그 결과 더 개방된 전망을 갖지 못하고 있다는 인상을 받았다. 이에 비해, 라틴아메리카 교회는 제2차 바티칸 공의회(1963~1965) 이래 계속해서 더욱 커다란 전진을 하고 있다. 내가 쿠바 가톨릭 공동체도 도움을 줄 수 있다면 기꺼이 초대에 승낙할 것이라고 말했다. 아무도 반대하지 않았다. 1983년 2월, 나는 엘 코브레에서 열린 쿠바 주교회의에 특별 초청 손님으로 참석했다. 주교회의는 국가수호성인인 자비의 성모 대성당에서 열렸으며, 주교들은 쿠바에서의 나의 사목 활동을 지지했다.

내가 편집자 카이오 그레이코 프라도에게 나의 책『무엇이 그리스도교에 기초한 공동체인가?』의 원고를 넘기자, 그 책은 프리메로스 파소스 컬렉션에서 출판되었다. 그리고 그에게 쿠바 여행에 대해 이야기를 했더니, 그는 종교적 주제로 피델 카스트로와 인터뷰를 해보자고 제안했다.

1981년 9월과 이 인터뷰가 시작되기까지, 처음에는 캐나다인, 나중에는 독일인 가톨릭 신자들의 지원으로, 나는 그 섬을 열두 번 방문했다. 쿠바 정부의 지원을 받아 몇 번의 문화행사에 참여한 때를 제외하고는 그들이 모두 비행기 표를 제공했다. 여행 중에 나는 인터뷰를 위한 초안과 아직 응답이 없는 책에 대한 계획을 세웠다.

1985년 2월, 나는 카사 데 라스 아메리카스 문학상 콘테스트의 심사위원으로 돌아왔다. 그리고 피델 카스트로와 사적인 접견에 초대를 받았다. 그때 우리가 처음으로 쿠바에서 대화를 나누었다. 해방신학에 대한 논의가 풍성해진 가운데 우리는 다시 한 번 마나과에서 논의했던 주제를 계속 이어갔다. 쿠바 지도자의 깨어 있는 관심이 다음 며칠 동안 계속해서 대화를 진행하도록 해주었다. 우리는 쿠바와 다른 라틴아메리카의 종교 문제에 아홉 시간을 할애했다. 나는 다시 인터뷰 계획을 세우고, 그는 다음 인터뷰를 승낙했다. 편집자 카이오 그레이코 프라도와는 계획을 달성하기 위한 아무런 수고나 자료도 나누지 못했다. 나는 5월에 섬으로 돌아갔다. 사령관 피델 카스트로와 나는 종교에 대한 대화로 23시간을 보냈다. 그 원고가 다음에 이어진다. 테이프를 들으며 옮겨 적고 기록하는 소중한 협력을 적극적으로 해준 초미 미야와 이 대화에 용기를 북돋아주신 문화부 장관 아르만도 알트에게 특별한 감사를 전하고 싶다.

1985년 5월 29일, 아바나에서

프레이 베토

제1부
방문 일지

1985년 5월 10일, 금요일

알제리 대통령, 찬드리 벤제디드가 쿠바에 공식 방문을 위해 도착했다. 같은 날 밤 피델 카스트로는 혁명궁전에서 그에게 환영 연회를 베풀었다. 손님들 가운데 하루 전날 섬에 도착한 소그룹의 브라질 사람들도 포함되어 있었다. 그들은 언론인 호엘미르 베팅, 나의 아버지 안토니오 카를로스 비에리라 크리스토, 어머니 마리아 스텔라 리바니오 크리스토, 그리고 나였다. 다른 사람들은 모두 처음으로 쿠바를 방문했다. 나는 교회 봉사자 혹은 문화행사 참가자로 온 적이 있었다. 지금은 피델과의 인터뷰라는 단 하나의 목적을 띠고 돌아왔다.

브라질 사람처럼 보이는 아프리카계 쿠바인인 우리의 후원자 세르지오 세르반테스가 환영 연회에서는 넥타이를 매야 한다고 말했다. 나는 17년 동안 넥타이를 맨 적이 한 번도 없었다. 물론 양복 한 벌도 없다. 내가 1975년 포르투 알레그리에 있는 『오 템포 에 오 벤토O Tempo e o Vento』(시간과 바람)의 저자, 마팔다와 에리코 베리시모를 방문했을 때에 에리코는 오래전에 자신의 넥타이를 모두 태워버렸다고 말했다. 나는 그와 전적으로 마찬가지였다. 그런데 아바나에서 갑자기 마음이 흔들렸다. 외교상의 의전을 깨뜨리고 내가 가져온 청바지 두 벌 중 하나를 입어야 하는가? 사회주의의 격식에 대한 항의로 초대를 거절해야 하는가? 도대체 브라질리아의 국회나 쿠바의 혁명궁전에서, 한 조각의 천이 옷 잘 입는 표시라는 이런 생각이 어떻게 관습으로 여겨지게 되었나? 천 가지 항의가 경쟁하듯 떠오르며 내 머리를 괴롭혔다. 그러나 흔들리는 마음으로 상황을 받아들이고 쿠바 친구인 호르헤 페레이라에게 양복 한 벌과 넥타이를 빌렸다. 옷과 넥타이는 내게 완벽하게 맞았으며, 나는 호엘미르의 놀림을 참으며 모두가 잘 차려입은 그곳으로 갔다.

혁명궁전은 호세 마르티의 기념비 뒤편에 마찬가지로 그의 이름이 붙은 광장에 위치해 있다. 이는 브라질의 첫 행정부인 제툴리오 바르가스 행정부의 파시스트 건축물을 연상시키는 유일하게 남아 있는 바티스타 시대의 건축물이다. 끝없는 계단은 마라카나 원형극장처럼 보였다. 정문에서 우리는 의장대의 안내를 받으며 초대장을 제시했다. 우리는 쿠바와 알제리 국가 연주가 끝날 때까지 입구에서 머물렀다. 잘 자란 식물들, 스테인드글라스 창문, 추상화 벽화로 장식된 대리석과 돌로 만든 엄청나게 넓은 홀 안에서 피델이 찬드리 벤제디드에게 호세 마르티 메달을 수여한 다음, 손님들은 스페인어와 아랍어로 연설을 들었다. 방문단 대표들과 함께 외교단과 쿠바 지도자들, 즉 정치국원, 중앙위원회 위원, 장관들이 참여했다.

의례적인 찬사가 끝나자 모히토, 다이키리, 주스를 담은 쟁반들이 비공식 그룹들 사이로 지나갔다. 나는 문화부 장관 아르만도 알트에게 갔다. 그는 이성과 감성이 분리되지 않은 매우 드문 성격을 지녔다. 우리는 33세의 베네수엘라 사람, 알리 고메즈 가르시아가 그 전날 레이건의 용병에 맞서 니카라과를 방어하는 전투에서 피살된 사실에 대해 슬픔을 표했다. 나는 지난 2월 알리가 카사 데 라스 아메리카스 문학상 콘테스트에 보냈던 원고인『거짓되고, 악의적이며 가증스러운 한 빨갱이의 반성』이라는 스페인어로 된 개인 회고록에 상을 수여한 심사위원이었다. 피델의 동생이자 혁명군 국방부 장관인 라울 카스트로가 건너오자 알트가 그에게 우리를 소개했다. 내가 사제라는 것을 알고, 그는 이렇게 말했다.

"나는 상당히 여러 해 동안 기숙학교에서 보냈습니다. 그곳에서 내 여생을 모두 보낼 시간과 맞먹을 많은 시간을 미사에 참여했습니다. 나는 그리스도교 수도회와 예수회 수사들에게 교육을 받았습니다. 생각해보십시오. 쿠바의 산티아고에서 공부했지만, 1953년 내가 몬카다 요새 공격에 참가했을 때 그 도시에 대해 정말 모른다는 것을 깨달았습니다. 나는 교회에 머무를 수 없었지만, 그리스도의 원칙들을 지키고 있습니다. 그 원칙들을 버리지 않았습니다. 그 원칙들은 나에게 구원의 희망을 줍니다. 그리고 혁명은 그 원칙들을 수행합니다. 혁명은 부자를 빈손으로 보내고 배고픈 사람에게 빵을 줍니다. 여기에서는 모든 사람이 구원될 수 있습니다. 부자는 없습니다. 그리스도는 낙타가 바늘귀에 들어가는 게 더 쉽다고 말씀하셨습니다…"

라울은 매우 온화하게 말했다. 그가 서글서글한 사람이라는 것을 알 수 있었지만, 쿠바 밖에서는 엄한 사람이라는 평판이 돌았다. 제국주의의 희화戱畵란 유력 통신매체는 사람들 마음에 자리 잡고 있는 경쟁자들을 캐리커처로 그린다. 거기서 라울은 편협한 사람으로, 존 케네디는 잘생긴 소년으로 그렸다. 그러나 쿠바인의 주권을 노골적으로 무시한 채 1961년 피그스 만 침공을 계획하고, 조직하고, 후원하고, 지원한 사람이 바로 젊고, 늘 미소를 지으며, 민주적이고, 가톨릭 신자인 재클린의 남편이다. 개인적인 관계에서 라울은 느긋한 사람이며 미소를 지으며 대화하지만, 자본주의 정치인들 사이에서는 언제나 매우 신중한 사람으로 여겨진다.

피델과 인사하는 것은 불가능할 듯하다. 그는 항상 많은 손님들과 사진사들, TV 관계자들에 둘러싸여 있다. 그때 그들이 작고 덜 격식을 차린 방으로 우리를 초대했다. 우리가 출입문 안으로 들어가 있는데, 정장

용 군복을 입은 사령관이 찬드리 벤제디드와 함께 들어왔다. 그들이 우리를 보고서 만나러 왔던 것이다. 그는 분명히 계면쩍어했다. 그렇다. 자신이 생각하는 것을 미국의 면전에다 고함치고 네 시간 동안 연설을 하던 사람이, 지금 자신이 어떤 모습인지에 대해 사실상 미안해하는 것이었다.

"여러분은 두 번의 혁명을 완수했습니다. 첫 번째는 쿠바 혁명이고 두 번째는 나의 아버지가 처음으로 그것도 비행기를 타고 브라질을 떠나 여기 오셨다는 사실입니다."

"그렇지만 걱정하지 마세요! 내가 기차로 아버지를 모셔다 드리겠습니다." 피델이 말했다.

2월에, 나는 사령관과 함께 그의 보좌관이자 의사이며 사진가인 초미미야의 집에 머물렀다. 그에게 나의 새우요리 보보를 전수했으나, 쿠바에는 양념으로 요리한 덴데에(브라질 코코넛) 기름이 없었다.

"내가 당신의 새우요리를 만들어봤어요. 요리는 잘되었지만, 덴데에가 없어서 잘 만들었다고 할 수가 없습니다. 그 유명한 기름이 최근까지 도착하지 않았어요. 게다가 내가 약간 변화를 주었어요. 나는 당신과 함께 변화에 대해 토론하고 싶어요."

스텔라 부인(베토 신부의 어머니-역자 주)이 기회를 보다 그녀와 나의 새우요리 보보는 다른 점이 있다고 말했다. 그럼에도 불구하고 본능적으로 나는 그녀의 요리가 세상에서 가장 훌륭한 요리이며, 어머니 요리 덕에 내가 활기에 넘치고 건강하게 살아간다고 생각한다. 그녀가 쓴 『뜨거운 요리, 차가운 요리』라는 책에 나오는 보보 요리법은 내가 배웠던 빅토리아 시대 요리는 아니다. 브라질 카피싸바스 사람들의 비법은 유카를 끓이고 그 물로 새우를 삶는 것이다. 이렇게 하면 유카의 향기가 부드러워져 새우의 냄새가 없어진다.

요리에 관한 이야기 중에 피델이 정중하게 양해를 구하고 그를 기다리고 있는 알제리 대통령에게로 갔다. 우리는 한쪽 구석으로 갔고, 알제리 지도자와 이야기를 나누다 사령관은 다시 우리에게 돌아왔다. 그는 우리가 얼마나 오래 머무르는지 알고 싶어 했다. 호엘미르가 목요일까지 브라질에 도착해서 금요일에 서독으로 떠나야 하기에, 다음 주 수요일에 떠나게 될 것이라고 하자 그는 아쉽다고 말했다. 피델은 월요일까지 찬드리 벤제디드와 바쁘게 보낼 것이고 화요일에 제2차 세계대전 연합국 승전 40주년 기념식에 참석할 것이다. 그의 턱수염은 하얗게 거의 탈색되었고 그는 생각에 잠긴 채 작은 시가를 피우면서 오른손 엄지로 입술을 비비며 '안 돼'라고 하듯 고개를 저었다. 그는 곧바로 결심했다.

"보세요, 호엘미르가 나에게 말하고 싶은 것이 아닙니다. 내가 그에게 말하고 싶은 것입니다. 우리는 월요일 밤에 만나고, 화요일에도 시간을 내어 만나겠습니다. 내가 비는 시간을 찾아보겠습니다."

부모님과 함께 사진을 찍기 위해 자세를 취하고 나서 피델이 부모님에게 물었다.

"연회는 어떠셨나요? 연회가 즐겁고 좋은 음식이 있지만 먹을 만한 게 없습니다. 나는 손님들을 잘 돌보고 싶은데, 나중에 그런 행사를 마련하겠습니다."

그는 세르반테스에게 돌아가 섬에서의 우리 일정을 물었다. 우리의 친구가 헤밍웨이 박물관, 아바나 중앙병원, 알라마르 도시농장 등을 둘러보는 일반적인 일정에 대해 말하자 피델이 대답했다.

"관광지들이군요. 병원이 좋지만, 이분들은 우리나라를 더 알 필요가 있습니다. 유스 섬the Isle of Youth에 가서 아프리카와 다른 대륙들에서 온 10만 명이 넘는 외국인 장학생이 어떻게 거기서 공부하고 있는지 보세요. 시엔푸에고스에 가서 건설 중인 원자력발전소를 보고, 작은 시골 공동체를 방문해서 군사 방어를 어떻게 준비하고 있는지 알아보세요. 내 비행기를 당신들이 자유롭게 사용할 수 있게 하겠습니다. 그건 편리가 아니라 안전 때문입니다."

그는 비서인 초미를 불러, 자신이 제안한 일정을 받아 적도록 했다. 우리는 피델에게 그날 아침 우리 일행이 중앙계획위원회를 방문해서 동지 알프레도 함에게 환영을 받았다고 말했다. 그는 위원회가 2000년까지 연간 계획, 5개년 계획, 더 장기적인 운영계획을 작성한다고 설명했다. 이렇게 쿠바의 사회투자와 경제투자가 계획되고 예상대로 진행되고 있었다. 올긴에 위치한 공장에서는 매년 600명 이상의 사탕수수 수확 일꾼들이 쿠바 사탕수수 생산량의 55퍼센트 이상을 수확한다. 호엘미르는 계획이 위에서 아래로 세워지는지 물었다. 알프레도는 각료이사회와 의원들이 5년마다 선출되는 인민정권 국회의 승인을 받을 때까지 아무것도 최종적인 것은 없다고 대답했다. 게다가 쿠바는 확실하고 안전한 차익으로 쿠바의 발전과정을 계획할 수 있다. 왜냐하면 그 계획으로 자본주의 시장의 투기에서 자유롭기 때문이다. 무역의 85퍼센트는 다른 사회주의 나라들과 거래하고 경제상호원조회의(코메콘)와의 협정으로 보호를 받고 있다. 쿠바는 코메콘의 회원국이고 베트남과 몽골과 같이 우선적 조치를 받고 있다.

쿠바의 세 번째 5개년 계획은 1986년에 시작될 것이다. 혁명의 처음 몇 해 동안에는 설탕, 담배, 럼주, 커피를 수출했다. 지금 가장 중요한 수출품은 설탕, 감귤류, 니켈, 생선 등이다. 1971년부터 1981년까지 10년 동안, 국내 시장의 주요 상품 가격이나 쿠바 노동자들의 최저임금은 모두 변화가 없었다. 1981년 임금 개혁은 최저임금을 85페소로 정했다(쿠바 페소는 1.13US$와 같다). 평균 월급은 185페소이다. 최대임금은 600페소로, 최소임금의 열 배를 넘지 않는다. 국가에 지불하는 임대료는 부동산의 크기가 어떻든지 거주자 임금의 10퍼센트를 넘지 않는다. 주요 상품의 소비는 공급을 조절하는 배급 통장에 의해 통제된다. 그렇게 해서 라틴아메리카 대부분의 국가와 전 세계의 나머지 인구가 고통받고 있는 기아의 비극을 쿠바의 천만 주민들은 겪지 않고 있다. 잉여 생산물은 공인된 병행시장에서 더 높은 가격에 팔린다. 배급 통장에는 쇠고기 1킬로그램이 1페소 35센타보, 우유 1쿼트가 25센타보다(쿠바 화폐 단위에서 1페소는 100센타보다.-역주).

1981년, 그해의 마지막 인구조사에서 인구의 52퍼센트가 30세 미만이었다. 혁명 초기 몇 해 동안 인구는 이 나라에서는 매우 높은 수치로 인식되는 2퍼센트 이상의 연간 증가율을 나타냈다. 오늘날 인구 증가율은 0.9퍼센트이다. 1959년에는 2,000명 이상이 대학을 졸업했는데, 1984년에는 2만 8,000명이 졸업했다. 쿠바에는 지금 의사가 2만 500명 있으며 이는 주민 488명당 한 명씩이다! 환자 수가 점차 감소하기 때문에 정부가 28개 나라에 의료 지원을 할 수 있었다.

알프레도 함은 우리에게 매년 1인당 생산품과 서비스 증가율이 약 2.5에서 3퍼센트라고 말했다. 재정상의 투기가 없고 노동자 임금의 실질적 가치가 올라가지 않도록 국가에서 조절하기 때문에, 물가 상승률은 자본주의 기준으로는 산출될 수 없는 매년 3퍼센트 정도이다. 실질 임금은 매년 인플레이션보다 더 올라가고 있다. 이 나라는 전 노동력을 흡수할 수 있으며, 현재 경제활동인구의 약 6퍼센트 정도인 낮은 실업률은 가계소득이 상대적으로 높은 일부 사람들이 더 나은 직업을 얻기 위해 대기하는 기간을 실업으로 허용하기에 나타난 것이다.

이것은 엔지니어로서 종종 같은 임금을 받을 수 있지만, 자신이 선호하는 자리에서 특정한 일을 하기 위해 기꺼이 기다리며 다른 일을 선택하지 않는 젊은 대졸자나 중급기술 졸업자들의 경우다. 평균 일일 칼로리 소비량은 유엔식량농업기구가 세운 최소 2,240칼로리를 넘는 3,000에서 3,500칼로리 사이다. 국민총생산은 24억 달러를 넘었다. 제조업이 그 숫자의 절반을 차지했다.

1985년 5월 13일, 월요일

월요일 밤, 피델 카스트로는 혁명궁전 사무실에서 소규모의 브라질 대표단을 맞이했다. 테이블 주위에는 책으로 가득 찬 서가가 있고, 카세트와 트랜지스터라디오가 있었다. 테이블 위에는 신문들, 사탕이 가득 들어 있는 크리스털 그릇, 사령관이 좋아하는 작고 짧은 시가가 들어 있는 둥그런 상자가 있었다. 부드러운 붓으로 그린 카밀로 시엔푸에고스의 거대한 초상화 밑에 가죽 안락의자와 유스 섬의 대리석 테이블이 있었다. 양쪽에 네 개씩, 그리고 양끝에 두 개의 의자가 있는 커다란 회의용 테이블이 뒤쪽에 있었다. 농사를 짓는 젊은 학생들이 그린 커다란 유화도 있었다. 사무실은 크고, 쾌적하고, 에어컨이 있었지만 사치스럽지는 않았다. 황록색 군복을 입은 피델은 우리를 테이블에 앉도록 했다. 그는 특히 호엘미르 베팅과의 대화에 흥미를 보였으나, 호엘미르는 다른 일행보다 먼저 브라질로 돌아가야 했다. 그는 호엘미르의 직업이 무엇인지, 호엘미르 자신이 어떻게 시대를 분류하는지, 얼마나 많은 시간 동안 공부하는지, 그리고 그렇게 많은 경제 정보들을 어떻게 기억하는지 물었다. 그는 유스 섬과 시엔푸에고스로 가는 우리의 여정에 대해서도 언급했다.

"시엔푸에고스 원자력발전소는 해일, 지진, 심지어 여객기 충돌에 대비한, 철저한 안전을 필수조건으로 건설 중입니다."

나의 어머니는 쿠바 요리, 특히 해산물을 칭찬했다. 요리를 좋아하는 피델이 동조했다.

"새우나 랍스터를 삶지 않는 게 좋습니다. 끓는 물은 재료의 풍미를 줄이고 살을 단단하게 만들기 때문입니다. 나는 굽는 것을 더 좋아합니다. 새우는 5분 정도 구우면 충분합니다. 랍스터는 굽는 데 11분 걸리고, 타는 석탄 위에 꼬치를 올려놓으면 6분 걸립니다. 버터, 마늘소스, 레몬만 발라주세요. 좋은 음식은 단순한 음식입니다. 나는 세계적인 요리사들이 재료를 낭비한다고 생각합니다. 콩소메(고기 수프)는 계란 노른자위를 포함해 많은 부산물들이 낭비됩니다. 오직 흰 부분만 사용해서, 남은 노른자위와 채소들은 파이나 다른 음식에 사용합니다. 아주 유명한 쿠바인 요리사가 한 명 있는데 얼마 전에 그가 방문단을 위해 럼주를 곁들인 생선과 다른 음식들을 준비했습니다. 내가 유일하게 좋아하는 거북이 콩소메가 있었지만, 말한 대로 낭비였습니다."

그는 호엘미르 베팅에게 고개를 돌려 질문했다.

"당신의 하루 일과는 어떻습니까?"

"매일 아침 한 시간 반 동안 라디오 프로그램, 저녁에 삼십 분 동안 텔레비전, 그리고 28개 브라질 신문에 매일 게재되는 경제논평 칼럼을 씁니다."

피델이 다시 물었다.

"어떻게 독서하고 상황을 따라갈 시간을 마련할 수 있나요? 나는 매일 한 시간 삼십 분 동안 거의 모든 통신사에서 보내오는 발송문을 읽습니다. 목차와 함께 서류철 안에 타자로 작성된 발송문들을 받습니다. 우리 수출의 기초가 되는 미국의 설탕 정책 등 쿠바와 관련된 모든 것들이 주제별로 정리되어 있습니다. 만일 새로운 약품이 나오거나 매우 유용한 새 의료기구가 개발되었다는 내용을 읽는다면, 나는 즉시 그에 관한 정보를 요청할 것입니다. 나는 정보를 게재하는 데 6개월에서 1년이 걸리는 전문 의학 학술지를 기다리지 않습니다. 이번 주에는 초음파로 신장 결석을 깨뜨리는 새로운 도구가 프랑스에서 개발되었다는 것을 알게 되었습니다. 그것은 서독에서 생산된 것보다 훨씬 더 경제적입니다. 이틀 후 한 동지가 프랑스로 정보를 얻으러 떠났습니다. 우리는 미국에서 발견된 경색을 멈추는 새로운 약품에 대한 정보를 요구하기도 했습니다. 나는 공공의료 분야에 관심이 많아서 충실히 수집하고 있습니다. 그것은 마치 과학 연구가 쿠바와 해외, 전국적이고 세계적인 경제적 관건들 중 하나인 것과 마찬가지입니다. 불행히도 나는 관심 있는 모든 정보를 모으고 분석할 시간이 충분히 없습니다. 나는 당신과 더 최근의 사실에 관한 대화를 나누기 원합니다. 그래서 지난 2개월 동안 일어난 중요한 세계 경제 뉴스들을 모두 가져오게 했습니다. 나는 200쪽 분량의 보고서 네 권을 받았습니다! 전 세계 경제 안에서 일어나는 역학적인 사건들, 미국 달러의 모험, 미국의 사악한 경제 정책들이 초래한 결과들에 정통하기란 쉽지 않습니다."

호엘미르 베팅은 이렇게 말했다.

"달러는 준거통화라기보다 우리들 나라에 무장 개입하는 개입 통화입니다. 달러의 상승은 미국 경제의 파멸을 반영합니다. 루블화는 금과 결부되어 있습니다. 루블화는 지원이 있지만, 달러는 없습니다. 이것이 닉슨이 전화상으로 미국 통화에 금의 지원을 중단시킨 이래로, 소련이 증가된 달러 가치에 의해 역으로 영향을 받게 된 이유입니다. 어떤 면에서 오늘날 세계를 매수하고 있는 통화는 가짜입니다. 미국 밖에서 돌고 있는 달러의 수량은 미스터리입니다."

피델은 월요일에 세계 각지에서 발송된 원고가 들어 있는 서류철을 훑어보았다. 그는 정치인들과 언론인들이 주말에는 일하지 않기 때문에 서류철이 그다지 두껍지 않다고 설명했다.

"사람들이 자신의 머리에 컴퓨터를 가지고 있다는 사실을 아무도 몰라요. 나는 왜 그렇게 많은 사람들이 정치에 입문하는지 궁금합니다. 정치는 어려운 일입니다. 어떤 유용한 작용이 되거나 어떤 문제를 실제로 풀어야지 비로소 가치가 있습니다. 예를 들어 방문객과의 대화에서도 나는 배우려고 합니다. 나는 다른 세계, 특히 라틴아메리카가 어떻게 가고 있는지 알고 싶습니다."

"최고사령관으로서 당신은 쿠바의 정부와 국제 관계를 모두 책임지고 있습니다. 두 명의 사령관이 필요할지 모르겠는데요?"

호엘미르 베팅이 말했다.

"여기 모든 것이 분권화되어 있고 잘 작성된 계획을 따르고 있습니다. 게다가 정부를 가능하게 하는 중심 그룹이 있습니다. 정부는 각 정부기관, 각 부처가 기획원과 다투고, 책정액을 놓고 옥신각신하는 로마의 원형극장이 되고는 합니다. 지금은 모든 사람이 모든 일에 책임을 지고 있습니다. 마치 다른 지원과 관련해 공중보건부와 경제기관들이 하는 것처럼, 교육부도 계획과 관련한 주요 결정에 참여합니다. 결정은 신속히, 관료주의 없이 이루어집니다. 매우 중요한 일이거나 의료와 같이 내가 긴밀히 챙기는 분야에 관계된 일일 때를 제외하고는 나에게 말하지 않고 결정을 내릴 수 있습니다."

"핵발전소와 같은 특별한 프로젝트도 챙기시지요."

"나는 프로젝트가 지체되고 있는 것을 알았습니다. 그것은 감독 방법에 문제가 있었습니다. 팀이 분기별 평가 회의에서 프로젝트에 대한 책임을 집니다. 나는 예를 들어 노동자들이 필요하고 관심을 기울이는 음식, 교통수단, 그 밖의 생활조건들에 다 만족하지 못하고 있다는 사실을 발견했습니다. 나는 참모 몇 명과 함께 현장에 가서, 신발과 작업복의 품질, 노동자들과 가족이 만나는 데 필요한 교통수단, 프로젝트를 위한 물자보급, 건설장비의 부족, 그 밖의 다른 측면에서의 생활조건에 대해 물었습니다. 나의 관심은 노동자들을 돌보는 것입니다. 만일 괜찮은 조건들이 있고 자신들의 노동이 인정받고 우리가 그들의 인간적인 문제와 물질적인 문제에 지속적인 관심을 기울인다면 노동자들은 프로젝트에 더 많은 힘을 쏟을 것입니다. 나는 그들이 트럭을 타고 고향에 가는 것을 보고 물었습니다. '얼마나 많은 버스들이 필요한가, 30대가 필요한가?' 우리는 버스를 구하도록 노력하겠습니다. 그들의 가족이 이곳을 방문해서 일터 근처에서 가족들과 함께 쉬도록, 프로젝트 장소 근처에 캠프장을 세울 계획을 그들에게 알리기도 했습니다. 물론 프로젝트를 책임지는 정부기관들은 직접적인 지원에 필요한 자원들을 다 가지고 있었습니다."

피델은 크롬 도금한 라이터로 작은 시가에 불을 붙였다. 그는 가는 손가락으로 수염을 쓰다듬으며 이야기를 계속했다.

"나는 스무 명이 한 팀이고 그중 열 명이 여자인 동지들과 직접 일했습니다. 여자들은 조화를 이루어 지원 그룹을 형성했습니다. 각자 국가의 주요 생산과 서비스 센터들과 지속적으로 연결하면서 그 센터들이 어떻게 지속할 것인지 방법을 찾아내고자 애를 썼습니다. 부서들과 충돌하지 않고, 이 팀은 의사결정을 더욱 활발하게 했습니다. 이 팀은 부서가 아니라 사람으로 구성되었습니다. 원자력발전소를 방문해 분기별 회의에 대해 확인하고서, 나는 프로젝트 개발을 3개월(1분기)보다 훨씬 짧은 한 달 동안 해내야 한다고 지적했습니다. 회의에서는 이 문제를 조속히 풀기 위해 어떤 애로사항이 있는지 논의했습니다. 이제 현장의 대표들은 매일 얼마나 작업이 진전되고 있는지, 어떤 어려움이 있었는지 등을 팀 사무실에 전달해야 합니다. 이 일을 전문으로 하는 팀 구성원 중 한 명이 현장을 체계적으로 방문합니다. 문제를 기다리고 있을 수 없습니다. 즉시 해결해야 합니다. 우리는 다른 중요하고 결정적인 프로젝트들과 더불어 같은 일을 합니다."

"시엔푸에고스에서…." 호엘미르 베팅이 끼어들었다. "나는 사령관이 계속 작업을 주시하고 있다는 사실이 커다란 자극임을 알게 되었습니다."

"내 사무실보다 더 적은 인원이 있는 사무실은 없습니다. 당신은 얼마나 많은 사람들과 같이 근무하시나요?"

피델이 자신과 가까이서 일하는 국무위원회 비서이자 전 아나바 대학교 총장인 초미에게 물었다.

"여섯 명입니다."

브라질 언론인이 물었다.

"어떤 부서가 자원에 우선권을 부여받습니까?"

"중앙기획원이 그렇게 했는데, 지금은 더 많이 분산되었습니다. 인민의 권력이, 예를 들어 학교, 병원, 교통, 무역, 그리고 실제로 모든 지방 서비스들을 관리합니다. 예를 들면 산티아고 데 쿠바와 같은 지역에서, 이것은 공중보건부와 협의해 이행되었습니다. 공중보건국은 전문 인력들을 제공하고 병원에서의 작업 방법을 담당합니다."

"이 분권화는 새로운 것인가요?"

"아닙니다. 우리는 여기서 항상 기능과 책임들을 나누어왔습니다."

"그것이 쿠바 모델인가요?"

"쿠바 모델은 많이 있습니다. 예를 들어 선거 제도는 완전히 쿠바식입니다. 약 1,500명으로 구성된 각 선거 구역은 인민권력의 대표자를 선출합니다. 유권자들은 정당의 간섭 없이 입후보자들을 추천하고 선출합니다. 유권자들은 각 선거구에서 두 명에서 여덟 명인 후보자들을 추천하는 사람들입니다. 정당은 관여하지 않습니다. 그것은 확립된 표준과 절차들이 준수되는지를 보장할 뿐입니다. 선거는 2년 반 만에 열립니다. 누구든 표의 50퍼센트를 넘게 얻는 사람이 선출됩니다. 만일 그런 사람이 없다면, 2차 투표가 있습니다. 선출된 사람은 지방의회의 대표가 되고 지역집행위원회 성원들을 선출합니다. 바로 뒤에, 이 대표들은 정당과 대중조직들과 함께 광역의회와 500인 국회의 대표단들의 후보자들로 구성됩니다. 국회의원의 절반 이상이 인민권력의 풀뿌리 단계에서 선출됩니다. 회의는 각 선거구에서 정기적으로 열립니다. 회의에서 선출된 대표자들이 있는 가운데서 유권자들은 대표자들의 일을 논의하고, 만일 유권자들이 결의한다면 그들의 권한을 폐지할 수도 있습니다."

"병원을 방문했을 때, 나는 엄마들이 아픈 아이들과 함께 있을 권리가 있다는 것을 알았습니다."

호엘미르 베팅이 말하자 피델 카스트로가 이렇게 설명했다.

"아픈 아이를 위해 세상에서 가장 좋은 간호사는 엄마입니다. 전에는 엄마들이 안으로 들어오는 것을 허용하지 않아서, 엄마들은 아이들 소식을 기다리며 걱정스럽게 병원 문 앞에 머물러 있었습니다. 그것은 엄마들이 의료적 훈련을 받지 않았기 때문에 치료에 방해가 될지 모른다는 이유에서였습니다. 오래전에, 우리는 가장 우수한 결과를 가져온 다른 체계를 취했습니다. 소아과 병원에서는 엄마가 아이와 함께할 권리가 있습니다. 엄마는 병원에 있는 동안 입기 적합한 옷도 제공받고 무료로 식사도 했습니다. 지난 3월, 가장 최근에 열린 쿠바여성연맹회의에서 엄마들은 아빠들에게도 같은 권리를 달라고 요구했습니다. 엄마가 다른 아이들 때문에 바빠서 아픈 아이와 병원에 있을 수 없는 경우가 종종 있습니다. 그러한 청원은 벌써부터 연구 중이었습니다. 여성들의 요청 때문에 우리는 입원한 환자 아이의 형제나 아빠가 그 환자와 함께 있을 가능성도 연구하고 있습니다. 지금까지 오직 여성들에게만 허용되었지만, 그들은 이것이 가족 모두에게 부담을 지우며 일하면서 자신들의 임무를 완수할 능력을 제한하고 사회적 진보를 방해하고 있다고 느낍니다. 지금 여성들은 기술 인력의 53퍼센트를 차지하고 있습니다."

"1986년에서 1990년 사이의 새로운 5개년 계획은 방법론상의 혁신을 포함하고 있습니까?"

"네, 더 합리적으로 하고 있습니다. 역점은 경제적인 측면, 주로 수출품에 두었습니다. 예를 들면 어떤 광역시가 새로운 운동 경기장이나 극장을 짓고 싶어 해도 수출을 늘리는 데 도움이 될 공장이 우선입니다. 경기장과 극장은 경제적 우선 목표를 희생하지 않고서도 가능할 때 짓게 될 것입니다. 기획의 양상은 국가기관들 사이의 토론 결과를 따르는 게 아닙니다. 오히려 세계적이고 합리화된 정책을 모든 기관들이 따르고 수용합니다. 예를 들어 우리는 교육부와 중앙기획원 사이의 다툼을 방지할 수 있습니다. 기획은 계획을 위한 기준을 수립합니다. 즉 그것은 우선 분야들을 설정하고 자원 분배를 조직합니다. 지난 26년 동안 우리가 교육, 의료, 문화, 스포츠에서 필요한 사회의 프로젝트들을 거의 모두 완수했다는 사실은, 대부분의 투자를 사회적 발전을 희생시키지 않고 경제적 프로젝트들을 위해 할당할 수 있도록 만들었기 때문입니다. 비록 어떤 새 시설이 또 지어진다고 해도, 사회 서비스의 성장은 주로 그 질에 달려 있지 새로운 시설에 좌우되지 않습니다."

조용히 그리고 분명한 목소리로, 호엘미르 베팅이 물었다.

"당신이 사회적으로 계획해서 쿠바에서 달성되고 있는 일이 있습니까?"

"네, 필수적인 면에서 볼 때."

피델이 대답했다.

"의료 분야에서 유휴 수용 능력이 있습니까?"

"내가 말한 것처럼, 우리는 질을 개선시키기 위해 투자하고 있습니다. 예를 들어 소아과 병원들을 건설하는 경우이죠. 우리는 가정의들을 배출합니다. 그들은 각자 이웃에 있는 가정들을 돌보고 있습니다. 그들은 질병을 치료하는 의사들이 아닙니다. 오히려 그들은 그 가족들에게 예방조치에 관한 예비 교육을 하면서 건강을 지킵니다. 여러분이 방문했던 유스 섬에는 22개 국적의 학생들이 다니는 중학교들이 있습니다. 처음에 우리는 그 학생들이 이미 여기에서는 근절되었거나 알려지지 않은 질병을 가지고 들어온 건 아닌지 걱정했습니다. 그런데 우리는 이 가능성과 완전히 성공적으로 직면해서, 아프리카나 다른 대륙들에서 재앙이었던 모든 질병들이 의학과 현대 의술로 통제될 수 있다는 것을 증명했습니다. 모든 외국 학생들이 자신들의 나라로 돌아가기 전에 건강검진을 받습니다. 만일 아픈 아이가 검진에 빠져버린다면, 학생들은 집으로 돌아갈 수 없습니다. 오히려 그들은 쿠바에서 돌봄을 받으면서 치료될 것입니다. 운 좋게도, 질병의 매개체들이 대부분 쿠바에는 존재하지 않습니다. 우리의 열대의학연구소는 이 분야에서 상당한 진척을 이루었습니다. 그리고 다른 제3세계 나라에서 일하는 쿠바인들을 보호하는 데 도움을 주고 있습니다. 유스 섬의 영양은 다른 학교들보다 평균적으로 더 높습니다. 이렇게 주도한 덕분에 앞서 말했듯이, 우리는 결코 학생들을 건강을 이유로 원래 자신의 나라로 돌려보낸 적이 없습니다."

"당신은 양을 달성하기 위해서 질에 투자하고 있습니다."

"혁명은 물질적 토대를 만듭니다. 어떤 분야는 여전히 결함이 있고 많은 투자를 요구합니다. 비록 진척되고 있기는 하지만, 주택의 경우는 매년 7만 채 이상을 건설하는 중입니다."

"교통은 어떻습니까?"

"혁명을 하고 첫 10년 동안, 우리는 어떤 차도 수입하지 못했습니다. 우리가 당하는 경제 및 무역 봉쇄와 우리 자신이 정한 우선순위가 의료와 교육 같은 다른 분야로 자원을 돌리게 했습니다. 우리가 수입한 자동차가 어떤 것이든 사회의 필요에 부정적인 영향을 미칠 수 없었습니다. 지금 약 1만 대가 매년 들어오고 있는데 전문가들, 기술자들, 뛰어난 노동자들에게 우선권이 있습니다."

"대중교통은 어떻습니까?"

"모터와 몇 가지 다른 부품들을 수입하고 버스의 나머지 부품은 여기서 만듭니다. 지금 우리는 모터 생산에 공을 들이고 있습니다. 수입차 세 대 중 두 대는 생산과 서비스에 직접 연결된 노동자들에게 할당됩니다. 그들은 최소한의 이자로 7년간 할부금을 지불하면서 거의 원가로 차를 삽니다. 각 작업 센터의 노동자 모임에서 받을 만한 사람을 정합니다. 물론 어떤 수입차들은 차량 임대 서비스와 국가 행정을 위해 사용됩니다."

"시골 지역에는 여전히 개인 소유가 존재합니까?

"네, 거의 10만 명의 독립 농민들이 아직 남아 있습니다. 그들은 커피, 감자, 담배, 채소, 약간의 사탕수수, 몇 가지 다른 작물들을 심습니다. 과거 한때는 20만 명이었던 독립 농민들의 절반 이상은 생산협동조합에 가입해 상당한 성공을 거두었습니다. 그들의 수입은 높습니다. 협동조합 가입은 완전히 자율입니다. 이 운동은 매우 굳건한 토대 위에서 진행되고 있습니다. 이전에 그렇게 했듯이, 협동조합은 수확을 돕기 위해 인력을 동원하는데 국가로부터 자유롭습니다. 게다가 협동조합은 농민들의 생활을 향상시킵니다. 그것은 농민들에게 학교, 새로운 주택, 안전하게 마실 물, 전기 등을 더 수월하게 제공합니다. 쿠바 가정의 85퍼센트 이상이 전기 공급을 받고 있습니다. 생산을 장려하는 수준에서 신용과 가격은 정부에 의해 고정되어 있습니다. 잉여 생산은 더 높은 가격으로 매겨져 병행시장에 보냅니다. 농민들은 세금을 내지 않습니다. 그리고 다른 모든 쿠바인들처럼 그 가족들도 무상 의료와 교육의 권리가 있습니다. 협동조합의 조합원들은 매년 개별 농민들의 평균수입 이상인 3,000달러에서 6,000달러 사이의 수입이 있습니다. 개별 농민들의 따로 떨어진 땅의 생산비용이 더 높고 그들의 작업이 기계화하기 더 어렵습니다. 혁명 초기부터 우리는 신용협동조합과 서비스협동조합을 설립하고 있습니다. 협동조합의 서비스들은 트랙터, 사일로, 트럭, 사탕수수 수확기와 같은 작업 기계 분야에서 모든 것을 다룹니다. 지금은 생산협동조합이 그 장비를 소유하고 있습니다."

"농민들이 노동자와 계약할 수 있습니까?"

"네, 노동자들을 보호하는 토지법에 따라서 할 수 있습니다. 요즘 향상된 기계화 덕분에 7,000만 톤 이상의 사탕수수를 수확하기 위해선 7만 명의 사탕수수 줄기를 자르는 사람이 있으면 됩니다. 15년 전에는 35만 명이 필요했습니다. 대부분의 인력이 농업 노동자 자신들에 의해 공급됩니다. 지금까지 오랜 기간 동안 우리는 거의 자원봉사자들을 동원하지 않았습니다. 군인들이나 고등학생들을 이 일에 동원한 적이 없었습니다. 쿠바에 실업문제는 없습니다. 오히려 대부분의 주에서 노동자가 부족합니다."

"학생들이 어떤 생산 활동에도 참여하지 않나요?

"시골 학교에서는 참여합니다. 그런 학교가 약 600개 있고, 그 학교에 30만 명의 학생들이 다니고 있습니다. 그들은 굉장한 성공을 거두었습니다. 도시의 중고등학교 학생들은 자발적으로 1년에 30일 동안 시골에 갈 수 있습니다. 그들 중 95퍼센트의 학생들이 그렇게 합니다. 그들은 채소를 수확하고, 감귤 열매를 따고, 담배와 다른 곡류들을 거두는 일을 돕습니다. 한 사회가 학습할 권리를 보편화시키려면, 일할 권리도 보편화시켜야 합니다. 그렇지 않으면 육체노동과 물질의 생산에서 유리된 지식인의 나라를 만들게 될지 모릅니다. 유스 섬에 있는 학교들이 노동학습 결합의 한 예입니다. 거기서 하는 대부분의 일은 내 자신의 경험이 기초가 되었습니다. 나는 12년을 기숙학교에서 보냈습니다. 세 달에 한 번만 집으로 갈 수 있었고 일요일조차 학교 밖으로 나가는 것이 허용되지 않았습니다. 남녀공학은 없었습니다. 지금 유스 섬에서는 같은 학교에 소년소녀들이 함께 있습니다. 학교 둘레에는 벽이 없어 학생들은 자유롭게 밖으로 나갑니다. 학생들은 매일 생산 활동, 스포츠, 문화 활동을 하러 학

교를 떠날 수 있습니다. 그들은 때로는 참지 못할 만큼 지겹게 공부하고
도 훨씬 더 낮은 학업 결과가 나왔던 예전처럼, 그렇게 공부만 하지 않
습니다. 어떤 경우에라도, 학생들이 일하는 주요 목적은 교육이지 생산
이 아닙니다. 우리나라엔 지금 백만 명의 중고등학생들이 있습니다. 여
섯 살에서 열여섯 살 사이의 젊은이 가운데 92퍼센트가 학교에 다닙니
다. 중학교 입학률은 여섯 살에서 열두 살 사이의 모든 아이들이 실제
로 입학한 초등학교 입학률과 거의 같습니다.”

내가 짧게 말했다.

“경제적 대립을 근절시키기 위해, 사회주의는 사회 계급들을 일소했
습니다. 이것은 객관적인 현상이지만 주관적인 관점에서 보는 사회적 차
이들은 반드시 줄어든 게 아닙니다. 아무것도 못 하고 단지 지적인 작업
만 하는 사람들은 일을 직접 하는 사람들보다 우월하다고 느낄지 모릅
니다.”

피델이 말했다.

“네, 그렇기 때문에 모든 사람들은 손노동을 해야 합니다. 사고하는
것과 더불어 사람들은 일을 어떻게 하는 것이지 알아야만 합니다. ‘행하
는 것이 가장 좋은 말하는 방법이다’라고 마르티가 말했습니다. 그것이
학생들이 30일 동안 도시에서 시골로 가는 이유입니다. 전에는 42일 동
안 갔었는데, 지금은 학생들이 너무 많고 그들을 보낼 충분한 자리가 없
습니다. 이 나라의 천만 명 인구 가운데 60만 명 이상의 노동자들이 교
육과 의료에 고용되었습니다. 그것은 마치 브라질에서 800만 명이 같은
활동에 고용된 것과 같습니다. 그들 대부분은 여성입니다. 즉, 백 명의
국민 가운데 여섯 명이 의료와 건강에 고용된 것입니다.”

“쿠바에서는 의사들의 공급 과잉이나 환자들의 부족이 있습니까?”

호엘미르 베팅이 물었다.

“그 대답을 하기 전에 우리는 전체 300만 명이 노동자라는 말을 덧붙

이고 싶습니다. 12명 안팎의 학생당 한 명의 교사가 있습니다. 초등학교 교사들을 양성하는 특별 학교들에 3만 명의 학생들이 있습니다. 15년 전, 초등학교 교사들의 70퍼센트가 학위가 없었습니다. 지금은 그들 모두 대졸자입니다. 우리는 예비 초등학교 교사들도 있습니다. 그들 중 만 명은 학생들을 가르치지 않고 대학에서 교육을 더 받으면서 월급을 지급받습니다. 초등학교 교사 한 사람은 초등과정 9년, 중등과정 4년을 공부하고, 이제 일을 시작하면서 6년간 대학과정의 기회를 얻었습니다. 그는 그 과정 중에 2년간을 유급으로 시간제의 독립적인 연구과정과 전일제 연구과정을 거쳐, 초등교육 문학사 학위를 받습니다. 우리의 계획은 모든 초등학교 교사들이 대학 학위를 얻는 것입니다."

"이미 2만 500명의 의사가 있고 앞으로 15년 내에 5만 명 이상을 졸업시킬 것입니다. 우리는 이미 각자가 어디에서 일을 할 것인지 알고 있습니다. 우리는 의사들을 위해 7년 근무마다 1년간의 연구 안식년을 도입할 계획입니다. 야심적인 의료 프로그램과 기술사들의 적절한 서비스와 훈련 계획이 있다면 결코 의사가 너무 많은 일을 하지는 않을 것입니다."

"관료주의가 사회주의의 선천적 질병입니까?"

브라질 언론인이 약간 꼬집어 물었다.

"관료주의는 사회주의와 자본주의 모두의 악입니다. 우리가 인적 자원을 더 잘 사용할 수 있다면, 이 전투에서 우리가 승리할 것이라 생각합니다. 내가 본 것처럼, 자본주의의 가장 비합리적인 특징은 실업율의 존재입니다. 자본주의는 기술을 발전시키고도 인적 자원을 충분히 활용하지 않습니다. 사회주의는 인적 자본에 대해 아직 최선의 사용을 다하지 못하는 것 같습니다. 그러나 사회주의는 사람이 실업의 굴욕을 당하지 않게 하고, 효율성과 작업 생산성을 증진시키며 점진적인 진보를 이루어갑니다."

시간은 벌써 새벽 한 시가 지났다. 피델은 호엘미르 베팅의 쿠바 마지막 날인 그다음 날 계획을 어떻게 세울지, 계속 그의 브라질 방문객과 이야기를 하며 왔다갔다 걷기 시작했다. 그들은 오후에 한 번, 저녁에 또 한 번 인터뷰하기로 동의했다.

1985년 5월 14일, 화요일

오후 4시, 피델 카스트로는 혁명궁전 3층에 있는 그의 사무실에서 호엘미르 베팅과 나를 만났다. 사령관은 홀을 지나 그의 공동작업 지원팀이 일하는 방으로 우리를 안내했다. 그는 우리에게 각자의 책임을 설명하면서 거의 모든 직원들을 소개했다. 브라질 언론인이 섬의 에너지 체계의 주요 원료인 기름의 수입에 대해 묻자 피엘이 대답했다.

"우리는 사탕수수 수확 시기에는 사탕수수를 짜고 남은 찌꺼기에서 전기의 일부를 발전합니다. 모든 설탕 공장은 사탕수수 찌꺼기로 돌아갑니다. 우리나라는 기름 400만 톤 이상에 해당하는 2,000만 톤의 사탕수수 찌꺼기가 나옵니다. 우리는 모든 사탕수수 찌꺼기를 사용합니다. 사탕수수 찌꺼기로 목재를 만드는 공장이 다섯 개 있고, 종이를 만드는 공장은 여러 개 있습니다. 우리는 알코올을 재활용해서 자동차의 연료로 사용하지 않습니다. 동물 사료와 단백질 생산에 당밀을 사용합니다. 더욱이 당밀은 럼주와 국내 산업용 알코올을 만드는 원재료로 사용됩니다."

"필수적인 일이 뭐죠?"

TV 논평가인 반데이란테스가 질문했다.

"당밀은 동물 사료로 많이 사용되고 있습니다. 필수적인 것은 잘 씻어서 볕에 말려 동물들에게 주는 것입니다. 10개 공장이 당밀에서 사료를 생산하고 있습니다. 단백질은 50퍼센트까지 특별한 발효과정을 거쳐 얻게 됩니다. 그것은 가금류, 돼지, 소 사료로 사용됩니다. 우리는 이 동물 사료 1톤을 분유 1톤으로 동독과 거래합니다."

호이미르 베팅이 말했다.

"환경보호법 때문에 1986년부터 미국의 모든 자동차 연료로 유카 알코올을 사용할 것이라는 소식을 들었습니다. 가격은 리터당 45센트일 것입니다. 브라질은 리터당 30센트에 미국 항구까지 알코올을 운송할 입장이지만, 미국의 법률은 지역 산업을 보호하기 위해 들어오지 못하게 합니다. 브라질은 1헥타르의 사탕수수 재배 면적에서 1년간 차 한 대에 충분한 2,500리터의 알코올을 생산합니다."

피델이 말했다.

"그렇게 많은 차량에 얼마나 많은 사탕수수 재배지가 필요한지 상상만이라도 해보세요! 모든 땅이 사람 대신에 차를 먹이기 위해 사용된다니 통탄할 일입니다."

호엘미르 베팅이 설명했다.

"연간 알코올 100억 리터를 생산하기 위해 사탕수수 재배면적이 400만 헥타르가 되어야 합니다. 이것은 국가를 위해 연간 6억 달러를 절약한다는 의미입니다."

"쿠바는 180만 헥타르의 면적에서 연간 800만 톤 이상의 설탕을 생산합니다. 우리는 20만 헥타르를 더 확장하고 싶습니다."

호엘미르가 말했다.

"브라질은 밀을 수입합니다. 거기에 연간 12억 달러가 사용됩니다. 밀로 알코올을 생산하면 절약한 금액의 두 배가 지출됩니다. 만일 브라질이 100만 헥타르의 밀을 심었다면, 알코올 생산을 위해 400만 헥타르의 설탕수수를 심어서 지금 우리가 절약하고 있는 것보다는 더 많이 절약했을 것입니다. 우리가 갖고 있지 않은 밀 생산 증진 정책은, 알코올 생산 정책보다 더욱 수익성이 있을 것입니다. 불행히도 브라질 정부에게는 기계 연료가 사람들의 에너지보다 더 중요합니다."

"여기 쿠바에서, 우리는 인간의 에너지에 처음으로 투자합니다."

나중에 피델이 설명했다.

"우리는 공중보건 분야에 157개의 새로운 시설을 짓고 있습니다. 우리는 2만 명 이상의 의과대학생들이 있습니다. 매년 직업 적성과 학교 성적을 토대로 선발된 5,500명 이상의 젊은이들이 의과대학에 들어옵니다."

최고사령관은 우리를 자신의 사무실 옆 작은 휴게실로 안내했다. 두 명이 IBM 소형 컴퓨터들에 둘러싸인 채 일하고 있었다. 쿠바 정부의 이 기억 장치들에는 이 나라에서 가장 우수한 의사 500명의 이름을 포함해서 적절한 절차에 따라 처리된 자료들이 들어 있다. 특히 피델의 요청에 따라, 그 기계들을 운영하는 동지가 그 열쇠를 취급했다. 정보는 다른 색깔들로 나타난다. 즉 아바나는 인구가 1,902,173명이다. 쿠바의 수도에는 7,856명의 의사, 10,481명의 간호사, 11,136명의 위생기술사가 있다, 주민 242명당 의사 한 명, 181명당 간호사 한 명이 있다. 전국적으로 20,403명의 의사가 있고, 인구는 9,952,699명이다. 1,880명의 소아과 의사가 있는데 1,500명의 어린이당 한 명꼴이다.

컴퓨터실을 나와서 피델 카스트로는 우리를 경제 분야 각료들이 회의를 하는 방으로 안내했다. 그는 우리를 소개했고 제3차 5개년 계획 준비과정에 대한 몇 가지 정보를 교환했다. 우리는 오후 6시가 다 되어서 혁명궁전을 나왔다. 몇 분 뒤, 사령관은 소련 대사관의 신축 건물에서 열리는 제2차 세계대전 연합군 승전 40주년을 기념하는 엄숙한 행사에 참석해야 했다.

그날 밤 10시 30분에 우리는 피델 카스트로의 사무실에서 그와 다시 만났다. 호엘미르 베팅은 다음 날 아침 쿠바를 출발해야 했기 때문에, 그에게는 이 여행에서 마지막 대화의 기회였다. 경제 분야 여덟 명의 각료와 국무회의 부통령인 카를로스 라파엘 로드리게즈도 참석했다. 직사각형의 회의 테이블을 마주하고 있는 벽에, 우리의 주인이 브라질 언론인이 원하는 대로 준비한 칠판과 분필이 있었다. 이 대화를 준비하기 위해 호엘미르 베팅은 제3세계, 특히 라틴아메리카의 외채에 대한 피델 카스트로의 최근 인터뷰를 읽었다. 그 인터뷰에는 쿠바 지도자가 채무 불이행을 선언했던 멕시코의 일간지 엑첼시오르와의 인터뷰도 포함되었다.

경제문제 전문가인 언론인이 말했다.

"외채에 대한 정치적 해결책은, 미국과 유럽 은행 법률의 변화, 즉 채권국가 연합의 변화가 필요합니다. 의회의 참여가 필수적입니다. 이것이 이유입니다."

그는 모인 사람들에게 말했다.

"피델은 자신의 제안을 채권국 의회에 보내야 합니다. 쿠바는 외채에 대한 문서를 발표해야 합니다. 정부 대 채권은행의 협상이 아니라 정부 대 정부의 협상으로 문제를 풀어야 할 것입니다. 현재 합의는 브라질리아와 월스트리트에 있지, 브라질리아와 워싱턴에 있는 것은 아닙니다. 이런 방식으로 미국 정부는 문제에 대해 손을 씻고, 실제로 은행 창고지기인 국제통화기금IMF을 통해서만 일부 참여합니다. IMF에는 정부 대 정부의 장이 있어야 합니다. 달러는 준거통화임을 중단했고 세계경제 관계들을 간섭하는 수단이 되었습니다. 사실상 달러는 미국 경제가 받쳐주지 않기 때문에 가짜 통화입니다. 달러는 미국 GNP가 받쳐주지 않습니다. 미국은 가짜 돈으로 세계를 사고 있는 것과 같습니다. 자본주의에서는 전례가 없는 상황입니다. 이 상황에 도전한 최후의 인물이 드골 장군이었고, 그다음엔 아무도 나오지 않았습니다."

피델은 찻잔을 받침 위에 내려놓으며 말했다.

"라틴아메리카는 평가 절하된 달러를 빌려, 지금은 더 많은 가치의 달러로 빚을 갚아야 합니다."

호엘미르가 말했다.

"그것은 순화시켜 말하더라도, 결국 재무적인 해적행위입니다. 신경제 질서의 제안은 무역을 채무와 연결시키는 것입니다. 신경제질서는 지금 본에서 열리고 있는 자본주의 7개 대국의 회의에서 받아들이지 않았습니다. 제3세계는 부국들의 기술 독점으로부터 보호를 받아야 합니다. 브라질은 자료처리 분야의 시장보호법을 통과시켰습니다."

"그 의미가 무엇입니까?"

피델이 물었다.

"외국 산업이 소형 컴퓨터나 개인용 컴퓨터 공장을 브라질에 지을 수 없도록 하는 법입니다. 그것은 국내 자본으로 설립되어야 합니다."

"언제 통과되었습니까?"

"지난 9월입니다."

"이유가 뭐죠?"

"기술 혁신과 국내 산업을 위해 내국 시장을 보호하려는 것입니다."

브라질 손님은 숫자 120을 칠판에 쓰고 덧붙였다.

"브라질은 올해 이자로 120억 달러를 지불해야 하는데, 그 절반을 '새로운 자본'으로 돌리고, 나머지 절반만 보냈습니다. 모두 지불하는 대신 이 자본금을 다국적 위험자본으로 돌려야 합니다. 예를 들어 브라질에서 자동차 공장이 시작될 예정인데, 직접 투자 대신에 기업은 자본화된 이자 일부를 사용하는 것입니다. 그렇게 해서, 제너럴 모터스가 브라질에 자동차 공장을 열자마자 브라질 채무의 일부는 GM으로 넘어가게 됩니다."

"브라질이 지불해야 하는 돈이 지불되지 않네요. 그것은 브라질 내 다국적기업의 투자에도 사용됩니다. 그렇죠?"

"네, 그렇습니다."

"알퐁신 대통령이 시카고에서 한 말을 들어보셨습니까? 아르헨티나가 채무로 지불해야 하는 이자는 그곳에 재투자해야 한다는 것입니다. 같은 의미이죠?"

"네, 그러나 현실적 문제가 있습니다. 즉 미국이 이자율을 정합니다. 은행은 자본 수익률인 이자율을 설정합니다. 일단 위험자본으로 돌리면, 은행이 아니라 브라질이 수익 송금률을 정합니다."

"현재 브라질은 얼마나 많은 수익 송금률을 허용합니까?"

"브라질에 6억 8,000만 달러를 투자한 이탈리아의 피아트는 직접 투자가 아니라 한 은행을 통해 이탈리아 본사 사무소에서 브라질 지사에게 대출을 하여 삼각관계로 운영됩니다. 채무에 대해 피아트는 지사의 이자를 본사 사무실로 보내고 브라질에 12.6퍼센트의 소득세만 지불합니다."

"이자 송금률에 대해 12.6퍼센트를 지불하는 것이네요?"

쿠바 지도자가 물었다.

"네, 만일 피아트가 이자 대신 수익을 송금한다면, 브라질에 35.7퍼센트의 세금을 지불해야 합니다. 수익과 위험자본의 직접 송금에 대해서는 35.7퍼센트의 세금을 내야 합니다. 12퍼센트만 채무 이자에 대해 지불합니다. 만일 브라질이 채무보다 자본을 선호하기 때문에 국가재정법을 개정한다면 피아트도 채무를 자본으로 돌려야 할 것입니다."

"가능한 한 가장 낮은 세금을 내려고 하지요."

피델이 말했다.

"맞습니다. 직접 자본에 대한 세금을 줄일 수 없다면, 이자 자본화가 있을 수 없습니다. 왜냐하면 직접 투자 수익률은 35퍼센트의 세금을 부과합니다. 반면 채무에 대한 수익률의 세금은 12퍼센트입니다."

"브라질은 자본 수익률에 제한이 없나요? 그것도 세금을 부과하나요?"

"맞습니다."

"6억 8,000만 달러면 얼마나 많은 수익이 생기나요?"

"일 년에 5퍼센트에서 8퍼센트입니다."

"낮군요. 투자를 자극하지는 못하겠어요."

피델이 대답했다.

"지점에 자금을 대기 위해 본점이 많은 비용을 치르고 있습니다. 그때문에 수익이 낮습니다. 피아트는 본점에 이자를 지불하고, 그 비용을 브라질 경제에 전가합니다."

"현재의 조건에서 얼마나 많은 수익이 거기서 발생하나요? 거의 6억 달러의 투자로, 은행 없이 직접 투자했다면 본점이 얻는 수익은 얼마일까요?"

"피아트의 경우, 총매출액의 8퍼센트에 달합니다."

"총매출액 중에서!"

우리의 주인이 탄성을 지르며 물었다.

"6억 8,000만 달러에 대해서는 얼마나 되지요? 10퍼센트보다 적지요?"

"10퍼센트보다 적어요. 유동적이지만 8퍼센트 정도입니다."

"그런 낮은 자본 수익률로 투자하는 다국적기업들은 브라질에서 어떤 우대를 받지요?"

"그들은 첫 단계에서 시장을 넘겨받길 원합니다. 세계적 수준의 유휴 생산능력이 있는 브라질은 라틴아메리카의 중요한 시장으로 나머지 지역을 위한 도약대가 됩니다. 브라질에는 외국 자본에 대한 매우 자유로운 법들이 있습니다. 자본 수익률이 채무 지불의 형태를 취하기 때문에 금융비용은 드러나지 않는 은밀한 수익입니다. 그것은 본점으로 돌아오는 같은 자본입니다. 본점은 지점의 채권자입니다. 그것은 다국적 자본이 브라질에 제시했던 최근의 발명품입니다. 브라질에서 다국적기업들은 자신들의 본점에 180억 달러의 채무를 지고 있습니다. 모두 은행을 통해서 말입니다."

"그것은 외채에 포함되지 않습니까?"

작은 시가에 불을 붙이며 피델이 물었다.

"외채 중 5분의 1에 달합니다."

"돈을 빌렸기 때문인가요?"

"네, 은행을 통해 본점에서 지점으로 빌렸습니다."

"남한에서는 어떻게 6억 달러의 수익이 발생했나요?"

"그 3배가 됩니다."

"왜 다국적기업들이 거기에 그렇게 많이 투자했나요? 이유가 뭐죠? 왜 대만과 남한에 그렇게 많이 투자했죠?"

"그곳이 일종의 면세구역이기 때문이죠."

"그들은 투자한 금액의 20퍼센트 이상의 수익을 틀림없이 만들었죠."

"그 이상이죠."

호엘미르 베팅이 긍정했다.

"20퍼센트 이상?"

"네, 상환 기일 이후에는 그랬습니다."

"그런데 브라질에서는 훨씬 적었죠?"

"훨씬 적었습니다."

"그렇다면 그들은 지난 몇 년간 브라질에 왜 그렇게 많이 투자했습니까? 동기가 무엇입니까?"

"그들은 시장 잠재력 때문에 그렇게 했습니다. 시장 규모입니다. 브라질은 벨기에와 인도를 합친, 일종의 벨린지아Belindia입니다. 그곳은 대조되는 섬입니다. 브라질에는 벨기에의 1인당 소득에 달하는 3,200만 명의 소비자들이 있습니다. 큰 시장입니다. 연간 100만 대의 차를 제조합니다.

브라질은 세계에서 일곱 번째로 큰 자동차 시장이 있습니다."

"고급 차들입니다."

내가 강조했다.

"텔레비전과 제품들도 제조하고 있습니다. 1억 3,300만 명의 인구 중에 3,200만 명의 소비자들이 있습니다."

"소비자들은 전체 인구의 25퍼센트에 달하지 않습니다."

사령관이 언급했다.

"나는 인구의 10퍼센트가 국내 소득의 50퍼센트 이상을 차지한다고 들었습니다. 즉, 브라질 사람들의 4분의 1이 중요한 대량 판매시장을 구성하고 있습니다. 얼마나 많은 사람들이 이 시장에서 벗어나 있나요?"

"나머지 모두입니다."

"1억 명이나 그렇습니까?

"네, 1억 명이 문자 그대로 시장 밖에 있습니다."

"1억 명 가운데에, 얼마나 많은 사람이 극단적인 빈곤 속에 살고 있습니까?"

"삼천만 명이 절대적 빈곤 상태에 살고 있고, 사천만 명이 상대적 빈곤 속에 있습니다. 즉 칠천만 명에 이릅니다. 경계선상에 있는 삼천이백만 명은 다국적기업의 양상에 따라서 시장을 구성합니다. 칠천만 명의 가난한 사람들과 삼천이백만 명의 소비자들 사이에 기본적으로 생존만을 영위하는 노동자계급이 있습니다. 칠천만 명의 가난한 사람들은 정말 그 체계 속의 칠천만 명의 정치적 죄수들입니다. 이 절대적 빈곤 상태는 기아, 질병, 영구적 실업에 의해 최악에 있는 인도의 상태와 같습니다. 집이나 친척이 없는 10세 이하의 아이들이 천팔백만 명이나 있습니다. 그들은 길거리 개들처럼 버려져 브라질 전역에서 발견됩니다."

"육천사백만 명의 브라질인들이 19세 미만입니다."

내가 덧붙였다.

"삼천만 노동자들 가족에서 그 집 없는 아이들이 나온 것입니까?"

피델이 어리둥절해하며 물었다.

"아닙니다. 그들은 칠천만 명에서 나옵니다."

경제전문 언론인이 설명했다.

"그런데 어디에서 버려진 천팔백만 명의 아이들이 발생한다는 것인가요?"

"네, '인디아'로부터입니다. 그러나 '벨기에인' 삼천이백만 명은 아르헨티나, 우루과이, 멕시코에 있는 것보다 더 큰 대량 판매시장을 구성합니다. 그것은 라틴아메리카에서 가장 큰 시장입니다."

"브라질의 의사와 엔지니어들은 어디에 있습니까?"

"삼천이백만 명 안에 있습니다."

"그리고 교사들은요?"

"그들도 삼천이백만 명 안에 있습니다."

"초등학교 교사들은 얼마나 많이 버나요?"

"약 80달러 정도입니다."

"상대적 빈곤 속에 사는 사천만 명 가운데 초등학교 교사들이 있을지 모르겠네요."

쿠바 의장이 말했다.

"지난 5년간의 거대한 외채 위기 동안 삼천이백만 브라질인들의 구매력은 27퍼센트 떨어졌습니다."

"삼천이백만 명에 대해서요? 삼천만의 노동자들은 어떻습니까?

"12퍼센트 떨어졌습니다."

나는 다른 통계도 제공했다.

"지금 브라질에서는 천이백만 명이 실업상태입니다."

피델은 결론을 지었다.

"다국적기업이 브라질에 즉시 투자할 만한 큰 우대책이 있다고 할 수는 없군요."

"맞습니다. 외채에 대한 어려운 문제, 정부의 변화, 그리고 거대 다국적기업의 혼란 가능성 때문입니다."

"전 세계에 걸친 다국적기업들의 투자에 대한 정보를 갖고 있습니까? 나는 투자금이 약 6억 달러에 이를 것으로 생각합니다."

"아닙니다. 그 금액은 9억 3,000만 달러입니다."

"9억 3,000만 달러요?"

"네, 그것이 제3세계의 외채입니다."

피델이 말했다. "아닙니다. 나는 채무가 아니라 직접 투자에 대해 물었습니다."

"그것은 1982년 6억 4,000만 달러에 달합니다."

"그 가운데 75퍼센트가 선진국의 투자입니다."

"네." 호엘미르 베팅이 동의했다.

"그래서 제3세계의 투자가 약 1억 5,000만 달러라는 뜻이네요."

"대략 그렇습니다."

커피를 마시는 휴식시간이 있었고, 바로 이어서 가난한 나라들의 외채 분석과 관련한 쿠바의 제안을 주제로 피델 카스트로와 브라질 언론인의 독점 인터뷰가 길게 이어졌다. 나는 인터뷰에 참여했지만 기록을 하지 않았다. 왜냐하면 인터뷰 내용의 출판은 인터뷰 진행자의 책임이었다. 그러나 그는 내가 여기서 쿠바 지도자와 그의 대화 중 첫 부분을 기록하는 것을 허용했다.

오전 5시 30분이었다. 우리의 주인은 일어나면서 말했다.

"나는 운동 좀 하고 뭔가 먹어야겠어요. 열다섯 시간 동안 아무것도 먹지 못했어요."

그는 출입문을 지나 걸어가면서 우리에게 따라오라고 말했다. 우리는 혁명궁전의 지하 차고로 가는 개인 엘리베이터를 탔다. 우리는 사령관의 메르세데스 벤츠를 타고 이른 여름의 아직 어두운 아바나 거리를 달렸다. 경호원들이 탄 다른 메르세데스 차가 우리를 따라왔다. 조금 뒤 우리가 머물고 있는 집 앞에 주차했다. 피델 카스트로는 밖으로 나와 두 시간 후에 공항에서 출발할 호엘미르 베팅에게 따뜻한 작별인사를 했고 나와도 악수를 했다. 여전히 긴 만남의 흥분이 가시지 않은 상태에서 호엘미르와 나는 거실에서 위스키를 조금 마시며 쿠바 치즈를 먹었다. 밖에는 날이 떠오르기 전, 불그스름한 밤이 조심스레 물러나고 있었다.

1985년 5월 18일, 토요일

호엘미르 베팅이 브라질로 돌아간 다음에 나는 사령관이 부르기를 기다렸다. 언제나 애타게 기다리고 있던 것처럼, 오래 기다렸다. 부모님과 나는 낮에는 빌마 에스핀(혁명전사이자 라울 카스트로의 부인-역자 주)이 따뜻하게 맞아준 쿠바여성연맹을 방문하고, 유치원, 혁명방어위원회 CDRs의 전국사무국 등 아바나 주위를 다니며 보냈다. 우리는 도심을 거닐며 신선한 생산물만 사용하는 세계에서 제일 좋은 아이스크림 가게인 코페리아에서 아이스크림을 먹고, 관광객들에게만 달러를 취급하는 세계적인 호텔들의 쇼핑센터에서 쇼핑을 했다. 하이메 오르테가 아바나 대주교를 방문하는 동안, 어머니는 쿠바의 수호성인인 자비의 성모님, 물라토(백인과 흑인의 혼혈인종-역자 주)의 아름다운 컬러 상본을 받았다. 수많은 라틴아메리카인 마리아들이 물라토인 것처럼 자비의 성모님도 그런 모습이다. 더욱이 성모님이 발현이라도 하신 것처럼, 자비의 성모상은 1607년에 가난한 어민들에 의해 바닷속에서 발견되었다.

나는 주말이 지나면서 피델 카스트로와의 인터뷰에 대한 희망을 잃었다. 토요일 오후, 부모님은 쿠바에서 가장 아름다운 해변이라는 바라데로로 떠나셨다. 나는 갈 수 없었다. 나는 그날 저녁 도미니코 수도원에서 예수의 영성에 대한 공개 강연 계획이 잡혀 있었다. 여러 명의 공산주의자 친구들, 즉 브라질인 엘리오 두트라와 그의 부인 엘사, 마르크시즘의 근원에 대해 여러 권의 책을 쓴 작가인 칠레의 마르타 아르네케르, 그리고 카사 데 라스 아메리카스에서 온 호르게 티모시 등 약 70명이 참석했다. 두 명의 매우 친한 친구, 쿠바의 가장 훌륭한 시인 중 한 사람인 신티오 비티에르와 그의 부인 피나도 거기 있었다. 사제들 가운데 아바나 교구의 총대리 및 쿠바 주교회의 총무인, 나와 마음이 맞는 카를로스 마누엘 데 세스페데스 신부가 있었다. 청년과 성인 평신도, 수사, 수녀, 그리고 신학생들도 참석했다. 나는 수도회 회의실에서 강연을 했다. 강연에서 쿠바 도미니코 수사들 중에 잊히지 않을 존재, 즉 원주민들의 수호자 바르톨로메 데 라스 카사스와 1728년 아바나 대학교를 창설한 사람들의 존재를 상기해보았다. 지금 섬 전체에 다섯 명의 도미니코 수사들만이 있고, 이들 중 두 명은 베라도 수도원에 있다.

우리가 영성을 말할 때, 그 말은 우리에게 영적 피정, 조용하고 한적한 장소, 바다의 일몰이나 거울 같은 연못의 사진 속에 등장하는 성스러운 사람을 생각하게 합니다. 영적인 생활은 육체적이고 물질적인 생활과는 반대되는 어떤 것, 즉 세상과 일상으로부터 물러남을 수반하는 어떤 것이나 관상 수도원이 제공하는 안식처에서 혜택을 받지 못하는 가난한 사람들을 위한 유일한 특권처럼 들립니다. 교회 내에는 셀 수 없는 "영성들"이 있습니다. 도미니코회, 프란치스코회, 예수회, 마리아회의 영성, 그리스도교에 대한 워크숍에서 제공되는 영성 등이 있습니다. 신학적으로 "영성을 채택하는 것"이 어떤 의미인가요? 그것은 그리스도를 따르는 길을 채택한다는 의미입니다. 우리는 아씨시의 프란치스코나 아빌라의 데레사나 토마스 아 켐피스나 테이야르 드 샤르뎅이 했던 방식으로 그분을 따를 수 있습니다. 라틴아메리카의 더욱 가난한 계급들 가운데에서 토착적이고, 헌신적이고, 그리고 순례자의 여러 영성들이 검은

색과 갈색 피부의 마리아들 주위에 등장하고 있습니다. 그분들은 우리 자비의 성모님, 과달루페의 성모님, 그리고 그 밖에 발현하신 여러 성모님들의 모습입니다. 그럼에도 불구하고, 제도 교회의 차원에서는 유럽에서 수입된 영성이 만연되어 있습니다. 신학도 수입되었습니다. 신학교들은 유럽의 유산자계급의 방식으로 예수님을 따르는 길을 가르쳤습니다. 그 방식은 극악한 사회적 모순이 특징인 우리의 현실뿐 아니라 복음의 명령과도 모순됩니다. 로마가 해방신학을 이해하기 어려운 것은 유럽 내 교회 안에서 준비된 것과 다른 신학을 수용할 수 없는 결과입니다.

하나이고 같은 교회 안에 다른 신학적 접근이 가능합니까? 내가 빅토리아의 산타 마리아 언덕에 살고 있을 때, 옆집에 사는 노동자가 나에게 "예수님의 삶"에 대한 책을 구했습니다. 나는 그에게 신약성경 한 권을 주었습니다. 그를 볼 때마다 나는 물었습니다. "안토니오 씨, 예수님의 삶을 읽었는지 말해주세요." 어느 날, 그가 나에게 말했습니다. "베토, 성경을 다 읽었고 많이 알게 되었어요. 이제 나는 당신에게 말할 수 있어요. 나는 예수님에 대한 이야기들이 많이 반복되고 있다는 것을 발견했어요." 이것은 좋은 예입니다. 복음에는 마태오, 마르코, 루카, 요한의 네 가지 다른 신학들이 있습니다. 신학은 주어진 현실 안에서의 신앙에 대한 성찰입니다. 루카는 이방인의 마음으로 복음서를 썼고, 반면에 마태오는 유다인을 위해 썼습니다. 교회 안에서 신학을 쓰는 사람은 누구일까요? 모든 그리스도인입니다. 신학은 현실에 몰입되어 있는 그리스도교 공동체가 자신의 신앙을 이해하는 성찰의 열매입니다. 따라서 각각의 그리스도인은 마치 각각의 주부들이 시장에서 절약하는 것처럼 신학을 합니다. 모든 주부들이 경제학자가 아닌 것처럼 모든 그리스도인들이 신학자가 아닙니다. 신학자들은 신학의 과학적 기초들을 잘 설명하는 사람들이고, 동시에 공동체에 주어진 신앙의 성찰을 파악하고 체계적으로 그것을 공식화하는 사람들입니다.

제2차 바티칸 공의회 이후, 라틴아메리카 교회는 자신의 신학을 공식화하기 시작했습니다. 유럽으로부터 신학의 수입을 중단했습니다. 이 이전에 모든 신학생들은 콩가르, 드 루박, 과르디니, 혹은 라너 신부의 신학 작품들을 학습하기 위해 불어를 해야 했습니다. 이 신학은 그 지역에 있는 그리스도인 기초 공동체들에서 나온 것이며 압제받는 사람들의 해방신학이 제기하는 도전의 결과로, 구스타보 구티에레즈와 레오나르도 보프와 같은 이들에 이해 체계화되어왔습니다. 신학은 현실이 제기하는 도전에 대한 신앙의 응답입니다. 20세기에 유럽에서 가장 중요한 사건이 무엇입니까? 의심의 여지 없이, 1차 세계대전과 2차 세계대전입니다. 세계대전은 유럽 문화 속에 자아, 인간의 가치, 삶의 목적에 대한 문제들을 퍼뜨렸습니다. 후설, 하이데거, 사르트르, 칼 야스퍼스의 철학 작품, 알베르 카뮈, 토마스 만의 문학 작품, 브뉴엘과 펠리니의 영화 모두가 그 문제에 답하려는 시도입니다. 신학도 예외가 아닙니다. 유럽의 현실과 관련된 시도에서, 그 축이 인간인 인격주의 철학에 대한 중재를 추구합니다.

그런데 지금 20세기, 라틴아메리카의 특징적인 면은 무엇입니까? 그것은 배고픈 사람들의 수백만의 집단, 대다수의 존재입니다. 그것은 비인간입니다. 그리고 신학은 철학의 중재가 비인간이란 엄청난 존재의 정치적이고 구조적인 원인들을 충분히 이해하지 못했다는 것을 발견했습니다. 그래서 마르크스주의까지 포함한 사회과학에 의지할 필요가 있었습니다. 이러한 관련성으로 해방신학 방법론이 출현하게 되었습니다. 그것은 라틴아메리카에서 그리스도교 신앙의 해방과 복음의 경험과 부합합니다. 마르크스주의를 두려워하는 것은 피타고라스에 의해 영향을 받을까 의심스럽기 때문에 수학을 두려워하는 것과 같습니다. 오늘날 아무도 사회적 모순에 대해 정직하게 말할 수 없고 마르크스에 의해 체계화된 개념들에 대해 찬사를 표하지도 않습니다. 그 개념이 마르크스의 개념인지 아닌지, 그것이 중요한 것이 아닙니다. 중요한 것은 그 개념을 통해 과학적으로 현실이 전달된다는 것입니다. 요한 바오로 2세까지도 인간의 노동에 관해 회칙 『노동하는 인간Laborem Exercens』에서 계급 갈등과 사회 불평등에 대해 말씀하실 때에 마르크스를 빌렸습니다. 무신론자로 자신을 선언했기 때문에 마르크스를 두려워하기 전에, 그리스도인으로 자신을 선언하는 우리는 이 세상에서 어떤 종류의 공평한 사회를 건설하고 있는지 우리 스스로에게 물어야 합니다.

영성은 우리의 영적 삶만을 말해주는 것이 아닙니다. 영성은 영과 몸의 일치 안에서, 전체로서의 사람을 말해줍니다. 물질과 정신 사이의 분리는 히브리인들에게 없었습니다. 모순적으로 들리지만, 바오로 성인조차 "영적인 몸"이라고 말씀하셨습니다. 성경에서 영적인 지식은 실험적인 지식이었습니다. 실제로 당신이 무엇을 실험하는지 당신만 알 수 있습니다. 영과 몸의 분리는 그리스 철학에 의해 우리에게 전해졌습니다. 그것은 4세기에 그리스도교 신학에 침투되기 시작했습니다. 그리스인들은 물리적, 육체적, 물질적 실재를 부인하면 할수록, 더욱더 영적인 존재가 될 것이라고 생각했습니다. 복음에서 영성은 하느님의 현존을 느끼는 길도 아니고 믿는 길도 아닙니다. 예수께서 말씀하셨습니다. "나에게 '주님, 주님!' 한다고 모두 하늘나라에 들어가는 것이 아니다. 하늘에 계신 내 아버지의 뜻을 실행하는 이라야 들어간다." 따라서 영성은 영에 따라 생활하는 삶의 길입니다. 쿠바 해방의 뛰어난 영웅이자 선구자인 호세 마르티는 "행하는 것이, 말하는 가장 좋은 방법이다"라고 말했습니다. 그리스도인에게는 사는 것이, 믿는 가장 좋은 방법입니다. 야고보 성인이 말씀하셨듯이 행동 없는 신앙은 무가치합니다. "나의 형제 여러분, 누가 믿음이 있다고 말하면서 실천이 없으면 무슨 소용이 있겠습니까? 그러한 믿음이 그 사람을 구원할 수 있겠습니까? 어떤 형제나 자매가 헐벗고 그날 먹을 양식조차 없는데, 여러분 가운데 누가 그들의 몸에 필요한 것은 주지 않으면서, '평안히 가서 몸을 따뜻이 녹이고 배불리 먹으시오.' 하고 말한다면, 무슨 소용이 있겠습니까? 이와 마찬가지로 믿음에 실천이 없으면 그러한 믿음은 죽은 것입니다."야고보서 2:14-17

우리의 삶의 방식은 우리가 무엇을 믿는가에 대한 결과입니다. 우리 교회의 존재 방식은 하느님에 대한 개념을 성찰하는 데 있습니다. 교회를 알기 위해 가장 좋은 물음은 "당신이 믿는 하느님은 어떤 분이라고 생각합니까?"라는 질문입니다. 모든 신자들이 같은 하느님을 믿는다고 생각하는 것은 잘못입니다. 나는 종종 내가 믿는 하느님과 레이건이 믿는 하느님 사이에 어떤 유사성이 있을까 자신에게 물어봅니다. 우리는 구약에서 예언자들이 우상, 즉 인간의 이해에 맞게 만들어진 신들에 의해 시달림을 받았다는 사실을 잊어버립니다. 아직도 많은 우상이 있습니다. 하느님의 이름으로 스페인 사람들과 포르투갈 사람들이 라틴아메리카를 침입해 수백만의 원주민들을 살육했습니다. 하느님의 이름으로 수많은 노예들이 아프리카에서 끌려와 땅을 경작했습니다. 하느님의 이름으로 유산자계급의 지배가 이 땅에 자리를 잡았습니다. 정복자, 노예 소유자, 자본주의 압제자로 불리는 이름이, 예수님이 말씀하셨던 가난한 이들의 하느님이 될 수 있는가요? 나는 음악가, 의사, 신학자인 알베르트 슈바이처의 비극을 기억합니다. 예수의 진실에 대한 개신교 연구서들의 영향을 받아, 슈바이처는 나사렛 출신 청년이 그렇게 곧 죽게 될 것이라고 예상하지 않았고 그를 둘러싸고 짠 음모에 의해 그가 불시에 기습당했다는 결론을 내렸습니다. 그런데 신은 결코 틀림이 없습니다. 예수가 자신의 죽음의 시간을 예상할 수 없다면, 그것은 그가 하느님이 아니기 때문이라고 슈바이처는 결론을 내렸습니다.

몇 년 전에, 로빈슨이란 이름의 영국인 목사가 베스트셀러가 된 『하느님께 정직하라』는 책을 출판했습니다. 그 책은 『다른 하느님』이란 제목으로 브라질에서 번역되었습니다. 저자는 우리가 하느님께 정직하게 그분을 알지 못한다고 고백해야 한다고 말했습니다. 우리가 아는 것은 스케치한 것에 불과합니다. 예를 들어 공식적인 서류에서, 삶의 결정적인 순간에, 그리고 정치적인 연설 속에서 신이 불러일으키시는 것과 같습니다. 당신은 어떻게 인간을 압니까? 그에 관한 생각으로 또는 그를 드러내는 어떤 것으로 압니까? 참된 지식이 계시에서 유래된다면, 우리는 하느님을 예수 그리스도, 그의 역사적 존재 안에서 가장 잘 알 수 있습니다. 비록 중세 신학이 하느님을 전지, 편재, 전능 등으로 정의 내렸지만, 우리가 복음을 펼칠 때 발견하는 것은 가난한 사람들 가운데 살고, 친구의 죽음 앞에 울고, 배고픔을 느끼고, 사도들과 논쟁하고, 바리사이들을 화나게 하고, 헤로데를 모욕하고, 유혹을 당하고, 고뇌 속에서 아버지에게 버림받았다고 느낄 때에 신앙의 위기를 겪는, 부서지기 쉬운 한 사람입니다.

아마도 예수의 머릿속에 모든 것을 내다볼 컴퓨터가 있다는 것이 신성이 아니라고 인정한다면, 알베르트 슈바이처는 예수의 신성에 대한 믿음을 잃어버리지는 않았을 것입니다. 신약성경에 따르면, 하느님의 가장 중요한 속성은 사랑입니다. 그의 첫 번째 서간에서, 사도 요한은 매우 분명합니다. "사랑하는 여러분, 서로 사랑합시다. 사랑은 하느님에게서 오는 것이기 때문입니다. 사랑하는 이는 모두 하느님에게서 태어났으며 하느님을 압니다. 사랑하지 않는 사람은 하느님을 알지 못합니다. 하느님은 사랑이시기 때문입니다."요한1서 4:7-8 하느님에 대한 중세 신학의 정의에 영향을 미친 그리스인에게, 사랑은 결코 신의 속성일 수 없습니다. 반대로 사랑은 결핍으로, 사랑받는 대상과의 관계를 의미하는 정도입니다. 이러한 의미에서, 하느님이 사랑하시는 것처럼 예수님이 사랑하셨기 때문에 예수님은 하느님입니다. 그렇기 때문에 그는 죄를 짓지 않으셨습니다. 예수님은 자신이 아니라 아버지와 사람들에 초점을 맞추었습니다. 이 사랑의 하느님이라는 개념은 권위주의보다는 오히려 형제애와 이해관계의 공동체에 기초를 둔 교회의 토대를 이끌었습니다. 하느님은 신앙이 부족한 사람들 안에서조차 존재하십니다. 그리고 그분은 역사상 우리의 사랑을 가장 필요로 하는 사람들, 즉 압제받는 이들과 동일시하십니다. "너희는 내가 굶주렸을 때에 먹을 것을 주었고, 내가 목말랐을 때에 마실 것을 주었다." 예수께서 마태오복음 25장에서 말씀하셨습니다. 사랑은 필연적으로 해방자입니다.

일단 사랑의 하느님, 정의를 위해 부르시고 가난한 이의 권리를 옹호하는 하느님에 대한 문제가 명료해지자, 예수님의 영성에 대해 말하는 것이 더 쉬워졌습니다. 우리가 복음서를 숙고한다면, 예수님의 영성은 세상에서 물러남, 하느님을 더 잘 섬기기 위해 일상에서 멀어짐, 세속적인 현실 부정 가운데 하나가 아니라는 사실이 명확합니다. 요한복음 17장 15절에서 예수님은 당신의 아버지에게 사도들을 세상에서 데려가시라고 청하는 것이 아니라, 악에서 지켜주시기를 청하셨습니다. 예수님의 전 존재는 압제받는 이들을 위하거나 반대하는 다양한 개념과 선택들이 토론되는 장의 이념적인 충돌 속에 몰입했습니다. 예수님의 영성은 도덕주의 영성도 아닙니다. 그것은 바리사이의 영성입니다. 바리사이들은 그들의 도덕적 미덕을 일종의 성스러움의 승리로 여겼습니다. 많은 그리스도인들이 이 노선에 따라 훈련을 받고, 그들이 추구하는 형식적인 도덕주의를 조절하지 않으려고 하기 때문에 자신들에게 있는 신앙의 힘을 잃게 됩니다. 하느님은 산꼭대기에 사시고, 영성은 가파른 경사를 흥미롭게 올라가기 위해 사용되는 그리스도인들의 등반 매뉴얼과 같습니다. 우리는 부서지기 쉬운 연약한 특성이 있기 때문에, 몇 번이고 반복해서 등산을 시작합니다. 그것은 시시포스 신화의 돌을 굴려 올리는 끝없는 반복입니다.

그런데 예수님의 비도덕주의의 가장 좋은 사례 중 하나는 그분이 사마리아 여인과 만나는 이야기입니다. 당대에 만연한 도덕적 관점에서 보면 여자이고 사마리아인이고 첩이었기 때문에 그녀는 왕따였습니다. 그러나 그런 여자에게 예수님은 자신의 사명에 대한 메시아적 성격을 처음으로 드러냈습니다.

흥미로운 대화가 그들 사이에 일어났습니다. "그 여자가 예수님께 말했다. '선생님, 그 물을 저에게 주십시오. 그러면 제가 목마르지도 않고, 또 물을 길으러 이리 나오지 않아도 되겠습니다.' 예수님께서 그 여자에게, '가서 네 남편을 불러 이리 함께 오너라.' 하고 말씀하셨다. 그 여자가 '저는 남편이 없습니다.' 하고 대답하자, 예수님께서 말씀하셨다. '저는 남편이 없습니다, 한 것은 맞는 말이다. 너는 남편이 다섯이나 있었지만 지금 함께 사는 남자도 남편이 아니니, 너는 바른대로 말했다.' 여자가 예수님께 말했다. '선생님, 이제 보니 선생님은 예언자시군요. 저희 조상들은 이 산에서 예배를 드렸습니다. 그런데 선생님네는 예배를 드려야 하는 곳이 예루살렘에 있다고 말합니다.' 예수님께서 그 여자에게 말씀하셨다. '여인아, 내 말을 믿어라. 너희가 이 산도 아니고 예루살렘도 아닌 곳에서 아버지께 예배를 드릴 때가 온다. … 진실한 예배자들이 영과 진리 안에서 아버지께 예배를 드릴 때가 온다. 지금이 바로 그때다."요한복음 4:15-23

한 번도 예수님은 그녀의 삶에 여섯 명의 남자가 있었다고 그녀를 비난하지 않았습니다. 예수님은 그녀가 진실하다는 것을 증명하는 일에 관심을 보였습니다. 그녀는 거짓말을 하지 않았고, 형식주의적인 자세도 취하지 않았습니다. 그렇기 때문에 그녀는 하느님께 주체적인 개방성으로, 그리고 진리에 객관적인 헌신성으로 "영과 진리 안에서" 예배를 드릴 수 있었습니다. 따라서 그리스도인의 삶은 하느님을 향하는 사람의 운동이 아니라 그전에, 사람을 향하는 하느님의 사랑이 있다는 것을 예수님이 보여주었습니다. 하느님은 돌이킬 수 없게 우리를 사랑하십니다. 모든 사랑의 관계에 있어, 사랑은 호혜성을 요구하고 절대적인 자유를 수반한다는 사실을 우리가 받아들일 것인지 확인하는 것만 남아 있습니다. 그때에 그리스도인의 도덕성은 무죄한 상태라는 형식주의적인 의도로부터 생기지 않습니다. 그리스도의 도덕성은 마치 사랑으로 한 쌍이 신의를 지키는 것처럼, 하느님과 우리와의 사랑 관계의 결과입니다. 돌아온 탕자의 비유는 하느님 사랑의 무상성의 좋은 사례입니다. "그가 아직 멀리 떨어져 있을 때에 아버지가 그를 보고 가엾은 마음이 들었다. 그리고 달려가 아들의 목을 껴안고 입을 맞추었다."루카복음 15:20 아버지의 용서와 행복은 단지 아들이 돌아온 사실에서 표현되었습니다. 아들이 집을 비운 이유를 설명하고 사과하기도 전이었습니다. 그렇게 우리를 위하시는 하느님의 사랑이 있습니다.

우리는 예수님의 영성이 영 안의, 역사적인 충돌 속의, 아버지와 사람들과의 사랑의 공유 안의 삶이었다고 봅니다. 예수님의 영성은 아버지의 선물을 그대로 받아들이려는 개방성과, 압제받는 이들의 삶의 열망을 해방시키려는 헌신성의 결과였습니다. 예수님에게 있어, 세상은 바리사이들이 원하듯이 순수한 사람과 순수하지 않은 사람으로 나뉘지 않습니다. 세상은 삶을 돌보는 사람들과 죽음을 지지하는 사람들로 나뉘어 있습니다. 사랑의 몸짓에서 사회 혁명까지, 더 많은 생명을 생기게 하는 모든 일은 하느님의 원하시는 체계와 일치하고, 하느님 나라와 일치합니다. 생명은 하느님이 우리에게 주신 가장 위대한 선물이기 때문입니다. 태어난 사람은 누구나, 생명의 영역으로 들어가기 위해 하느님 안에서 태어난 것입니다. 동시에 예수님의 영성은 바리사이들의 영성과 모순되었습니다. 바리사이들의 영성은 전례, 의무, 금욕주의, 계율의 준수로 되어 있습니다. 충실함은 바리사이들의 삶의 중심입니다. 아버지는 예수님의 삶의 중심입니다. 바리사이들에게 영성은 문화적인 규칙을 실천하는지 평가하는 것입니다. 예수님에게 영성은 하느님의 사랑과 연민에 자식으로서 열려 있는지 평가하는 것입니다. 바리사이들은 신성이 인간의 정복이었고, 예수님은 신성이 하느님의 은총에 열려 있는 사람들에게 주시는 그분의 선물이었습니다. 예수님의 영적 활기는 그가 친근하게 아빠Abba, 아버지마르코복음 14:36라고 부르는 하느님과의 친밀성에서 나옵니다. 믿는 우리들 모두와 같이, 예수님은 믿음을 갖고 믿음을 키우기 위해 기도에 몇 시간을 보냈습니다. 루카는 예수님이 그의 영이 아버지의 영에 의해 다시 채워지도록 하는 그 시간들을 기록했습니다. "그러나 예수님께서는 외딴곳으로 물러가 기도하셨다."루카복음 5:16 "그 무렵에 예수님께서는 기도하시려고 산으로 나가시어, 밤을 새우며 하느님께 기도하셨다."루카복음 6:12 "예수님께서 혼자 기도하실 때에 제자들도 함께 있었다."루카복음 9:18 이러한 아버지와의 교감에서 예수님은 삶의 계획을 향해 분투하고, 특히 바리사이로 대표되는 죽음의 세력들에 도전할 힘을 발견했습니다. 바리사이에 대항하여 복음에는 강렬한 두 성명문이 등장합니다.마태오복음 23장과 루카복음 11:37-57 그리고 이런 점에서, 삶을 위해 분투하는 사람들은 비록 믿음이 부족하다 하더라도 하느님의 계획에 포함됩니다. "그러면 그 의인들이 이렇게 말할 것이다. '주님, 저희가 언제 주님께서 굶주리신 것을 보고 먹을 것을 드렸고, 목마르신 것을 보고 마실 것을 드렸습니까? 언제 주님께서 나그네 되신 것을 보고 따뜻이 맞아들였고, 헐벗으신 것을 보고 입을 것을 드렸습니까? 언제 주님께서 병드시거나 감옥에 계신 것을 보고 찾아가 뵈었습니까?' 그러면 임금이 대답할 것이다. '내가 진실로 너희에게 말한다. 너희가 내 형제들인 이 가장 작은 이들 가운데 한 사람에게 해준 것이 바로 나에게 해준 것이다.'"마태오복음 25:37-40

당신의 동료, 특히 생명력이 없고 정의가 필요한 사람이 도움을 받고 사랑받기를 하느님은 바라십니다. 그들이 예수님이 동일시했던 사람들입니다. 그렇기 때문에 정의를 위한 투쟁과 하느님의 뜻을 완수하는 것 사이에는 모순이 없습니다. 사람은 다른 사람을 필요로 합니다. 생명을 위한 하느님의 계획에 따라 일하는 모든 이가 예수님의 형제요 자매입니다.^{마르코복음 3:31-35} 특히 라틴아메리카의 현재 상황에서 이것이 예수님을 따르는 가장 좋은 길입니다. 나는 예수님이 투쟁의 영성, 즉 가난한 사람과 무한한 내적 평화를 그에게 허락하시는 아버지에 대한 헌신을 가졌다고 말하기를 좋아합니다. 참된 평화는 벽을 쌓으면서 얻어지지 않습니다. 그것은 하느님 안에서 신뢰한 결과입니다. 용기는 두려움의 반대가 아닙니다. 신앙이 두려움의 반대입니다. 그 신앙은 예수님에게 삶의 계획을 수행하기 위해 필요한 의지를 줍니다. 그 의지는 죽음의 세력에, 이를테면 압제, 불의, 그리고 규칙과 전례로 경직된 종교에 맞서 자신의 목숨을 희생하기까지 합니다.

강연 이후 거의 질문이 없었다. 청중들이 질문을 못하게 하는 것 같았다. 날이 늦었고, 나는 호르게 티모시와 마르셀라와 함께 마르타 아르네케르의 집에서 럼주 몇 잔을 마셨다.

1985년 5월 19일, 일요일

나는 우리의 쿠바 수도원에서 두 번째 강연을 했다. 사람이 더 적었는데, 약 50명 정도였다. 주제는 "예수님 안에서의 삶의 계획"이었다.

하느님의 뜻을 완수하기 위한 예수님의 방식은 삶의 계획에 헌신하는 것이었습니다. 이것은 마르코 성인의 복음에 매우 분명히 그려져 있습니다. "예수님께서 안식일에 밀밭 사이를 질러가시게 되었다. 그런데 그분의 제자들이 길을 내고 가면서 밀 이삭을 뜯기 시작했다. 바리사이들이 예수님께 말했다. "보십시오. 저들은 어째서 안식일에 해서는 안 되는 일을 합니까?" 그러자 예수님께서 그들에게 말씀하셨다. "다윗과 그 일행이 먹을 것이 없어 배가 고팠을 때, 다윗이 어떻게 했는지 너희는 읽어 본 적이 없느냐? 에브야타르 대사제 때에 그가 하느님의 집에 들어가, 사제가 아니면 먹어서는 안 되는 제사 빵을 먹고 함께 있는 이들에게도 주지 않았느냐?" 이어서 그들에게 말씀하셨다. "안식일이 사람을 위하여 생긴 것이지, 사람이 안식일을 위하여 생긴 것은 아니다. 그러므로 사람의 아들은 또한 안식일의 주인이다."마르코복음 2:23-28

복음은 예수님의 집단과 바리사이의 집단 사이의 충돌을 보여줍니다. 예수님과 그의 제자들이 곡식의 이삭을 뜯었습니다. 그것은 하느님의 율법으로 안식일에 금한 것이며, 안식일은 아무 일도 해서는 안 되는 거룩한 날로 여겨졌습니다. 예수님은 이것을 알았지만, 여느 때처럼 사과하지 않았습니다. 그 대신에 그는 바리사이들이 매우 존경하는 다윗의 증거를 댔습니다. 그 증거는 다윗이 안식일도, 하느님의 집인 성전도 존중하지 않는 예수님과 그의 제자들보다 명백히 훨씬 더 나쁜 행동을 했다는 것입니다. 그는 단지 이삭만 딴 것이 아닙니다. 그는 주인을 차지하고, 마치 오늘날 말하곤 하듯, 일부는 먹고 일부는 그의 동료에게 주었습니다. 예수님은 다윗이 종교적 규칙에 반하는 행동을 했다는 것 또한 알았습니다. 예수님이 다윗의 행동을 정당화시켰을 뿐만 아니라 같은 방법으로 행동하도록 이끌었던 강력한 이유가 무엇이었을까요? 그 대답은 25절에 있습니다. "다윗과 그 일행이 먹을 것이 없어 배가 고팠을 때, 다윗이 어떻게 했는지 너희는 읽어본 적이 없느냐?" 그것은 사람의 물질적 필요, 기초적인 삶의 토대로 예수님에게 가장 신성한 것이었습니다. 우상은 신성함을 전례의 준수와 성전과 같은 예배의 요소로 바꾸어, 사람에게서 신성함을 빼앗습니다. 예수님에게 있어 존재의 물질적 상태와 별개인 영적 삶을 말할 수는 없습니다. 하느님의 모상이자 닮은꼴인 사람보다 더 거룩한 존재는 아무것도 없습니다. 그런 사람의 배고픔은 창조주에 대한 모욕이었습니다. 창조물들을 거룩하다고 생각하고 돌보는 것이 종교지만, 하느님의 참된 성전인 사람에 등을 돌리는 종교는 가치가 없습니다.

내가 노동자들과 함께 일했던 사오 베르나르도 도 캄포에서, 파업이 발생하고 정부가 노동조합을 장악할 때마다 지역 본당의 사제들은 성당 문을 열어 금속노동자들이 모임을 할 수 있도록 했습니다. 다른 사제들은 깜짝 놀라 이것이 성전을 신성 모독하는 것이라 믿었습니다. 그들은 생명에 대한 권리보다 더 거룩한 것이 없다는 예수님의 생각의 방침을 이해하지 못했습니다. 그리고 파업, 노동조합 모임은 더 나은 생활조건들을 얻기 위한 집단적인 노력입니다. 마르코복음에서 예수님의 결론은 "안식일이 사람을 위하여 생긴 것이지, 사람이 안식일을 위하여 생긴 것은 아니다"입니다. 안식일에 존재할 가장 신성한 것은 인간 생명에 대한 봉사에 있습니다. 그 반대가 아닙니다. 정의, 생명, 그리고 사람들 사이에 끼어 있는 이들의 요구보다 전래되어 오는 교회의 이해를 먼저 앞세우는 교회는, 바리사이들처럼 확실히 안식일보다 사람들을 덜 중요하게 생각하고, 복음의 우선권을 뒤집는 교회입니다.

실천에 있어서 예수님은 영적인 필요를 인간 삶의 물질적인 요구와 분리하지 않았습니다. 이것은 오천 명을 먹이신 이야기^{마르코복음 6:33-34}에 분명히 나옵니다. "오천 명"의 많은 사람들이 예수님의 가르침을 들었습니다. 그의 제자들이 그에게 와서 제안했습니다. "여기는 외딴곳이고 시간도 이미 늦었습니다. 그러니 저들을 돌려보내시어, 주변 촌락이나 마을로 가서 스스로 먹을 것을 사게 하십시오." 사람들의 배고픔은 영적 생활을 지도하는 사람에게는 문제가 되지 않을 것입니다. 그러나 예수님은 이렇게 이르셨습니다. "너희가 그들에게 먹을 것을 주어라." 당신은 배고픈 군중을 보낼 수 없었습니다. 이것 역시 당신이 직면해야 할 문제입니다. 제자들이 '사다', 그리고 스승이 '주다'라는 단어를 사용했다는 사실을 흥미롭게 관찰할 수 있습니다. 아직 제자들은 예수님의 계획을 이해하지 못했습니다. "그러면 저희가 가서 빵을 이백 데나리온어치나 사다가 그들을 먹이라는 말씀입니까?" 사람들의 필요를 충족시킬 만큼 돈이 있어야 한다고 생각하는 사람들이 있습니다. 그것이 브라질 군부체제의 볼루(케이크) 이론입니다. 처음에 케이크를 점점 크게 만들어 많은 자본을 축적하게 하고, 그다음에 비로소 모든 이들 사이에 분배를 시작합니다. 예수님은 응답하셨습니다. "너희에게 빵이 몇 개나 있느냐? 가서 보아라." 그는 제자들이 돈이 얼마나 있느냐고 묻지 않았습니다. 오히려 그는 물건이 얼마나 많이 있느냐, 빵이 얼마나 많이 있느냐고 물었습니다.

　사회민주주의 국가들이 하는 것처럼 소득의 분배를 통해 공동생활의 필요를 충족시키려고 하는 것은, 쿠바에서 하고 있는 것처럼 재화의 분배를 통해 필요를 충족시키는 것과 매우 다릅니다. 노동자들도 높은 생활수준을 영위하는 스웨덴 같은 나라들이 많은 자원들을 긁어모으기 위해서는, 다국적기업들이 제3세계 나라들을 계속 착취할 필요가 있습니다. 쿠바는 빈곤을 근절하기 위해 조금뿐인 자산을 사회화시키면 되므로 다른 나라를 착취할 필요가 없습니다. 마르코는 사도들이 빵 다섯 개와 물고기 두 마리가 있는 것을 확인했다고 계속 말했습니다. "그래서 사람들은 백 명씩 또는 쉰 명씩 떼를 지어 자리를 잡았다." 사람들은 자신들의 문제를 풀기 위해 스스로 조직했습니다. 예수님은 빵과 물고기를 손에 들고 "하늘을 우러러 찬미를 드리신 다음 빵을 떼어" 제자들에게 나누어주라고 하셨습니다. 복음 전체에 걸쳐, 빵의 분배는 아버지의 다정함과 형제애의 확립을 상징합니다. 음식은 생명의 풍요로움과 연결됩니다. 그것은 카나의 혼인 잔치와 엠마오로 가는 제자들과 부활한 예수님의 만남에서 나타납니다. "사람들은 모두 배불리 먹었다. 그리고 남은 빵 조각과 물고기를 모으니 열두 광주리에 가득 찼다." 마지막에 열두 광주리의 조각들이 남았다면, 군중 속에는 얼마나 많은 광주리들이 남아 있었을까요? 그리고 그들은 그것을 어떻게 했을까요? 지금 군중이 모여 있는 어디에 가든, 장사꾼들이 샌드위치, 음료수, 사탕을 가지고 옵니다. 예수님 때에 음식은 광주리에 담아 옮깁니다. 더욱이 빵 다섯 더하기 물고기 둘이면 일곱입니다. 성경에서 일곱은 "많음"을 의미합니다. 숫자 8이 무한을 상징하는 것과 같습니다. 따라서 일곱 번뿐만 아니라 일곱 번씩 일흔 번 우리의 죄가 용서되리라는 말씀입니다. 그러므로 많은 물고기와 많은 빵이 있었습니다. 그것이 기적이 없었다는 의미인가요? 기적은 있었습니다. 그러나 기적은 마술이 아닙니다. 마술은 한

손에 빵 다섯 개를 들고 다른 손에 물고기 두 마리를 들고, 천으로 그것들을 씌우고, "수리수리 마수리" 주문을 외면서 한쪽에는 빵가게, 다른 쪽에는 생선가게를 보여주는, 깜짝 놀란 만한 광경이 있을 것입니다. 기적은 무엇입니까? 기적은 사물의 자연적 진행을 바꾸는 하느님의 힘입니다. 그 힘은 주로 인간의 마음에 작용합니다. 재화를 가지고 있는 사람들이 아무것도 가진 게 없는 사람들과 재화를 나누어야 했던 당시에는, 모든 사람을 만족시킬 만큼 충분히 있었고 어떤 경우는 남았습니다. 동시에 이 복음은 종말론적 비축의 예시입니다. 음식이 담긴 열두 광주리는 역사상 하느님 계획의 주역이었던 이스라엘의 열두 지파와 교회의 기둥인 열두 사도단과 연관되어 있습니다.

예수님의 영성의 원천, 삶의 계획을 위해 결정적으로 투쟁하도록 예수님을 몰아붙인 힘의 원천은 아버지와의 친밀함이었습니다. 그것은 기도를 통해 길러졌습니다. 복음은 예수님의 기도를 기록하고 이와 관련된 가르침을 전했습니다. 복음은 우리에게 우리 아버지의 존재를 가르치고, 청원과 찬양의 기도를 하도록 격려합니다. 그러나 복음은 예수님이 기도하는 데 쓰신 많은 양의 시간에 대해 말합니다. 내가 살펴본 것처럼 이것은 그리스도인의 영성에 중요한 점들 중의 하나로, 서구에도 있고 우리 신앙의 피상성에도 있습니다. 우리는 깊이 기도하지 않습니다. 우리는 묻고, 찬양하고, 묵상하지만, 그것은 단지 기도하는 생활의 문턱을 넘었을 뿐입니다. 계속 더 가야만 우리는 예수님에게 불러일으킨 신비의 활력을 얻을 수 있습니다. 그것을 배우는 가장 좋은 길은 하느님과의 친밀함 속에 열심히 살았고, 자신들이 찾은 그 길을 기술했던 그리스도인들의 경험을 찾아보는 것입니다.

아우구스티누스 성인은 우리가 우리 자신에게보다, 하느님이 우리에게 더 친밀하다고 말했습니다. 이렇게 가장 깊은 기도는 감각들과 마음의 침묵에서 나오는 기도이고, 명백히 성령으로 마음이 벅차오르는 기도입니다. 바오로 성인이 말했습니다. "이와 같이, 성령께서도 나약한 우리를 도와주십니다. 우리는 올바른 방식으로 기도할 줄 모르지만, 성령께서는 몸소 말로 다 할 수 없이 탄식하시며 우리를 대신하여 간구해주십니다. 마음속까지 살펴보시는 분께서는 이러한 성령의 생각이 무엇인지 아십니다. 성령께서는 하느님의 뜻에 따라 성도들을 위하여 간구하시기 때문입니다."로마서 8:25-27 우리들 안에서 성령께서 기도하시도록 맡겨드리기 위해 마치 한 쌍의 관계에서처럼, 하느님과의 관계에서 감사함이 필요합니다. 그러면 우리는 형언할 수 없는 존재가 우리의 신앙을 촉진하는 내적인 침묵의 순간을 경험하게 될 것입니다. 그때부터 그리스도인은 신학적인 경험에 뿌리를 내린 삶이 생깁니다. 이 단계에서 우리는 단지 사회학적인 조건으로서, 그리고 원칙적으로 무신론의 이념과 반대되는 신앙의 이념으로서의 그리스도인의 삶을 뛰어넘습니다. 우리는 모두 무신론자로 태어났습니다. 제2차 바티칸 공의회가 『기쁨과 희망 Gaudium et Spes』에서 말한 대로, 무신론은 그리스도인들의 증거가 부족하기에 나타납니다.

나는 무신론이 예수님에 의해 선포되고 예수님 안에 구체화된 하느님과 아무런 상관도 없이 다양한 신앙으로 표현되는 우상만큼이나 많은 관심을 두어야 할 이유가 있다고 생각하지 않습니다. 이 우상은 자본, 식민주의, 사회적·인종적 차별, 노동자들에 대한 억압 등의 옹호를 찾는 이들의 하느님입니다. 그리스도인과 마르크스주의자 사이의 대화는 신앙의 진리 차원에서뿐만 아니라 오히려 해방의 실천, 정의의 요구, 공동체적 삶을 위한 이타적인 봉사의 차원에서 열려야 합니다. 그것은 사랑의 차원이며 우리의 달성과 우리의 구원의 근본적인 기준입니다. 바오로 성인은 우리가 산을 옮길 만한 신앙이 있다 하더라도, 사랑이 없으면 아무 소용도 없고, 요란한 징이나 소란한 꽹과리에 지나지 않는다고 했습니다.코린토1서 13:1-13 해방의 실천에서, 삶의 계획을 위해 하느님의 이름으로 투쟁하는 사람들은 죽음의 일행에 가담하는 이들과 분리될 것입니다. 그 실천은 생명의 은혜를 똑같이 입게 될, 형제애의 사회 건설에 헌신하는 무신론자들과 그리스도인들이 함께 이끌어나갈 것입니다. 그러나 신앙의 초대에 그 무신론자들이 열려 있을 가능성은 의심할 바 없이 그리스도인들의 증거와 일관성에 달려 있습니다. 그래서 하느님의 선물은 씨앗과 같이, 일구어놓은 땅에서 발견할 수 있습니다.

거의 질문이 없었다. 젊은 사람 중 한 사람이 강연이 너무 선전 같다고 불평했다. 다른 사람이 내용에 대해 공지를 많이 했다고 답했다. 아마도 그리스도교에 대한 이 접근법은 그와 같은 청중에게는 들어오지 않았을 것이다. 미국이 강제하는 쿠바 봉쇄는 섬에 있는 그리스도인들도 고립시켰다. 많은 사람들은 기반이 확립되고 무신론이 선언된 사회주의와 공산주의를 반대하며 여전히 제국주의 편에 남아 있다. 그럼에도 불구하고 최근 몇 년간 쿠바 교회에 새로운 바람이 불어오고 있다. 사목적 실천을 재검토하고 복음적 활동에 새로운 노선을 세우기 위해 모든 힘을 동원하는 쿠바 교회는 지금 새로운 오순절을 맞고 있다.

1985년 5월 20일, 월요일

라디오 마르티가 미국에서 방금 단파 방송을 시작했다. 이 새로운 제국주의 침략행위에 섬은 깜짝 놀라 깨어났다. 반反쿠바 라디오 방송국이 가장 존경받는 국가적 영웅의 이름과 혁명의 열망을 이용한 사실에 사람들은 몹시 기분이 상했다. 매일 열네 시간씩, 라디오 방송국은 뉴스와 '미국의 소리'에서 제작한 논평, 음악, 그리고 레이건의 정책을 환호하고 쿠바 정부를 공격하는 연설들을 방송한다.

쿠바 정부는 즉시 반응했다. 당일 아침에, 공산당 중앙위원회 공식 기관지인 '그란마Granma'는 1면에 "인민들을 위한 정보"라는 제목의 기사를 실었다. 정부의 승인에 의해, 12월 14일 뉴욕에서 두 나라 대표들이 서명한 이주 문제에 대한 협약이 유예되었으며, 마찬가지로 "순수하게 인도주의라는 이유로 인정받는 사람들을 제외하고" 미국에 살고 있는 쿠바인 국적의 쿠바 방문과, 두 나라 사이에 채택된 통신수단과 관련한 조치들도 유예되었다고 발표했다. 여기에 "미국과, 미국의 세계정책에 관련된 문제에 대해 쿠바의 견해를 완전히 알리도록 하기 위해 쿠바 정부가 중파 라디오 방송을 미국으로 송신할 권리를 보유한다"는 결정을 포함했다.

미국의 침략행위에 두려움 없이 정면으로 맞섰기 때문에 한 번 더 관심의 중심이 된 인물과 인터뷰가 가능할지 궁금했다. 어쨌든 나는 집에 머물러 그의 사무실에서 전화가 오기를 기다렸다. 아무 전화도 없이 하루가 천천히 흘러가면서, 불안한 침묵 속에 극도의 괴로움이 짓눌러왔다. 어떤 책을 읽어도, 내 마음을 가득 채우는 상상의 봉쇄를 뚫고 나가지 못했다.

1985년 5월 21일, 화요일

오전 10시 30분에 전화가 왔다. 사령관의 사무실이었는데, 나에게 밖에 나가지 말라고 했다. 자정에 내무부의 한 직원이 운전하는 알파 로메오 소형차가 나를 태우고 제트기처럼 출발했다. 처음에는 5번가를 따라, 나중에는 파세오 거리를 따라, 마치 모든 신호등을 빨간불로 바뀌기 전으로 만드는 실험을 하는 것처럼 달렸다.

피델 카스트로가 그의 사무실에서 나를 환영했다. 중앙위원회 위원이자 바티스타 독재에 대항해 7월 26일 운동의 투쟁을 함께했던 피델 카스트로의 가장 오랜 동지 중 하나인 헤수스 몬타네 오로페사가 그의 옆에 있었다. 은은하고, 달달한 시가 냄새가 방에 가득 찼다. 나는 가죽 안락의자에 앉아 럼주 한 모금을 마시고, 사령관의 설명을 들었다. 사령관은 미국이 라디오 방송을 시작해 호세 마르티의 이름을 이용하면서 쿠바인들을 모욕하고 있는 상황과, 또 다른 일 때문에 지금 인터뷰하는 것은 어렵겠다고 말했다. 나는 방문을 연장하든지 또는 몇 주 내로 다시 와야 할 것 같았다. 브라질에서 나를 기다리는 숨 막힐 것 같은 수많은 안건들이 마음속을 스쳐 지나갔다.

정말 많은 업무상 약속 때문에, 더 이상 이 섬에 체류하거나 몇 달 내에 돌아올 가능성이 전혀 없었다. 나는 어떻게든 틈을 내어달라고 요청했다. 하지만 그는 종교와 같은 미묘하고 중요한 주제에 대해 인터뷰 준비를 더 잘하고 싶다면서 반대했다. 인터뷰 전에 그는 레오나르도 보프의 『해방자 예수 그리스도』와 『교회, 카리스마와 권력』, 그의 책상에 놓여 있는 제2차 바티칸 공의회와 메델린 문헌의 스페인어 복사본들을 읽고 싶어 했다. 그는 구스타보 구티에레즈의 작품들 역시 공부하고 싶어 했고, 요한 바오로 2세가 1985년 2월 라틴아메리카 방문에서 했던 연설문 전문을 읽는 데 조금 더 시간이 필요했다. 나는 쿠바의 지도자가 빽빽한 업무상의 안건들과 정부의 수많은 일들, 다양한 주제에 대한 자신의 지적인 욕구, 그리고 대화의 기쁨을 어떻게 결합시키는지가 궁금했다. 나는 그렇게 예리한 지력과 인격적인 대화를 좋아하는 사람을 만난 기억이 결코 없었다. 호엘미르는 정확히 그를 주목했는데, 피델이 모든 걸 향상시킬 것이며 요리부터 제3세계 외채까지 어떤 주제든지 중요한 주제는 모두 논의할 수 있다고 내게 말해주었다.

내가 잠시 침묵하자, 그는 자기에게 물어보고 싶은 질문을 읽어달라고 했다. 처음 다섯 개의 질문을 들은 뒤 그는 즉시 흥미를 보였다. 그 질문들은 그의 개인적인 역사와 그리스도교 교육과 관련된 것이었다. 그는 아마도 문헌자료 준비가 필요한 신학 문제들이 끝없이 나열된 목록을 상상했을 것이다. 그는 나에게 적어도 이틀은 더 쿠바에 머물러달라고 요청했다. 우리에겐 일을 더 잘할 수 있는 기회였다. 가장 큰 약속은 이번 목요일에 도착하는 라틴아메리카 방문객 대표단을 환영하는 일이었으나, 그는 기꺼이 시간을 내어 인터뷰를 시작하기로 했다.

1985년 5월 22일, 수요일

나는 대표단이 여행을 취소했다는 것을 알았다. 좋은 소식이었다. 저녁 식사를 하고 나서 그날 저녁 사령관과의 만남을 위해 누군가 내게 전화를 했다는 메시지를 받았다. 오후 11시 45분, 그의 메르세데스 벤츠가 문 앞에 도착했다.

"부모님은 어디에 계십니까?" 피델이 물었다.

나는 부모님이 막 잠자리에 들었지만 깨우겠다고 했다. 그런데 그가 갑자기 도시를 가로질러 드라이브를 하자고 말했다. 최고사령관은 자신의 개인적인 초청을 받고 쿠바를 방문 중인 니카라과와 온두라스의 교황대사인 코르데로 란자 디 몬테제몰로 대주교에게 경의를 표하기 위해 교황대사의 저택을 방문해 저녁을 먹고 방금 전에 돌아온 길이었다.

우리는 니카라과 교회의 상황에 대해 대화를 나누었다. 먼저 내 생각을 말했다. 미국 정부에 의해 일어난 공격을 명백하게 그리고 직접적으로 비난하지 못한 그 주교들은 청년들이 많은 니카라과 그리스도인들의 신앙생활에 해를 끼치고 있는 것이다. 그 청년들은 그들의 본당 사제들로부터 지지받지 못한다고 느끼고 있다. 반공주의자들의 편견은 주교단이 온두라스에 배치된 용병부대의 행위와 관련해 계속 침묵을 지키도록 만든다. 용병부대는 니카라과 영토 안으로 들어가 농민들과 아이들조차 살해했다. 희생자들 중에 바레다스 가족도 포함되어 있다. 남편이 교리과정을 지도했는데, 나는 1981년 에스텔리에서 있었던 사목회의 기간에 그를 만났었다. 교회의 사람들이 이른바 정통 원칙들의 수호라는 이름으로, 역사를 통해 인간의 생명을 제거하는 죄악에 침묵하면서 심각한 잘못을 저질러왔다. 나는 산디노(니카라과의 독립 영웅-역자 주)의 고향 사람들이 그리스도교 공동체와의 만남에서 모든 것을 잃지 않았다는 것을 알았다. 이 실험들로부터 더 큰 힘으로 신앙은 다시 태어난다. 교회는 주교들과 사제들이 독점적으로 보존하는 것이 아니라, 백성들에게 봉사하는 사목자들과 친교를 이루는 모든 하느님의 백성에 속한다.

사령관은 내 말에 귀를 기울였다. 쿠바에 대한 이야기를 시작하기 전에 그가 이렇게 말했다

"나는 교회 내부의 일에 간섭하는 것을 좋아하지 않습니다."

그날 밤늦게 그가 데려다주었을 때, 나는 부모님을 깨워 일어나시게 했다. 부모님은 깜짝 놀라 실내복과 잠옷을 입은 채 거실에서 피델과 인사를 나누었다. 피델은 우리가 멕시코를 경유해 브라질로 돌아간다는 것을 알고, 자신이 멕시코의 수도에서 살던 때를 추억하면서 멕시코 음식의 준비 과정이며 양념, 맛에 대해 어머니에게 설명하기 시작했다.

제2부
인터뷰

1

1985년 5월 23일 목요일. 오후 아홉 시가 약간 넘어 혁명궁전에 도착했다. 아바나에는 많은 비가 내려 지난 며칠 동안의 가뭄을 해갈시켜주었다. 내가 그의 사무실에 도착했을 때, 피델은 여성연맹회의 의장인 빌마 에스핀과의 회의를 막 끝냈다.

직사각형 회의 테이블에 피델은 나와 가로질러 앉았다. 그는 양어깨에 두 개의 선 가운데 하얀 별 하나가 있는 황록색 군복을 입고 있었다. 그의 왼쪽에는 시가 상자가 있고, 오른쪽에는 금테두리를 두른 작은 흰색 찻잔이 있었다. 우리는 인터뷰를 시작했다. 이야기하는 동안 그는 종이에 메모를 했다. 이것은 체계적으로 생각하는 데 도움이 되는 것 같았다. 한 국가의 수반이, 무엇보다 혁명과 마르크스레닌주의의 나라, 사회주의 국가의 수반이 종교를 주제로 독점 인터뷰를 허락한 것은 역사상 처음이다.

어린 시절

베토   사령관님, 나는 사회주의 나라의 국가수반이 종교라는 주제에 관해 독점 인터뷰를 허락한 것이 처음 있는 일이라고 확신합니다. 유일한 선례는 1980년 산디니스타 민족해방전선FSLN의 민족 지도자 이름으로 발행된 종교에 관한 문서가 있습니다. 처음으로 권력을 장악한 혁명정당이 이 주제로 문서를 발행한 것이었습니다. 그때 이후, 종교는 매우 유익하고, 심층적이고, 역사적인 방식으로는 다루어지지 않았습니다. 그러나 어떤 계기가 있을 때는 현존하는 많은 그리스도인 기초 공동체들의 관점에서, 토착 과테말라인, 니카라과 농민, 브라질 노동자 그리고 다른 여러 나라 토착민들의 관점에서 종교가 라틴아메리카에서 중요한 이념적 역할을 수행할 때마다 다루어졌습니다. 그리고 산타페 문헌을 시작으로 공세도 취하고 있습니다. 그 문헌에는 가난한 사람에게 깊이 헌신하는 교회들의 신학적 표현인 해방신학을, 제국주의가 직접 공격하려는 시도가 계속 벌어지고 있다고 했습니다. 나는 이 인터뷰와 이 주제에 대한 당신의 기여가 매우 중요하다고 생각합니다. 당신이 그리스도인 가정 출신이라는 배경에서부터 인터뷰를 시작하겠습니다.

카스트로 지금 당신이 한 내 소개에 응하기 전에, 먼저 설명하고 싶은 것이 있습니다. 당신이 이 복잡하고 미묘한 주제를 다루고 싶어 한다는 사실을 알았으면, 자료를 검토하고 내 생각을 정리하기 위해 더 많은 시간을 들이고 싶어 했을지 모릅니다. 그러나 공교롭게도 우리 둘 다 바쁘게 일할 시기와 인터뷰 시간이 겹치고, 당신도 고국으로 긴급히 돌아가야 할 필요가 생겼기 때문에 나는 모든 주제들을 실제 사전 준비 없이 논의할 것에 동의합니다. 마치 내가 시험 주제에 대해 공부할 시간이 없는 학생이나 혹은 연설 주제에 대해 그다지 다룬 적이 없어 친숙하지 않고 이해를 깊이 할 기회도 없는 강연자, 1분도 검토하지 않고 특정 주제에 대해 수업을 해야 하는 교사가 된 것 같군요. 바로 이런 환경에서 우리 이야기를 시작합니다.

　나는 당신이 그 주제에 완벽하게 정통한 사람이라는 것을 압니다. 당신이 나보다 우세합니다. 당신은 신학을 광범위하게 연구했고 마르크스주의도 상당히 연구했습니다. 나는 어느 정도 마르크스주의를 알고 있지만 신학에 대해서는 정말 거의 모릅니다. 나는 당신의 질문과 설명이 진지하고 심오할 것이며, 비록 내가 신학자가 아니라 정치인이지만 나 자신이 모든 일에 언제나 솔직한, 혁명적인 정치인이라고 믿습니다, 나는 당신의 모든 질문에 전적으로 정직하게 대답하려고 노력할 것입니다.

　당신은 나를 독실한 가정 출신이라고 말했습니다. 어떻게 해야 그 말에 적절한 설명이 될까요? 나는 첫째, 독실한 나라 출신이고 둘째로, 독실한 가정 출신입니다. 최소한 어머니는 매우 독실한 여성, 신심 깊은 여성이었습니다. 아버지보다 더 신심이 깊으셨지요.

베토 당신의 어머니는 시골 출신입니까?

카스트로 네.

베토 쿠바 사람입니까?

카스트로 네, 농사짓는 가정 출신입니다.

베토 그리고 아버지도 시골 출신입니까?

카스트로 아버지 역시 농사짓는 가정 출신입니다. 아버지는 매우 가난한 스페인의 갈리시아 출신의 농민이셨죠. 어머니가 어떤 종교 교육 때문에 신심이 깊으셨는지 잘 모릅니다.

베토 어머니는 신앙이 있었나요?

카스트로 의심할 여지가 없이 어머니는 큰 신앙을 지니셨어요. 어머니는 성인이 다 되어 읽고 쓰는 법을 배웠다는 사실을 덧붙이고 싶습니다.

베토 어머니 성함은 무엇입니까?

카스트로 리나입니다.

베토 아버지 성함은 무엇입니까?

카스트로 앙헬입니다. 어머니는 문맹이었습니다. 어머니는 혼자서 읽고 쓰는 법을 배웠습니다. 나는 어머니에게 자신 말고 다른 선생님이 있었는지 기억하지 못합니다. 단 한 명의 선생님도 말씀하신 적이 없습니다. 어머니는 많은 노력을 하며 배우고자 애를 쓰셨지요. 나는 어머니가 학교에 갔다는 말을 들은 적이 없습니다. 어머니는 독학하셨죠. 학교나 교회에 다니며 종교 교육을 받을 수 없었습니다. 나는 어머니의 신앙심이 가계의 전통에서 비롯된 것이라 생각합니다. 왜냐하면 외할아버지, 특히 외할머니께서도 매우 독실하셨습니다.

베토 이러한 신심이 집에만 머물러 있었나요, 혹은 어머니가 교회에 자주 다니셨나요?

카스트로 글쎄요, 자주 교회에 가실 수 없었습니다. 내가 태어난 곳도 교회가 없었으니까요. 그곳은 도시에서 멀리 떨어져 있었습니다.

베토 어디에서 태어났습니까?

카스트로 니페 만 근처 오리엔테 주의 정북 방향에 있던 곳입니다.

베토 그 마을의 이름이 무엇입니까?

카스트로 글쎄요, 그곳은 마을이 아닙니다. 교회도 없고, 마을도 아니죠. 비란이라고 부르는 농장이 하나 있었고 몇 채의 건물들이 있었습니다. 가족이 사는 주택이 있었고, 더 오래전에 구석에 지은 별채 안에는 작은 사무실들도 있었습니다. 건축양식은 스페인풍이라고 표현할 수 있습니다. 쿠바에 지은 집이 왜 스페인 건축양식인지 궁금할지 모르겠는데, 그것은 나의 아버지가 갈리시아 출신 스페인 사람이기 때문입니다. 갈리시아 마을에는 그다지 넓지 않은 땅에서 일하며 겨울 혹은 일 년 내내 동물들을 집 안에 두는 관습이 있었습니다. 그들은 돼지를 치고 소를 기릅니다. 우리 집은 갈리시아의 건축양식을 따랐습니다. 집이 기둥 위에 세워졌으니까요.

베토 왜죠? 홍수에 대비한 건가요?

카스트로 아닙니다. 정말 그렇게 할 필요가 없었어요. 전혀 홍수가 나지 않는 곳이에요. 흥미롭게도, 여러 해가 지나 쿠바의 시골 지역에 중학교를 세우기 위해 매우 현대적이고 단단한 건물들을 지으려는 청사진이 마련되었는데, 거기엔 기둥들이 필요했지요. 그런데 같은 이유 때문은 아니었어요. 그 발상은 땅을 고르기 위한 정지작업을 할 필요를 없애려는 것입니다. 땅이 기울어진 지역에서 일련의 지지 기둥들을 사용하면 땅 고르는 작업이 줄어듭니다. 다른 길이의 시멘트 기둥들이 평평한 기초를 이루게 합니다.

나는 우리 집에 왜 그런 긴 기둥이 있는지 궁금했습니다. 어떤 기둥은 6피트 이상 되었습니다. 집의 한쪽 끝까지 집 아랫부분의 땅은 평평하지 않았습니다. 거기에는 집에 덧붙여 부엌이 증축되어 있었고, 기둥들은 더 짧았습니다. 다른 쪽 끝은 약간 경사가 있어, 기둥들이 더 길었습니다. 앞서 설명했듯이, 이것은 정지작업에 드는 돈을 아끼려는 이유가 아니었습니다. 아이였을 때는 그런 일을 생각해보지 못했지만, 나는 갈리시아인들의 관습 때문이라고 확신합니다. 그것은 내가 아주 어렸을 때를 기억하기 때문입니다. 서너 살, 다섯 살, 아마도 여섯 살쯤에 소들이 집 아래에서 잠을 자고 있었습니다. 스무 마리에서 서른 마리가 있었는데, 해질 무렵에 소들을 모아 집으로 몰고 왔습니다. 소들은 집 아래에서 잠을 잡니다. 거기서 소젖을 짜고, 어떤 소들은 기둥에 매여 있었습니다.

그 집이 나무로 만들어졌다는 말을 잊었네요. 모르타르, 시멘트나 벽돌이 아닙니다. 넓적한 나무입니다. 분명히 나무입니다. 기둥들은 단단한 나무로 만들어져 마루를 지탱합니다. 그 집의 1층은 원래 정사각형이었을 것으로 상상되는데, 나중에 확장해서 집의 한쪽에 작은 방들까지 연결하는 통로를 덧붙였습니다. 첫 번째 방에는 약품을 보관하는 캐비닛이 있어서 그 방을 약방이라고 불렀습니다. 다음 방은 욕실이었습니다. 그다음에는 복도 옆에 딸린 작은 식료품실이 있고, 복도를 따라가면 식당과 맨 끝의 부엌에 이릅니다. 식당과 부엌 사이에 땅 아래까지 닿는 사다리가 있었습니다. 그러고도 추가 설치가 계속되었지요. 일종의 사무실이 모퉁이에 지어졌습니다. 내가 주위 사물들을 인식하기 시작할 무렵에 이미 부엌이 있었고, 사각형 부분 위에 망루라고 부르는 위층이 있었는데 거기서 내가 네다섯 살까지 부모님과 세 아이들이 잠을 잤습니다.

베토 어머니는 어떤 성상聖像들을 가지고 계셨나요?

카스트로 네, 그전에 먼저 스페인풍의 시골 건축과 다른 세부 사항들에 대해 마저 얘기하고 싶습니다.

아버지는 고향 지방의 관습에 맞게 집을 지었습니다. 아버지는 농사짓는 환경에서 자랐기 때문에 공부할 기회를 갖지 못했지요. 그래서 어머니처럼 굳은 결심을 하고 독학으로 읽고 쓰는 법을 배웠습니다.

아버지는 갈리시아의 아주 가난한 농부의 아들이었습니다. 1895년 시작된 쿠바의 마지막 독립전쟁 때, 이곳에 스페인 병사로 파병되었습니다. 그래서 아버지는 스페인 군대의 병사로 어린 나이에 징집되어 여기에 왔습니다. 전쟁이 끝나자 아버지는 배를 타고 스페인으로 돌아갔지만, 쿠바가 마음에 들었습니다. 20세기가 되자 다른 이민자들을 따라 아버지는 쿠바로 이주했습니다. 그리고 돈 한 푼 없고 친척도 한 명 없는 이곳에서 스스로 직업을 구했습니다.

중요한 투자가 그 기간 동안 있었습니다. 미국인들은 쿠바의 가장 좋은 땅을 잡았고 숲을 파괴해 설탕 공장을 짓고 사탕수수를 기르기 시작했습니다. 당시 그 모든 일에 대형 투자가 따랐습니다. 아버지는 설탕 공장들 중 한 곳에서 일했습니다.

베토 언제 독립전쟁이 일어났습니까?

카스트로 마지막 독립전쟁은 1895년에 시작되어 1898년에 끝났습니다. 스페인이 사실상 패배하자, 미국이 그 전쟁에 기회주의적으로 개입합니다. 미국은 군인들을 보내고, 푸에르토리코, 필리핀, 그리고 태평양의 다른 섬들을 장악하고 쿠바를 점령했습니다. 쿠바는 오랫동안 전쟁을 한 경험이 있었기 때문에 미국은 쿠바를 영원히 차지할 수는 없었습니다. 적은 수에도 불구하고, 쿠바인들은 오랜 세월 동안 영웅적으로 싸웠습니다. 라틴아메리카와 전 세계의 폭넓은 지지가 쿠바 독립의 한 원인이었기 때문에 미국은 쿠바를 공개적으로 차지할 계획은 없었습니다. 여러 차례 말한 것처럼 쿠바는 19세기의 베트남이었습니다.

아버지는 쿠바로 돌아와 일을 하기 시작했습니다. 훗날 아버지가 어느 노동자모임을 함께 만든 게 분명합니다. 아버지는 노동자모임을 잘 관리해 미국 회사에서 일하도록 계약을 맺었습니다. 내 기억에, 아버지는 사탕수수를 심으려고 토지를 정지하거나 설탕 공장에 장작을 공급하려고 벌목하는 사업을 하는 일종의 소기업을 시작했습니다. 그것이 가능해지자, 한 무리의 사람들을 정해놓고 그들과 함께 기업을 하는 조직가로서 이익을 내기 시작했습니다. 다시 말해, 아버지는 분명히 매우 활동적이고 기업가적인 사람이었고, 조직화에 본능적인 감각이 있었습니다.

나는 아버지의 초년 생활에 대해 거의 아무것도 모릅니다. 물어볼 기회가 있었을 때는 지금만큼 궁금하지 않았지요. 그리고 지금은 누가 아버지의 경험을 내게 말해줄 수 있겠습니까?

베토 언제 아버지가 돌아가셨습니까?

카스트로 내가 서른두 살 때입니다. 아버지는 내가 그란마 원정을 위해 멕시코에서 돌아오기 전인 1956년에 돌아가셨습니다. 당신의 질문에 답하기 전에 자세히 이야기해보겠습니다.

베토 1959년 1월, 혁명이 승리했을 때 당신은 서른두 살이 안 되었던 것 같은데요.

카스트로 글쎄, 서른두 살 때였습니다. 1959년 8월에 서른세 살이 되었습니다.

베토 그런데 아버지가 1956년에 돌아가셨다면, 당신은 서른 살이 되었던 거죠.

카스트로 그렇군요. 맞습니다. 전쟁 기간 2년을 빠뜨렸습니다. 전쟁은 2년 동안, 정확히 25개월 동안 계속되었습니다. 아버지는 내 서른 번째 생일 두 달 뒤인 1956년 10월 21일에 돌아가셨습니다. 1956년 12월 소규모 원정을 위해 멕시코에서 돌아왔을 때가 서른 살이었습니다. 스물여섯 살에 몬카다 수비대를 공격했고, 스물일곱 살 생일은 감옥에서 보냈습니다.

베토 어머니는 언제 돌아가셨습니까?

카스트로 1963년 8월 6일, 혁명 승리 후 3년 반 뒤였습니다.

가족과 종교적 배경

카스트로 그런데 질문에 대답하다 보니 잠깐 다른 주제로 넘어갔군요. 우리는 시골에 대해, 어디서 살았는지, 어떤 집인지, 부모님은 어떤 분이었는지, 가난한 배경에도 불구하고 그분들의 교육 수준은 어땠는지 대화를 나누었습니다, 나는 시골집이 얼마나 스페인 전통을 담고 있었는지에 대해 얘기했습니다.

아버지가 신앙이 있었다는 흔적은 없으며 정말 아무것도 기억할 수 없습니다. 나는 아버지가 신앙이 있었는지 없었는지조차 말할 수 없습니다. 그러나 할머니를 닮은 어머니는 매우 신심이 깊으셨다는 것을 확실히 기억합니다.

베토　당신 집에서는 어떻게 성탄절을 축하했나요?

카스트로　전통적인 방식으로 성탄 전야는 축제의 시간이었지요. 그다음 새해 전날은 자정을 넘기며 파티를 열었습니다. 12월 28일에 기념했던 '무고한 어린이들의 순교축일'도 생각납니다. 사람들에게 농담을 하거나 터무니없는 말을 하다 "너도 나한테 속았지?" 하면서 장난을 치는 관습이 있었습니다. 이것도 성탄 축하 기간의 일부입니다.

베토　브라질에서는 4월 1일이 그날인데요.

카스트로　여기서는 한 해의 마지막 날이에요. 성탄절은 부활절 때처럼 기념합니다. 그런데 나는 우리 가족이 신앙이 있었는가 하는 질문에 여전히 대답할 수 없습니다.

　　우리가 살던 데는 몇 채의 건물이 있었을 뿐 마을은 아니었습니다. 내가 아이였을 때, 소들은 집 아래에서 키우다 나중에 다른 곳으로 옮겼습니다. 그 밖에 갈리시아처럼 집 안에 작은 돼지우리와 양계장이 있었습니다. 거기서는 암탉, 오리, 뿔닭, 칠면조, 거위와 돼지 같은 여러 가축들이 살았지요. 나중에 집에서 약 30미터에서 40미터 떨어진 곳에 헛간을 지었습니다. 헛간 가까이에는 작은 슬레이트집이 있었고, 앞에는 연장, 쟁기, 다른 농기구를 수리하는 작은 대장간이 있었습니다. 빵집은 다른 방향으로 집에서 30미터에서 40미터 떨어진 곳에 있었습니다. 작은 공립학교인 초등학교는 빵집과 반대 방향으로, 큰길을 건너 집에서 60미터 정도 떨어져 있었습니다. 고속도로라고 불렀던 먼지 나는 도로는 주 수도에서 남쪽으로

나 있었습니다. 상업의 중심인 잡화점도 우리 가족 소유였고 그 앞에는 잎이 무성한 나무가 있었습니다. 우체국과 전신국 등 주요 시설들은 가게 맞은편에 모여 있었습니다.

베토 가족들이 가게를 소유하셨다고요?

카스트로 네, 우체국이나 학교 건물은 아니고요. 그것들은 공공의 재산이었습니다. 그 나머지는 모두 우리 가족 소유였습니다. 내가 태어날 무렵에 아버지는 이미 어느 정도 재산을 모으고 부를 축적하셨습니다.

베토 당신은 언제 태어났나요?

카스트로 1926년 8월 13일입니다. 시간을 알고 싶으시다면, 아침 2시경입니다. 아마 나의 게릴라 정신이나 혁명 활동과 뭔가 관련이 있는 것 같습니다. 자연과 내가 태어난 시각이 어떤 영향이 있음이 틀림없어요. 고려해야 할 다른 요인들도 있습니다. 어떤 날이었는지, 자연이 그 사람의 삶과 어떤 관계가 있는지, 없는지 말입니다. 어쨌든 나는 이른 아침에 태어났습니다. 그렇기 때문에 게릴라로 태어났지요. 아침 2시경에 태어났기에 더 그렇습니다.

베토 네, 어떤 면에서는 모든 것이 원인이죠.

카스트로 그렇다고도 볼 수 있습니다.

베토 적어도, 26이라는 숫자는 당신의 삶에 꽤 관련성이 있는 것 같군요.

카스트로 글쎄요, 나는 1926년에 태어났습니다. 26세에 무장투쟁을 시작했고, 26의 절반인 13일에 태어났습니다. 바티스타는 1952년에 쿠데타를 일으켰는데, 52는 26의 두 배이죠. 지금 생각해보니, 26이란 숫자와 뭔가 신비스러운 게 있는 것 같군요.

베토 당신은 26세에 투쟁을 시작했고, 몬카다 공격이 7월 26일로, 7월 26일 운동이 일어난 것입니다.

카스트로 그리고 우리는 1956년에 상륙했는데, 30에 26을 더한 숫자입니다.

우리가 농장에서 무엇을 했는지 얘기하고 있지만, 뭔가 다른 게 있었습니다. 투계장이 집에서 100미터쯤 떨어진 큰길에 있었습니다. 사탕수수 철에는 매주 일요일마다, 12월 25일, 새해에, 그리고 공휴일마다 투우가 아니라 투계 시합이 열렸습니다. 투계 시합 팬들이 거기에 모였고, 그들 중 어떤 이들은 자기 싸움닭을 가지고 다녔습니다. 다른 이들은 내기를 하려고 모여들었습니다. 수많은 가난한 사람들이 거기서 자신들의 적은 수입마저 잃었습니다. 돈을 잃으면 무일푼으로 집으로 돌아가고, 돈을 따면 즉시 럼주를 마시고 파티를 하는 데 돈을 다 썼습니다.

투계장이 멀지 않은 곳에 가난한 집들이 몇 채 있었는데, 그 집들은 지저분한 마루가 있고, 야자 잎으로 지붕을 얹은 오두막집이었습니다. 그 집들에는 대부분 농장에서 사탕수수를 심고 재배하는 일을 하는 아이티 이주민들이 살았습니다. 그들은 20세기 초에 쿠바로 와서 비참한 생활을 이어갔습니다. 당시 쿠바에는 아이티 이주민들이 있었습니다. 쿠바의 노동력이 충분하지 않았기 때문이죠. 노동자들과 그 가족들이 살던 오두막집들이 큰길과 다른 길들을 따라 흩어져 있었습니다. 그중 하나는 사탕수수를 운송하는 데 사용되는 철길 궤도 옆에 있었습니다.

농장의 주된 작물은 사탕수수였습니다. 소가 다음이고, 그다음은 원예였습니다. 바나나와 뿌리채소들이 있었고, 작은 공간에 곡류, 채소, 코코넛 나무, 그리고 다양한 과일 나무들을 심었습니다. 10헥타르에서 12헥타르의 감귤 과수원이 집 가까이에 있었습니다. 수수농장은 더 멀리 있었는데, 설탕 공장까지 사탕수수를 수송하는 데 사용하는 철로 가까이에 있었습니다.

내가 주위 환경을 인식하기 시작했을 무렵, 우리 가족은 땅을 좀 소유했었고, 소유한 것보다 더 많은 땅을 임차하고 있었습니다. 아버지는 땅을 얼마나 소유했을까요? 쿠바에서는 카발레리아로 땅을 측정하지만, 지금은 헥타르로 말하겠습니다. 1카발레리아는 13.4헥타르입니다. 아버지는 약 800헥타르의 땅을 소유했습니다. 1헥타르는 한 변의 길이가 100미터인 정사각형, 즉 1만 제곱미터가 됩니다. 아버지는 그 외의 땅을 임차했는데, 소유한 것만큼 좋은 땅은 아니었지만, 훨씬 더 큰 면적으로 거의 1만 헥타르나 되었습니다.

임차한 땅은 거의 가파르게 경사진 언덕이었습니다. 소나무가 빽빽한 숲이었고 고도가 700미터에서 800미터에 이르는 넓은 면적의 고원지대였습니다. 그곳의 땅은 붉은색이고, 니켈과 다른 금속들이 많이 매장되어 있었습니다. 1959년 이후부터 그 지역은 다시 조림되고 있습니다. 시원하기 때문에 나는 고원지대를 매우 좋아했습니다. 열한 살 때, 말을 타고 거기에 간 적이 있었습니다. 말들은 힘을 다해 간신히 가파른 언덕을 올라갔는데, 겨우 몇 분 만에 흐르던 땀이 말랐습니다. 키 크고 울창한 소나무 숲 사이로 언제나 산들바람이 불고, 소나무 꼭대기가 지붕을 만들어주기 때문에 그곳은 놀랍도록 시원했습니다. 풍부한 개울물이 얼음처럼 차고, 깨끗하고 맛이 있습니다. 그 전역이 임차한 것으로 우리 가족의 소유는 아니었습니다.

몇 년 후 새로운 자산인 목재로 인해 가족의 수입이 늘었습니다. 아버지는 목재를 얻으려 임차한 땅에 포함된 삼림지대를 개발했습니다. 다른 지역들에는 소를 키울 수 있는 언덕이 있었고, 또 다른 지역은 사탕수수와 여러 가지 곡물들을 기르는 데 사용되었습니다.

베토 그렇게 당신의 아버지는 가난한 농부에서 토지 소유자로 출세하신 거군요.

카스트로 나는 아버지가 태어나신 갈리시아 집의 사진을 가지고 있습니다. 그 집은 매우 작은데 크기가 이 방만 합니다. 길이가 10미터에서 12미터, 폭이 6미터에서 8미터 정도 됩니다. 집은 농부들이 시골주택의 건축에 종종 사용하는 돌로 지었는데, 지역에 많이 있는 돌입니다. 그 집에서 가족들이 살았습니다. 침대와 부엌이 붙은 단칸방이었습니다. 동물들도 있었던 것 같습니다. 가족들은 단 1제곱미터의 땅도 소유하지 못했었습니다.

쿠바에서 아버지는 약 800헥타르의 땅을 구입했고 독립전쟁 참전용사들로부터 더 많은 땅을 임차했습니다. 어떻게 독립전쟁의 참전용사들이 1만 헥타르의 땅을 소유하게 되었는지 알아내려고 많은 조사를 했을 것입니다. 물론 이 두 참전용사는 독립전쟁 당시 고위 장교였습니다. 그에 관해 어떤 조사를 했는지 모르겠지만, 그들이 땅을 쉽게 얻었다고 생각해볼 수 있습니다. 당시 많은 땅이 있었고 어찌 되었든 그들은 아마 매우 싼 값에 그 땅을 샀을 것입니다. 미국에서 온 사람들이 광범위한 구역의 땅들을 아주 싼 값에 구입하곤 했지만, 나는 그 참전용사들이 가진 돈이나 다른 재원으로 그 땅을 살 수 있었다고는 생각하지 않습니다. 나중에 그들은 그 땅에서 수확한 사탕수수 매출액의 1퍼센트와 그들의 숲에서 벌목한 목재 매출액의 1퍼센트를 더해 가져갔습니다. 그들은 독자적인 재산도 있고, 아바나에서 살며, 다른 방면의 사업도 했습니다. 나는 그 사람들이 그 땅의 소유권을 합법적으로 취했는지 불법적으로 취했는지 알 수 없습니다.

막대한 크기의 땅 가운데에는 아버지가 소유한 땅과 아버지가 임차한 땅이 있었습니다. 당시에 얼마나 많은 사람들이 대농장에서 살 수 있었습니까? 아버지는 수백 명의 노동자 가족 중 많은 사람들에게 자신들만의 소비를 위해 곡식을 재배할 수 있도록 작은 토지를 허용했습니다. 어떤 농부들은 거기서 사탕수수를 재배하는 전소작인轉小作人으로 알려져 있습니다. 그들의 상황은 노동자들만큼 어렵지 않았습니다. 얼마나 많은 가족들이 그 속에 있었을까요? 이백 명, 아마도 삼백 명, 내가 열한 살 무렵에는 그 넓은 지역에 천 명 정도가 살았습니다.

지금까지 당신에게 내가 태어나고 자란 환경에 대해 정확하게 얘기했습니다. 교회 하나, 작은 예배당 하나도 없었습니다.

베토 사제가 그곳을 방문한 적도 없었나요?

카스트로 아닙니다. 한 사제가 영세를 주기 위해 일 년에 한 번 왔습니다. 내가 살던 지역은 마야리라고 불리는 소도시에 속했는데, 사제는 고속도로를 따라 36킬로미터를 달려 그 소도시에서 오곤 했습니다.

피델이라는 이름으로 세례

베토 당신은 거기서 세례를 받았나요?

카스트로 아닙니다. 나는 태어난 지 몇 년 후 산티아고 데 쿠바에서 세례를 받았습니다.

베토 그것이 몇 살 때인가요?

카스트로 아마 다섯 살 혹은 여섯 살일 겁니다. 나는 가족 중에 세례를 받은 마지막 아이들 가운데 하나였습니다.

설명하자면 그곳에는 교회도, 사제도, 어떤 신앙 교육도 없었습니다. 당신은 내게 수백 명의 가족들이 신자인지 물었습니다. 일반적으로 말해 그렇다고 할 수 있습니다. 원칙적으로 거기 있는 모든 사람이 세례를 받았습니다. 세례를 받지 않은 사람들을 "유대인들"이라고 불렀던 기억이 납니다. 나는 유대인이라는 용어를 이해하지 못했습니다. 내가 네 살이나 다섯 살 때 말이죠. 나는 그 단어가 매우 시끄럽고 어두운 색깔의 새, 즉 후디오를 의미하는 줄 알았죠. 그래서 누가 "그는 유대인이야"라고 말할 때마다, 나는 사람들이 새에 대해 말한다고 생각했습니다. 그게 내 첫인상이었습니다. 세례를 받지 않은 사람이 "유대인"이었습니다.

종교 교육은 하지 않았습니다. 학교는 작았고, 어떤 교단 소속 학교도 아니었습니다. 15명에서 20명의 아이들이 학교에 있었습니다. 나는 유치원이 없어서 곧장 학교에 가게 되었습니다. 내가 형제 중에 셋째였는데, 유치원이 그 학교였습니다. 아주 어렸을 때 가족들은 나를 유치원에 보냈습니다. 가족들은 그것밖에 나에게 해줄 것이 없어서 누나와 형들과 함께 나를 학교에 보냈습니다.

내가 어떻게 읽고 쓰는 법을 배웠는지는 기억이 나지 않는군요. 내가 기억하는 것은 맨 앞줄에 있는 작은 책상에 나를 앉히고 칠판을 보면서 그들이 하는 말을 듣게 했다는 것이 전부입니다. 나는 그 학교에서 읽기, 쓰기, 산수를 배웠습니다. 몇 살 때였을까, 아마 네다섯 살 때일 겁니다. 종교는 그 학교에서 배우지 않았습니다. 당신도 국가를 배웠고 국기나 문장 같은 것에 대해 들었을 것입니다. 그것은 공립학교에서 가르칩니다.

우리 가족들은 다른 신앙이 있었습니다. 나는 시골에 있는 사람들이 종교를 어떻게 생각하는지 기억합니다. 그들은 하느님을 믿고 다른 성인들도 믿습니다. 어떤 성인들은 전례 안에 등장합니다. 그 성인들은 공식적인 성인들입니다. 다른 성인들은 아닙니다. 모든 사람이 세례명을 받은 후, 그들 자신의 성인을 갖게 됩니다. 사람들은 자신의 성인 축일이 매우 중요하고 축일이 가까워오면 무척 행복하다고 합니다. 4월 24일은 피델이라고 불리는 성인의 축일입니다. 내

성인에 대해 당신이 알려주길 바랍니다!

베토 피델은 "신앙faith이 있는 사람"에서 나온 이름으로, 충실함 fidelity을 가리킵니다.

카스트로 그렇군요. 나는 충실함과 신앙이라는 나의 이름에 전적으로 동의합니다. 하나는 종교적 신앙이고, 다른 것은 또 다른 유형입니다. 나는 항상 신앙, 신뢰, 낙관적인 사람이었습니다.

베토 만약 당신에게 신앙이 없었다면, 혁명은 이 나라에서 승리하지 못했을 것입니다.

카스트로 그런가요? 하지만 내가 피델이라고 불리는 이유를 말한다면 사람들은 웃을 것입니다. 당신도 알다시피, 내 이름의 기원이 아주 목가적이지는 않습니다. 나는 나 자신의 이름이 없습니다. 나는 나의 대부님이셨을 누군가에 의해 피델로 불리게 되었습니다. 우리가 세례에 대해 계속 말하기 전에, 그 환경에 대한 설명을 마저 해야 할 것 같군요.

당시 농부들은 모든 종류의 신앙을 가졌습니다. 그들은 하느님을 믿고, 성인들을 믿고, 전례에 없는 성인들까지 믿었습니다.

베토 그들은 성모님을 믿었습니다.

카스트로 물론 그것은 널리 퍼진 신앙이었습니다. 그들은 쿠바의 수호성인인 자비의 성모님을 믿었습니다. 그들은 모두 열렬한 신자들입니다. 그들 모두 나환자 나자로 성인을 포함한 전례에 없는 다양한 성인들을 믿었습니다. 나자로 성인을 믿지 않는 사람을 발견하기란 실제로 불가능합니다. 많은 사람들이 영혼과 유령 역시 믿었습니다. 어렸을 때 영혼, 유령, 귀신 이야기들을 들었던 기억이 납니다. 미신 역시 있었습니다. 예를 들어 아무 이유도 없는데 수탉이 세 번 울면, 비극이 생길 거라는 의미입니다. 올빼미가 밤에 나는데 날갯소리와 우는 소리를 들었다면, 마찬가지로 비극의 조짐이었습니다.

내 기억에 그 소리를 "올빼미의 노래"라고 했습니다. 만일 소금통이 식탁에서 떨어져 박살이 난다면, 비극을 방지하기 위한 유일한 방법은 그 소금을 모아 왼쪽 어깨 너머로 던지는 것이었습니다. 모든 유형의 미신들이 다 있었습니다. 그런 의미로, 내가 태어난 세상은 온갖 종류의 신앙과 미신들, 영혼, 유령, 그리고 파멸의 조짐인 동물들로 둘러싸인 매우 원시적인 곳이었습니다. 그것이 내가 기억하는 환경입니다.

이 환경은 내 가족들에게 어느 정도 영향을 미쳤습니다. 그렇기 때문에 그들이 매우 종교적인 사람들이라고 말하는 것입니다. 어머니는 가톨릭 신자였으며, 어머니의 믿음과 신앙은 가톨릭교회와 밀접하게 관련이 있었습니다.

베토 어머니는 자녀들에게 기도하는 법을 가르치셨나요?

카스트로 글쎄요. 정확하지는 않지만 어머니는 기도를 했습니다. 어머니가 나를 가르치셨다고 말할 수는 없어요. 왜냐하면 내가 만 4년 6개월이 되었을 때 산티아고 데 쿠바에 있는 학교에 가게 되었으니, 나는 어머니가 언제 기도하는지 들을 수 없었습니다.

베토 어머니는 묵주기도를 하셨나요?

카스트로 묵주기도, 성모송, 주님의 기도를 했어요.

베토 자비의 성모상을 가지고 계셨나요?

카스트로 많은 성상이 있었습니다. 쿠바의 수호성인인 자비의 성모, 요셉 성인, 그리스도, 그리고 다른 성모상들. 가톨릭교회에서 승인하는 많은 성인들의 상이 있었습니다. 나자로 성인 같은 가톨릭교회의 공식적인 성인들이 아닌 성인상도 있었습니다.

어머니는 매일 기도하는 열렬한 신자였습니다. 언제나 성모님과 성인들에게 촛불을 밝혔습니다. 어머니는 성인들에게 구할 것을 요청했고 많은 상황 속에서 그분들에게 기도했습니다. 어머니는 아프

거나 어려운 상황에 처한 가족들을 위해 서원을 하셨습니다. 서원
하셨을 뿐 아니라 그것을 지키셨습니다. 서원들 가운데 하나가 대성
당을 방문해 촛불을 밝히거나 어떤 사람을 도와주는 것이었습니다.
이런 일은 자주 있었습니다.

이모들과 할머니 역시 신앙심이 아주 깊었습니다. 할머니와 할아
버지, 외조부모님들은 당시 우리 집에서 1킬로미터쯤 떨어져 살았습
니다.

나의 이모 한 분이 아이를 낳다가 돌아가셨을 때를 기억합니다.
그분의 장례식을 기억합니다. 정확한 날짜를 알 수 있다면, 그때 처
음으로 죽음의 이미지를 갖게 되었다고 할 수 있습니다. 몹시 슬펐
고 많이 울었습니다. 그때 어린 소년이었지만, 스페인 사람과 결혼해
서 우리 집에서 1킬로미터쯤 떨어져 살던 이모 집으로 가던 기억이
납니다.

베토 엄마와 아기 모두 죽었나요, 엄마만 죽었나요?

카스트로 엄마는 죽고, 딸은 우리와 함께 컸습니다. 이모의 죽음이 내
가 간직한 죽음에 대한 첫 기억입니다.

외조부모님들은 무척 가난했습니다. 그들은 가난한 집 출신이었
어요. 외할아버지는 사탕수수를 소달구지로 나르셨습니다. 어머니처
럼 외할아버지도 피나르 델 리오 주 서부 지역의 시골에서 태어났
습니다. 20세기 초에 할아버지와 나머지 식구들은 고향에서 1,000
킬로미터 떨어진 오리엔테 주라 불리는 곳으로 소달구지를 타고 이
주해 그곳에 정착했습니다.

할아버지와 모든 가족들, 어머니와 외삼촌, 이모들이 이주했습니
다. 외삼촌 두 분은 거기서도 소달구지 모는 일을 했습니다.

할머니는 아주 독실하셨습니다. 어머니와 할머니의 종교적 신앙
은 가족 전통의 결과라고 할 수 있습니다. 두 분 다 열렬한 신자입

니다. 1959년 혁명의 승리 후, 내가 여기 아바나에 있는 그분들을 방문하러 갔을 때를 기억합니다. 두 분이 함께 계셨고, 할머니는 몇 가지 건강상 문제가 있었습니다. 방에는 성인들과 기도 카드가 가득했습니다. 많은 위험들이 따랐던 투쟁 내내, 어머니와 할머니는 우리의 생명과 안전을 위해 모든 유형의 서원을 하셨습니다. 우리가 투쟁에서 살아 돌아온 사실이 그분들의 신앙을 매우 고무시켰음이 틀림없습니다. 나는 그분들의 신앙을 존중합니다. 그분들은 내게 자신들이 하신 서원과 깊은 신앙에 대해 말했습니다. 이것은 1959년 혁명이 승리한 후의 일이었습니다. 나는 늘 커다란 관심과 존경으로 그 말씀을 들었습니다. 비록 내가 서원의 세계를 나누지는 못할지라도, 나는 결코 이런 일에 대해 논박을 벌인 적이 없었습니다. 왜냐하면 나는 그분들이 종교적 정서와 믿음에서 얻은 힘, 용기, 위로를 볼 수 있었기 때문입니다. 물론 그분들의 종교적 정서가 엄격하거나 정통적이지는 않지만, 그 정서들이 그분들에게는 상당히 중요했고 무척 강했습니다. 그것이 가족 전통의 한 부분이었습니다.

나는 아버지가 정치적인 문제, 매일의 투쟁들, 업무와 활동 조직 등 다른 문제들에 더 많은 관심이 있다고 생각했습니다. 아버지는 주로 다른 문제들에 대해 언급했습니다. 아마도 종교에 대해서는 회의적이었던 것 같습니다.

그러니 내가 특히 어머니와 외할머니를 그리스도인 가정 출신이라고 말할 수 있습니다. 만난 적은 없어도 스페인에 계신 조부모님 역시 매우 종교적이었다고 합니다. 나는 어머니와 어머니의 가계에서 종교적인 정서를 알게 되었습니다.

베토 당신의 세례와 세례명에 대해 말하는 중이었습니다.

카스트로 사람들이 나를 피델이라고 부르는 이유가 재미있습니다. 비록 그들 사이에 종교적 배경이 없다고 하더라도, 시골에 사는 농민들 사이에서 세례는 매우 중요한 의식이었습니다. 세례는 아주 인기 있는 제도입니다. 죽음의 위험은 훨씬 더 크고, 당시 시골에서는 기대수명이 낮았기 때문에, 농민 가족들은 대부가 아이의 두 번째 아버지라고 믿었습니다. 대부는 그 아이를 도와야 할 의무가 있습니다. 만일 아버지가 죽으면, 그의 아이는 여전히 누군가가 도움을 주고 지원을 해야 합니다. 그것이 깊이 뿌리내렸다고 느껴집니다. 그들은 자신들이 가장 신뢰하는 친구를 찾습니다. 때때로 대부는 아저씨였습니다. 나는 누나와 둘째인 형 라몬에게, 누가 그들의 대부인지 물어봐야 알겠지만, 대부들은 아저씨들일 것이라고 짐작했습니다.

우리는 재혼하여 낳은 자식들이었습니다. 첫 번째 결혼에서도 자식들이 있었고, 우리가 그들을 알았다고 기억합니다. 나는 재혼한 아버지의 셋째 아이였는데, 여기서 네 명의 딸과 세 명의 아들, 모두 일곱 명의 자녀가 있었습니다.

나는 아버지 친구의 대자로 선택되었습니다. 대부님은 아버지와 사업상 거래를 하는 상당히 부유한 사람이었습니다. 대부님은 아버지에게 집과 다른 비용들을 위해 고정된 이자율로 종종 돈을 빌려주었습니다. 마치 가족 은행가 같았지요. 대부님은 아버지보다 훨씬 더 부자였습니다. 사람들은 그가 백만장자라고 했지만, 아버지에게는 그런 말을 하는 사람이 없었습니다. 사람들이 하루에 1달러나 1페소를 벌곤 하던 때에 백만장자라는 사실은 엄청나게 돈이 많다는 의미였습니다. 당시 아버지의 재산은 상당한 규모였기에 측정할 수조차 없었지만, 그럼에도 불구하고 아버지는 백만장자는 아니었습니다.

대부님은 늘 바빴고, 산티아고 데 쿠바에서 살았습니다. 그는 그 주 전체에 걸쳐 사업적인 이해관계가 있었습니다. 부자인 나의 대부님과 한 사제가 비란을 동시에 방문하는 것은 분명히 어려운 일이었습니다. 나는 여전히 세례를 받지 못한 채 두 사람이 동시에 방문하기를 기다렸는데, 사람들은 나를 "유대인"이라고 불렀습니다. 나는 네 살이나 다섯 살 때 이미 쑥덕거리는 소리를 들었습니다. "유대인"이라는 단어의 의미를 알지 못했으나, 거기엔 확실히 치욕스러운 것이라는 부정적인 뜻이 함축돼 있었습니다. 그것은 모두 내가 세례를 받지 않았기 때문에 일어난 일이었지만, 진정으로 비난하는 것은 아니었습니다.

산티아고 데 쿠바에서 보낸 초기 몇 년

카스트로 세례를 받기 전에, 가족들은 나를 산티아고 데 쿠바로 보냈습니다. 나의 선생님은 내가 매우 근면한 학생이라고 가족들이 믿게 했습니다. 선생님은 내가 총명하고 학업에 재능이 있다고 얘기했습니다. 그것이 가족들이 다섯 살 때쯤 나를 산티아고 데 쿠바로 보낸 진짜 이유였습니다. 나는 어떤 물질적 문제도 없이 살던 세상에서 나와 빈곤과 배고픔 속에서 살아가던 도시로 가야 했습니다.

베토 다섯 살 때였네요.

카스트로 네. 다섯 살 때였고, 그 이전에는 배고픔이 뭔지를 알지 못했습니다.

베토 왜 가난했죠?

카스트로 그 선생님의 가족이 가난했기 때문에 나도 가난했습니다. 그녀가 가족 중에서 유일하게 돈을 벌었습니다. 그때가 1932년, 1933년 무렵인데 1930년대 경제위기가 닥쳤을 때입니다. 선생님의 가족으로는 두 자매와 아버지가 있었는데, 직업이 있는 사람은 자매들 중에 한 명뿐이었습니다. 그녀는 가끔 급여를 받지 못하거나 한참 후에야 받았습니다. 1930년대 대공황 기간에 급여가 종종 지불되지 않아 사람들은 극심하게 가난해졌습니다.

나는 산티아고 데 쿠바에서 비가 오면 체로 거르듯 물이 새는 아주 작은 목조 가옥에 살았습니다. 그 집은 지금도 그대로 있습니다. 학교에 다니는 동안, 선생님은 비란에서 계속 일을 했고 그녀의 동생은 그 급여로 살아야 했습니다. 우리 가족은 나의 하숙비로 40페소를 보냈습니다. 지금으로 치면 300페소에서 400페소 정도의 금액입니다. 나의 누나와 나, 이렇게 둘이 있었습니다. 그들이 급여를 받지 못하고 돈을 아껴야 했던 상황이었으니 음식에 많은 돈을 쓸 수 없었습니다. 다섯 명이 먹어야 했고, 몇 달 뒤에 형 라몬이 와서 여섯이 되었습니다. 우리는 약간의 쌀, 콩, 고구마, 바나나와 유사한 음식들을 작은 용기에 받았습니다. 그것은 정오에 배달되었고 처음에는 다섯 명, 나중에는 여섯 명이 점심과 저녁식사를 위해 음식을 나누었습니다. 나는 엄청난 식욕을 느꼈고, 음식은 항상 맛있었습니다. 실제로 나는 늘 배가 고팠습니다. 혹독한 시기였습니다.

나중에 선생님의 동생은 산티아고 데 쿠바에 있는 아이티 영사와 결혼했습니다. 다섯 살 때, 부유한 대부님이 나타나지 않아 세례가 거행되지 못했기 때문에 해결책을 찾아야만 했습니다. 나는 내가 "유대인"이라고 불렸던 사실이, 우리가 후에 토론할 어떤 종교적 편견과도 연결되어 있을 것이라 추측합니다. 어쨌든 마침내 나는 세례를 받았습니다. 그리고 그 아이티 영사가 나의 대부님이 되었습니다. 그가 착하고 고결한 인격을 갖춘, 선생님의 동생인 벨렌과 결혼했으니까요. 그녀는 피아노 교사였으나, 일도 없었고 학생들도 없었습니다.

베토 당신의 대부님은 결국 아버지의 부유한 친구가 아니었군요.

카스트로 네, 부자는 아니었습니다. 대부님은 라틴아메리카에서 가장 가난한 나라의 산티아고 데 쿠바 영사였습니다. 선생님도 나의 대모님처럼 메스티소(스페인인과 북미 원주민 혼혈인-역자 주)였습니다.

베토 그분들은 아직 살아 계신가요?

카스트로 아니요, 두 분 다 오래전에 돌아가셨습니다. 선생님이 비록 가족이 매달 우리 각자에게 보낸 40페소의 이익을 취하려 하숙을 치렀다 해도 나는 그분들에게 어떤 분한 마음도 들지 않습니다. 하지만 내 생애에 정말 힘든 시기였습니다.

어느 날 오후, 그분들이 나를 산티아고 데 쿠바에 있는 대성당에 데려갔습니다. 정확한 날짜는 기억하지 못하지만, 아마도 여섯 살 때 나는 마침내 세례를 받았습니다. 그분들이 나를 대성당에 데리고 가기 전에, 나는 이미 대성당에 가서 꽤 힘든 시간을 얼마간 보냈습니다. 그들은 나에게 성수를 뿌리고 세례를 주었습니다. 마침내 세례를 받고 다른 사람들처럼 나도 정규 시민이 되었습니다. 비록 부모님이 원래 정해주신 백만장자인 돈 피델 피노 산토스는 아닐지라도 나에겐 대부님과 대모님이 있습니다. 그런데 백만장자의 조카는 혁명을 위해 일하고 있는 우리들의 아주 소중한 동지입니다. 그는 뛰어난 경제학자, 열심히 일하는 노동자, 매우 능력 있는 공산주의자입니다. 나에게 자신의 이름을 물려준 부호의 조카이지만 그는 젊은 시절부터 공산주의자가 되었습니다. 결국 우연하게, 피델이라는 내게 적합한 이름을 어떻게 받을 수 있었는지 알게 되었습니다. 그것은 그 당시 전 기간 동안에 내가 받았던 유일하게 적합한 일이었습니다.

베토 영사의 이름은 무엇인가요?

카스트로 루이스 이베르트입니다.

베토 그래서 오늘 당신의 이름이 루이스 카스트로가 될 뻔했군요.

카스트로 만일 처음부터 영사에게 대부를 요청했다면 내 이름이 루이스 카스트로가 될 수 있었습니다. 인류 역사상 왕이나 성인들처럼 명망 있는 사람들 중에 루이스가 몇 명 있었지요. 혹시 루이스라는 이름의 교황이 나온 적이 있나요?

베토 기억이 안 납니다. 나는 교황의 역사에 정통하지 못합니다. 그런데 루이스라는 이름을 가진 내 형이 한 명 있죠.

카스트로 그들은 나에게 세례를 주기 위해 6년을 기다렸지만, 세례명을 주려고 6년을 기다린 것은 아닙니다. 내 이름은 세례를 받기 전의 원래 이름이고, 비록 성경에서 말하는 부유한 쾌락주의자와는 다르지만 그 부자가 지어주었습니다. 사실, 오래전에 세상을 떠난 사람에 대해 말하는 것은 슬픈 일입니다. 내 대부가 될 뻔했던 그분은 지나치리만큼 검소하다는 평판이 있었습니다. 나는 그분에게서 성경에 나오는 부자와 어떤 공통점도 찾지 못했습니다.

그는 나에게 선물도 많이 주지 않았고, 기억할 만한 일이 거의 없습니다. 그는 나의 아버지에게 당시 지금보다 낮은 약 6퍼센트에 해당하는 이자를 받고 많은 융자를 해주었습니다.

후에 그 사람은 정치인이 되었고 의원 선거에 출마했습니다. 사람들이 궁금해하는 것처럼 어느 당으로 출마했을까요? 여당을 위해 나왔습니다. 그는 항상 여당 편이었습니다. 이해하시겠어요? 그러나 나중에 그의 아들은 야당 의원이 되어 모든 것이 정리되었습니다.

그의 선거 캠페인이 시작되었을 때, 아버지가 그를 지원했음을 기억합니다. 어린 나이에도 선거는 민주주의의 교훈들을 받아들이는 계기가 되었습니다. 선거 때 많은 돈이 우리 집에서 융통되었습니다. 더 정확히 말하면, 아버지는 각 선거에서 친구를 돕는 데 많은 돈을 썼습니다. 다시 말해 아버지는 자신의 돈을 지지하는 후보자를 돕는 데 썼습니다. 그때는 그것이 정치인 줄 알았습니다.

물론 토지 소유자로서 아버지는 대부분의 투표자들을 관리했습니다. 많은 사람들이 읽고 쓸 줄을 몰랐기 때문이었습니다. 당시 시골 지역에서 일을 얻게 되었다는 것은, 마치 남의 땅에 살아도 된다는 허락을 받은 것처럼 큰 신세를 지는 것으로 여겨졌습니다. 그러므로 그런 호의를 받은 농부나 노동자는, 나머지 그의 식구들과 함께 자신의 후원자에게 감사하며 그 후원자가 지지하는 후보자를 위해 투표해야 했습니다. 이 밖에 지방 운동원들이 있었습니다. 그들은 누구일까요? 정치 전문가들입니다. 그들은 사회학, 법학, 경제학에 통달한 조언자가 아니라 오히려 각 지역에서 온 똑똑한 농민들로서, 그들은 지방의원, 시장, 주지사, 하원의원, 상원의원, 심지어 대통령 선거 캠페인 동안 표를 얻어다 주고 정부의 특별한 일을 맡거나 돈을 받았습니다. 그때는 텔레비전이나 라디오 캠페인이 없었습니다. 그래서 훨씬 더 많은 비용이 들었을 것입니다.

베토 브라질에서는 여전히 그 방법이 통합니다.

카스트로 그 선거 캠페인이 기억납니다. 내가 열 살 무렵이었습니다. 나는 열 살치고는 정치에 대해 많이 알았습니다. 많은 일들을 보았기 때문이죠!

방학이었는데, 선거 기간 동안에 집에 있던 때를 기억합니다. 내가 자는 방에 보관해두었던 금고가 문제가 되었습니다. 아이들은 늦잠 자는 걸 좋아하지만, 선거 캠페인 동안에는 오전 다섯 시 반부터 아침 일찍 왕래하는 사람들이 많았기 때문에 나는 그럴 수 없었습니다. 금고를 여닫는 금속성 소리가 계속 났습니다. 지방 운동원들이 도착해서 그들에게 돈을 주어야 했습니다. 이런 일들을 이타적인 마음으로 했습니다. 아버지는 친구로서의 호의로 그렇게 했습니다. 나는 어떤 사례도 기억나지 않습니다. 융자와는 별개로 언제 그 사람이 아버지의 문제들을 어떻게 해결했는지, 또는 언제 아버지가 그에게 정치 캠페인을 위한 자금을 제공했는지 모릅니다. 아버지는 자신의 힘으로 그 비용들의 책임을 맡으셨습니다. 그것이 내가 아이로서 배운 정치입니다.

많은 사람들이 확실한 투표수, 특히 원거리에 있는 투표수를 관리했습니다. 근거리에 사는 사람들의 투표수는 농장에서 가장 신임하는 사람이 직접 관리를 했습니다. 그러나 80표에서 100표를 관리하는 지방 운동원들이 30킬로미터에서 40킬로미터 되는 먼 거리에서 왔습니다. 나중에 선거인단 혹은 지방 운동원들이 자신들의 명성이나 보상, 혹은 일자리를 잃는다고 해도 그 표들이 성과로 남을 것입니다. 그것이 시골 지역의 선거 캠페인이었습니다.

나의 대부님이 될 뻔했던 사람은 의원이 되었습니다. 가난한 아이티 영사인 실제 대부님은 그때까지 어려움을 겪었습니다. 1933년에 마차도의 독재는 혁명으로 전복되었고, 처음 혁명 세력은 민족주의적 성격을 띤 법을 통과시켰습니다. 그때 나는 일곱 살이었습니다. 당시 많은 사람들이 실업과 기아에 시달렸습니다. 반면, 예를 들어 스페인인이 소유한 아바나의 상점들은 오직 스페인들만 고용했습니다. 일자리의 1퍼센트를 달라는 쿠바인들의 민족주의적인 요구가 있었습니다. 그것은 원칙적으로 공정한 요구일 수 있으나, 실질적으로 비록 스페인인이지만 아주 가난하고 생계를 이을 다른 방법이 없는 사람들에게서 일자리를 빼앗아 와야 하는 환경에서 취한 잔혹한 조치들이었습니다.

나는 지금도 깊은 슬픔의 순간들을 기억합니다. 산티아고 데 쿠바와 오리엔테 주의 나머지 지역으로부터 오랫동안 쿠바에서 살았던 아이티 이주자들이 추방되기 시작했습니다. 그들은 몇 년 전에 기아를 피해 고향을 떠나왔습니다. 그들은 엄청난 희생을 치르면서 사탕수수를 재배하고 수확했는데, 임금이 아주 낮아 거의 노예상태였습니다. 나는 19세기 노예들이 그 아이티인들보다 생활수준이 더 높고 보살핌을 더 잘 받았다고 전적으로 확신합니다.

노예들은 비록 동물과 같이 대우를 받았지만 그들은 음식과 보살핌을 받아 생존하고 생산할 수 있었습니다. 그들은 대농장 자본의 일부로 보존되었습니다. 그런데 수만 명의 아이티 이주민들은 오로지 일을 할 때만 먹을 수 있었습니다. 그들이 기아에 살았는지 죽었는지, 아무도 돌보지 않았습니다. 그들은 모든 형태의 궁핍으로부터 고통을 받았습니다.

이른바 1933년 혁명은 사실 불의와 남용에 대항하는 운동이었습니다. 그것은 전기회사와 다른 외국 기업들의 국유화와 고용의 국유화를 요구했습니다. 고용을 국유화한다는 명분으로 수만 명의 아이티인들을 무자비하게 아이티로 강제 추방했습니다. 우리의 혁명 이념을 따랐는데 결과적으로 비인간적인 짓이 벌어진 것입니다. 그들에게 어떤 일이 일어났나요? 그들 중 얼마나 많은 사람들이 살아남았나요?

대부님이 아직 산티아고 데 쿠바 영사로 있었을 때, 두 개의 굴뚝이 있는 대형 선박, 라 셀레호가 그 도시에 도착했습니다. 나도 사람들에게 이끌려 구경하러 갔습니다. 산티아고 데 쿠바에 굴뚝 두 개짜리 선박이 도착한 것은 특별한 사건이었습니다. 그 배는 쿠바에서 추방된 뒤에 본국으로 돌아가는 아이티인들로 가득했습니다.

훗날 대부님은 일자리와 영사직을 잃었고, 내가 생각하기에 수입도 아무것도 없었습니다. 그래서 대부님 역시 아이티로 돌아갔습니다. 대모님은 오랫동안 혼자 남아 계셨습니다. 오랜 시간이 흘러서야 대부님은 쿠바로 돌아왔습니다. 그때 나는 이미 성인이 되었습니다. 그는 비란에 가서 피난처를 찾았고 잠시 동안 살았습니다. 대부님은 생계수단을 갖지 못했습니다.

가톨릭 학교에서의 교육

베토 언제 종교 학교에 들어갔나요?

카스트로 1학년 때 갔습니다.

베토 몇 살 때입니까?

카스트로 글쎄요, 만 여섯 살 반이나 일곱 살이 틀림없어요.

베토 그리스도교 형제회 학교였나요?

카스트로 네, 이야기가 깁니다.

산티아고 데 쿠바에서 보낸 아주 어렸을 때 얘기를 하고 있었지요. 나는 많은 고난을 겪었습니다. 일 년쯤 뒤, 상황이 어느 정도 호전되기 시작했습니다. 어느 순간, 부모님이 내가 직면했던 어려움을 알아차렸습니다. 화가 난 부모님은 항의를 하고서 나를 다시 비란으로 데려가셨습니다. 그러나 선생님의 설명을 듣고 화해를 하고 나서 나는 다시 선생님 집으로 돌아갔습니다. 물론 선생님의 횡령이란 추문 뒤에 상황은 좀 나아졌습니다. 그 후 얼마 동안 선생님 집에서 보냈을까요? 적어도 2년이었습니다.

처음에는 나를 학교에 보내지 않았고, 대모님이 수업을 했습니다. 그 수업들은 내 공책 표지에 인쇄된 덧셈, 뺄셈, 곱셈, 나눗셈 테이블을 공부하는 것이었습니다. 나는 암기하고 아주 잘 익혀서 결코 그 테이블을 잊은 적이 없습니다. 나는 마치 컴퓨터처럼 빨리 계산할 때도 있었습니다.

베토 그랬군요. 지난 시절의 어둠에 주목하게 됐습니다.

카스트로 사실 그랬습니다. 교과서도 없었고 오직 내 공책과 메모지 몇 권밖에 없었습니다. 산수, 읽기, 쓰기, 메모하기를 배웠습니다. 철자와 손글씨는 약간 나아졌습니다. 나는 단지 시간을 허비하면서 그 집에서 2년을 보냈다고 생각합니다. 유일하게 유용한 면은 힘들고 어려운 조건, 고난, 희생들을 경험한 것이지요. 그 가족들이 부모님에게 받은 수입을 고려하면 나는 착취 대상이었습니다.

당신이 종교적 믿음을 언급했는데, 우리가 처음으로 배운 믿음에 대한 내용은 삼인의 동방박사였습니다. 처음 서너 명의 동방박사가 왔던 것 같습니다. 그들이 나에게 사과 몇 개, 장난감 자동차, 그리고 사탕 몇 개를 준 것도 기억합니다.

1월 6일은 주님공현 대축일입니다. 우리는 그리스도가 태어나셨을 때 그분을 경배하러 여행을 했던 세 명의 동방박사가 해마다 아이들에게 선물을 주러 오신다는 이야기를 들었습니다.

나는 세 번의 주님공현 대축일을 산티아고에서 그 가족들과 보냈습니다. 적어도 2년 반을 거기서 보낸 것이 틀림없습니다.

베토 그러면 자본주의자 산타클로스는 쿠바에서 인기가 없었나요?

카스트로 전혀 없었습니다. 우리에게는 낙타를 탄 세 명의 동방박사가 있었습니다. 아이들은 이들, 곧 카스팔, 멜키올, 발타살에게 편지를 씁니다. 아직도 기억이 나는데, 다섯 살 때 썼던 내 첫 번째 편지들은 동방박사에게 자동차, 기차, 무비 카메라, 장난감 기계 등을 청하는 것이었습니다. 1월 5일에는 세 명의 동방박사에게 긴 편지를 썼습니다. 그리고 나서 나는 약간의 풀잎을 구해, 내 침대 밑에 물에 적신 풀잎을 놓았습니다. 결과는 실망이었습니다.

베토 풀잎을 놓은 건 무엇 때문인가요?

카스트로 세 명의 동방박사가 낙타를 타기 때문에, 낙타가 먹을 풀과 물을 제공하려고 그것을 침대 밑에 둔 것입니다.

베토 항상 섞어서요?

카스트로 풀과 물을 섞든가 각각 나란히 두든가. 특히 동방박사에게 많은 선물, 다시 말해 편지에 요청했던 모든 선물을 달라고 하고 싶을 때는 음식과 물을 낙타에게 제공해야 합니다.

베토 그러면 세 명의 동방박사는 무엇을 먹습니까?

카스트로 글쎄요, 잘 모르겠습니다. 아무도 동방박사에게 음식을 남겨놓는 걸 생각하지 않았어요. 아마 우리에게 아낌없이 베푸는 사람이기 때문이겠지요. 낙타는 풀을 먹고 물을 마셨지만, 나는 그 답례로 아주 작은 장난감들을 받았어요. 내 첫 번째 선물은 끝부분만 알루미늄 같은 금속으로 만든 작은 판지 트럼펫이었어요. 트럼펫은 연필 크기만 했습니다. 3년을 연이어 트럼펫을 받았어요. 나는 음악가가 되었어야 했나 봐요! 두 번째 해의 트럼펫은 반은 알루미늄이고 반은 판지였어요. 세 번째는 완전히 알루미늄으로 만들어진 세 개의 작은 열쇠가 달린 트럼펫이었어요.

그 당시에 학교에 다녔습니다. 내가 거기서 세 번째 해를 보내면서, 나는 학교에 가게 되었고, 그때 변화가 시작되었죠!

베토 어느 학교죠?

카스트로 라 살레 학교(그리스도교 형제회 소속-역자 주)입니다. 산티아고 데 쿠바에서 약 일 년 반 혹은 이 년을 보낸 뒤에, 나는 라 셀레 학교에 갔는데 여섯 블록이나 일곱 블록 떨어져 있었습니다. 아침에 학교에 갔다가 점심 먹으러 집에 왔습니다. 우리는 그때 비로소 점심을 먹게 되어 더 이상 배고픔을 느끼지 않았습니다. 점심을 먹고 학교로 돌아갔습니다. 내가 라 살레에 입학했을 때 대부님인 아이티 영사는 아직 우리와 함께 있었습니다. 학교를 가는 것은 나에게 큰 도약이었습니다.

종교적 가르침

카스트로 우리는 교리문답, 종교, 성경의 역사 등을 체계적으로 배웠습니다. 나는 분명히 여섯 살 반이나 일곱 살이었는데도 학교는 나를 1학년에 머물게 했습니다. 이미 읽고 쓰는 법을 배웠음에도 거의 2년을 허비했습니다. 나는 3학년에 있어야 했습니다.

일단 학교에 다니기 시작하자 체계적인 교육을 받았고, 물질적·환경적으로 호전되었습니다. 내게는 처음으로 선생님, 학급, 함께 놀 친구들을 비롯해, 공책 표지에 쓰인 산수를 공부하던 단 한 명의 학생이었던 때에는 부족했던 많은 활동들이 생겼습니다. 이 생활은 반항적인 행동이 시작되는 어린 시절까지 지속되었습니다.

베토 원인이 무엇이었나요?

카스트로 모든 상황이 진절머리가 났습니다. 그 선생님의 집에서 나는 자주 엉덩이를 맞았습니다. 완벽하게 행동하지 않으면 기숙학교에 보내겠다고 위협했습니다. 그러던 어느 날 나는 그 집에 있는 것보다 기숙학교에 가는 게 더 낫겠다는 걸 깨달았습니다.

베토 누가 당신을 위협했습니까? 형이나 누나입니까?

카스트로 대모님, 대부님, 휴직 중인 선생님, 그들 모두였습니다.

베토 어떻게 반항했나요?

카스트로 그 사람들은 프랑스 교육을 받았어요. 정확하게 어떻게 했는지는 기억이 안 납니다. 그들은 불어를 완벽하게 했어요. 아마 프랑스에 다녀온 적이 있거나 아이티 학교에서 배웠을 것입니다. 그리고 완벽한 예의를 차리고 있어서, 어릴 때부터 내게 예의를 가르쳤어요. 골라야 하는 여러 선택지 가운데 그들이 어떤 것을 요구했는지 당신은 짐작도 못할 것입니다. 아주 가난한 아이들이라도 1페니를 가지고 라야도를 사든지 또는 그라니사도를 사든지 할 것입니다. 그것은 스노콘이라고 불리는 아이스크림인데, 나는 그들에게 어떤 것도 요구할 수 없었습니다. 그런 것은 프랑스 교육 규칙에 따라 금지되었거든요. 만일 내가 다른 아이에게 뭘 좀 달라고 하면, 그 아이는 전형적인 유치하고 이기적인 마음과 그 아이가 살아가는 절망적인 가난 때문에 이렇게 말을 하곤 했습니다. "너는 거지야! 일러바칠 테야!" 그 아이들은 내가 따라야 하는 규칙을 알고 있었습니다.

그 가족들에겐 자신들의 규칙이 있었고, 나는 그것을 비판하지 않습니다. 그들은 많은 수련을 받아서 교육된 방식으로 말하고 목소리를 높이지도 않았습니다. 당연히 부적절한 언어를 사용하지도 않았습니다. 그들이 나를 기숙학교로 보낸다고 위협했을 때 이전에 일어났던 일들에 대해 인식하게 되었습니다. 나는 이미 지쳤고 배고픔에 시달렸으며 공정한 대우를 받지 못했다는 것을 말이죠. 당신에게 자세한 것까지 모든 사실을 말하지는 않겠습니다. 인터뷰를 자서전으로 만들고 싶지 않기 때문입니다. 나는 단지 흥미 있을 만한 주제가 다루어지길 바랍니다.

하여튼 나는 학교에서 의도적으로 모든 규칙과 규제를 깨뜨리기 시작했습니다. 의식적으로 반항함으로써 그들이 나를 기숙학교에 보내도록 하려고, 나는 목소리를 높였고 사용이 금지된 말들을 모두 썼습니다. 그것은 마지막이 아니라, 첫 번째 반항 이야기입니다. 나는 1학년이었고 기껏해야 일곱 살이었을 겁니다.

베토 그렇게 해서 마침내 기숙학교로 갔나요?

카스트로 네, 그리고 나는 행복해지기 시작했어요. 나에게 기숙학교는 자유를 의미합니다.

베토 얼마나 오랫동안 라 살레 기숙학교에 있었나요?

카스트로 사 년 가까이 있었습니다. 1학년 2학기부터 있었어요. 성적이 좋았기 때문에 3학년에서 5학년으로 곧장 월반했고, 그래서 잃어버린 몇 년 중의 1년을 만회했습니다.

베토 종교 교육은 어떠했습니까? 종교가 좋고 즐거운 어떤 것으로 전달되었나요? 혹은 지옥, 죄, 하느님에 대한 말을 많이 했나요? 어떠했나요? 미사에 가고, 희생하고, 속죄해야 한다고 강조했나요, 아니면 더 긍정적인 일들이 있었나요? 당신이 기억하는 기숙학교는 어떤가요?

카스트로   나는 다양한 시간들을 기억합니다. 내 삶의 다양한 시기에 세 학교를 다녔기 때문입니다. 나는 첫 번째 기간 동안 어떤 문제에 관한 의견을 갖기가 정말 어려웠습니다. 가족, 집, 내가 사랑하는 곳, 내가 놀던 장소, 뛰어다니던 주위 환경, 즐거운 자유와 멀리 떨어져 있었습니다. 그런 다음 갑자기 도시로 보내져 물질적 문제에 직면한 힘든 시기를 보내게 되었습니다. 나는 가족과 멀리 떨어져, 가족도 아닌 사람들이 나를 담당하는 곳에 있었습니다. 나는 그 집, 그 가족, 그러한 규칙들 속에 사는 것이 진절머리가 났습니다. 종교적인 문제는 없었으나 오히려 물질적 생계 문제와 개인적으로 해결이 필요한 상황에 놓였습니다. 타고난 대로 직관적으로 행동하는 것이 내가 실제로 관여하는 방식이지, 권위에 복종하는 일은 없었습니다.

그런 뒤 상황이 변했습니다. 기숙학교에 들어가자 극심했던 물질적 상황이 호전되었습니다. 방과 후에 나는 학교 운동장에서 친구들과 놀 수 있었습니다. 나는 더 이상 혼자가 아니며 일주일에 한두 번씩 시골이나 바다에 다녀왔습니다. 우리는 산티아고 데 쿠바 만에 있는 작은 반도에 갔었는데, 그곳에는 현재 정유공장과 다른 산업단지들이 있습니다. 그리스도교 형제회에서는 해변 근처 한 곳을 빌려서 휴양지와 스포츠 시설을 설치하고 목요일마다 우리를 데려갔습니다. 목요일과 일요일에는 수업이 없었기 때문입니다. 그리스도교 형제회에서는 한 주일을 둘로 나누어, 3일간 수업, 하루 휴식, 그리고 이틀 더 수업을 했습니다. 나는 매주 목요일과 일요일에 해변으로 가서 편안하게 시간을 보내면서 낚시, 수영, 하이킹, 스포츠에 참여하며 기숙학교에서 아주 행복했습니다. 그런 일들이 더 흥미로웠고 관심이 있었습니다.

종교 교육, 교리문답, 미사나 다른 활동들은 수업이나 학습 시간들처럼 일상생활의 일부분이었습니다. 그다음에 지금처럼 무척이나 많은 모임들과 함께 내가 가장 좋아하는 휴식이 있었습니다. 그 시기의 종교 교육은 자연스러운 것이었습니다. 나는 당시에 어떤 가치 판단도 할 수 없었습니다.

베토 죄에 대한 이야기가 두려움을 주지 않았나요? 스트레스를 받지 않았나요?

카스트로 그런 주제는 나중에 차차 알게 되었지만, 새로운 국면이 온 것은 아니었습니다.

그 당시 나는 마치 쿠바 역사를 공부하듯이 종교를 공부했습니다. 우리는 자연스러운 사실처럼 종교 속에서 세계와 만물의 시작에 대한 모든 것을 받아들였습니다. 학교에서는 우리가 이것을 추론해내도록 하지 않았습니다. 나는 스포츠, 해변, 자연, 그리고 여러 수업 과목들을 공부하는 데 더 관심이 있었습니다. 나는 어떤 종교적 경향이나 소명이 정말 없었습니다. 그것은 사실입니다.

보통 3개월마다 방학이 있었고, 방학 때는 집으로 갔습니다. 고향은 자유 그 자체였습니다.

예를 들어 성탄절 전날 밤은 아주 근사합니다. 이 주일 동안의 방학을 의미하기 때문입니다. 방학만이 아니라, 이 주일 동안의 축제와 과자, 사탕, 누가(견과류가 든 사탕의 일종-역자 주) 등의 선물이 있습니다. 집에는 많은 선물들이 있었습니다. 전통적인 스페인 생산품들을 크리스마스 시즌에 구매했습니다. 그때가 오면 기차와 말을 갈아타며 집에 도착할 때까지 늘 흥분상태였습니다. 그 시절에는 기차를 타고 그다음에는 말로 갈아타고 집으로 갔습니다. 도로는 거대한 진흙 구덩이에 지나지 않았습니다. 처음 몇 년 동안, 집에는 차도 없었고 전기조차 들어오지 않았습니다. 전기는 조금 후에 들어왔습니다. 시골에서는 초를 사용해 불을 밝혔습니다. 도시에서 배고픔과 답답함 속에 있다가 시골의 개방된 공간, 넉넉한 음식, 성탄전야, 성탄절, 새해, 그리고 주님공현 대축일 전후의 축제 분위기는 매혹적이었습니다. 그런데 곧 세 명의 동방박사가 존재하지 않는다는 사실을 알게 되었습니다. 그것은 처음 우리를 회의적으로 만든 일들 중 하나였습니다. 우리는 부모님이 장난감을 가져다 놓았다는 것을 알게 되었습니다. 어른들은 우리의 천진함을 너무 빨리 빼앗아 갔습니다. 그렇다고 내가 관습을 반대하는 것은 아닙니다. 가치판단을 하려고 하는 것도 아닙니다. 그렇지만 속고 있다는 사실을 빨리 배웠던 것입니다.

성탄절 방학은 늘 행복했습니다. 부활절은 또 다른 놀라움입니다. 우리는 집에서 일주일을 더 보낼 수 있었으니까요. 그다음에는 강에서 수영을 하고, 숲을 달리고, 새총으로 사냥을 하고, 말을 타고 달리는 여름방학이었습니다. 우리는 자연과 접촉하며 살았고 그 시간 동안 무척 자유로웠습니다. 그것이 나의 어린 시절이었습니다.

나는 시골에서 태어나 내가 언급했던 문제들이 일어나기 전까지 그곳에서 살았습니다. 3학년인가 5학년으로 올라갔을 때, 더 많은 일들을 배우고 관찰하기 시작했습니다.

시골에서 부활절은 매우 침통한 날들을 의미합니다. 무슨 이야기냐고요? 그리스도가 성금요일에 돌아가셨습니다. 사람들은 떠들거나 농담을 하거나 행복할 수 없었습니다. 왜냐하면 그리스도가 돌아가셨고 유대인들이 그분을 돌아가시게 했기 때문입니다. 이것은 의혹이나 대중 신심이 비극과 역사적인 편견의 원인이 되는 또 다른 경우입니다. 그 용어가 무엇을 의미하는지 알지도 못했다고 말했었지요. 처음에는 '유디오스(유대인들)'라고 불리는 새들이 그리스도를 죽였다고 생각했습니다.

나는 고기를 먹지 못하고 생선만 먹어야 했습니다. 그다음 날은 성토요일입니다. 비록 내가 이해하기에 부활은 아직 일어나지 않았지만, 그날은 축제의 날입니다. 사람들은 이렇게 말했습니다. "성금요일, 침묵과 애도의 날, 성토요일, 축하의 날." 시골 가게들은 성토요일에 붐비고, 파티와 투계 시합이 부활절 일요일까지 계속됩니다.

나는 지금 행복한 일들에 여념이 없었던 시절에 대해 말하고 있습니다. 나는 그때 종교적 훈련을 평가할 위치에 있지 않았습니다. 하지만 나는 모든 것이 5 곱하기 5는 25인 산수와 같다는 사실을 금방 깨달았습니다.

베토 수사들은 종교인이라기보다 선생님에 가까웠나요? 아니면 수사들이 좋은 종교인으로 보였나요?

카스트로 글쎄요, 그리스도교 형제회 수사들은 사제는 아닙니다. 그들은 사제직을 위한 교육을 받고 있지는 않았습니다. 그 수사들은 예수회원보다 훨씬 덜 까다로웠고, 덜 엄격했습니다. 내가 예수회 학교에 간 후에 그것을 깨달았습니다.

충돌은 그리스도교 형제회 학교에서 일어났습니다. 나는 그곳에서 두 번째 반란을 일으켰습니다. 그 학교의 훈육은 나쁘지 않았고 학생활동 조직도 나쁘지 않았습니다. 약 30명의 기숙사 학생들이 있었고, 앞서 말한 대로 우리는 목요일과 일요일에 휴일을 보내러 밖에 나갔습니다. 음식도 나쁘지 않았고, 일반적인 생활도 나쁘지 않았습니다.

그들은 예수회원들이 했던 훈육을 하지 않았었습니다. 게다가 때때로 정말 비난받을 만한 방법들을 사용했습니다. 몇 명의 선생님들과 학교 관계자들은 학생들에게 종종 체벌을 했습니다. 다른 학생과의 다툼으로 인해, 그곳에서 나의 충돌은 재현되었습니다. 그것은 그 나이의 학생들이 벌일 수 있는 전형적인 작은 다툼이었습니다. 그때 나는 지금은 당연히 해로운 교수법으로 여겨지는 폭력이 어떻게 학생에게 사용되었는지를 알게 되었습니다. 처음에 감독교사인 수사가 나를 상당히 심한 폭력으로 체벌했습니다. 그는 내 양쪽 뺨을 갈겼습니다. 그것은 수치스럽고 모욕적인 일이었습니다. 3학년 때였는데 그 일을 결코 잊지 못했습니다. 5학년이 되었을 때, 두 번째로 머리를 맞았습니다. 그 이후에 나는 더 이상 참지 않았고, 그 감독교사와 나 사이의 폭력적 대립은 종지부를 찍었습니다. 마침내 나는 그 학교로 돌아가지 않기로 결정했습니다.

나는 그 학교에서 어떤 학생들을 편애하는 것도 보았습니다. 얼마나 많은 돈이 그런 일을 만드는지 보았습니다. 나는 우리 집이 땅이 많고 부자라는 말을 들은 몇몇 수사들이 우리 형제에게 특별 대우를 하면서 우리 가족에게 큰 관심을 보인다는 것을 분명히 느꼈습니다. 물질적 이해와 돈과 관련해 비위를 맞추는 것을 확실히 보았습니다.

라 살레의 선생님들은 예수회원들처럼 교육을 받지 못했습니다. 그들은 예수회원보다 덜 엄격하고 윤리적으로 굳건하지 않았다고 할 수 있습니다. 비판적으로 말하자면, 학생들과 시골 지역의 만남, 활동적인 일정, 훌륭한 교육 등 긍정적인 점들도 있었지만 학생에 대한 체벌은 가공할 정도이며 받아들일 수 없었습니다. 물론 반대할 정도는 아닌 강제적인 훈육이 있었습니다. 그들은 우리를 훈육해야 했을 테니까요. 하지만 5학년이 되고 인간의 존엄성을 알게 되자 폭력적 방법, 물리적 체벌은 생각조차 할 수 없게 되었습니다.

베토 예수회원으로 넘어가 보죠. 학교 이름은 무엇인가요?

카스트로 명망 있는 상류층 계급의 학교인 산티아고 데 쿠바의 돌로 레스 칼리지(슬픔의 성모학교)였습니다.

베토 언제부터 기숙사 생활을 시작했나요?

카스트로 처음에는 기숙사 거주 학생이 아니라 평가를 받는 기간을 보내야 했습니다. 나는 아버지 친구인 사업가의 집에서 살았습니다. 나는 전학이라는 또 다른 경험을 해야 했습니다. 학교는 훨씬 더 엄격했고, 나를 돌보는 어른들에 대해 내가 오해를 했다는 것을 알게 되었습니다. 가족이 아닌 다른 아이를 받아들인다는 것이 친절보다는 우정의 문제라는 것을요. 그 상황에서 어찌 됐든 경제적인 이해와 다른 관계가 작용하는 것이었습니다. 나는 그들의 아들이 아니었고 그들도 나를 아들처럼 대할 수 없었습니다.

확신하건대 가족의 친구 집에 가는 것보다 학교 기숙사에 가는 편이 차라리 낫습니다. 가족의 친구들과 함께 사는 것은 그들이 친절하지 않다면 권할 만한 일이 아닙니다. 친절한 사람도 있지만 내가 자란 사회는 많은 어려움을 겪었고, 사람들은 많은 희생을 치러야 했습니다. 돌이켜 생각해보면, 그 사회는 친절과 관대함을 북돋기보다 어떠한 상황에서도 무언가 얻기를 바라게 하는 가공할 이기심을 낳았습니다.

베토 그러면 그 사회를 그리스도인들의 사회라고 생각하시나요?

카스트로 오늘날 세상에 자신을 그리스도인이라고 부르면서 끔찍한 짓을 저지르는 사람들이 많이 있습니다. 예를 들어 피노체트, 레이건, 보타를 그런 그리스도인이라고 생각합니다.

나와 함께 생활하는 사람들은 그리스도교 신앙을 실천했습니다. 다시 말해 그들은 미사에 나갔습니다. 그 가족들에게 특별히 나쁘게 말할 만한 게 있었나? 없었습니다. 대모님을 나쁜 사람이었다고 할 수 없습니다. 대모님은 나머지 식구들과 함께 굶주려 있었으니까요. 대모님은 당시 집에 신경을 쓰지 못했습니다. 대모님이 받는 급여를 수입으로 언니가 관리하여 그럭저럭 살아나갔습니다. 대모님은 정말 좋은, 고귀한 인품을 지녔습니다. 그런데 우리가 처했던 상황은 일반적인 아들과의 관계가 아니라 집에 있는 이방인과의 관계입니다.

내가 사업가 가족들과 함께 살기 위해 들어갔을 때가 5학년이었습니다. 그들이 나쁜 사람이었다고는 할 수 없지만, 나의 가족은 아니었습니다. 그들은 자의적일지라도 엄격한 규칙이 있었습니다. 예를 들어 이미 설명했듯이 내가 다른 학교에서 문제가 있었기 때문에 더욱 엄격한 학교로 전학했다는 사실을 고려하지 않았습니다. 그들은 더 많은 것을 요구하는 학교와 새 선생님들에 대한 새로운 적응에 따르는 심리적인 상황들을 고려하지 않았습니다. 만일 내가 최고 성적을 받지 못한 경우엔, 나는 영화를 보러 가기 위해 받는 주당 10센트, 영화 보고 난 뒤 먹는 아이스크림 5센트, 목요일에 만화책을 사기 위한 5센트를 받지 못했습니다. 나는 이것을 명확히 기억합니다. 아르헨티나에서 발행되는 5센트짜리 주간만화 '엘 고리온(집참새)'이 있었습니다. 나는 또 소설도 몇 권씩 읽었습니다. '데 탈팔로, 탈 아스틸라(부전자전)'가 그중 하나였습니다. 평상시 일주일 용돈은 25센트였는데 내가 최고 성적을 받지 못하면 그 25센트를 받지 못했습니다. 기준은 임의대로였고 완전히 불공평했습니다. 그들은 내가 새 환경에 적응한다는 걸 생각조차 하지 않았습니다. 그것은 열한 살 아이에게는 올바른 심리적 접근 방법이 아니었습니다.

그들은 왜 내가 좋은 성적 받기를 원했을까요? 그것은 물론 자부심과 허영의 문제였지만 다른 요인들도 있었습니다. 그 학교는 상당한 상류계급의 학교였습니다. 기숙사에 있든 아니든, 자녀가 그 학교에 재학하고 있는 사람들은 마치 사회적인 성취의 표시인 양, 학교를 허영심을 채우는 곳으로 여겼습니다. 아이였을 때, 아무도 나를 제대로 이끌어주는 사람이 없었기 때문에 나는 그런 일로 고통을 많이 겪었습니다.

나는 어렵게 설득을 한 끝에야, 성탄절 방학이 끝나고 나서부터 새 학교의 주간 학생으로 다닐 수 있었습니다. 집에다 공부하러 먼 곳으로 보내달라고 설득하고 요구해야 했습니다. 그때는 공부와 싸움을 시작할 때였습니다. 이전 학교에서 부모님께 내가 나쁜 행실을 했다고 일렀고 그런 제멋대로 보고된 내용이 부모님께 영향을 미쳤기 때문에 나는 싸워야 했습니다. 나는 공부를 허락하지 않겠다는 결정을 받아들일 수 없다고 말했습니다. 무엇이 문제인지를 알았습니다. 그것은 모욕적이고 폭력적인 행위, 학생들에 대한 물리적 체벌 때문이었습니다. 나는 이 문제, 즉 정의와 존엄성에 대해 내가 알아가고 있던 개념들과 직관적인 사고의 결과, 아주 명확한 생각을 갖게 되었습니다. 어렸을 때부터, 내가 희생자가 되어버린 올바르지 못하고 불공정한 일들을 겪었습니다. 나는 내가 확실히 인식하게 된 가치들을 획득하기 시작했습니다. 나는 공부하러 먼 곳으로 보내달라고 강력하게 요구했습니다. 공부하려는 열망에서 벗어나려는 것이 아니라 오히려 나에게 불의가 저질러졌다는 것을 느꼈기 때문입니다. 어머니는 나를 지지했습니다. 나는 어머니를 먼저 설득했고, 어머니가 아버지를 설득시켰습니다. 부모님은 나를 주간반 학생으로, 산티아고 데 쿠바로 다시 데리고 가셨습니다. 내가 그곳에 도착했을 때부터 당신에게 말했던 문제들이 일어나기 시작했습니다.

여름 들어서 부모님은 나를 산티아고에 남겨두고 떠났습니다. 누나가 그곳에서 공부하고 있었기 때문입니다. 산티아고 데 쿠바에서 온 아프리카계 쿠바 선생님이 누나의 가정교사가 되었습니다. 당게르 교수는 교육을 잘 받은 사람이었습니다. 그녀는 나에게 관심을 쏟았습니다. 나는 방학 동안 고등학교를 준비하는 누나와 함께 수업을 받았습니다. 나는 선생님이 가르치는 과목들의 모든 문제에 답을 했습니다. 그래서인지 선생님은 정말로 내게 관심을 보였습니다. 아직 고등학교에 입학할 나이가 되지 않은 나를 위해 선생님은 고등학교 1학년 이전과 1학년 과정을 동시에 학습할 계획을 세웠습니다. 그리고 나는 나이에 맞춰 시험을 볼 수 있었습니다. 그 선생님은 처음으로 목표와 목적을 세우고, 나를 위해 그리고 내가 동기를 갖도록 용기를 주었던 사람입니다. 그 선생님은 어린 내가 공부에 흥미를 갖도록 해주었습니다. 나는 당신도 그 나이의 아이들에게 특별한 목적을 갖도록 자극할 수 있다고 생각합니다. 그때 내가 몇 살이었을까요? 열 살, 아니면 열한 살이었습니다.

그런데 새 국면이 시작되었습니다. 여름이 끝나고 학기가 시작되었을 때, 나는 병원에 가서 맹장수술을 받았습니다. 가벼운 불편함 이상을 느끼지 못했지만, 그 당시 모든 이들이 하는 것처럼 맹장을 떼어냈습니다. 그리고 상처 감염으로 인해 3개월을 병원에서 보냈습니다. 그동안 선생님의 계획은 잊어버렸고, 거의 3개월이 다 지나갈 즈음에야 6학년을 시작했습니다.

학교 기숙사에 들어가기로 결정한 뒤, 나는 내 상황에 싫증이 나서 1사분기 끝에 기숙사 학생으로 다니겠다고 당당하게 요구했습니다. 나는 이미 그런 논쟁의 전문가가 되어 있었습니다. 나는 다른 대안이 없는 상황을 만들어 부모님이 나를 학교 기숙사에 보내도록 했습니다. 이렇게 1학년과 6학년 사이에, 문제를 해결하기 위해 세 번의 전쟁을 벌였습니다.

내가 6학년에 기숙사 생활을 시작했을 무렵 우수한 성적을 거두었고, 7학년 때에도 학급에서 가장 우수한 학생들 중에 들었습니다. 나는 스포츠와 지금도 여전히 즐기는 시골여행을 통해 많은 것을 얻었습니다. 특히 배구, 축구, 야구 등 스포츠를 많이 좋아했습니다.

나는 축구를 정말 좋아했지만 야구도 좋아했습니다. 그리고 야구와 배구경기를 비롯해 모든 경기에 참여했습니다. 나는 언제나 스포츠를 좋아했습니다. 내게 스포츠는 머리를 식혀주는 기분전환용이었고 내가 갖고 있는 에너지를 전부 쏟게 했습니다.

첫 번째 윤리적 가치들

카스트로 나는 종교적인 소명이 넘치는 선생님들이 학생들에게 더 많은 능력을 요구하고, 더 나은 교육을 하는 학교에 있었습니다. 그들은 라 살레 선생님들보다 더욱 헌신적이고, 능력 있고, 교육을 잘 받은 사람들이었습니다. 비교할 수 없이 더 좋은 선생님들이었습니다. 그곳에 가기를 잘했다고 생각합니다. 그리고 나는 학생들의 성격에 큰 영향을 미치는 다른 유형의 선생님들과 여러 사람들을 만났습니다. 그들은 스페인 사람들이었습니다. 예수회원들의 전통과 그들의 군인다운 정신과 조직은 스페인인들의 성격과 어울린다고 생각했습니다. 그들은 무척 엄격하고 요구가 많았는데, 학생들의 성격과 행동에 관심이 있었습니다.

다시 말해, 나는 단지 종교적이지만은 않은 윤리적 습관을 습득했습니다. 그 선생님들의 권위와 도덕적 가치에 많은 영향을 받았습니다. 그들은 내가 좋아하는 스포츠, 등산, 여행을 권장했습니다. 때때로 내가 산에 오르는 동안, 모든 그룹이 두 시간 동안 나를 기다렸습니다. 내가 상당한 노력을 기울였기 때문에 선생님들은 나를 비판하지 않았습니다. 선생님들은 그것을 진취적이고 굽히지 않는 정신의 증거라고 여겼습니다. 비록 그 활동들이 위험하고 어려웠지만, 선생님들은 말리지 않았습니다.

베토 그들은 자신들이 게릴라 전사를 훈련시키고 있다는 것을 상상도 못했을 것입니다.

카스트로 나도 내가 게릴라 준비를 하고 있다고는 상상도 못했지요. 그렇지만 나는 늘 산을 보고 있었고, 산 정상까지 오르는 도전이 나를 사로잡았습니다. 어떻게 선생님들이 나에게 용기를 주었을까요? 선생님들은 내가 가는 길에 어떤 장애물도 놓지 않았습니다. 가끔 다른 학생들을 태운 버스가 두 시간 동안 나를 기다렸습니다. 폭우가 쏟아질 때 나는 위험천만하게도 불어난 강물을 가로질러 수영을 했습니다. 항상 기다리던 그들은 이때도 나를 비판하지 않았습니다. 선생님들은 학생들에게 있는 모험, 희생, 불굴의 정신과 같은 특성들을 알아차리면, 그것들을 북돋고 격려했습니다. 그들은 학생들을 약골로 만들지 않았습니다. 예수회원들은 학생들의 성격에 대해 훨씬 더 관심을 가졌습니다.

하지만 나는 그들이 옹호하는 우월한 정치사상에 동의하지 않았습니다. 그리고 종교가 가르치는 방식에 역시 동의하지 않았습니다.

이 모든 것으로부터 어떤 결론을 유추할 수 있을 것입니다. 스스로 극복해야 했던 문제와 어려움들이 어떻게 나의 성격을 형성시켰는지, 그리고 나를 도울 조언자나 안내자가 없을 때 나의 시도, 투쟁, 반항에 의해 내 성격이 형성되었다고 유추할 수 있을 것입니다. 가장 가까운 사람이 산티아고 데 쿠바에서 온 아프리카계 쿠바 선생님입니다. 그 선생님은 목표를 세우고 나를 고무시켰습니다. 그러나 내가 아파서 석 달을 병원에서 보내면서 모든 것이 허물어졌습니다.

알다시피, 내 불운한 인생은 강력한 종교적 영향력에 호의적인 조건들을 만들지 못했고, 대신에 내 정치적이고 혁명적인 소명에 강력하게 영향을 미쳤습니다.

베토 예수회원들의 종교적 사명에 대해 기억나는 게 있나요? 좋았는지, 나빴는지, 실생활에 묶여 있었는지, 아니면 하느님나라와 영혼의 구원을 더 지향했는지, 어땠나요?

카스트로 나는 지금 더 잘 판단할 수 있습니다. 나도 예수회 고등학교에 다녔습니다. 무엇이 나에게 영향을 미쳤는지 돌아보면, 어느 정도 긍정적이지 않은 점이 있었어요. 모든 것이 아주 독단적이었습니다. "이것은 그렇게 존재해야 하기 때문에 그렇게 존재한다." 이해하지 못해도 믿어야 했습니다. 만일 그러지 못했다면, 그것은 잘못이고, 죄이고, 뭔가 벌 받아야 할 것입니다. 이성은 어떤 역할도 하지 못했습니다. 이성과 감성은 계발되지 않았습니다.

내 생각에 종교적 신앙은 정치적 믿음처럼 이성에, 사고와 느낌의 계발에 기초를 두어야 할 것 같았습니다. 그 두 가지는 분리될 수 없습니다.

베토 나는 예수회원들과 도미니코 수도자들 사이에 세속적인 다툼을 원하지 않습니다만, 도미니코 수도자들은 지성적인 신앙에 더 큰 가치를 두는 반면, 예수회 수도자들은 의지력을 더욱 강조합니다.

카스트로 나는 어떤 사람들이 특별한 성향, 신비적인 영혼, 커다란 종교적 소명, 다른 사람보다 더 큰 종교적인 신앙의 성향을 가질 수 있다는 점을 받아들입니다. 나는 이성에 열려 있었고, 감성의 계발에도 열려 있었다고 생각합니다. 그러나 나한테 굳은 종교적 믿음을 주입하는 것은 가능하지 않았습니다. 사물들에 대해 전적으로 독단적인 방법으로 설명하기 때문입니다.

만일 내가 들은 그대로 사물들을 받아들여야 한다면, 논쟁하거나 추론할 필요가 없습니다. 더욱이 주요 동기가 상이나 벌이라면, 상보다 벌일 경우가 많지만 진지한 종교적 믿음의 기초가 될 이성과 감성의 계발도 불가능해집니다. 그것이 내가 되돌아보았을 때 생각나는 것입니다.

베토 벌은 무엇이고, 상은 무엇이었습니까?

카스트로 글쎄요, 상은 매우 추상적입니다. 완전한 영원성을 상상해야 하는 명상이나 행복한 상태에 기반을 둔 추상적인 상은 아이로서는 벌보다 더 인식하기가 어려웠습니다. 벌은 설명하기 더 쉬웠습니다. 아이는 영원히 지속될 지옥과 아픔, 고통과 영원한 불과 같이 벌을 더 잘 이해할 준비가 되어 있습니다. 벌에 대해 훨씬 더 강조했는데, 이것은 인간에게 어떤 유형의 확고한 신념을 성장시키는 나쁜 방법이라고 생각합니다. 후에 내가 정치무대에서 신뢰와 믿음을 만들어갈 때, 나는 특별한 가치들을 굳게 지지했습니다. 어떻게 믿음이 이해하지 못하는 것을 바탕으로 하거나, 두려움이나 보상을 통해 받는 격려에 기반을 두는지 상상조차 할 수 없었습니다.

　나는 사람들의 종교적 신앙이 그들의 행위에 대한 이해 가능한 이성과 본능적인 가치를 기반으로 해야 된다고 믿습니다.

베토 상이나 벌과 무관하게 말인가요?

카스트로 맞습니다. 벌 받을 두려움 때문에 혹은 보상을 얻으려고 행위를 하는 것은 전적으로 이타적이거나 고귀한 것이 아닙니다. 그것은 칭찬, 탄복, 존경할 가치가 없습니다. 나의 혁명 생활이나 혁명 개념에서 보면, 사람들을 완전히 자기희생과 이타심으로 견뎌야 하는 매우 어렵고 실험적인 상황 속으로 보내야 할 때, 그들에게 상이나 벌이 동기가 되지 않는다는 것이 가장 탄복할 일이었습니다.

　교회 역시 수 세기 동안 그러한 시도를 해왔습니다. 교회는 순교를 겪었고 순교와 직면해왔습니다. 이것은 확고한 신념에 의해서 설명될 수밖에 없다고 생각합니다. 신념에 따라 순교자들이 생기는 것이라고 봅니다. 나는 단지 상을 기대하고 벌을 두려워하기 때문에 순교자가 된다고 생각하지 않습니다. 어떤 사람도 그런 이유로 영웅적인 행동을 한다고 생각하지도 않습니다. 중요한 무엇인가를 강하게 믿었기 때문에 교회의 모든 순교자들은 충성심에 이끌렸던 것입니다. 그들의 행동이 보상받을 장소인 내세에 대한 생각이 어느 정도 도움을 줄 수 있을지도 모르겠지만, 그것이 주된 이유라고 생각할 수 없습니다. 두려움 때문에 행동하는 사람들은 일반적으로 불, 순교, 고문을 훨씬 더 두려워합니다. 그들은 감히 반항하지도 못합니다. 교회 역사 내내 순교는 두려움보다는 영혼을 더 고취시키는 무엇인가가 동기가 되었음이 틀림없습니다. 나는 그렇게 이해하기가 더욱더 쉽습니다. 우리는 때때로 자기희생과 순교, 영웅심이나 죽음을 요구합니다. 죽을 수도 있다는 것을 알면서 혁명사상을 위해 목숨 바쳐 싸우는 사람은 훌륭한 가치가 있습니다. 비록 그가 사후에 아무것도 없다는 것을 안다고 할지라도, 그 사람은 상이나 벌을 예상하지 않고 혁명사상, 혁명의 도덕적 가치를 지지하고 따라서 자신이 가진 모든 것을 바쳐 굳게 지켜낼 것입니다.

기본적으로 우리가 배운 종교의 가르침 중에 가장 취약한 부분들에 대해 말했습니다. 그들이 우리 가운데 많은 성인을 배출할 거라고 생각하지 않습니다. 그 학교에 기숙사 생활을 하는 학생들은 많지 않았습니다. 전체 200여 명 중 약 30명이었습니다. 내가 진학하게 되는 주요 예수회 학교는 1,000여 명의 학생 중에 200명이 기숙사 학생이었습니다. 많은 사제들이 그곳에서 배출되지 않았습니다. 1,000명의 학생들 가운데 열 명만이 사제가 된다는 게 나에게는 놀라운 일이었습니다.

베토 사회적 차별이나 인종적 차별이 있었습니까?

카스트로 있었습니다. 우선, 기관 자체가 사설이었습니다. 그러나 예수회원들은 이익에 따라 움직이지 않았습니다. 그리스도교 형제회역시 그다지 이익에 따라 움직이지 않았지만, 그들은 돈에 의한 사회적인 위신과 밀착되어 있음을 어느 정도 중요시했습니다. 수업료는 비싸지 않았습니다. 산티아고 데 쿠바의 예수회 학교 기숙사비는 한 달에 30페소였습니다. 당시 1페소는 1달러와 같았습니다. 내가 만 열 살 반 또는 열한 살 때인 1937년도의 일입니다.

그 비용에는 숙식비와 야외활동비가 포함되어 있습니다. 식사는 나쁘지 않았습니다. 몇 가지 의료 서비스가 제공되었으며 학생들은 의료협동조합과 상호공제조합에 가입하기 위해 돈을 지불했습니다. 더 심한 증세가 있을 때에는 병원에 입원했습니다. 우리에겐 물을 주었습니다. 물론 빨래를 하는 돈은 각각 따로 냈습니다. 교과서비도 추가로 냈습니다. 그러나 요리하고 통학시키고 학교 보수 작업을 하는 데 필요한 인력을 생각해본다면 수업, 식사, 스포츠, 그리고 여타 비용으로 30페소면 비싸지 않았습니다.

그것은 사제들이 급여를 받지 않기 때문에 가능했습니다. 그들은 단지 밥만 먹었습니다. 그들은 아주 검소하게 살았습니다. 소액의 급여를 받고 행정사무를 철저하게 보는 평신도 선생님들이 있었습니다. 소박하고, 엄격하고, 자기희생적이고, 열심히 일하는 예수회원들은 인간의 활동에 공헌하고, 그렇게 함으로써 비용을 삭감했습니다. 만일 그들이 급여를 제대로 받는 사람들이었다면 수업료가 30페소밖에 되지는 않았을 것입니다. 아무리 돈의 구매력이 그때보다 훨씬 더 크다고 해도 수업료는 아마 두 배나 세 배가 되었을 것입니다. 그렇기는 하지만 30페소는 이 수도원 학교 내 오직 소수의 가정에게만 해당되는 금액이었습니다. 주간 학생들은 8페소나 10페소 정도 지불했습니다. 그렇지만 나는 20페소보다 더 많은 혜택을 받았습니다.

베토 학교 친구들 중에 아프리카계 쿠바인들이 있었나요?

카스트로 설명해드리겠습니다. 우선 나처럼 시골에서 왔거나 주_州 내의 작은 읍내 출신의 소가족이 수업료 지불이 가능한 경우는 학교에서 매우 이례적이었고 한정되어 있었습니다. 내가 말한 것처럼, 약 200명의 주간 학생들이 산티아고 데 쿠바에 있었고 30명의 기숙사 학생들이 있었습니다. 통학과 의복 비용을 고려하면 자녀를 학교에 보낼 형편이 허락되지 않는 가정이 많았습니다. 그 비용이 가정마다 적어도 한 달에 40페소는 들었습니다. 아이가 아이스크림, 사탕, 다른 좋아하는 것들을 사는 데 용돈을 받는다면, 그 비용은 50페소에 달할 것입니다.

사립학교 기관은 소수파의 특권이 있었고, 그곳 기숙학교 학생들은 부유한 사업가와 지주의 자녀들이었습니다. 노동자의 자녀나 전문직의 자녀조차, 산티아고 데 쿠바에 산다면 주간 학생으로 다닐 수는 있지만 기숙사 학생으로 다닐 수는 없었습니다. 교사는 약 75페소의 급여를 받기 때문에 아이를 사립학교에 보낼 여유가 없었습니다. 의사들과 변호사들은 그 학교에 아이를 보낼 수 있을 만큼 확실히 자리를 잡았을지라도 보내지 않았습니다. 보통 부동산, 공장, 커피 재배 농장, 신발공장, 양조장, 다른 주요 사업장을 소유한 가정이 그곳에 아이를 보낼 수 있었습니다. 물론 산티아고 데 쿠바에 사는 가정이라면 아이를 기숙사에 보낼 필요가 없습니다. 버스가 매일 아침 아이를 태우고 저녁에는 집에까지 태워다 줍니다. 수입이 더 적은 가정은 8페소에서 10페소 정도 되는 주간 학생에 해당하는 수업료를 지불할 수 있습니다.

나는 주간 학생이든 기숙사 학생이든 그 학교에 다니던 거의 모든 친구들의 귀속 지위를 기억할 수 있습니다. 그 학교는 매우 배타적이었습니다. 상류 계급의 학교였지만, 산티아고 데 쿠바 번화가에 사는 사업가, 공장주, 전문직의 아이들과 부유한 비스타 알레그레 지역에 사는 사람들의 아이들, 즉 중간층 유산자계급과 아주 부유한 유산자계급의 두 범주가 있었습니다. 아주 부자들은 귀족적인 정신이 있었습니다. 그들은 자신들이 나머지 사람들과 다르다고, 우월하다고 여겼습니다. 따라서 그 배타적인 학교에서는 비록 돈에 뿌리를 두었지만, 돈 때문에 완전히 분리되지는 않았습니다. 오히려 사회적 지위, 살고 있는 주택, 그리고 전통에 기초를 두었습니다.

우리 가족에게는 그 사회 집단 가운데 어떤 것도 적용시킬 수 있을 만큼 많은 자원이 있었지만, 불행히도 나는 그 어떤 범주에도 들지 않았습니다. 왜 그랬을까요? 우리 가족들이 시골에 살았기 때문입니다. 시골에서 우리는 가난한 사람들과 노동자들 사이에서 살고 있었습니다. 앞서 말했듯이 우리 집 밑에는 소, 돼지, 닭과 같은 동물들도 살았습니다.

나는 지주의 손자나 증손자가 아니었습니다. 옛 토지소유 가족들 중엔 더 이상 돈이 없더라도 귀족계급 혹은 부유한 소수 지배계급의 문화를 유지하는 사람들이 있었습니다. 어머니와 아버지는 돈을 모아 어느 정도 부를 축적한 농민이었기 때문에, 우리 가족은 그때까지 이런 문화를 습득하지 못했습니다. 부모님들은 사회생활을 하지 않았고 그들과 비슷한 처지의 사람들과 관계를 맺지 않았습니다. 내가 지주의 손자나 증손자였다면 나는 아마도 계급 문화, 정신, 의식을 지닌 불행한 처지가 되었을 것입니다. 나는 유산자계급 이데올로기를 벗어나는 특권을 가졌을지도 모릅니다.

학교에는 귀족 정신을 가진 모든 유산자계급의 학생 집단이 있었습니다. 그들은 덜 과시적인 다른 부유한 아이들을 경시했습니다. 나는 이에 대해 많은 중요성을 부여하지 않았지만, 주목을 했습니다. 아주 부유한 아이들과 경쟁하며 스스로 잘 어울리지 않는 두 번째 집단 학생들도 주목했습니다. 부유한 학생들 사이에서조차, 경쟁관계로 이어지는 분열들이 있었습니다. 나는 그에 대해 완벽하게 잘 이해했습니다.

어쨌든 그 학교에 다니려면 상대적으로 부자여야 했으며, 계급 차이, 부르주아 기관, 특권에 대한 인식을 깊이 흡입해야 했습니다. 그 학교는 노동자, 무산자, 가난한 농민들을 위한 학교가 아니었고, 아주 확고히 자리 잡은 전문가들을 제외하면 전문가를 위한 학교도 아니었습니다.

그런데 라 살레 학교에는 아프리카계 쿠바 학생들이 몇 명 있었습니다. 그런 면에서 그 학교가 더 민주적이었습니다. 돌로레스 칼리지에는 아프리카계 쿠바 학생들이 없었습니다. 모두 백인이었습니다. 그 학교나 내가 나중에 다녔던 아바나에 있는 학교 모두 내게는 이런 사실이 수수께끼였습니다. 나는 아프리카계 쿠바 학생이 없는 이유가 궁금했습니다. 내가 들은 유일한 대답을 기억합니다. "글쎄, 그런 학생이 거의 없는 게 사실이지. 그렇게 많은 백인 가운데 아프리카계 쿠바 학생이 한 명이라면 그 학생은 여기가 불편할 거야." 아프리카계 쿠바 학생이 한 명이든 두 명이든 스무 명, 서른 명, 혹은 백 명의 백인 학생들과 함께 어울려야 한다는 것은 좋은 생각이 아니었습니다. 그들은 나쁘게 생각할지 모릅니다. 그것이 내가 제기한 논쟁이었습니다. 나는 몇 번을 물었고 늘 같은 대답을 들었습니다. 나는 인종차별이 존재한다는 것을 몰랐습니다. 특히 노동자 가정 출신이나 문제를 해명할 수 있는 가정 출신이 아니라면, 아직 6학년에 불과한 학생이 어떻게 인종차별을 알 수 있었겠어요? 나는 순전히 호기심에서 아프리카계 쿠바 아이들이 없는 이유를 물었습니다. 나는 해명을 듣고 대강 받아들였습니다. 나는 돌로레스에 재학하는 동안 단 한 명의 아프리카계 쿠바 학생을 보지 못한 것으로 기억합니다. 그들은 물라토(백인과 흑인의 혼혈인종-역자 주) 아이들도 받아들이지 못했습니다. 아돌프 히틀러의 친위대가 요구했을 만한, 학교에 입학한 모든 학생들에 대해 계보학 실험을 하지는 않았습니다. 그러나 백인으로 보이지 않는다면 입학하지 못합니다. 나는 입학하지 못한 사례가 얼마나 많았는지 혹은 어떤 가정이 이런 시도를 했는지 알지 못합니다. 얼마나 많은 학생들이 순수한 백인이 아니라는 이유로 거부당했는지 알 방법이 없습니다.

거기에는 사회정치적인 영역의 입문이라는 다른 문제가 있었습니다. 간단히 말하면, 학교들은 배타적이었습니다. 나는 불쾌한 기색 없이 학교의 좋은 면과 나쁜 면을 말할 수 있었습니다. 나는 선생님과 기관에 감사함을 느꼈습니다. 선생님들은 내가 가진 몇 가지 긍정적인 측면을 좌절시키지 않고 오히려 향상시킬 수 있게 해주었습니다. 개인적인 요소들과 환경이 나에게도 역시 많은 영향을 미쳤습니다. 나는 인간이 투쟁과 곤경의 산물이며, 닥치는 문제들로 인해 한 인간이 점점 형성되어간다고 생각합니다. 마치 선반에 의해 재료가 형상으로 만들어지듯, 이 경우 인간의 육체와 정신이 재료가 됩니다.

그 학교에서 나는 아바나의 예수회 학교에 가기로 선언할 결심을 했습니다. 돌로레스 칼리지에서 충돌은 없었습니다. 학문적인 성과를 거두었고 스포츠도 잘했습니다. 6학년과 7학년, 혹은 고등학교 1학년과 2학년 때 아무 문제도 없었습니다. 나는 거기서 연말까지 있었지만 새 지평선을 찾기로 의식적으로 결정했습니다. 아바나에 있는 학교의 명성과 학교 소개 책자와 건물들, 그리고 그 학교에 대해 쓴 책들의 영향을 받았을 것입니다. 나는 새로운 학교로 떠나고자 하는 동기를 느꼈고, 결심을 하고 집에 제안을 했고, 다른 학교 즉 벨렌(베들레헴) 칼리지로 옮기는 것을 허락받았습니다. 그 학교는 아바나 예수회 소속이며 물적 자원과 시설 때문에 나라에서 가장 좋은 예수회 학교, 아마도 쿠바 최고의 학교였습니다. 그곳엔 귀족적인 쿠바 유산자계급의 최고 인물들이 참여하는 명성이 높은 거대한 센터가 있었습니다.

혁명의 승리 직후, 그 학교는 기술연구소가 되었고 지금은 대학 수준의 군사기술대학이 되었습니다. 센터는 더 확장되었습니다. 잠시 동안 기술연구소였다가 군사력 개발이 필요했기 때문에 ITM으로 알려진 군사기술연구소가 위치하게 되었습니다.

내가 학생이었을 때, 약 200명의 기숙사 학생이 있었고 기숙사 학생과 주간 학생을 포함해 전체 학생 수가 1,000여 명이었습니다. 수업료는 약간 더 비싸 한 달에 약 50달러였습니다. 학교에는 더 많은 평신도와 훨씬 더 많은 공간이 있었으며, 비용이 더 비쌌습니다. 음식도 더 나았고, 우수한 스포츠 경기장들이 있었습니다. 내가 생각하기에 50달러는 그 기관에 비해 싼 편이었습니다. 라틴아메리카의 현재 물가상승 때문에 '달러'로 말하는 것인데, 아무도 1페소가 어느 정도를 의미하는지 알지 못합니다. 다시 한 번 자기희생 정신과 예수회의 엄격함이 상대적으로 낮은 수업료를 가능하게 했습니다.

자기희생과 엄격함을 지닌 예수회원들의 정신, 그들이 이끄는 삶의 유형, 그들의 일과 노력은 그 비용으로 그 정도의 학교가 운영되도록 만들었습니다. 오늘날 미국이라면 그 같은 학교는 한 달에 500달러의 비용이 들 것입니다. 여러 개의 농구장, 야구장, 육상 트랙과 야외 시설들, 배구장, 수영장까지 있었습니다. 그곳은 놀라운 학교였습니다.

나는 그때 고등학교 2학년으로 나이가 조금 더 많았습니다. 나는 공화국의 수도에 가본 적이 없었습니다. 여름방학 동안 비란에 가서 옷이나 다른 물품들을 사기 위해 돈을 얻었습니다. 교과서도 사야 했고 수업료와 다른 비용들도 지불해야 했습니다. 나는 가방을 가득 채워 처음으로 아바나로 떠났습니다.

베토 몇 살이었나요?

카스트로 막 열여섯 살이 되었을 때입니다. 16세 그룹의 농구팀과 다른 몇 팀에 가입했습니다. 나는 스포츠에 활발하게 참여했기 때문에 농구, 축구, 야구, 육상 경기 등 거의 모든 종목을 맨 처음부터 꽤 잘했습니다. 그곳에 가서 나는 유용한 활동 범위를 발견했습니다. 내가 좋아하는 것은 스포츠와 탐험이었습니다. 나는 등산, 캠핑에 대한 오랜 사랑을 유지하면서 계속 혼자 다녔습니다. 그곳에는 탐험가 그룹이 있었습니다. 우리의 첫 번째 여행에서 선생님들은 학교 탐험대의 탐험대장으로 나를 임명했습니다.

탐험대는 보이스카우트와 똑같지는 않지만 비슷했습니다. 우리는 유니폼을 입고 야외에서 텐트를 치며 캠핑하러 다녔습니다. 하루나 이틀 동안 나가곤 했고 보초근무 같은 일들을 해야 했습니다. 나는 등산과 같은 몇 가지 다른 활동을 추가했습니다.

학교에 있는 동안, 쿠바 서쪽의 가장 높은 산을 올랐습니다. 우리는 3일간의 휴일 동안 세 명의 친구와 함께 피나르 델 리오 주에 가는 여행을 조직했습니다. 탐험은 3일이 아니라 5일 동안 계속되었습니다. 북쪽에 산이 있었는데 정확히 어디에 있는지 몰랐습니다. 우리는 산을 찾아 탐험을 떠났습니다. 남쪽으로 가는 기차를 탔는데 산은 북쪽에 있었습니다. 밤에 여행을 시작해 3일 동안 걸어 판 데 구아하이본 산에 도착했는데, 오르기가 매우 힘들었습니다. 우리는 정상에 올랐지만, 수업이 시작되고 이틀이 지난 뒤에야 학교에 도착할 수 있었습니다. 우리가 길을 잃었는지 어떤 일을 당했는지 몰라 모든 사람이 걱정했습니다.

그 기간 동안 나는 운동 중에서도 주로 탐험과 등산에 적극적이었습니다. 그때는 내가 혁명 투쟁을 스스로 준비하고 있었다는 사실을 몰랐고 상상조차 할 수 없었습니다. 그러면서 나는 공부했습니다. 항상 명예의 문제가 달려 있었기 때문입니다. 나는 모범 학생은 확실히 아니었습니다. 운동과 여러 활동에 관심이 있어, 많은 시간을 운동에 참여하거나 운동에 대한 생각으로 보냈으니까요. 그러나 빠짐없이 수업에 참석하고 훈육을 받았습니다. 나는 주의를 집중했지만, 때에 따라 더 많이 혹은 더 적게 집중하는 경우도 있었습니다. 늘 상상을 많이 했고, 가끔 수업 중에 정신적으로 이탈하여 세계 방방곡곡을 여행하느라 선생님이 45분 동안 무엇을 말했는지 전혀 인식하지 못한 적도 있습니다. 나는 지금 그 선생님들에게도 일부분 책임이 있다고 생각합니다.

내가 운동선수가 된 이후부터, 어느 정도 뛰어난 선수로 인정받자 선생님들은 시합 기간에는 나를 다른 때처럼 엄격하게 대하지 않았습니다. 시합과 경쟁은 그런 학교의 역사와 명성의 일부지만, 우승, 메달, 대회의 영예가 시들해지면 선생님들은 다시 부담을 주었습니다. 물론 나는 학업에 대해 말하고 있습니다. 선생님들은 학생들의 행동과 관련해 보통은 아주 엄격했기 때문입니다.

여러 명의 사제들은 고도로 훈련된 과학자들로서 물리학, 화학, 수학, 그리고 문학에 매우 밝았습니다. 하지만 정치적으로는 퇴보하고 있었습니다. 나는 1942년에서 1945년 사이를 언급하고 있습니다. 2차 세계대전이 끝나던 1945년에 고등학교를 졸업했습니다. 몇 년 더 전에는 스페인 내전이 종식되었고 모든 사제들(그리고 아직 서품을 받지는 않았으나 이미 교육을 하고 있던 사람들)이 정치적으로 말해 민족주의자, 혹은 더욱 솔직히 말해 친프랑코 진영이었습니다. 아주 소수인 쿠바인들을 제외하고, 그들 모두 스페인인이었습니다. 스페인 내전이 끝난 직후 민족주의자들과 심지어 사제들까지 총살형을 당한 전쟁의 참상에 대해 많은 이야기를 들었습니다. 반면에 총살 당한 공산주의자들과 공화주의자들에 대한 이야기는 거의 없었습니다. 스페인 내전은 참혹했으며 양쪽 모두 도를 넘는 행위를 했습니다.

베토 그때 공산주의에 대해 처음 들었습니까?

카스트로 그때까지 공산주의가 끔찍한 것이라는 말을 몇 번 들었습니다. 공산주의는 항상 그런 말로 묘사되었습니다.

모든 예수회원들이 우익이었습니다. 어떤 사람은 타인과의 연대를 내세우는 분명히 친절한 사람이었으며 여러모로 모범적이지만 이념적으로 우익이며 친프랑코 반동세력이었습니다. 당시 쿠바에 좌익인 예수회원은 한 명도 없었습니다. 나는 지금 좌익 예수회원들이 많다는 것을 알고 있고 과거의 몇 가지 사례들도 이야기할 수 있습니다. 그러나 스페인 내전 직후에 내가 공부했던 학교에는 좌익 예수회원이 단 한 명도 없었습니다. 그런 면에서 그때가 가장 어려운 시기였습니다.

나는 이것을 주목했지만, 큰 문제는 되지 않았습니다. 여러 차례 말했듯이 나는 스포츠를 좋아했습니다. 학업도 잘하려고 애썼습니다. 비록 모범 학생은 아니었지만, 반드시 모든 시험을 통과해야 한다는 도덕적인 의무를 느꼈습니다. 내게는 그것이 명예의 문제였습니다. 비록 나의 관심은 수업 중에도 배회하고 막바지 벼락치기 공부에 매달리는 나쁜 버릇이 있었지만, 보통 좋은 성적을 받았습니다. 지금 이것은 비판받아 마땅합니다.

나는 학교에 의무감을 가졌습니다. 학생들이 구체적인 일을 종종 할당받았기 때문입니다. 만일 교실이나 자습실 담당이라면, 불을 끄고 문과 창문을 닫는 일을 해야 했습니다. 나는 저녁을 먹은 후 취침하러 가기 전까지 머물렀던 중앙자습실 담당이었습니다. 시험 기간에는 가장 늦게까지 남아 있어야 했습니다. 나는 내 공책들을 검토하면서 두세 시간 혹은 네 시간 동안 그곳에 머물러 있곤 했습니다. 비록 명확히 허락을 받은 것은 아니지만, 그들은 점심식사 전후와 휴식시간에도 문제 삼지 않았습니다. 아마도 누굴 다치게 하는 일은 없었기 때문일 것입니다. 내가 알고 싶은 것을 배우기 위해 교과서로 공부했지만 수학, 물리학, 화학, 생물학 교과서는 없었습니다. 나는 그 과목들을 자습했고, 어느 정도 이해했습니다. 나는 혼자 교과서를 보면서 물리학, 기하학, 수학, 식물학, 화학의 신비를 푸는 능력을 계발했습니다. 나는 대개 우수한 성적을 받았는데, 때로는 가장 우수한 학생들이 받은 성적보다 더 높은 성적을 받았습니다. 학생들이 주정부 교육기관에서 나온 선생님들이 주관하는 시험을 볼 때에는 학교에서 그 결과에 많은 관심을 가졌습니다.

베토 어떤 교육기관이었습니까?

카스트로 주정부 고등학교였습니다. 이런 일이 인민전선이 창설되고 몇 나라에서 법을 제정하여 자신들의 교육 체계를 규제했던 2차 세계대전 동안 있었다는 것을 잊지 마십시오. 우리의 1940년 헌법은 교육과 평신도의 학교에 관한 진보적인 내용들을 포함했습니다. 더욱 특권적인 부문에서 봉사를 했던 사립학교는 쿠바의 법률에 따라 법에 순응하고 주정부 고등학교 프로그램을 따라야 했습니다. 이제 오직 한 프로그램이 있을 뿐이고, 교육자로서 유지해야 할 긍지, 자부심, 명예를 지닌 주에서 파견된 고등학교 선생님들은 예수회와 다른 사립고등학교의 특권층 학생들에게 시험을 보게 하려고 다녔습니다. 그들은 어려운 문제를 냈는데, 어떤 과목은 특히 더 어려웠습니다. 아마도 그 과목을 다른 과목보다 더 많이 이해시키기 위해서였겠죠. 반복해서 말하지만, 그때가 인민전선과 반파시스트 연합을 할 때였습니다. 공산당은 이미 1940년 헌법 초안 작성에 참여했고, 이후에 계속 정부에 상당한 영향력을 행사해 몇 개의 법률을 확정하는 데 기여했습니다.

따라서 선생님들이 시험을 주관하러 왔고, 시험은 보통 어려웠습니다. 나의 특기가 주에서 파견된 선생님들 주관으로 치러지는 시험에서 발휘되는 것 같았습니다. 가장 우수한 학생들도 자주 혼동을 일으키고 정확한 답을 찾지 못했습니다. 나는 어렵다고 여겨지는 과목들에서 최고 성적을 거두었습니다. 내가 기억하기에 쿠바의 지리 시험에서 유일하게 높은 점수를 받았는데, 그 점수가 90점이었습니다. 우리 학교는 주정부 파견 고등학교 선생님들에게 낮은 성적을 시사하며 불만을 제기했는데 그 선생님들은 이렇게 대답했습니다. "학생들이 사용하는 교과서는 별로 좋지 않은 교과서예요." 그러자 우리 학교 선생님들이 말했습니다. "글쎄요, 같은 교과서를 사용하는 학생이 있는데 90점을 받았어요." 그런 결과는 나의 약간의 상상력과 답을 설명하기 위한 노력으로 이루어졌습니다. 내게 그 시험은 명예의 문제였습니다. 운동, 탐험, 모든 종류의 외부 활동에 적극 참여하면서도, 시험 기간에는 벼락치기 공부로 좋은 성적을 거두었습니다.

또한 학우들 가운데 많은 친구들을 사귀었습니다. 애쓰지 않았고 애를 쓴다고 되는 것도 아니지만, 나는 열광적인 스포츠 팬, 운동선수, 탐험가, 등산가로, 그리고 마침내 성적이 좋은 한 사람으로 인기가 있었습니다. 어떤 정치적 미덕은 그것을 인식하지 못한 채 명백해질 수도 있습니다.

나는 그 기간 동안 피정을 하러 갔습니다. 말할 것도 없이 종교적 훈련은 내가 돌로레스 칼리지에 대해 이미 설명한 바와 같았습니다. 우리가 논리와 철학을 공부하고 있었음에도 그 같은 체계는 널리 퍼져 있었습니다.

　우리는 매년 3일 동안 피정을 했습니다. 피정은 학교에서 열리기도 하지만 때로는 다른 곳으로 나갔습니다. 같은 학년의 모든 학생들이 신앙 강의, 묵상, 영적 교감, 침묵을 위해 3일간 혼자 떨어져 지냈습니다. 침묵은 가장 잔인한 부분입니다. 갑자기 묵언으로 말 한마디 하지 않아야 했습니다. 그렇지만 그 적막함 속에 어떤 기쁨도 있었습니다. 내 기억에 그렇게 많은 심각한 이야기는 엄청난 식욕을 가져왔습니다. 결과적으로 점심과 저녁식사는 내게 큰 기쁨과 만족을 선사한 놀라운 시간이 되었습니다. 영신수련은 일찍 시작했습니다.

　자연스럽게 나는 가는 학교마다 매일 미사에 참여해야 했습니다. 그 이유는 학생들을 매일 미사에 가도록 강요하는 또 다른 부정적인 정책 때문이었습니다.

베토　돌로레스도 벨렌과 마찬가지였나요?

카스트로　네, 라 살레도 같았는지 기억하지 못하지만 우리가 돌로레스와 벨렌에서 매일 미사를 가야 했던 것은 분명히 기억합니다.

베토　아침에 갔나요?

카스트로　네, 아침식사 전에. 매일 우리는 같은 의식을 거행했는데, 기계적이었어요. 매일 미사를 간다는 것은 지나친 일이고, 어린이에게 도움이 된다고 생각하지 않습니다.

　미사와 함께 바치는 기도문들이 있습니다. 지금도 기도문을 알고 있듯이, 성모송과 주님의 기도를 기계적으로 드리는 것처럼 같은 기도문을 반복해서 암송하는 것은 긍정적인 효과가 없습니다. 그것이 최선을 다해 내가 할 수 있는 말입니다. 학교에 있던 그 여러 해 동안 얼마나 많이 기도문을 외워야 했을까요! 그 기도문이 무슨 뜻인지 생각해보려고 기도를 멈추기까지 했습니다. 나중에 나는 다른 종교에서 누군가와 자연스럽게 대화를 나누는 기도의 형태에 지속적으로 주의를 기울였습니다. 사람들은 간청이나 요청을 하기 위해, 그리고 의지나 느낌을 표현하기 위해 자신의 말과 생각을 사용합니다. 학교에서는 결코 우리에게 그렇게 하도록 가르치지 않았습니다. 단지 글로 쓰인 말들을 반복해, 완전히 기계적으로 한 번, 열 번, 오십 번, 혹은 백 번 반복해서 우리에게 말했습니다. 내게는 그것이 정말 기도가 아니었습니다. 그것은 성대나 목소리, 또는 인내심을 위한 좋은 훈련일 수 있습니다. 그러나 기도는 아닙니다.

나는 간혹 라틴 전례나 그리스 전례의 의식에 참여해야 했습니다. 나는 "키리에 엘레이손, 크리스테 엘레이손"(주님 자비를 베푸소서, 그리스도님 자비를 베푸소서-역자 주)이라는 말이 무슨 뜻인지 몰랐습니다. 한 사람이 전례문을 말하면 다른 사람이 대응합니다. "오라 프로 노비스"(우리를 위하여 빌어주소서-역자 주) 등 나는 전례문을 기억합니다. 우리는 그 말이 무슨 의미인지 몰랐습니다. 단지 그 말들을 기계적으로 계속 암송했을 뿐입니다. 수년 동안 우리는 익숙해졌습니다. 이것이 내가 받은 종교 훈련에서 큰 결함이었다는 사실을 당신에게 솔직하게 털어놓습니다.

베토 나도 그렇게 생각합니다.

카스트로 16, 17세, 혹은 18세일 때 영신수련에는 묵상이 들어 있었습니다. 3일간의 피정 기간에 우리는 철학적이고 신학적인 주제에 대해 묵상을 했습니다. 주제는 대개 벌이나 상이었습니다. 그런 환경에선 벌이 훨씬 더 어울렸습니다. 상은 우리의 상상력을 불러일으키지 못하지만, 벌은 바로 그렇게 벌어졌던 그대로 묘사되었습니다.

나는 지옥에 대한 묵상, 곧 지옥이 주는 열기와 고통, 괴로움과 절망에 대한 긴 설교들을 기억합니다. 그 사람이 우리에게 묘사한 것과 같은 잔혹한 지옥이 어떻게 만들어질 수 있는지 모릅니다. 아무리 인간의 죄가 크다고 해도 그러한 혹독함은 상상도 할 수 없습니다. 가벼운 죄에 맞는 벌과 전혀 균형이 맞지 않았습니다. 이해하지 못하는 교리를 의심하는 것도 죄였습니다. 그것을 믿어야 합니다. 믿지 않고, 그 죄의 상태에서 사고를 당해 죽는다면 지옥으로 가게 됩니다. 개인의 죄와 영원한 벌 사이에는 비례가 성립하지 않습니다.

그 생각은 상상을 불러일으킵니다. 나는 영신수련에서 자주 받았던 사례를 아직 기억합니다. 언제나 내용, 주제 혹은 설명들을 쓴 글이 있었습니다. 우리는 이런 말을 들었습니다. "그래서 영원에 대한 생각을 가질 수 있습니다. 여러분, 지구 크기만 한 쇠공을 상상해보세요." 나는 둘레가 4,000킬로미터나 되는 지구 크기만 한 쇠공을 상상해보려고 했습니다. "그 표면이 1,000년에 한 번씩, 파리 한 마리의 주둥이에 의해 긁힙니다. 그렇게 파리가 쇠공을 닳게 합니다. 다시 말해 지옥이 끝나기 전에, 지구 크기만 한 쇠공이 파리가 1,000년에 한 번씩 살짝 닿은 결과로 사라지게 될 것입니다. 그런 뒤에야 영원이 영구히 지속될 것입니다." 이것이 명상의 본질이었습니다. 하지만 나는 그것을 정신적 폭력의 한 유형이라고 봅니다. 가끔 그런 설명은 정신적 폭력으로 변합니다.

20세기의 끝이 다가옵니다. 상대적으로 얼마나 짧은 시간인지 놀라울 뿐이지만, 고작 40년밖에 남지 않았는데 우리나라 최고의 학교 가운데 한 곳에서 이런 종류의 교육을 제공했습니다. 나는 종교적 감성을 길러내는 것은 좋은 방법이라고 생각하지 않습니다.

베토 성경을 많이 언급했나요?

카스트로 많이는 아니지만 언급했습니다. 비유의 의미나 복음에 나오는 구절을 설명했습니다. 우리는 그 기간 내내 성경 역사를 공부했습니다. 그 책은 매년 새 판이 나올 때마다 더 커졌습니다. 즉, 처음에는 두께가 얇았는데, 매년 더 많은 주제들이 추가되었습니다. 성경 역사는 언제나 교육과정에 들어 있었고 아주 재미있었습니다. 나는 내용에 매료되었기 때문에 늘 성경 역사를 좋아했습니다. 어린이와 사춘기 청소년이 세상의 창조에서 홍수에 이르기까지 발생한 모든 일을 안다는 것이 놀라웠습니다.

성경 역사에 대해 결코 잊을 수 없는 중요한 사건이 있습니다. 그것이 성경에서 실제로 언급되었는지 아닌지 확실하지 않습니다만, 언급되었다면 분석이 필요하다고 생각합니다. 홍수 이후, 노아의 한 아들이 아버지에게 무례했습니다. 노아가 포도주를 많이 마시고 취했습니다. 그의 한 아들이 그 모습을 비웃다가 결과적으로 그 후손들은 흑인이 되는 저주를 받게 됩니다. 나는 성경 역사에 나오는 그 아들이 가나안인지 기억할 수는 없습니다. 노아의 아들들은 누구였습니까?

베토 셈, 함, 그리고 야펫입니다. 성경 창세기에 가나안은 함의 후손이고 그렇기 때문에 노아의 후손들 가운데 하나로 나옵니다. 노아는 가나안을 저주해 종으로 살게 합니다. 라틴아메리카에서 종은 흑인이었기 때문에, 어떤 구 번역들은 종slave과 같은 의미로 흑인black이라는 단어를 사용했습니다. 더구나 가나안의 후손들은 이집트, 에티오피아, 아랍인들이 되었는데, 그들이 검은 피부입니다. 그러나 만일 인종차별 정책에 대한 종교적 정당성을 찾으려는 편파적인 해석을 하지 않는다면, 성경에서 그 후손들에게 내린 저주에 흑인은 포함되지 않습니다.

카스트로 글쎄요, 나는 노아의 한 아들이 흑인 후손을 갖는 벌을 받았다고 배웠습니다. 이것이 오늘날에도 누군가 배우고 있는 내용인지, 흑인이라는 사실이 하느님의 벌이라고 가르치는 종교가 정말로 제대로 된 것인지 확인을 해야 합니다. 나는 성경 역사에 나오는 그 문제를 기억합니다.

성경의 모든 이야기들이 나를 매료시켰습니다. 방주 건축, 홍수, 모든 동물들, 방주가 뭍에 오르고, 인생과 같은 이야기들, 모세의 역경, 홍해를 건너고, 약속의 땅, 그리고 성경에서 묘사하는 모든 전쟁과 전투에 관한 이야기 말입니다. 나는 성경의 역사에서 전쟁에 대해 처음으로 배웠다고 생각합니다. 즉, 전쟁의 기술에 관심을 갖게 되었습니다. 나팔 소리로 예리코 성벽을 무너뜨리는 여호수아로 부터 맨손으로 성전을 무너뜨릴 큰 힘이 허용된 삼손에 이르기까지 전쟁의 기술은 나를 매료시켰습니다. 이런 행동들은 대단히 흥미롭습니다. 구약 전체에 이르는 기간에 요나와 그를 삼킨 고래, 바빌론에 내린 벌과 다니엘 예언자 등 신기한 일들이 일어났습니다. 물론 우리는 다른 이야기들, 다른 민족들의 이야기와 그들의 해석도 공부할 수 있었지만, 나는 구약과 성경 역사처럼 많은 흥미를 제공하는 이야기는 거의 없다고 믿습니다.

이후의 성경 역사는 많은 비유들로 된 신약성경입니다. 이 비유들은 반복되고 일반적으로 성경에서 사용되는 흥미로운 용어들로 설명됩니다. 항상 듣게 되는 그리스도의 십자가형과 죽음에 처해진 이유는 어린이들과 청년들에게 영향을 주었습니다.

베토 언제 가난의 원인에 공감을 느끼기 시작했나요?

카스트로 어린 시절의 경험으로 돌아가야 합니다. 내가 태어나고 자라던 때에 우리는 가난한 사람들 속에서 살았습니다. 모든 아이들이 맨발이었지요. 나는 그 아이들이 많은 곤궁을 겪고 있었다는 사실을 지금은 알고 있습니다. 그들에게 덮친 질병과 그들의 고통을 지금 생각해봅니다. 나는 당시에는 이 모든 것을 알지 못했지만 그래도 우리는 가까운 관계였습니다. 그 아이들은 내 친구였고 모든 면에서 동료였습니다. 우리는 함께 사냥하고 놀기 위해 강으로, 숲으로, 들판으로 갔습니다. 방학 동안에는 그들이 나의 절친한 친구였습니다. 나는 다른 계급에 속해 있지 않았습니다. 우리는 항상 함께했고 나는 그곳에서 자유로운 생활을 누렸습니다.

비란은 유산자계급의 사회나 봉건적인 사회가 아니었습니다. 한 집단을 이루기 위해 모일 수 있는 지주들이 이삼십 명도 되지 않았습니다. 아버지는 따로 떨어진 지주였습니다. 가끔 한 친구가 아버지를 방문했지만, 우리는 거의 다른 사람들을 방문하지 않았습니다. 부모님은 대개 집에 머물렀고 다른 가족들을 방문하러 나가지 않았습니다. 나는 아이티인들의 구역에, 그들의 오두막에 가곤 했습니다. 가끔 이 때문에 야단을 맞기도 했는데, 아이티인들이 요리한 마른 옥수수를 먹은 게 유일한 이유였습니다. 그들과 함께 음식을 먹었다는 사회적인 이유가 아니라, 함께 먹은 음식 탓에 건강에 탈이 났기 때문입니다. 집에서는 아무도 이런 말을 한 적이 없었습니다. "아무개 가까이 가지 마라." 결코 듣지 못했습니다. 부모님은 계급의식이 없었습니다. 부자나 지주의 사고방식이 없었습니다.

나는 많은 것을 가지고 있다는 특권의식이 없었습니다. 우리 가족은 많은 것을 소유하고 있었고 늘 존경을 받았지만 나는 편견이나 유산자계급의 문화나 이념에서 자유로운 사람들과 함께 성장했습니다. 이것이 영향을 미친 것이 틀림없습니다.

윤리적 가치들은 내가 받은 교육에서 생겼습니다. 다시 말해 학교에서, 선생님들에게서, 그리고 우리 가족에게서, 집에서부터 생겨났습니다. 나는 거짓말을 해서는 안 된다는 말을 아주 어렸을 때부터 들었습니다. 명백한 윤리적 가치들이 있었습니다. 그 가치들은 마르크스주의도 아니었고 도덕철학에서 기인하지도 않았습니다. 그것들은 종교적 윤리를 바탕에 두었습니다. 나는 옳고 그른 것, 반드시 해야 하고 하지 말아야 하는 것을 배웠습니다. 우리 사회에서 아이들에게 처음 형성되는 윤리 원칙의 개념은 종교에 바탕을 두었습니다. 지배적인 종교 환경에서 올빼미가 날면서 울거나 수탉이 울면 재난의 전조라는 믿음처럼, 비합리적 믿음에서만이 아니라 전통적 입장에서 수많은 윤리적 가치들을 흡수합니다.

훗날 내 삶의 경험에서 뭔가 잘못되었다는 느낌, 윤리 기준의 위반, 즉 불의나 남용, 혹은 기만을 의식하는 느낌이 생기기 시작했습니다. 그래서 나는 일련의 윤리가치만이 아니라 윤리기준을 위반하는 경험과 비윤리적인 사람들의 행태에 대해서도 이해하게 되었습니다. 나는 무엇이 공정하고 무엇이 불공정한지 생각하기 시작했습니다. 그리고 인간의 존엄성에 대한 개념을 계발하기 시작했습니다. 인간의 존엄성이 무엇에 바탕을 두고 있는지를 완전히 설명한다는 것은 매우 어려웠습니다. 이에 대해 다른 사람들보다 더 세심한 사람이 있을지 모릅니다. 한 사람의 인격 또한 영향력을 미칩니다. 왜 어떤 사람이 다른 사람보다 더 혁명적입니까? 나는 교육을 받는 사람들이 처한 조건들이 그들을 더 혁명적이거나 덜 혁명적으로 만들 수 있다고 생각합니다. 성격과 기질도 역할을 합니다. 어떤 사람은 다른 사람보다 더 유순하고, 훈련에 더 수용적이고, 순종적입니다. 그러나 모든 사람들이 점점 정의감, 무엇이 공정하고 무엇이 불공정한지에 대한 의식을 계발한다는 사실에는 변함이 없습니다.

이런 점에서, 내가 보고 경험한 것 때문에 나는 일찍부터 정의감이 생겼다고 생각합니다. 나 역시 육체적 운동과 스포츠 참여가 우리에게 많은 것들, 엄격함, 인내, 투지, 자기훈련 등을 깨닫게 할 수 있다고 생각합니다.

그들의 정치 이념과 관계없이 인간의 존엄성을 강하게 심어준 나의 선생님들, 예수회 수사 선생님들, 특히 스페인 예수회 수사들은 의심의 여지가 없이 나에게 영향을 주었습니다. 대부분의 스페인 사람들은 자부심을 타고났으며, 예수회원들은 자부심이 매우 강했습니다. 그들은 인격, 청렴, 정직, 용기, 희생을 치를 능력을 가치 있게 생각했습니다. 선생님들은 분명히 영향력을 가졌습니다. 예수회의 엄격한 조직, 양성과정, 가치들이 나에게 분명히 영향을 주었습니다. 그들은 나의 성장에 기여했고 정의감 형성에 영향을 미쳤습니다. 그것은 상당히 기초적이지만 적어도 시작점이 될 수 있었습니다.

이 길을 따라가면서 나는 남용, 불의, 동료에 의한 상상도 못할 정도의 굴욕도 보게 되었습니다. 나의 양심 속에서 가치들이 점차 계발되고 정착되었습니다. 여러 번의 사건들이 내게 일련의 윤리적 가치를 계발하도록 기여했으며, 생활 자체가 계급문화나 더 우월한 계급에 속해 있다는 인식을 갖지 않도록 나를 지켜주었습니다. 이것이 내가 훗날 정치적 의식을 발전시키는 기초가 되었다고 생각합니다.

만일 윤리적 가치가 반항의 정신과 불의에 대한 거부와 섞여 있다면, 다른 이들이 전혀 가치를 두지 않는 수많은 일들을 평가해서 높은 가치를 두기 시작할 것입니다. 개인의 존엄성, 명예, 의무는 사람들이 정치의식을 획득할 주요한 토대를 형성합니다. 이것은 특히 내 경우에 그렇습니다. 나는 가난한 노동자이거나 농민 출신으로서 정치의식을 획득한 것이 아니라, 사회적 환경을 통해 획득했습니다. 나는 정치의식을 추론과 사고를 통해, 감성과 굳은 확신을 계발하며 쌓아갔습니다. 추론하고, 생각하고, 분석하고, 명상하고, 감각을 계발하는 능력인 신념은 혁명 이념을 획득할 수 있게 합니다. 내 경우, 특별한 환경에 있었습니다. 즉 아무도 나에게 정치 이념을 가르쳐주지 않았습니다. 나는 멘토를 갖는 특권을 누리지 못했습니다. 우리 역사에서 어떤 역할을 수행했던 사람들에게는 대부분 멘토, 뛰어난 선생님이나 교수들이 있었습니다. 불운하게도 나는 일생 동안 나 스스로가 멘토였습니다. 누가 나에게 정치를 가르쳐주었다면, 누가 나에게 혁명사상을 가르쳐주었다면 얼마나 감사했을까요!

당시에 사용되었던 기계적이고 독단적이며 비합리적인 방법을 통해, 아무도 나에게 종교적 신앙을 심어줄 수 없었습니다. 어떤 사람이 신앙이 있느냐고 물으면, 나는 정말로 없다고 말했습니다. 나는 종교적 믿음이나 종교적 신념을 전혀 갖지 않았습니다. 학교에서 아무도 나에게 그러한 가치를 심어주지 못했습니다. 후에 나는 다른 가치들, 즉 정치적 믿음, 정치적 신념을 가졌습니다. 그것은 나의 경험, 분석, 정서의 결과로 나 스스로 키워갔습니다.

고귀하고 이타적인 감성에 고취되지 않는 정치 이념이라면 가치가 없습니다. 이와 마찬가지로, 올바르고 공정한 이념에 기초하지 않은 고귀한 감성은 가치가 없습니다. 오늘날 한 혁명가가 바친 희생으로 지탱하는 기둥은, 과거에 신앙을 위해 순교자들이 목숨 바친 희생으로 지탱하던 기둥과 똑같은 것이라고 확신합니다. 종교의 순교자들은 관대하고 이타적인 사람들이었습니다. 그들은 혁명적 영웅들과 같은 요인으로 순교했습니다. 그러한 자질 없이, 어떠한 종교적인 영웅도 정치적인 영웅도 나올 수 없습니다.

나는 스스로 오랫동안 계속해서 나의 혁명 이념을 계발했습니다. 그 이념들은 어떠한 최종 판단을 내리는 데 커다란 가치를 발휘합니다.

베토 1953년 몬카다 수비대를 공격했던 부대에 그리스도인들이 있었나요?

카스트로 분명히 있었습니다. 그러나 우리는 신앙에 대해 누구에게도 물어보지 않았습니다. 네, 그리스도인들이 있었습니다. 우리가 몬카다를 공격했을 때, 나는 이미 마르크스주의 세계관을 가졌습니다.

마르크스주의 입문

베토 당신의 세계관이 이미 마르크스주의였다고요?

카스트로 네, 대학 시절에 혁명 서적들을 통해 습득한, 상당히 발전된 혁명 이념들이 있었어요.

이상한 일입니다. 자본주의 정치경제를 공부한 결과로 내가 사회주의자라는 결론을 도출했고 사회주의 경제가 더 합리적으로 작용할 사회를 상상하기 시작했습니다. 이것은 내가 마르크스 문헌을 발견하기 전이었습니다. 나는 유토피아 공산주의자로 시작했습니다. 나는 대학교 3학년 때까지 혁명 이념, 혁명 이론, 『공산당선언』과 마르크스, 엥겔스, 레닌의 첫 번째 저작들과 접촉이 없었습니다. 아주 솔직하게 우리 세계와 사회를 『공산당선언』에서처럼 간단명료하고 직접적인 방법으로 설명하는 것이 특히 의미 있는 충격을 주었습니다.

유토피아 공산주의자나 마르크스 공산주의자가 되기 전에 자연스럽게 나는 호세 마르티의 추종자였습니다. 그것을 빠뜨리지 말아야 합니다. 나는 고등학교에 들어간 이래 마르티 사상의 지지자가 되었습니다. 마르티의 사상은 우리 모두에게 깊은 인상을 주었고 우리는 정말 그를 존경했습니다. 그리고 나는 언제나 온 마음을 다해 지난 세기, 독립을 위한 우리 인민들의 영웅적 투쟁에 동질감을 느꼈습니다.

나는 당신에게 성경에 관해 말했습니다만, 용기와 존엄성과 영웅적인 사례로 가득 찬 극히 흥미로운 우리나라의 역사에 대해서도 말할 수 있습니다. 교회에 순교자들과 영웅들이 있는 것처럼, 어느 나라의 역사도 종교와 비슷합니다. 상당히 많은 전투를 치르며 커다란 위업을 달성한 "청동 거인", 안토니오 마세오 장군의 이야기, 혹은 이그나시오 아그라몬테, 혹은 처음부터 쿠바 진영에서 싸운 위대한 도미니카의 국제주의자이자 탁월한 군대사령관인 막시모 고메즈, 또는 이른바 스페인인의 무덤을 훼손했다는 이유로 1871년에 사살당한 무고한 의과대학생들의 이야기를 들었을 때, 내 마음엔 존경심이 항상 가득합니다. 우리는 이 나라의 아버지, 마르티와 카를로스 마구엘 데 세스페데스에 대해 많은 이야기를 들었습니다.

우리에겐 성경 역사와 함께, 우리가 신성시하는 다른 역사가 있습니다. 그것은 우리나라의 역사, 우리나라 영웅들의 역사입니다. 우리 가족이 교육을 많이 받지 못했기 때문에 나는 가족보다는 학교에서 읽은 책을 통해 그것을 알았습니다. 나는 점차 다른 유형의 사람들과 행동을 접했습니다.

마르크스주의자가 되기 전에, 나는 우리나라의 역사와 마르티를 경배했습니다. 나는 마르티의 신봉자였습니다. 마르크스와 마르티 모두 이름이 M으로 시작합니다. 그래서 나는 그들이 서로 대단히 닮았다고 생각합니다. 마르티가 마르크스와 같은 환경에 살았더라면, 그는 같은 이념을 가지고 대체로 같은 방식으로 행동했을 거라고 절대적으로 확신합니다. 마르티는 마르크스를 대단히 존경했습니다. 마르티는 마르크스에 대해 이렇게 말했습니다. "그가 약자 편에 있기 때문에 영예를 받을 것입니다." 마르크스가 죽었을 때, 마르티는 그에 대한 아름다운 글을 썼습니다.

마르티의 작품에는 마르크스의 사상을 출발점으로 받아들임으로써 마르크스주의자가 될 수 있다는 중요하고 아름다운 내용들이 들어 있습니다. 물론 마르티는 항상 가난한 사람의 편에 섰고 착취자들의 사회에 만연한 악덕을 날카롭게 비판했지만 왜 사회가 계급들로 나뉘었는지 설명하지 못했습니다.

나는 『공산당선언』을 처음 입수해 많은 사건들에 대한 해설을 보았는데, 사건의 숲 한가운데에 이해하기 어려운 부분도 있었지만 모든 것이 사람들의 사악함, 즉 결함, 심술, 부도덕에 기인한 것이었습니다. 게다가 개인의 태도나 사람들의 도덕에 종속되지 않는 다른 요소들이 있다는 것을 그 책에서 확인하기 시작했습니다.

나는 인간사회, 역사과정, 그리고 내가 매일 보았던 분열을 이해하기 시작했습니다. 우선, 필요한 사람보다 다른 사람들이 더 많이 소유하기 때문에 가난한 사람이 굶주린다는 의미의 계급 분화를 살펴보는 데 지도나 현미경, 망원경이 필요 없었습니다. 누가 이것을 나보다 더 잘 알 수 있겠습니까? 누가 양쪽의 현실을 경험했고, 누가 양쪽 현실의 피해자로 있었나요? 내가 어떻게 나의 경험들, 지주와 토지 없는 맨발의 농부들의 상황을 이해하지 못할 수 있나요?

내가 아버지와 비란에 대해 이야기할 때, 비록 아버지가 대지주라고 해도 매우 친절한, 정말 대단히 친절한 사람이라는 말을 했었지요. 물론 그의 정치 이념은 지주의 정치 이념이었습니다. 아버지는 자신의 이익과 임금 수입자의 이익 사이의 충돌을 알고 있었을 것입니다. 그렇지만 아버지는 자신에게 무엇을 요청하는 사람들이나 도움을 구하러 오는 사람들에게 '아니요'라고 결코 말하지 않았습니다. 무척 흥미로운 일이지요.

아버지의 땅은 미국인 소유인 대농장들에 둘러싸여 있었습니다. 아버지는 꽤 넓은 토지를 소유했으나, 그 토지들은 각 공장이 수만 헥타르의 땅을 소유한, 세 개의 큰 설탕 공장으로 둘러싸였습니다. 그중 하나는 20만 헥타르가 넘었고, 다른 하나는 약 12만 헥타르의 땅을 가지고 있었습니다. 미국인 소유자들은 자신들의 재산 운영을 위한 엄격한 기준을 가지고 인정사정을 봐주는 법이 없었습니다. 그 소유자들은 그곳이 아니라 뉴욕에서 살았습니다. 그들은 비용을 위해 예산을 지불하는 관리인을 두었고, 관리인은 한 푼도 더 지출할 수 없었습니다.

　설탕 수확 후 비수기에 많은 사람들이 우리 집에 왔습니다. "이러저러한 문제가 생겼어요. 배가 고파요. 도움이 필요해요. 가게에 융자가 필요해요." 그곳에서 일을 못하게 된 사람들은 대개 아버지에게 찾아와서 이렇게들 말했습니다. "일이 필요해요. 일을 주세요." 아버지의 사탕수수 농장이 쿠바 전체에서 가장 깨끗했습니다. 다른 사람들이 농장의 잡초를 한 번 뽑는 동안 아버지는 두세 번의 잡초 뽑기를 준비해서 일이 필요한 사람에게 일을 주었습니다. 누군가 아버지를 찾아왔을 때 나는 아버지가 해결 방안을 찾지 못했던 경우를 기억해낼 수 없습니다. 가끔 투덜거리고 불평하신 적도 있지만, 아버지의 관대함이 늘 우세했습니다. 그것이 아버지의 성격이었습니다.

　방학 때마다 나는 일을 해야 했습니다. 청소년 시기에 아버지는 나를 사무실에 데려가거나 가게에서 일을 시켰습니다. 나는 방학 중에 얼마간은 일하면서 보내야 했습니다. 그것은 전혀 자발적이지 않았지만 나는 대안이 없었습니다. 그러나 사무실에 온 맨발과 누더기 차림의 굶주린 사람들이 가게에서 물건을 사려고 청구서를 요청하는 모습을 나는 결코 잊지 못합니다. 그곳은 비수기에 미국인 소유의 대농장에서 노동자들이 대우받는 것과 비교가 될 만큼 마치 오아시스 같았습니다.

　그 당시에 나는 혁명 이념을 가지고 마르크스 저작들을 읽기 시작했습니다. 나는 빈부차이를, 엄청나게 많은 토지를 소유한 가족과 전혀 아무것도 없는 사람들 사이의 차이를 이미 자세히 알고 있었습니다. 누가 나에게 계급들로 나뉜 사회와 인간의 착취를 설명해주었습니까? 나는 그 일들을 모두 직접 보고 어느 정도 겪기도 했습니다.

일찍이 내게 저항적인 성격과 윤리적인 가치가 있었다면, 그리고 나를 둘러싼 세계와 내가 사는 사회를 이해하도록 도움을 주는 사상들처럼 보다 넓은 통찰력을 제공하는 사상을 이해했다면, 어떻게 참된 정치혁명의 충격을 느끼지 못했겠습니까? 나는 그 저작들에 깊이 매료되어 완전히 항복했습니다. 오디세이가 사이렌의 노래에 걸려든 것처럼, 나도 마르크스 저작들의 반박할 수 없는 진실에 사로잡혔습니다. 나는 상황을 이해하고 관찰하기 위해 즉시 그 저작들을 완전히 파악하기 시작했습니다. 전에는 불의를 종식시키겠다는 문제를 생각하지 않았으나 훗날 이를 행하려다 추방당한 내가 신뢰하는 수많은 동포들도 같은 경험을 했습니다. 그들도 마르크스 이론의 여러 요소들을 알게 되자마자 같은 충격을 느꼈습니다.

베토 이 마르크스주의 의식이 7월 26일 운동에 가담한 프랑크 파이스와 같은 그리스도인 혁명가들과 관련해서 당신에 대한 편견을 낳지는 않았나요? 무슨 일이 일어났었나요?

카스트로 내 말을 들어보세요. 나와 동지들은 종교적인 문제로 어느 누구와도 충돌을 일으킨 적이 없었어요. 그런 기억이 없습니다. 앞서 말했듯이, 나는 이미 마르크스레닌주의 세계관을 가졌어요. 1950년에 대학을 졸업하고, 완전히 혁명적인 세계관을 습득했습니다. 단지 이념적인 면에서뿐만 아니라, 목적과 단기간 내에 어떻게 그 목적을 실행할지, 어떻게 우리나라의 모든 조건에 적용할지 계획을 수립했습니다. 그것은 매우 중요합니다.

대학에 입학하자 나는 처음으로 정치적인 부패, 횡령, 사기에 매우 비판적인 야당에 참여하게 되었습니다.

베토 정통당이죠?

카스트로 네, 공식 명칭은 쿠바인민당으로 대중들의 폭넓은 지지를 받았습니다. 선의와 신뢰를 가진 많은 사람들이 가입했습니다. 부패, 횡령, 남용과 불의를 비판하고, 지난 임기에 일어난 바티스타의 권력 남용을 계속 강력히 고발하는 것에 역점을 두었습니다. 이것은 1871년 의과대학생들의 순교와 마차도와 바티스타에 저항하는 투쟁들을 포함한 대학의 투쟁 전통과 연결되어 있습니다. 그 기간 동안, 대학은 전국적으로 사기와 횡령과 좌절을 초래한 그라우 산 마르틴 정부에 항거했습니다.

대학에서 다른 많은 청년들처럼, 나도 마르크스 저작들을 접하기 전에 처음부터 이미 그 당과 관계를 수립했습니다. 졸업할 시기에 당과 나의 결속은 아주 강력했으나, 나의 사상은 훨씬 더 발전되어 있었습니다.

졸업 후, 나는 대학원 과정에 들어가기를 원했습니다. 나 자신을 정치에 완전히 헌신하기 전에 더 많은 훈련이 필요하다는 것을 알았습니다. 특히 정치경제를 공부하고 싶었습니다. 나는 법학, 외교, 사회과학 학위들을 취득할 수 있는 과정을 통과하기 위해, 그리고 장학금을 받기 위해 대학에서 많은 노력을 했습니다. 나는 이미 자립해서 살고 있었습니다. 우리 가족은 처음 몇 년간 칼리지를 마칠 때까지 약간의 도움을 주었습니다. 나는 그때 이미 결혼도 했고, 가족으로부터 계속 도움을 받을 생각은 없었습니다. 내가 공부를 할 수 있는 유일한 길은 해외 장학금을 받는 것뿐이었습니다. 그 장학금을 받기 위해 세 개의 학위를 취득해야 했습니다. 장학금은 이미 손에 닿을 곳에 있었습니다. 내가 2년 내에 통과해야 하는 50개 과정 중에서 두 과정만 더 밟으면 됐습니다. 동급생들 중에는 이렇게 하는 학생이 아무도 없었으므로 경쟁자가 없었습니다. 그러나 그 뒤에 벌어진 급박한 현실로 인해 나는 행동하지 않으면 안 되었습니다. 나는 공부를 계속하는 데 필요한 3년의 시간을 갖지 못했습니다. 그것은 경제학을 공부하고 이론적 지식을 향상, 심화시키는 데 필요한 시간이었습니다.

결국 나는 주요 사상들과 혁명적 세계관을 잘 학습한 다음, 그것들을 실천하기로 결심했습니다. 1952년 3월 10일 쿠데타 전에, 나는 이미 혁명적 세계관과 혁명 수행 방법을 생각하고 있었습니다. 대학에 입학했을 때는 혁명적인 문화를 알지 못했지만 8년이 지나지 않아 쿠바에서는 혁명적 세계관이 발전했고 혁명이 승리했습니다.

내게 멘토가 없었다고 말했었지요. 그토록 짧은 시간에 그 이념들을 충분히 생각하고, 계발하고, 적용시키려고 무척 노력했습니다. 내가 마르크스레닌주의에서 배운 것이 여기에 결정적이었습니다. 쿠바 혁명에 내가 기여한 것은 마르티의 사상과 마르크스레닌주의 사상을 종합해 혁명을 이룬 것이고, 그 사상들을 우리의 투쟁에 지속적으로 적용시켜 혁명을 이룬 것이라 믿습니다.

나는 제국주의, 매카시즘, 그리고 반동적인 정책들이 만연한 분위기 탓에 쿠바 공산주의자들이 고립되었다고 판단했습니다. 비록 그들이 무엇을 한다고 해도 여전히 고립되어 남아 있었을 것입니다. 그럼에도 그들은 노동자 운동 내에서 강해졌습니다. 수많은 당원들이 쿠바 노동계급과 함께 헌신하며 노동자들을 위해 많은 일을 했기 때문에 쿠바 공산주의자들은 큰 명성을 얻었습니다. 그러나 그러한 환경 아래 있는 그들에게서 어떤 정치적 가능성도 보지 못했습니다.

그래서 나는 철저한 사회 혁명을, 그리고 단계적으로 수행할 혁명 전략을 계획했습니다. 나는 기본적으로 사회 혁명을 불만에 찬 대중들의 저항과 함께 수행하기로 결정했습니다. 그들은 혁명에 필요한 성숙한 정치의식이 없지만 무한한 다수의 인민들로 구성되어 있습니다. 나는 말합니다. "저항하는 대중들, 때 묻지 않은 보통의 인민들은 혁명을 성취할 수 있는 힘이고, 혁명 속에 있는 결정적인 요소입니다. 그들을 혁명으로 이끌어야 합니다. 그러나 단계적으로 이끌어야 합니다." 그러한 의식은 하룻밤 사이에 단 몇 마디 말로 생기지 않습니다. 나에게 대중들은 기본 요소임이 분명합니다. 아직 많은 경우에 혼란스럽고, 사회주의와 공산주의를 반대하는 편향된 대중들과 라디오, 텔레비전, 영화, 서적, 잡지, 신문, 그리고 모든 곳에서 행해지는 반동적인 반사회주의자의 연설 등 대중매체와 모든 수단에 의해 모든 지역에서 영향을 받았지만, 진정한 정치 교육을 받지 못한 대중들이 기본 요소입니다.

사회주의와 공산주의는 인도주의의 적으로 묘사되었습니다. 이것은 우리나라의 자의적이고 불공정한 대중매체의 관행이었으며, 어느 나라에서나 똑같이 나타나곤 하는, 쿠바의 반동적인 사회세력이 사용하는 방법들 중 하나였습니다. 사회주의는 당신의 고향을 부정하고, 농민에게서 토지를 빼앗고, 개인들의 재산을 빼앗으며, 가족들을 갈라지게 한다는 등등의 말을 아주 어린 시절부터 들어왔습니다. 마르크스 시대에 사회주의는 여자들의 공동체를 소개한다고 고발당했으나, 그 고발은 위대한 사회주의 사상가에게 엄청난 반박을 받았습니다. 가장 무시무시하고 터무니없는 것이 혁명 이념에 반대하는 사람들을 독살한다는 날조였습니다. 대중들 중 많은 사람들이 반공주의자일지도 모릅니다. 걸인들, 굶주린 사람들, 실업자들이 반공주의자일지도 모릅니다. 그들은 공산주의나 사회주의가 도대체 어떤 것인지도 알지 못했습니다. 그러나 나는 그 대중들이 가난, 불의, 굴욕과 불평등으로 고통받고 있음을 알았습니다. 그들의 고통은 단지 물질적인 것만이 아닙니다. 그것은 도덕적이기도 합니다. 단지 지금 1,500칼로리를 얻을 뿐인데 3,000칼로리가 필요하다는 이유로 고통스럽지는 않습니다. 마치 존재하지 않는 것처럼, 마치 없는 것처럼 하찮게 대하기 때문에 지속적으로 인간으로서의 가치를 떨어뜨리고 창피하게 만드는 사회적 불평등과 같은 다른 종류의 고통이 있습니다.

나는 대중들이 상당히 분노하고 불만스러워한다는 것을 깨달았습니다. 그들은 사회적 문제의 본질을 이해하지 못해 혼란스럽습니다. 그들은 실업, 가난, 학교와 병원과 구직 기회와 주택의 결핍 등 거의 모든 것의 원인을 정부의 부패, 횡령, 정치인의 사악함으로 돌렸습니다.

쿠바인민당은 그런 불만들을 이용했으나 자본주의 체제와 제국주의를 특별히 비난하지 못했습니다. 나는 그 이유가 세 번째 종교를 배웠기 때문이라고 말했습니다. 그것은 미국을 존경하고 미국에 감사하는 종교입니다. "미국은 우리에게 독립을 주었습니다. 미국은 우리의 친구입니다. 우리를 도왔고 여전히 돕고 있습니다." 이 말은 공식 문서에 빈번하게 등장했습니다.

나는 역사적인 진실을 설명하려고 노력했습니다. 우리는 들었습니다. "1902년 5월 20일에 독립이 되었습니다." 그날은 미국이 쿠바에 간섭할 권리를 부여한 헌법 수정을 통해 우리에게 신식민주의 공화국을 이양한 날입니다. 우연히도 5월 20일은 라디오 괴벨스, 라디오 레이건, 라디오 히틀러의 방송을 시작하기로 저들이 선택한 날입니다. 나는 체제를 전복시키려는 라디오 방송국을 "라디오 마르티"라고 부르지 않을 것입니다. 미국이 쿠바에 대해 플랫 수정법을 시행하기 이전부터, 이미 우리의 영토는 4년 동안 점령당한 상태였습니다. 미국은 4년 동안 점령하고 난 다음 우리나라를 간섭할 파렴치한 권리를 가져갔습니다. 미국은 한 번만이 아니라 몇 번이고 더 간섭했고 우리의 가장 좋은 땅과 광산들을 점령하고 우리의 무역과 재정, 경제를 장악했습니다.

미국의 점령은 1898년에 시작해서 1902년 5월 20일에 막을 내리고, 미국의 식민지라는 정치적 표현으로 풍자된 공화국이 쿠바에 세워졌습니다. 미국 점령기에 쿠바의 자연자원과 부가 대량으로 사유화되기 시작했습니다. 나의 아버지는 오리엔테 주 북부에 설립된 유명한 미국 회사인 유나이티드 프루트 컴퍼니에서 일했습니다. 아버지는 유나이티드 프루트 회사의 노동자였는데, 아버지는 쿠바에서 처음으로 그 회사 노동자로 일을 시작했습니다.

교과서들은 미국의 생활방식을 찬양했고, 모든 종류의 저술들이 찬사를 보냈습니다. 지금은 아이들까지 모든 게 온통 거짓이었다는 것을 압니다. 어떻게 그 모든 거짓과 신화를 일소하기 시작했을까요? 어떻게 그것들을 깨뜨릴 수 있었을까요? 나는 사람들이 아무것도 모른 채 고통을 당했다고 기억합니다. 사람들은 혼란스러웠지만 또한 절망적이었고, 그래서 주어진 방향대로 투쟁하고 전진할 수 있었습니다. 사람들은 자신들의 미래에 완전한 정치의식과 확신을 성취할 때까지 단계별로 점차적으로 혁명의 길을 따라 인도되어야 합니다.

나는 쿠바 역사, 쿠바인의 인격과 현저한 특징들, 그리고 마르크스주의를 읽고 공부하면서 모든 사상들을 이해하기 시작했습니다.

베토 당신은 정통당의 좌파였습니까?

카스트로 어떤 사람들은 내가 무엇을 생각하는지 알고서 미리 나를 막으려고 했습니다. 그들은 내가 모든 사람들에게 모든 것을 훨씬 더 솔직하게 설명했다는 이유로 나를 공산주의자라고 불렀습니다. 하지만 나는 당시 당면한 목표로서 사회주의를 역설하지 않았습니다. 나는 불의, 빈곤, 실업, 높은 임대료, 농민들의 퇴거명령, 저임금, 정치 부패, 그리고 전국적인 무자비한 착취에 반대하는 발언을 했습니다. 이것은 규탄이고, 역설이며, 우리 인민들이 훨씬 더 잘 준비한 프로그램이었습니다. 나는 그 프로그램을 통해 진정한 혁명의 방향으로 사람들을 인도하기 위해 일하기 시작했습니다.

나는 공산당이 강력하고 노동자들 사이에서 영향력이 있었지만 고립되어 있음을 주목했습니다. 나는 공산당을 잠재적인 동맹으로 보았습니다. 물론 나는 공산당원들에게 내 이론들이 옳다는 사실을 확신시킬 수는 없었을 것입니다. 나는 그런 시도조차 하지 않았습니다. 내가 한 일은 마르크스레닌주의 세계관을 간직한 다음부터 이 사상을 추구한 것입니다. 나는 공산당원들과 아주 좋은 관계를 가졌습니다. 내가 읽은 대부분의 책들은 카를로스 3세 거리에 있는 공산당 서점에서 외상으로 구입했습니다. 나는 대학에 있는 공산당 지도자들과도 좋은 관계를 맺었습니다. 우리는 거의 모든 투쟁에서 동맹을 맺었습니다. 그러면서 나는 이렇게 생각했습니다. "잠재적으로 혁명적인 대중들과 함께 일하는 것이 가능성이 높다." 나는 1952년 3월 10일 바티스타의 쿠데타 전에, 이 생각들을 실천에 옮겼습니다.

베토 몬카다 수비대를 공격했던 대원들이 정통당 좌파에 속했나요?

카스트로 그들은 내가 아는 정통당 청년들 가운데서 나왔습니다. 나는 그들이 무엇을 생각하는지도 알았습니다. 쿠데타가 발생했을 때, 그들을 조직하기 시작했습니다. 나는 전투 세포들을 조직했고, 군사 조직을 세우고 있었습니다. 1952년 군사 쿠데타 이후 처음 몇 달 동안은 아직 독립된 혁명 계획이 없었습니다. 나는 1951년 이래로 장기 전략 계획을 세웠지만, 정치적 예비 기간이 필요했습니다.

쿠데타 바로 직후 나는 혁명운동을 제안했습니다. 어느 정도 정치세력도 필요했습니다. 정통당은 선거에서 승리가 예정되어 있었습니다. 여느 때와 같이 정통당의 대표가 아바나 주를 제외하고 거의 모든 주에서 이미 지주와 유산자계급들의 손안에 들어와 있다는 것을 알았습니다. 정직하고 명망 있는 정치인들, 지성인들, 대학교수들이 압도적인 아바나를 제외하고는, 정통당은 사실상 반동적인 요소들과 선거 조직의 수중에 들어갔습니다. 일부의 부자들이 돈과 조직이라는 전통적인 방법을 사용해 주당州黨을 장악하려고 했지만, 아바나에는 조직이 없었습니다.

정통당은 아바나에서 상당히 강했습니다. 자발적으로 가입한 당원이 8만 명이나 되었습니다. 특히 정부 각료와의 논쟁 결과 자살한 설립자 치바스의 사망 이후 증가했습니다. 그는 대중들 사이에서 강력한 영향력을 행사했던 강경한 인물이었습니다. 그는 횡령한 자금으로 과테말라에 부동산을 구입했다고 그 각료를 고발했으나, 입증할 수 없었습니다. 비록 부패가 나라에 만연했지만, 그는 덫에 걸려 구체적인 증거를 제시할 수 없는 쟁점을 놓고 다시 논쟁을 시작했습니다. 그는 점차 절망했고 결국 자살했습니다. 당은 사실상 대표를 상실했으나 거대한 힘을 갖게 되었습니다.

나는 [정통]당이 1952년 6월 대통령 선거에서 승리할 것이라고 말했습니다. 나는 정부가 일으키려는 것이 무엇인지 알았습니다. 그것은 결국 좌절로 끝났습니다. 하지만 나는 이미 혁명운동과 혁명의 방식으로 권력을 잡기 위한 두 번째 단계를 준비하는 예비 정치 단계에 대해 생각했습니다. 마르크스가 나에게 가르쳤으며, 나 역시 직관적으로 터득한 핵심은 권력은 혁명에 의해 쟁취하는 것이고, 전통적인 정치 방법으로는 아무것도 완수할 수 없다는 것이었습니다. 나는 처음에는 입법 의안의 형태로, 나중에는 몬카다 공격 프로그램이 실행되는 혁명 프로그램을 착수하는 플랫폼으로 정치를 사용할 생각을 했습니다. 그것은 아직 사회주의 프로그램이 아니었으나, 많은 주민들의 대중적 지지를 차지할 수 있었고 쿠바 사회주의를 향한 첫걸음이었습니다. 나는 바티스타 쿠데타 오래전에 몬카다 프로그램 구성을 준비했습니다. 나는 이미 아바나의 가난한 빈민가와 다른 가난한 지구에 사는 주민들로 구성된 강력한 본부를 조직했습니다. 나 역시 정통당 당원으로 활발히 일했습니다.

아직 변호사로 일하고 있을 때부터, 나는 적극적이고 역동적으로 활력 넘치는 투쟁을 전개하는 가난한 지구들과 밀접하게 연락을 취했습니다. 이 지구들은 소규모 부대 동지들이 수고하여 지원하는 곳이었습니다. 나는 지도력 있는 직책을 맡지 않았으나, 혁명의 관점을 지닌 당원 대중의 폭넓은 지지를 받았습니다. 쿠데타가 발생하자 모든 것이 바뀌었습니다. 쿠데타로 인해 군인들이 포함된 첫 프로그램을 수행할 수 없게 되었습니다. 나는 군인들이 거물들, 대통령이나 대령들의 사설 농장에서 일하기 때문에, 그들을 착취의 희생자로 생각했습니다. 나는 그 모든 것을 볼 수 있었기에 맹렬히 비난했습니다. 그것은 계급이 다른 그들 사이에 미묘한 영향을 미쳤습니다. 그들은 최소한 비난에는 관심을 보였습니다. 나는 혁명운동에 군인, 노동자, 농민, 학생, 교사, 전문가, 중산층 등을 포함시킬 계획을 세웠습니다. 광범위한 프로그램에 모든 이를 포함시키는 계획을 세웠습니다.

쿠데타가 발생하자 모든 것이 바뀌었습니다. 그 첫걸음으로, 이전의 헌법 단계로 돌아갈 것 같다고 생각했습니다. 군부독재는 패배할 것 같았습니다. 나라가 이전 상태를 회복하고 모든 사람들이 악명 높고 반동적인 바티스타의 쿠데타를 소탕시킬 세력에 가담할 것이라고 생각했습니다. 나는 혼자 정통당 청년 그룹의 강경한 평당원들을 조직하기 시작했고, 이와 함께 당의 몇몇 지도자들과 접촉했습니다. 나는 이 일을 혼자 했습니다. 지도자들 중의 일부는 무장투쟁에 호의를 보였습니다. 나는 이전 단계로 돌아가기 위해, 헌법적 체제를 위해, 그리고 이것이 모든 정당들의 목표라는 것을 확신하기 때문에 무력으로 바티스타를 전복시켜야 한다는 것을 확실히 했습니다. 나는 헌법이 보장하는 수단들을 사용해 대규모 운동을 전개시킬 첫 번째 혁명 전략을 이미 세웠습니다. 정부의 일부를 구성하는 정당들과 야당들을 포함해 모든 사람들이 바티스타 체제의 전복을 위해 연합할 것이라고 생각했습니다.

나는 몇 주일 내에 첫 번째 전투원들, 즉 첫 번째 전사들과 첫 번째 세포들을 조직하기 시작했습니다. 첫째, 소형 등사용 신문과 몇 개의 지하 라디오 방송국들을 설립했습니다. 그것이 가장 첫 번째 해야 할 일입니다. 우리는 경찰과 몇 번 싸움을 벌였는데, 유용한 경험으로 나중에 도움이 되었습니다. 그 경험을 적용시킬 시간이 되자, 우리는 간부들을 선정하고 조직 안전을 보호하는 데 극히 신중을 기했습니다. 그때는 모든 정당과 다른 여러 세력들이 연합 투쟁을 할 것이라고 생각했기 때문에, 우리는 진정한 공모자로서 첫 번째 핵들을 조직화하기 시작할 때라고 보았습니다. 그것은 내가 정통당에서 혁명을 시작한 방법이었습니다. 그 당에서 나는 성실한 청년들을 많이 만났습니다. 나는 처음부터 줄곧 나를 지지했던 여러 명의 동지들과 함께, 아르테미시아와 아바나의 가장 가난한 지구의 노동자들 사이에서 그들을 찾았습니다. 그들은 아벨 산타마리아, 헤수스 몬타네, 니코 로페즈, 그리고 몇 명으로 이루어진 소부대였습니다. 나는 직업 간부가 되었습니다. 처음에 1953년 7월 26일 몬카다 수비대에 대한 공격 바로 전까지는 한 명의 직업 간부, 즉 나 혼자만 있었습니다. 아벨이 공격 며칠 전 나와 합류함으로써 마지막 달에는 간부가 두 명이 되었지요.

우리는 단지 14개월 내에 혁명운동을 조직했고 1,200명을 얻었습니다. 나는 그들 모두와 대화를 했고 1,200명의 모든 세포, 모든 부대를 조직했습니다! 몬카다 수비대를 공격하기 전에 내가 몇 킬로미터나 운전했는지 아십니까? 4만 킬로미터 이상입니다. 온갖 노력을 다해 운동을 위한 조직, 훈련, 그리고 무장에 헌신했습니다. 얼마나 많은 미래의 전사들을 만났고, 나의 사상을 그들과 나누었으며, 그들을 교육했는지!

그런데 우리가 사용했던 자동차 구입비는 내가 지불하지 않았습니다. 내가 직업 간부가 되고 미지불된 청구서가 있을 때마다, 아벨과 몬타네가 나를 지원하고 자동차 대금을 지불했습니다.

이렇게 하여 우리는 애국적이고 진보적인 사상을 가진 정직하고 단호한 청년들로 훈련된 조직을 설립했습니다. 물론 우리는 독재와 싸우기 위해 조직을 했습니다. 우리는 투쟁을 선도할 의도가 없었습니다. 우리는 단지 모든 세력들과의 협력을 원했습니다. 유명한 정치 수장들과 인물들이 이미 많이 있었습니다. 그러고는 모든 것이 사기, 허위, 불가능이라는 결론을 내릴 단계가 임박했습니다. 그렇기 때문에 우리는 우리의 계획을 수행하기로 결정했습니다. 그것은 모든 것을 변화시켰습니다.

우리는 인터뷰의 첫 번째 장을 마쳤다. 나는 언론인으로서 이른바 나의 중립성을 더 이상 유지할 수 없음을 깨달았다. 방금 전에 들은 피델의 말에 동요되지 않을 수 없었다. 우리는 새벽 3시가 다 되어서야 작별 인사를 했다.

2

인터뷰의 두 번째 장은 1985년 5월 24일 금요일 오후 4시 45분에 시작되었다.

몬카다 공격

베토 우리는 몬카다에 대해 말하고 있었습니다. 나는 당시 혁명가들 중에 특히 프랑크 파이스 같은 사람, 그리고 몬카다 공격에는 참여하지 않았지만 아바나에 참여했던 다른 사람, 즉 그리스도인으로 알려진 호세 안토니오 에체베리아에 대해 얘기하고 싶습니다. 그리스도인인 그의 인상은 어떠했습니까? 그리고 그는 마르크스의 관점을 이미 가진 사람들과 어떤 관계를 맺었습니까?

카스트로 몬카다 공격 당시에 최고 책임과 권위를 가진 사람들 중 아주 소수의 한 부대만 마르크스주의 훈련을 받았습니다. 나는 최고 책임자 중에서 핵으로 일했습니다.

당시는 바티스타에 대항하는 무장투쟁 중이었기에 동지들에게 원했던 자질은 애국심, 혁명정신, 신중함, 진실성, 투쟁의지, 그리고 투쟁의 목적과 위험을 수용하는 것이었습니다. 그 자질들은 꼭 필요한 조건이고, 근본 특성이었습니다. 아무도 종교가 있는지 없는지 묻지 않았습니다. 그런 질문은 한 적이 없었습니다. 단 한 번도 기억나지 않습니다. 신을 믿고 안 믿고는 자신들의 일입니다. 비록 이에 대한 자료나 통계는 없지만, 아무도 이 문제에 대해 조사하지 않았습니다. 의심할 바 없이 몬카다 공격에 참가한 많은 사람들이 신자였습니다.

당신은 몇 가지 경우를 말했는데, 공격 시기에 프랑크 파이스는 우리와 관련이 없었습니다. 그는 매우 어렸고 그 공격이 있은 후 여러 달이 지난 뒤에야 운동에 가입했는데 곧 탁월함을 드러내기 시작했습니다. 내 생각에 그는 가족들을 통해 종교 교육을 받았습니다.

베토 그의 아버지가 목사가 아니었나요?

카스트로 목사였습니다. 하지만 우리가 종교에 대해 이야기한 적은 없었어요.

베토 반종교적인 전향을 시도하지는 않았습니까?

카스트로 그럴 수 없었습니다. 그건 말이 안 되는 일이었습니다. 우리는 기꺼이 투쟁하려는 사람들을 찾고 있었습니다. 그건 결코 문제가 되지 않았습니다.

에체베리아가 종교 교육을 받았다는 것은 나도 이해합니다. 그에 대해서는 대화를 나누지 않기 때문에 알지 못했습니다. 우리는 바티스타에 대항하는 투쟁에 대해 대화를 나누었습니다. 언젠가 3월 13일 그의 기일 추모식 행사에서 에체베리아가 자신의 정치적 유언장에 작성했던 하느님께 드리는 기도를 누군가 누락시킨 일을 두고 내가 강하게 비판한 적이 있습니다. 이 이야기는 신문을 통해 알려지기도 했습니다.

베토 정치적 유언장이 무엇입니까?

카스트로 위험한 전투를 앞두고 짧게 쓰는 유언입니다.

　몇 년 뒤 그의 기일 추모식에서 내가 연설을 할 예정이었습니다. 먼저 그의 유언장을 낭독하던 중에 그가 작성했던 종교적 양식의 기원문, 곧 하느님께 드리는 기도가 생략되었다는 것을 발견하고 나는 매우 격앙되었습니다. 연설을 하면서 나는 이것을 비판했습니다. 신문에 난 대로, 어떻게 기도가 빠질 수 있는지 물었습니다. 나는 이것은 일종의 문서 사기 행위라고 말하며 우리가 그 기도를 우려해야 하는 이유를 물었습니다. 기도는 에체베리아의 가치들을 손상시키는 행위가 아니므로 누락되어서는 안 됩니다. 나는 두 가지 역사적 진실의 관점에서 그렇게 비판했습니다. 하나는 존중해야 한다는 것이고, 다른 하나는 기도하는 것이 그의 가치를 손상시키거나 가치를 없애기 때문에 기도를 반복할 수 없다는 편견이 오해라는 것입니다. 이 때문에 나는 강력한 공개 성명서를 발표했습니다. 신문에서도 틀림없이 다루었습니다. 이 모든 것이 증거입니다. 나는 당신이 그 내용을 들었는지 잘 모릅니다.

베토 네, 들어보았습니다.

　당신이 투옥된 이후, 몬카다를 공격한 사람들을 위해 산티아고 데 쿠바 주교님은 무엇을 했습니까?

카스트로 먼저, 상황을 이해하려면 돌발적이었지만 결정적인 이유 때문에 우리 부대가 몬카다 수비대를 장악할 수 없었고 퇴각했다는 사실을 기억해야 합니다. 우리 대원들은 각기 다른 진지에 있었고, 퇴각 명령이 떨어지자 그들 중 일부는 출발했던 시보니의 안가_{安家}로 돌아갔습니다.

　나는 여전히 다른 전투를 준비할 생각을 했었습니다. 바야모에 있는 대원들이 계획된 임무를 수행한다면 결국 그들은 고립되고 말

것이므로 걱정이 됐습니다. 나는 바야모에 있는 사람들을 도울 목적으로, 더 작은 규모의 수비대를 공격하기 위해 몇 명의 동지들을 재편성할 생각이었습니다. 비록 그들 소식은 없었으나, 그들이 임무를 완수하고 바야모 수비대를 장악했을 것이라 추측했습니다.

베토 역사적인 의문이 있습니다. 나는 시보니에 있는 그 작은 농장을 방문했었습니다. 당신 동지 몇 명이 벌써 감옥에 있었기 때문에 그 농장으로 가지 못했다고 생각했습니다.

카스트로 아닙니다.

베토 아니라고요? 나는 그들이 모든 걸 말했을까 당신이 두려워하지 않았는지 궁금했습니다.

카스트로 아니요, 그때는 아닙니다. 나는 그 문제를 생각조차 못했습니다. 적이 기습적으로 반격할 시간이 있으리라고는 생각하지 못했기 때문입니다. 산티아고의 주요 요새를 공격한 이래, 그 반격은 우리에게 엄청난 타격을 입혔습니다.

우리는 많은 대원들이 출발지였던 그 안가로 가고 있을 것이라 생각하며 그리로 향했습니다. 그리고 실제로 한 부대가 그곳에 도착했고 나는 그 부대를 조직하려고 애썼습니다. 우리는 탄약을 어느 정도 가지고 있었고, 산으로 가기로 결정한 사람들은 새로운 환경에 더 효과적인 다른 무기로 몇 가지 무기를 바꾸었습니다.

좀 더 자세히 말하자면, 나는 약 20명에서 30명이 있는 더 작은 수비대를 기습 공격하기 위해 산티아고 데 쿠바에서 북쪽으로 몇 킬로미터 떨어진 카네이로 갈 작정이었습니다. 그때 나는 우리가 출발한 농장으로 향하는 차들을 보았습니다. 당시 우리는 서로 직접 연락이 닿지 않았습니다. 그래서 우리도 농장으로 갔습니다. 왜냐하면 다른 사람들이 이미 농장을 떠난 상태였기 때문입니다. 즉, 나는 최소한의 대원들에 의지해서 카네이 수비대를 공격할 수 없었습니다. 카네이 수비대 공격은 당시 바야모 대원들을 돕기 위해 계획된 것이었습니다.

베토 얼마나 많은 사람들이 몬카다를 공격했나요?

카스트로 약 120명입니다.

베토 그중 몇 명이 사망했나요?

카스트로 뒤에 설명하겠습니다.

어떤 대원들은 법원 같은 몇몇 건물에 위치를 잡았습니다. 그 건물들은 한쪽 각도에서 수비대를 내려다볼 수 있는 위치에 있었습니다. 다른 대원들은 수비대 뒤에 있는 건물들을 점거하러 갔습니다. 그리고 내가 지휘하는 부대는 앞쪽의 길을 열기 위해 수비대 입구로 갔습니다. 나는 두 번째 차에 타고 있었습니다. 우리가 경비대 안으로 차를 달려 들어갔을 때, 그곳으로 총격이 시작되었습니다. 수비대로 들어갔거나 들어간 것이 틀림없는 대원들이 약 90명이었습니다. 도로를 내려오고 있는 무리는 수비대를 향해 방향 전환을 해야 했습니다. 대원들 중 일부는 거리를 거의 몰랐기 때문에 일부 차들은 방향을 돌리지 않고 계속 직진했고, 그래서 60명 내지 70명만 주요 지점에 도착했습니다.

나는 그 대원들과 함께 있었습니다. 다른 지역, 즉 법원이나 병원 안에 있는 대원들은 계획을 알고 있었습니다. 우리는 전투지휘소를 장악하고 나서 군인들을 후방으로 퇴각시킬 것이라고 예상했었습니다. 경계초소로 진입한 우리 대원들과 군인들이 잠을 자는 뒤쪽의 수비대가 내려다보이는 장소에 있던 대원들은 그 위치에서 체포되었습니다.

수비대와 충돌했을 때, 전투는 계획과는 다르게 수비대 바깥에서 시작되었습니다. 1,000명 이상의 군인들이 집결했습니다. 기습할 요소는 없고 계획을 수행하기가 불가능했습니다. 그렇지만 첫 번째 차에 탄 대원들이 가까스로 수비대 입구를 점령하고 통제했습니다. 우리가 퇴각하면서 나는 내 자리를 그곳에 남아 있던 동지에게 양보하기 위해 마지막 차에서 내렸습니다. 그 순간 아르테미사 출신인 한 동지가 나를 알아보고 차를 태워 곤경에서 구해주었습니다.

그런 이유가 있었습니다. 나는 대원들이 함께 진입했던 거리를 출발했고, 이제 카네이 수비대로 갈 생각이었습니다. 그러나 육칠십 명의 대원들 가운데 절반 이하만 시보니의 안가로 돌아왔기 때문에 나는 이들을 의지할 수 없었습니다. 조직화되긴 했지만 그들은 민간인이고 처음으로 전투까지 치렀다는 사실을 기억하길 바랍니다. 그 전투에서 지고 나서 어떤 대원들은 낙담하여 군복을 벗었습니다. 물론 계속 싸우자고 결정을 내린 부대도 있었습니다. 그 부대 사람들은 나와 함께 산티아고 데 쿠바 근처의 시에라 마에스트라 산악으로 향했습니다. 우리는 무장을 하고 서둘러 산으로 떠났습니다. 그 부대는 내가 계속 함께하기를 원했습니다.

정면충돌과 실제로 백병전에 좋을 것 같은 무기들, 커다란 탄환과 함께 몇 정의 22구경 자동 소총과 12구경 반자동 산탄총들은 전투에 분명 효과적일 테지만 탁 트인 장소에서 싸우기에는 적합하지 않습니다. 우리는 소구경 자동 소총과 산탄총을 가지고 산악 지대로 출발했습니다.

우리는 지형을 몰랐고, 해 질 녘에도 아직 산등성이에 도착하지 못했습니다. 그때 적들은 그지역 전체에 군대를 배치했고, 지역마다 주요 지점들을 장악했습니다. 지금의 우리 경험으로는 적들의 진지를 포위할 수 있겠지만, 당시에는 우리가 장악했었던 주요 산등성이들을 빙 둘러 나 있는 길도 찾을 수 없었고, 더 낮은 산줄기로 돌아가는 길도 찾을 수 없었습니다. 우리에겐 그 지역이 너무 생소했고 우리의 경험이 부족함을 절실하게 느꼈습니다. 그러고 난 뒤 우리는 산티아고 데 쿠바 만의 다른 쪽, 즉 그 도시의 서쪽에서 시에라 마에스트라에 이르는 계획을 세웠습니다.

만일 우리가 산티아고 데 쿠바를 방어할 수 없었다면, 그리고 우리가 요청한 총파업이 성공하고 나라가 마비되지 않았다면, 또한 적들이 충분한 군사력으로 반격했다면, 우리는 그 도시를 지킬 수 없을 것이고, 2,000명에서 3,000명의 무장 전투원들에게 시에라 마에스트라로 물러나 있도록 요청했던 우리의 기본 계획도 유지될 수 없을 것입니다. 그것은 계획이었습니다. 물론 일단 수비대 장악에 성공하면 우리가 산티아고 데 쿠바 시를 지원할 것이라는 전제하에 수립한 계획이었습니다.

나중에 알게 된 사실에 따르면, 모든 군대 진지들과 군인들이 엉망이었습니다. 하지만 당시에는 경험 부족으로 인해 대규모의 군대로부터 탈출하여 시에라 마에스트라 산맥의 다른 경사면으로 넘어가는 게 불가능하다고 생각했습니다. 그래서 우리는 산티아고 데 쿠바 만을 가로질러 서쪽으로 가는 계획이나 시에라 마에스트라의 경사가 더 가파른 전략적인 지역으로 가는 계획을 세웠습니다.

우리는 소부대였습니다. 중상은 아니지만 부상당한 사람까지 몇 사람 있었습니다. 그때 사고가 발생했습니다. 한 동지가 자신의 총에 심한 부상을 입었습니다. 우리는 그를 살릴 수 있는 방법을 찾은 끝에, 그를 부상을 입은 몇 사람과 함께 떠나보냈습니다. 소부대가 더 작아졌습니다. 다른 동지들도 확실히 지쳤습니다. 나는 그들이 산에서 투쟁의 고통을 견디려면 몸이 완벽해야 한다고 생각하지는 않았습니다. 그러나 나는 거의 움직일 수 없을 정도로 완전히 지친 동지는 산티아고 데 쿠바로 돌려보내기로 결정했습니다.

어떻게 그들이 돌아가는 게 가능했을까요? 그 공격이 있고 며칠이 지나자 군대가 대원들을 체포하기 시작했습니다. 주요 작전이 실패했음을 제때에 정확하게 알지 못했던 사람들은 몬카다로 가는 길을 잃었고, 몇몇은 요새와 다른 방향의 진지에 있었습니다. 그들 중 어떤 이들은 제때 퇴각했지만 지체했던 이들은 포위되었습니다. 또 다른 이들은 민간인 복장으로 호텔에 가거나 은신처를 찾거나 산티아고 데 쿠바 시를 벗어나려다가 체포되었습니다. 시 외곽에서 잡힌 이도 있었습니다. 여러 동지들이 모두 다른 곳에서 체포되었습니다.

베토 당신 부대는 군복을 입었습니까?

카스트로 네, 전투 중에 전사한 수는 매우 적었습니다. 적은 상대적으로 사상자가 많았죠. 착오만 없다면 11명 사망, 22명 부상이었습니다.

베토 당신 전투원들은 얼마나 사망했나요?

카스트로 첫 전투에서 두세 명의 동지들이 사살당하고 몇 명이 부상당했다고 들었습니다. 그러나 바티스타는 월요일까지 70명의 반란군을 사살했다고 발표했습니다. 즉, 혁명군인들 중에 70명의 사상자가 생겼다는 것입니다. 월요일까지 그들은 70명 전원을 살해하지 않았을 가능성이 있습니다. 전체 160명이 산티아고 데 쿠바와 바야모 전투에 참가했으나 그들은 70명의 반란군이 사망했다고 말했습니다. 일요일 오후까지 몇십 명의 동지들이 포로가 되었고, 그다음에 살해되었습니다. 거의 일주일 동안, 일요일부터 4, 5일 동안 포로가 된 사람들을 끔찍하게 고문한 뒤에 살해했습니다.

그로 인해 산티아고 데 쿠바와 전국에 걸쳐 항의가 빗발쳤습니다. 그 도시는 살해당한 포로들을 찾기 시작했습니다. 시민들은 조직을 만들고, 집결했으며, 산티아고 데 쿠바의 대주교인 페레즈 세란테스를 찾아갔습니다. 대주교는 스페인 출신으로, 살아남은 이들의 생명을 구하기 위한 인도주의적 중재에 나섰습니다. 바야모에 40명의 동지들이 있었다는 것을 기억하십시오. 그들 역시 임무 수행이 어려웠고 많은 대원들이 여러 장소에서 체포되었습니다.

그런데 바티스타 군대는 군인들이 우리를 원망하게끔 하는 거짓말을 마구 퍼뜨렸습니다. 산티아고 데 쿠바 병원에 있는 군인 환자들의 목을 잘랐다는 악명 높은 의혹을 퍼뜨렸습니다. 아까 말했듯이, 실제로 전투가 바깥에서 시작된 게 잘못이었습니다. 돌발적으로 순찰대와 마주쳤기 때문에 계획대로 안에서 시작되지 못했습니다. 순찰대는 대개 그곳을 지나다니지 않았습니다. 우리와 마주친 군인은 그날이 카니발 축제 기간의 일요일이라는 이유로 배치되었을 뿐입니다.

베토 수비대 소속 순찰대였나요?

카스트로 네, 카니발 기간이었고 순찰대가 그곳에 배치되었지요. 첫 번째 차가 경계초소를 장악했지만, 내가 탔던 두 번째 차와 순찰대 사이에 전투가 벌어졌습니다. 우리 차가 정지했을 때, 많은 군사시설들이 있었기 때문에 내 뒤의 차들에 탔던 대원들은 내려서 왼쪽 방향으로 진지를 향해 진격했습니다. 한 부대는 그곳이 수비대라고 믿고 병원으로 들어갔습니다. 이 사실을 알아차리자마자, 나는 병원으로 들어가 그들을 데리고 나와 부대를 다시 배치했습니다. 공격을 멈추자 우리는 추동력을 완전히 상실했습니다. 우리는 요새를 향한 공격을 재개하려 했지만 불가능했습니다. 방어진지들을 장악했지만 병력 소실로 성공할 수 없었습니다. 오직 기습 공격으로만 가능했던 일이지요. 일단 군대가 기민하게 진지를 점령하는 것은 불가능했습니다. 우리는 요새를 점령하는 데 필요한 무기가 없었고 전투원도 부족했습니다.

누군가 나에게 근접해 귀가 먹먹하게 굉음을 내며 총을 쏘아댔습니다. 그는 병원에 있는 군인을 겨냥했습니다. 결과적으로 위생병 한 명이 죽거나 다쳤지만, 적은 우리 전투원 여러 명이 엄청난 살육

작전을 벌이려고 병원에 침입해 입원한 군인들의 목을 잘랐다고 모함했습니다. 우리는 1층 로비에만 있었을 뿐인데 병원에 들어간 사실을 이용했던 겁니다. 터무니없는 거짓말이지만 많은 군인들이 그것을 믿었습니다. 바티스타는 군인들을 흥분시키고 적의를 일으키기 위해 이렇게 했습니다. 감히 자신들에 대항하는 민간인 몇 명의 공격으로 바티스타 군대의 위엄이 모욕당했다면서 그들이 자행해왔던 만행을 또다시 되풀이했습니다.

군대는 수감된 대원들을 조직적으로 살해했습니다. 어떤 사람들은 붙잡혀 심문당하고, 극악무도하게 고문을 당한 뒤 살해되었습니다.

당연히 전국의 여론이 들끓었고, 아까 말한 대로 산티아고 데 쿠바의 대주교는 교회의 권한으로, 그 도시의 다른 저명한 인사들과 함께 생존자의 목숨을 살리기 위해 관여하고 노력했습니다. 대주교는 그들 가운데 가장 영향력 있는 사람이었습니다. 분개했던 산티아고 데 쿠바 시민들과 함께 대주교와 일단의 저명한 인사들이 노력한 결과, 생존자들은 목숨을 구했습니다. 새로운 국면에서 나와 함께했던 중상을 입은 동지들은 대주교를 통해 당국에 자수하기로 결정을 내렸습니다. 여섯 명 혹은 일곱 명의 중상 입은 동지들이 한 부대에 있었습니다.

나와 두 명의 지도자는 남았습니다. 소부대가 만을 가로질러 시에라 마에스트라에 도착한 다음, 전투부대를 재편성할 계획이었습니다. 나머지는 탈진한 상태였기 때문에, 그들의 목숨을 구할 방법을 찾아야 했습니다.

우리는 몇 명의 시민과 그 문제를 논의했습니다. 그들이 부대와 대주교의 만남을 주선했습니다. 우리는 어느 집에 가까이 가서 그곳에 사는 사람들과 대화를 나누었습니다. 그런 다음 우리는 새벽에 대주교가 차에 태워 데려갈 여섯 또는 일곱 명의 동지를 두고 떠났습니다. 그날 밤 도로를 건너 산티아고 데 쿠바 만에 도달하기 위해 나와 두 명의 동지는 그 집에서 약 2킬로미터 물러나 있었습니다.

군대가 이것을 알았던 게 분명합니다. 전화를 걸었을 것이고, 군대가 그 가족과 대주교의 통화 내용을 엿들은 것 같습니다. 군대는 새벽이 되기 전에 고속도로 근처의 모든 지역을 순찰했습니다.

체포

카스트로 우리는 2킬로미터 떨어져 있었는데, 하루 종일 그곳에서 벗어나지 못했던 것이 실수였습니다. 우리는 지쳐 있었습니다. 언덕 위의 몹시 열악한 조건 속에서 잠을 자야 했습니다. 담요도 없었고 아무것도 없었습니다. 그날 밤 이엉으로 지붕을 이은 오두막을 발견했습니다. 바라 엔 티에라(땅에 박힌 막대기라는 뜻)라고 부르는 길이 4미터, 폭 3미터쯤 되는 아주 작은 오두막입니다. 물건들을 보관하는 헛간 같았습니다. 안개와 이슬과 추위를 피해 새벽까지 그곳에 머물기로 결정했습니다. 새벽녘에 순찰대가 오두막으로 들어와서 우리 가슴에 총을 겨누었습니다. 적의 총구에 선잠이 깬 그 불쾌한 기분을 잊을 수가 없습니다. 결코 해서는 안 되는 실수였습니다.

베토 아무도 보초를 서지 않았나요?

카스트로 안 섰습니다. 우리 세 명 다 잠을 잤습니다. 좀 자신감이 있었습니다. 이미 일주일이 지났는데 그들은 우리를 찾지 못했습니다. 그들이 아무리 수색을 하더라도 체포를 피할 수 있으리라 생각했습니다. 적을 과소평가한 탓에 적의 손에 떨어졌습니다.

그들은 분명히 전화를 했습니다. 나는 우리와 접촉한 사람들이 우리를 넘겼다고 생각하고 싶지 않습니다. 그렇게 믿지 않습니다. 그렇지만 뭔가 조심성 없는 행동을 한 것은 틀림없습니다. 이 때문에 군대가 경계태세에 들어가고 순찰대가 들이닥쳤습니다. 결과적으로 그들은 우리를 잡았습니다.

그들은 자기들이 어떻게 우리를 포로로 잡았는지 말했습니다. 그들 중 몇이 잔혹하게 굴며 즉석에서 우리를 살해하려 했습니다.

그런데 믿을 수 없는 일이 일어났습니다. 거기에 사리아라고 불리는 아프리카계 쿠바인 중위가 있었습니다. 그는 권위가 있어 보였지만 살인자는 아니었습니다. 군인들은 격분해서 우리를 죽일 구실을 찾았습니다. 그들은 금방이라도 총을 쏠 것처럼 우리를 결박했습니다. 그들이 이름을 물었습니다. 당연히 우리는 진짜 이름이 아닌 다른 이름을 댔습니다. 나는 그 군인들이 나를 알아보지 못하는 것을 보고 마음이 놓였습니다.

베토 당신은 이미 쿠바에서 잘 알려진 사람이 아니었나요?

카스트로 상대적으로 잘 알려졌었지만, 어째서인지 군인들은 나를 알아보지 못했습니다. 만일 우리가 이름을 댔다면, 그 자리에서 총을 맞았을 것입니다. 그들은 우리가 군인들을 죽이려고 그곳에 간 게 분명하다면서 우리를 살인자라고 불렀습니다. 게다가 자신들을 해방군의 추종자라고 치켜세웠습니다. 우리는 인내심을 잃고 그들과 언쟁을 벌였습니다. 나는 당신들은 스페인 군대의 추종자고 우리는 참된 해방군의 추종자라고 소리쳤습니다. 그들은 더욱더 포악해졌습니다.

정말로 우릴 죽일 것만 같았습니다. 나는 살아날 가망이 전혀 없다는 것조차 느끼지 못했습니다. 언쟁을 말리던 중위가 소리를 질렀습니다. "쏘지 마, 쏘지 마." 그는 군인들을 제지하면서 나직한 목소리로 반복했습니다. "쏘지 마, 너는 생각을 죽일 수 없어. 생각을 죽일 수는 없어." 이 사람이 무슨 말을 했는지 귀 기울여보세요. 그는 세 번 정도 반복했어요. "생각을 죽일 수는 없어."

두 동지 중 한 사람이 오스카 알칼데입니다. 그는 운동자금을 담당하는 회계사였는데 현재는 인민저축은행 총재입니다. 그가 중위에게 자신이 석공이라고 말했습니다. 그 말이 우리가 살아날 가능성을 높였을지도 모릅니다. 왜냐하면 군인들 중에도 석공이 많았으니까요. 어쨌든 그들은 우리를 일어서게 하더니 완전히 결박한 채로 이동하기 시작했습니다. 몇 걸음을 걷다가 나는 중위의 태도를 알아보고 그에게 넌지시 말했습니다. "나는 당신의 행동을 보았습니다. 당신을 속이고 싶지 않습니다. 내가 피델 카스트로입니다." 그랬더니 그가 황급히 귓속말을 했습니다. "어느 누구에게도 말하지 마세요. 절대로 말하면 안 됩니다."

그는 약간 더 앞에서 걸었습니다. 그때쯤 칠팔백 미터 떨어진 곳에서 총성이 몇 발 울렸습니다. 군인들은 흩어졌습니다. 그들은 안절부절못하고 바닥에 엎드렸습니다.

베토 거기에 군인이 몇 명이나 있었나요?

카스트로 12명 정도였습니다.

베토 중위는 몇 살쯤으로 보였습니까?

카스트로 마흔 살이었을 겁니다. 어쩌면 마흔두 살.

그들이 흩어지는 것을 보고선 이것이 우리를 사살할 구실이구나 싶었습니다. 모든 사람이 흩어졌지만 나는 그대로 서 있었습니다. 중위가 내게 다가왔습니다. "나는 바닥에 엎드리지 않을 것입니다. 만일 나를 죽이려고 한다면, 그대로 총을 쏴야 할 것입니다." 내 말을 듣더니 중위가 이렇게 말했습니다. "당신은 정말 용감한 사람입니다. 장병들, 당신들은 정말 용감합니다." 하지만 중위의 말이 우리의 생존을 보장할 수는 없었습니다. 상상해보세요! 그 상황에서 살아날 가능성이 얼마나 됐을까요. 거의 없었습니다. 그런데 중위는 다시 한 번 우리 목숨을 구했습니다.

베토 다시 구했다고요?

카스트로 네, 그는 우리를 한 번 더 구했습니다. 대주교가 도착하기 전에, 고속도로 부근에 있던 다른 부대가 발각되어 포로가 되었습니다. 그 때문에 내가 방금 언급했던 총격이 일어났던 것입니다. 우리는 함께 감시당했습니다. 중위는 트럭을 구했습니다. 그는 다른 포로들을 트럭 뒤에 태우더니 나를 운전석 가운데 자신과 운전사 사이에 앉혔습니다.

차가 출발하고 얼마 되지 않아 소령 하나와 마주쳤습니다. 그는 사람들을 많이 죽여 잔혹한 군인으로 악명 높은 페레즈 차우몬트였습니다. 그는 달려와서 우리가 탄 트럭을 세우더니 중위에게 우리를 수비대로 이동시키라고 명령했습니다. 중위는 언쟁을 벌이며 복종하지 않았습니다. 그는 우리를 산티아고 데 쿠바 시의 감옥으로 데려갔습니다. 만약 수비대로 끌려갔다면 그들은 우리를 고기분쇄기에 던져 넣었을 겁니다.

그때 산티아고 데 쿠바 사람들은 우리가 포로가 되어 그곳에 있다는 것을 알았습니다. 시 전체가 그 사실을 알았고, 그들은 우리 목숨을 구하기 위해 다방면으로 압력을 행사했습니다. 자연스럽게 연대장이 우리를 심문하러 그곳에 왔습니다. 그것은 매우 중요한 일이었습니다. 그러한 행동은 군인들에게 강한 인상을 주기 때문입니다. 그들은 때때로 천하무적의 군대가 공격을 격퇴하고 포로들을 잡은 것에 일종의 존경과 감탄을 표하곤 했습니다. 여기에는 또 다른 심리적인 요인이 있습니다. 그들은 그때까지 칠팔십 명의 포로들을 살해했기 때문에, 죄의식이 좀 있었습니다. 사람들은 그 사실을 잘 알았습니다.

베토 그 포로들이 당신의 동지들이었습니까?

카스트로 네, 먼저 잡힌 동지들입니다. 군인들은 각기 다른 시간에 잡힌 칠팔십 명의 동지들을 살해했습니다. 몇 명만 간신히 도망갔고, 내가 있던 부대와 각기 다른 장소에서 체포된 사람들을 포함해 몇 사람은 포로로 잡혔습니다. 대중들의 항의 덕분에 그리고 물론 항의에 가담해 반향을 울렸던 대주교와 저명한 인사들의 조치 때문에, 뜻밖에도 포로들은 살해당하지 않았습니다. 그들은 더 많은 목숨을 구했습니다. 어떤 사람은 군대에 직접 항복하거나 대주교를 통해 항복했습니다. 물론 우리 소부대가 포로로 잡혔을 때 결정적인 요인은 그 부대의 중위였습니다.

베토 혁명의 승리 후 그 중위에게는 어떤 일이 일어났나요?

카스트로 네, 그 이후 혁명이 승리하기 몇 년 전까지 중위는 비난을 받았습니다. 우리를 살해하지 않았다는 사실로 인해 지탄을 받았습니다.

그들은 훗날 계속해서 나를 죽이려고 몇 번이나 시도했지만 실패했습니다. 나는 감옥, 감옥에서 석방되고 추방, 그란마 원정, 그리고 산악에서의 투쟁에 나섰습니다. 우리의 게릴라군이 편성되었고, 그리고 처음으로 패배했습니다. 그들은 당시 게릴라군을 궤멸시켰다고 생각했겠지만, 게릴라군은 잿더미에서 다시 일어나 진정한 전투력을 갖추고 승리의 전망을 위해 싸웠습니다. 그 기간에 중위는 군에서 제대했습니다. 혁명의 승리 후, 우리는 그를 군에 다시 복귀시키고 대위로 진급시켰습니다. 그는 혁명에 의해 임명된 대통령의 첫 번째 경호대장으로 일했습니다. 그는 대통령 궁전에서 대통령 경호를 지휘했습니다. 그가 마흔 살 정도였을 거라고 생각했던 것은, 불행히도 혁명의 승리 후 8년 혹은 9년 후, 그가 암에 걸렸고 1972년 9월 29일 사망했기 때문입니다. 우리는 그의 생명을 구할 수 없었습니다. 그는 모든 사람들이 존경해 마지않는 육군 장교로 죽었습니다. 그의 이름은 페드로 사리아입니다.

그는 대학에 다녔던 것 같습니다. 그 이전에는 독학으로 공부했습니다. 나는 그가 틀림없이 대학에서 나를 만났거나 본 적이 있었다고 확신합니다. 분명히 그는 정의로운 사람이었습니다. 그는 고결한 사람이었습니다. 가장 놀라운 일은 그처럼 긴박했던 순간에 스스로의 신념대로, '생각은 죽일 수 없다'는 말을 들려주었던 사실입니다. 그가 군인들에게 쏘지 말라고 명령했을 때, 나는 분명히 그 말을 들었습니다. 그는 어디서 그 말을 배웠을까요? 아마도 나중에 그와 인터뷰했던 언론인 중 어떤 이는 알았을 것입니다. 나는 그에게 질문하지 못했습니다. 오랫동안 그와 함께할 거라 생각했죠. 혁명 초기에 우리는 많은 일들을 수행하고, 연구하고, 해결할 긴 시간이 남아 있다고 생각했습니다. "쏘지 마. 생각을 죽일 수는 없어." 고결한 장교 페드로 사리아가 기억에 생생합니다.

그뿐 아니라 내가 누구라고 밝히자 "어느 누구에게도 말하지 마세요. 절대로 말하면 안 됩니다"라고 편을 들어주고, 총격이 발생해 그들 모두가 바닥에 엎드렸을 때에는 "당신은 정말 용감한 사람입니다. 장병들, 당신들은 정말 용감합니다"라고 거듭 말해주었습니다. 천 명 중 한 명 있을까 말까 한 그는 분명히 우리의 투쟁에 어느 정도 공감하거나 도덕적인 유사성을 느꼈을 겁니다. 그때 우리의 생존은 정말 그에게 달려 있었습니다.

투옥과 전쟁

베토 그 후에 당신은 감옥으로 갔고, 피네스 섬에서 22개월을 보냈습니다.

카스트로 네, 1953년 8월 1일에 시작되었지요.

베토 당신은 국제사면운동의 결과 석방되었습니다. 거기에 교회가 참여했는지 기억합니까?

카스트로 대대적인 대중 여론 운동이 벌어졌고 사면이 승인되었습니다. 모든 야당들, 시민단체, 사회조직, 저명인사, 지식인, 언론인, 그밖의 수많은 사람들이 캠페인에 참여했습니다. 교회도 후원한 것이 분명하지만, 교회가 그 캠페인의 중심에 있지는 않았습니다. 교회는 몬카다 공격 직후에 산티아고 데 쿠바 대주교인 페레즈 세란테스의 행동과 지휘, 그리고 그가 구한 생명들 덕분에 신망을 얻었습니다. 그 사실은 전국에 알려졌습니다.

강력한 대중적인 압력과 더불어 여러 가지 요인들로 인해 결국 사면이 결정되었습니다. 살인을 저지른 자들에게 엄청난 분노가 쏟아졌습니다. 처음에는 산티아고 데 쿠바 사람들만이 그때 자행된 살인행위에 대해 알았고, 다른 지역 사람들에게는 알려지지 않았습니다. 언론에 대한 전면적인 검열이 있었지만 우리는 재판정에서 살인자들을 고발했습니다. 나는 재판 과정에 다른 대원들과 분리되어 있었습니다. 처음 며칠 동안 두세 번 공판에 나갔습니다. 나는 스스로를 변호했고 그들의 모든 범죄를 폭로했습니다. 우리는 그들이 덧씌운 소위 반역행위에 대해 완전히 책임을 지겠다고 밝혔습니다. 그러나 그것은 헌법상 반역행위가 아니라 도덕적이고 합법적인 고결한 행동이었습니다. 우리는 누구도 그에 대한 책임을 회피하지 않았습니다. 우리의 행동을 자랑스러워했습니다. 그것이 우리가 선택한 저항입니다. 나중에 그에 대한 문서들이 은밀하게 유포되었습니다. 모든 사람들이 그 범죄의 가공함에 대해 알게 되었습니다. 그것은 쿠바 역사상 가장 끔찍한 범죄였습니다.

당시 정부 측은 자신들의 권력이 굳건해졌다고 믿었던 것 같습니다. 추측건대 무장투쟁을 옹호하는 정치 세력들은 아무것도 못 한 채 정지 상태였습니다. 우리가 감옥에 있을 때, 그들 중 상당수가 선거라는 익살극에 가입했습니다. 바티스타는 권력을 합법화하기를 원했습니다. 그는 실제로 과도정부를 헌법상 선출된 정부로 둔갑시키고 싶어 했습니다. 그는 자신이 후보자로 출마하는 선거를 계획하고, 정부를 합법화시킬 수 있다고 확신했습니다. 한편으로는 야당이 불신임했기 때문에 많은 세력들이 투표에 기권했고, 다른 한편에선 일단의 정당들이 그를 지지해 정부의 재원을 계속 뽑아낼 수 있게 했습니다. 바티스타는 자신의 정권에 합법적인 허울을 씌우고자 했습니다.

그것은 아주 큰 영향력으로 작용했습니다. 쿠바에는 사면 없는 선거는 상상도 할 수 없는 역사적 전통이 있었기 때문입니다. 그래서 사면은 일부 공개적인 압력의 결과이고, 일부 범죄 내용에 대한 대중들의 인식이라는 다른 요인 때문이었습니다. 우리는 감옥에서 그러한 범죄들을 고발하고, 선거를 공표해 자신의 정부에 합법적인 명분을 더하려는 바티스타의 바람을 사람들에게 설명하기 위해 전쟁을 치렀습니다. 그가 살아남은 20여 명의 우리 동지들을 과소평가한 것처럼, 그 모든 요인들이 결정적이었습니다. 무장 세력이 궤멸되었고 우리에게 아무런 재원도 힘도 없다고 믿었기 때문에, 바티스타는 사면법을 통과시켰습니다.

베토 당신은 언제 거기 있었습니까? 거기가 피네스 섬인가요?

카스트로 네.

베토 훗날 시에라 마에스트라 군사작전에 참가한 사르디나스 신부와 그곳에서 처음 연락이 닿았나요?

카스트로 아마 그럴 겁니다. 내가 그곳 감옥에 있는 동안, 몇 명의 수녀가 나를 한 번인가 두 번 방문했습니다. 나는 다른 동지들과 아주 짧은 시간만 함께 보냈습니다.

베토 당신은 독방에 감금되었나요?

카스트로 내가 그곳으로 가고 나서 석 달쯤 후에, 혹은 그보다 좀 더 일찍 바티스타는 지금은 유스 섬으로 알려진 그 섬에 있는 감옥을 방문했습니다. 터무니없게도 수십 킬로와트 에너지용 발전소 준공이 방문 목적이었습니다. 훗날 수만 킬로와트의 생산용량을 갖춘 설비들이 그곳에 설치되었지만 시간이 충분하지 않아 준공식이 열리지 않았습니다. 어쨌든 당시 그곳에는 바티스타가 소형 발전소 준공을 위해 도착해 있었습니다. 물론 감옥 당국은 바티스타를 환영하고 예우할 준비를 했고, 우리는 이에 항의했습니다. 우리는 바티스타가 도착한 날 단식을 결행하고 교도소 마당으로 나가지 않기로 했습니다. 발전소는 우리가 있었던 가설 건물과 매우 가까이 있었습니다. 그래서 동지인 후안 알메이다가 창문을 내다보다 발전소로 들어오는 바티스타를 발견했습니다. 우리는 그가 나가는 시간에 맞추어 〈7월 26일 혁명가〉를 불렀습니다.

바티스타는 처음에 그 노래를 환영식의 일부거나 또는 자신을 찬양하는 합창이라고 생각했던 모양입니다. 그는 다른 사람들을 조용히 시키기까지 했습니다. "쿠바를 악의 소굴로 던져 넣는 만족을 모르는 독재자" 우리 혁명가 가사가 울려 퍼졌습니다. 그가 불같이 화를 내기 시작했습니다. 알메이다는 창문으로 모든 것을 지켜보았습니다. 그 뒤에 경찰이 들어왔고, 리틀 피스톨이라고 불리는 끔찍한 폭력배이자 살인자가 거기 있었지만 우리는 노래를 계속했습니다. 우리는 갇혀 있었고, 게다가 나는 형기가 끝날 때까지 다른 이들과 떨어져 있었습니다. 나는 재판을 받을 때까지도 계속 산티아고 데 쿠바 독방에 갇혀 있었습니다. 22개월 중 19개월을 독방에서 보내야만 했습니다. 사면 몇 달 전, 형기 마지막에 그들이 라울을 내가 있던 독방으로 이감시키면서 나의 독방생활은 끝이 났습니다.

따라서 나는 당신의 질문에 대답할 수 없습니다. 그 당시 사르디나스 신부가 몬카다 죄수들과 이미 접촉했는지에 대해서는, 유스 섬 출신인 몬타네에게 물어봐야 할 것 같습니다.

길레르모 사르디나스 신부

베토　어떻게 사르디나스 신부가 시에라 마에스트라 부대에 가입했는지 기억합니까? 그에 관해 무엇을 기억합니까?

카스트로　나는 상세하게 기억하지 못합니다. 우리가 점점 더 많은 주민들의 지지를 받았기 때문에 그가 합류한 것은 특이한 일이 아니었습니다. 그때는 게릴라 군대가 시에라 마에스트라에서 강화되고 있었습니다. 의사, 기술자, 다른 여러 직업을 가진 많은 사람들이 찾아왔습니다. 그중에서 군대와 주민들에게는 의사들의 도움이 가장 컸기 때문에 우리는 의사들에게 감사를 표했습니다. 전쟁 중이던 어느 날, 우리의 동기에 공감한 혁명가 사제인 사르디나스 신부가 우리 게릴라 부대에 가입했습니다. 그는 상당히 많은 시간을 우리와 함께 보냈습니다.

베토　어떤 사제도 사회주의에 동조하지 않았을 때에 교회생활 속에 있는 그가 게릴라 부대에 가입했다는 것이 흥미롭습니다. 그런데 그는 주교의 지원을 받았기 때문에 그의 행동은 단지 개인적이거나 고립된 것이 아니었습니다.

카스트로　그는 군인이 아니라 사제로 가입했습니다. 그는 그곳에서 매일 함께 목숨을 나누고, 같이 살며 군대와 함께했습니다. 그는 자신의 임무를 수행하는 데 필요한 모든 것을 다 가지고 있었습니다. 다시 말해 그는 미사도 올릴 수 있었습니다. 누군가는 그를 돕는 일을 배정받았습니다. 우리 군대는 늘 이동을 많이 했기 때문입니다. 우리가 더 많은 지역을 장악했을 때, 그는 같은 장소에서 10일이나 15일씩 한곳에만 머물곤 했습니다. 그는 모든 군대들을 따뜻하게 받아들였습니다. 내가 앞서 말한 대로 이곳에서 세례는 사회적인 제도입니다. 농민들은 세례에 많은 중요성을 부여했습니다. 많은 가족들이 나에게 아이들의 대부가 되어달라고 요청했습니다. 이것은 쿠바에서는 두 번째 아버지가 되어달라는 말입니다. 사르디나스 신부는 거기서 수십 명의 아이들에게 세례를 주었습니다. 나는 시에라 마에스트라에서 많은 대자들을 두었습니다. 그들 중 많은 이들은 벌써 군 장교나 대학원생이 되었을 것입니다. 간단히 말해, 농민들은 우리와 매우 밀접한 유대를 맺었습니다. 그것은 우정 이상이었고, 가족 관계와 더 흡사했습니다.

베토   그는 농민들에게 신앙을 전했나요? 신앙의 관점에서 그들에게 투쟁을 설명했나요?

카스트로   물론 당시에 그는 정치적으로 혁명에 찬성하고 혁명을 지지했습니다. 그는 스스로 우리의 동기에 기꺼이 합류함으로써 이것을 보여주었습니다. 그는 우리와 함께 많은 고난을 겪었습니다. 물론 그는 오늘날 군에서 행해지는 것과 같은 방식으로 혹은 게릴라 운동과 함께했던 사제가 하는 방식으로 신앙을 전하지 않았습니다. 왜냐하면 사르디나스 신부가 우리에게 합류했을 그때까지 그 지역에 남아 있던 우리의 군대와 이미 밀접한 결속을 맺었기 때문입니다. 농민들 중의 어떤 이들은 적에 의한 폭격과 다른 억압적인 조치들이 두려워 시에라 마에스트라를 떠났습니다. 적의 군대가 집을 태우고 농민들을 죽였기 때문입니다. 남은 농민들은 우리와 매우 가까웠습니다.

내가 기억하는 한, 그는 거기서 군대의 일을 하지 않았습니다. 그는 농민들 가운데 머물러 있는 시간이 많았습니다. 나는 그가 그들에게 신앙의 문제를 주제로 강론했다고 생각합니다. 그것은 주로 종교적인 일이지 정치적인 일은 아니었습니다. 그리고 그는 사제가 없는 지역으로 갔습니다. 농민들에게 세례는 큰 의미를 갖는 사회적 예식이었습니다.

나는 그곳에서 그가 사제로서 많은 아이들에게 세례를 주고, 혁명을 위해 사람들이 강하게 결속하도록 돕고, 가족들과 게릴라들 사이의 유대를 위해 일했었다는 사실을 말하고 있습니다. 그것은 주민들과 게릴라 부대를 더 긴밀하게 연결시켰습니다. 혁명에 우호적인 그의 강론이나 정치적인 일은 이차적인 문제입니다. 그는 인기가 많았습니다. 모든 사람이 그를 사랑했습니다. 모든 사람이 그를 위해 일을 하려 했습니다.

베토 후에 그는 소령이 되었나요?

카스트로 네, 전쟁 시기의 공적으로 인해 소령 계급이 그에게 수여되었습니다. 정확히 말하면, 군종 사제가 없었습니다. 그는 그의 위치와 장점들을 인정받아 소령이 되었습니다.

베토 당신은 게릴라 군복 위에 작은 십자가를 부착했나요?

카스트로 그래요. 산티아고 데 쿠바 사람들은 나에게 많은 선물들을 보냈습니다. 어린이와 어른들 모두 여러 종류의 선물들을 보냈는데, 산티아고 데 쿠바 출신의 어린 소녀가 나에게 십자가 달린 쇠줄과 애정 넘치는 메시지를 보냈습니다. 그래서 내가 그것을 달았지요. 네, 그걸 달았습니다. 당신이 그게 신앙을 의미하는 물건인가 하고 묻는다면, 나는 아니라고 대답해야 하겠지요. 나는 그 어린 소녀에 대한 답례라는 의미로 그것을 단 적이 더 많았습니다. 하지만 우리에게는 함께하는 사제가 있었고 그래서 나는 수많은 농민의 아이들의 대부가 되었습니다. 그런 점에서 전혀 편견이 없습니다.

베토 그 어린 소녀가 당신의 친구였나요?

카스트로 네, 산티아고 데 쿠바 출신의 동조자이자 어린 소녀였습니다.

베토 당신의 어머니가 당신에게 그걸 보냈다고 생각했습니다.

카스트로 아니요. 우리는 연락이 되지 않았어요. 어머니가 계속 감시를 받았기 때문에 연락하기 무척 어려웠습니다. 그런 가운데에서도 어머니는 무수히 많은 기도를 바쳤습니다.

가톨릭교회와 혁명

베토 이제 혁명이 승리한 뒤의 교회와 혁명의 관계를 조금 더 깊이 살펴보도록 합시다. 교회는 어떤 반응을 보였습니까? 그리스도인들은 혁명에 어떤 반응을 보였습니까? 처음에 그들의 관계는 어떠했고, 위기는 언제 왜 시작되었습니까?

카스트로 처음에 모든 사회 부문과 혁명의 관계는 매우 좋았습니다. 바티스타 정권에서 저질러졌던 범죄의 요인들, 부정직한 수단을 통해 부를 축적한 사람들, 도둑질했던 사람들, 그리고 바티스타 정권과 밀접했던 상류 유산자계급이 관계한 부문들까지 포함해서, 바티스타 타도를 모든 사회단체들이 예외 없이 기쁨으로 환영했다고 말할 수 있습니다. 모든 사람이 바티스타 정권을 몹시 싫어했기 때문에 당시 시행되었던 여론조사에서는 적어도 인구의 95퍼센트가 그 뉴스를 듣고 반가워했고, 승리의 기쁨이 넘쳤습니다. 그 정권은 수많은 범죄와 권력 남용을 저질렀습니다. 사람들은 혁명의 승리를 희망의 서광으로 여겼습니다. 무엇보다 7년이나 지속되었고, 지난 몇 년 동안 그토록 많은 피를 흘리게 한 테러 정권에서 벗어난 것을 기뻐했습니다.

어려움은 첫 번째 혁명법으로 시작되었습니다.

베토 예를 들면?

카스트로 그래요, 첫 번째 법률 중 하나가 많은 사람에게는 영향이 없는, 불법적으로 취했던 모든 것을 몰수하는 것입니다. 독재 기간에 도둑질했던 모든 것을 몰수했습니다. 바티스타의 1952년 3월 10일 쿠데타 이후, 나라 밖으로 반출할 수 없는 그들의 농장, 사업체, 공장 등 모든 것을 몰수했습니다. 그러나 이전에 바티스타 정부에 참여했었던 여러 정당들이 그 뒤에 바티스타에 대항하는 투쟁에 이러저러한 방법으로 지원하거나 연합했기 때문에 그 법은 기한이 있었습니다. 만일 법을 연장했다면, 더 많은 사람들이 영향을 받았을 겁니다. 그래서 혁명을 약화시키려는 것이 아니라 분열을 만들지 않기 위해, 그리고 그 정권에 반대했던 모든 정치세력들의 단합을 증진시키기 위해 우리는 바티스타 독재 이전에 저지른 횡령에 대해 일종의 사면을 허용했습니다. 그러므로 오직 3월 10일 이후부터 횡령했던 것들만 몰수했습니다. 우리가 공화국의 출발점으로 돌아간다면 재산을 훔쳤던 당사자들의 손자들로부터 부당하게 얻은 재산을 몰수했어야 합니다. 이 도둑들은 엄청나게 많았습니다. 그래서 우리는 1952년 3월 10일부터 바티스타 독재 기간까지로 한정했습니다.

역시 전적인 지지를 받았던 우리의 두 번째 단계는 그들이 저질렀던 고문과 다른 범죄 책임자들에 대한 재판이었습니다. 수천 명이 고문당하고 살해되었습니다. 그런데 지적해야 할 게 있습니다. 당시에 자행되었던 탄압이 칠레, 아르헨티나, 우루과이와 같은 다른 라틴아메리카 나라들처럼 능란하지 않았다는 점입니다. 그 당시는 오늘날만큼 교묘하지 않았고 쿠바에서 그러한 탄압은 1950년대에 발생했습니다. 그런데 내가 다른 나라들에 대해 언급한 탄압이 거의 20년 뒤에 쿠바를 상대로 일어났습니다. 그동안 미국 군대는 베트남 전쟁을 경험하고 CIA는 탄압과 고문에 관한 기술적인 비결들을 습득했습니다. 그리고 나서 라틴아메리카의 억압적인 세력들, 경찰, 군대에 계속 그 비결들을 전수했습니다. 미 제국주의는 범죄와 테러의 기술이 완벽했습니다. 그래서 1970년대 이후 계속, 라틴아메리카의 나라들은 훨씬 더 세련되고 훨씬 더 많은 기술적 방법들을 사용하는 억압적인 집단을 상대해야 했습니다.

바티스타의 탄압이 우리 인민들의 대규모 유혈사태를 불러왔다 해도, 그 이후 몇 나라에서 일어났던 탄압은 의심할 나위 없이 훨씬 더 악화된 것이었습니다. 미국과 CIA는 이에 책임이 있습니다. 왜냐하면 그들은 죽이고, 고문하고, 사람들을 살해해서 실종자를 만들어버리는 기술을 그 남미 국가 사람들에게 가르친 자들입니다. 사람을 실종시키는 극악무도한 일들은 바티스타 시기에는 사실상 세상에 알려지지도 않았습니다. 물론 가끔씩 살해된 희생자의 시신을 찾을 수 없었던 적은 있었지요.

베토 브라질의 내 고향에서 댄 미트리오네가 군인들에게 고문 기술을 가르칠 목적으로 걸인들을 고문했습니다.

카스트로 지난번에 당신이 여기서 말했었지요. 그것은 개탄스럽지만 저질러진 일입니다. 어쨌든 바티스타는 학생, 농민, 노동자 등 많은 사람들을 죽였습니다. 그는 모든 유형의 범죄를 다 저질렀습니다. 예를 들어, 언젠가 바티스타 군대 중의 하나가 시에라 마에스트라의 아주 작은 마을에서 62명의 남성 농민들을 죽였습니다. 그들이 어디서 그런 생각을 해냈는지 모르겠습니다. 아마 체코슬로바키아 리디체에서 일어난 나치의 사례에서 취했겠지요. 이 사건은 군인들의 대오가 게릴라의 매복으로 궤멸당한 전투 뒤에 일어났으니까요. 그 마을은 그 전투와 아무런 관계도 없는 아주 작은 곳으로 원래 마을도 없던 곳입니다. 농민들은 스스로를 의지해서 살아가며 가끔 작은 마을들을 이루기도 했습니다. 그런데 바티스타 군대가 한 마을의 모든 남자들을 다 죽였습니다. 어떤 가족은 아버지와 다섯 혹은 여섯 아들들이 살해당했습니다. 그것은 극악무도한 잔혹행위입니다.

승리의 혁명 전에도 시에라 마에스트라에서 우리는 기초적인 상태긴 하지만 전쟁범죄 처벌을 위한 형법들을 구상했습니다. 이것은 뉘른베르크 같지는 않았습니다. 뉘른베르크에서는 전범들의 심문 내용을 올린 조서를 다룰 어떠한 법률도 없었습니다. 연합국이 전쟁범죄자들을 심문하는 데 합의했습니다. 그들을 처벌하는 것이 잘못되었다고 하는 게 아닙니다. 내 생각에 처벌받은 사람들은 벌을 받아 마땅합니다. 그러나 법률적으로 해야 합니다. 당시에 처벌이 행해졌던 방식에서는 거의 변호를 할 수 없었습니다. 왜냐하면 범죄 이전에 법이 먼저 있어야 한다는 사법원칙 때문입니다. 거듭 말하지만 시에라 마에스트라에서 시작된 즉시, 사법 기준을 가진 우리는 전범들을 처벌하기 위한 법률을 발표했습니다. 혁명이 승리했을 때, 국가 법원은 그 법률들이 유효하다는 것을 승인했습니다. 승리한 혁명에 의해 정당성이 입증된 것입니다. 그리고 도망갈 수 없었던 많은 전범들이 법정에서 심문을 받고, 법에 따라 어떤 경우는 사형을, 그리고 징역형이라는 중형을 선고받았습니다.

그때 쿠바 혁명을 반대하는 첫 번째 선전이 해외, 특히 미국에서 시작되었습니다. 미국은 다른 종류의, 고분고분하지 않은 정부를 상대하고 있음을 재빨리 알아차렸습니다. 그래서 혁명에 반대하는 격렬한 선전이 시작되었습니다. 그렇지만 이 때문에 쿠바 내부의 어떤 영역에서도, 부유한 계급이나 교회조차 문제를 일으키지 않았습니다. 반대로 모든 영역이 그 기간에 시행된 여론조사에서 보여주었듯이 두 법률에 동의했습니다. 하나는 1952년 3월부터 불법적으로 취득한 재산의 몰수, 그리고 고문과 여타의 전쟁범죄에 가담한 이들의 징계 처벌에 관한 법률이었습니다.

그다음에 실제 절반으로 대폭 인하된 전기료 삭감과 같은 몇 가지 경제적 성격의 법들이 공포되었습니다. 전기에 부과되는 폭력적인 요금에 반감을 갖던 사람들이 오랫동안 요구해왔던 일입니다. 바티스타가 전화회사와 같은 다국적기업에 이익을 양도하던 조치와 법들을 폐지시켰습니다. 그때부터 국내에 있는 외국 회사들과 충돌이 시작되었습니다. 그다음에는 임대료 인하법이었습니다. 임대료 인하는 사회적으로 경제적으로 매우 중요했습니다. 모든 임대료가 거의 50퍼센트 삭감되었습니다. 그 법으로 수백만 명이 기뻐했습니다. 후에 자신이 지불하는 임대료를 근거로 그들 가정에 법적인 소유권을 획득할 수 있게 하는 법이 만들어졌습니다. 그 법이 첫 번째 도시개혁법입니다.

이 법률들과 함께 우리는 일련의 조치들을 취했습니다. 우리는 노동자의 해고를 중단시켰고, 독재 시절에 해고되었던 노동자들을 복직시켰습니다. 이는 공정한 방식으로 상황을 바로잡는 기본적인 조치들이었습니다. 우리는 해변에 스포츠 장비와 오락 시설을 짓기 시작했습니다. 모든 해변과 공공장소를 모든 사람에게 공개했습니다. 다시 말해, 처음에 바로 클럽과 해변에 존재했던 모든 차별적 조치들을 중단시키고 제거했습니다. 이 나라의 가장 좋은 해변들이 사유지였습니다. 아프리카계 쿠바인들은 호텔, 술집, 오락시설 출입을 거부당했습니다. 이 모든 것들이 혁명의 승리와 함께 근절되었습니다.

어떤 곳에서는 이 일들이 쉽지 않았습니다. 쿠바에는 공원이 몇 개 있습니다. 예를 들면 산타클라라에 있는 공원은 으레 한 부분에 백인들이 가고 다른 곳에는 아프리카계 쿠바인들이 갑니다. 몇몇 동지들이 이에 반대하는 즉각적인 조치를 취했습니다. 우리는 동지들에게 신중할 것을 권하며, 이 조치가 강제로 시행될 수는 없지만 설득에 의해 폭넓게 이행되어야 한다고 언급했습니다. 즉 그들이 공원에서 사람들을 억지로 섞이게 할 수는 없습니다. 편견이 존재했습니다. 편견은 유산자계급 사회와 미국의 영향으로 생겼고, 미국에 의해 이런 편견이 이곳에 흘러들었습니다. 그것들을 하룻밤 사이에 바꿀 수는 없었습니다.

불온한 차별적 관행들이 사라지기 시작했습니다. 이 때문에 백인들의 특권이 점차 무너졌습니다. 백인 전용 클럽과 해변들은 더 이상 용인되지 않았습니다. 이 조치는 과감한 방식으로 하지 않았습니다. 이러한 상황에서 과감한 조치를 취한다면 문제를 해결하기보다는 악화시킬 수 있습니다. 관행들이 상당히 굳건하게 뿌리박힌 편견에 닿아 있기 때문에 법적 조치들은 토론, 설득, 정치적 행동이 수반되어야 합니다.

나 스스로, 얼마나 많은 인종적 편견이 우리나라에 존재하는지를 보고 놀랐습니다. 즉시 모략적인 선동이 시작되었습니다. 혁명가들이 백인들은 아프리카계 흑인들과 결혼해야 한다고 제안했다, 또는 인종 간 결혼을 주장할 것이다, 하는 식의 모략적인 선동이었습니다. 나는 이 문제들을 설명하기 위해 여러 번 텔레비전에 출연했습니다. 이것은 거짓말이고 모략이며, 우리는 이와 같은 종류의 모든 선택에서 각자의 자유를 존중하지만, 직장, 학교, 산업계 또는 오락 시설에서 불의와 차별을 허용하지 않을 것이라고 설명했습니다. 모든 종류의 중상모략 선동이 시작되었기 때문에 나는 반박하고 설명해야 했습니다. 의심의 여지가 없이 특권 계층들은 혁명에 영향을 받고 있음을 느끼기 시작했습니다.

농업개혁이 그 뒤를 따랐습니다. 그것은 혁명과 그 나라의 가장 부유하고 가장 특권적인 부문들 사이의 단절, 그리고 미국과 다국적기업들과의 단절을 실제로 확립한 첫 번째 법률에 의해 이루어졌습니다. 공화국의 시작부터 가장 좋은 땅은 그 땅을 장악하거나 거저나 다름없이 매입한 미국 회사들이 소유해왔습니다. 우리 법은 400헥타르의 최고한도를 설정했기 때문에 아주 과도한 것은 아니었습니다. 우리는 매우 잘 정리된 집약 농업 지역에 1,200헥타르까지 개인 소유자의 보유를 허용하는 예외도 만들었습니다. 중국혁명 당시 400헥타르나 1,200헥타르의 토지를 소유한 지주가 있었는지 나는 모릅니다. 하지만 우리나라에서 이것은 상당히 급진적인 법이었습니다. 여기서 20만 헥타르까지 토지를 소유한 미국 회사들도 있었습니다.

이 법은 나의 가족이 소유한 땅에도 영향을 주었습니다. 가족 재산은 400헥타르까지 제한되었고 우리는 전에 이야기했던, 우리가 소유했던 땅의 절반과 임차했던 모든 부동산을 잃었습니다.

이 법은 이삼백 개의 회사와 아마도 1,000명의 소유자에게 영향을 주었습니다. 그리 많지 않은 그들이 소유한 토지가 큰 규모였기 때문입니다. 특권 계층들은 혁명이 정말 일어났다는 것을 깨달았고, 미국인들도 다른 종류의 정부라는 것을 알아차렸습니다.

먼저 우리는 몬카다 프로그램을 실행했습니다. 이것은 내가 전에 말한 것인데, 1951년 이래 구상하다가 몬카다 공격 때인 1953년에 시작된 프로그램입니다. 그것엔 농업개혁과 혁명의 첫 번째 단계에 적용되는 일련의 사회적 조치가 들어 있습니다. 많은 사람들이 그 프로그램들 중 어떤 것도 적용을 받지 않는다는 확신을 가졌습니다. 왜냐하면 쿠바에서는 말은 많이 했지만 여태 시행되지 않았다가 혁명 정부가 권력을 잡았기 때문입니다. 많은 부자들이 미국에서 90마일 떨어진 우리나라에서 혁명이 일어날 것이라고는 상상할 수도 없었습니다. 그들은 미국이 우리나라 안에 혁명을 허락할 것이라고 믿지 않았습니다. 그들은 아마 혁명을 젊은 혁명가들의 소동으로 생각했나 봅니다. 그러나 쿠바의 역사에서 결코 실천되지 않았던 많은 일들이 일어났습니다.

정부를 지배하는 데 익숙했던 계층들은 지금까지와는 다른 정부라는 것을 깨달았습니다. 정직하고 정의롭게 행동하기 시작한 정부에서는 그들이 정부를 지배할 수 없었고 미국이 지배하도록 용인하지도 않을 것입니다. 사람들은 자신들을 옹호하고, 자신들의 이해와 정말 일치하는 정부라는 것을 알게 되었습니다.

비록 모든 사람들이 지지하고 박수갈채를 보낸다고 해도, 처음에는 사람들 사이에 혁명적 투쟁성보다는 도덕적 지지가 일반화되어 있었습니다. 첫 번째 혁명법들이 통과되었을 때, 혁명은 일부의 지지를 잃기 시작했습니다. 즉, 처음에는 인구의 95, 96퍼센트가 혁명을 지지했는데, 그 숫자는 92, 90퍼센트로 떨어졌습니다. 그렇지만 지지는 갈수록 강력해졌습니다. 90퍼센트는 더 혁명적이고 더욱더 혁명에 헌신하기를 요구했습니다.

인종차별 종식, 바티스타 치하에서 해고된 노동자들의 복직, 임대료 삭감, 노동자 보호, 농업개혁 등 내가 언급했던 일련의 조치들은 바람직한 효과를 내기 시작했습니다.

억압받던 노동자들 역시 혁명이 승리한 후, 요구를 하기 시작했습니다. 게다가 대중의 비위를 맞추려는 기업가들이 모든 종류의 요구에 굴복하기 시작했습니다. 정부에 있는 우리보다 사업가들이 노동자들의 요구에 먼저 굴복했습니다. 그리고 노동조합들은 혁명의 첫 번째 기간에 자신들의 힘으로 노동자를 위한 많은 승리들을 쟁취했습니다.

나 역시 모든 설탕 노동자들과 만나야 했습니다. 그들은 3교대제뿐인 설탕 공장에서 4교대제를 요구했습니다. 나라에 많은 실업자들이 있었으므로 이 요구는 큰 힘을 모았습니다. 나는 이 나라 전역에서 온 대표들과 한 극장에서 만나야 했습니다. 그때까지 그들은 이 4교대제를 열광적으로 지지했습니다. 우리 조직에 속한 사람들조차 맹렬히 지지했습니다. 나는 왜 4교대제가 실업문제를 해결하는 방식이라고 생각하지 않는지 밤새도록 아주 길게 노동자들과 대화를 해야 했습니다. 이것은 그 회사들이 아직 사기업이고, 회사와 노동자들의 이해가 서로 상충될 수도 있기 때문에 쉽지가 않았습니다. 나는 자원을 모으고 이익을 올려 개발에 투자해야 한다고 설명했습니다. 우리는 자원을 빼앗기도록 허용하지 않을 것입니다. 그것은 이 나라의 개발에 투자되어야 합니다. 내가 이미 사회주의 사상을 가졌다고 해도, 나는 그때가 사회주의 프로그램을 적용하기 시작할 때라고 생각하지 않았습니다.

노동자들이 자신들의 이해가 회사의 이해 그리고 사적 소유자들의 이해와의 충돌로 발생하며, 소유자들의 이익을 위한 페소가 더 많아질수록 노동자가 버는 페소는 더 적어진다는 것을 분명히 아는 상황에서 설명하는 것보다, 이해와 희생을 촉구하는 사회주의자의 위치에서 노동자들에게 설명하는 편이 더 쉬웠습니다. 이러한 환경에서, 나는 노동자들에게 분명하고 객관적으로 그 문제들을 설명했습니다. 나는 선동을 피하고, 선동에 의지하려고 하지 않았습니다. 그것은 쉽지가 않았습니다.

경제적 관점에서, 예를 들어 임대료 삭감과 같은 조치들은 많은 통화를 풀어놓는다는 의미에서 오늘날 말하는 인플레이션 효과를 가져왔습니다. 그러나 이것은 오랜 요구였습니다. 사람들은 바가지 임대료로 가혹한 희생을 당해왔기에 그 요구는 강력한 지지를 받았습니다.

가톨릭교회와의 첫 긴장관계

베토 당시 교회와는 어떤 긴장 상태가 있었나요?

카스트로 교회와의 긴장관계는 혁명이 특권 계층들과 충돌할 때 등장했습니다. 그것은 역사적인 사실입니다.

우선 혁명 전에 나는 그가 추기경이 될 거라 생각했는데, 훗날 추기경이 된 아바나의 대주교는 바티스타 독재와 돈독한 공식 관계를 맺었습니다.

베토 그의 이름이 무엇인가요?

카스트로 마누엘 아르테아가입니다. 그는 바티스타와 아주 밀접한 관계를 맺었습니다. 그것이 그가 비판을 받는 이유들 중 하나입니다.

나는 혁명 초기에 모든 권위자들과 만났던 것을 기억합니다. 초기에 많은 사람들이 만남을 신청했고 나는 예의상 만나기를 원하는 모든 사람을 만나려고 노력했습니다. 그때 나는 자신들이 진보를 책임진다고 생각하는 계급의 대표들과 많은 만남을 가졌습니다. 사업가협회 회장, 상인협회 회장, 기타 협회들의 회장들, 그리고 고위 교회 성직자였습니다. 이 모든 기관들이 나와의 만남을 요청했고, 나는 그들을 만났습니다.

나는 아바나 초기 시절을 기억합니다. 우리가 그럭저럭 질서를 수립하고 나서 3, 4주 뒤에 나는 업무를 정리하면서 인터뷰를 해야 하는 거대한 현안이 기다리고 있음을 알았습니다. 당시 나는 정부에서 어떠한 지위도 없었지만 인터뷰는 약 15일에서 20일, 두 주나 세 주 동안 계속 진행되었습니다. 인터뷰는 나의 인생이 세상에서 가장 무익하며, 그리고 현재대로라면 정부와의 접촉 경험이 있던 저명한 인사들을 만나는 것 외에 아무것도 못할 것이란 사실을 알게 될 때 까지 계속되었습니다. 정부는 운영되고 있었습니다. 나는 나의 자리 를 반란군 최고사령관으로 두었고, 정부 업무를 간섭하지 않으려고 상당히 주의했습니다.

베토 우루티아가 대통령이었지요?

카스트로 네, 임시 대통령이었습니다. 그는 여러 혁명군들에게 무죄를 선고함으로써 산티아고 데 쿠바에서 정당한 태도를 취했고 명망을 얻은 판사였습니다. 그것이 그의 가치를 말했습니다. 우리는 공직 을 역임하지 않는다는 자세를 명백히 하고자 했기 때문에 그가 혁 명 과정에는 참여하지 않았지만 우선적으로 그를 대통령의 자리에 올렸습니다. 혁명이 승리하자마자, 우리는 정부를 그에게 인도했습 니다. 문제는 그가 구름 속 어디엔가 있었다는 것입니다. 완전히 비 현실적이었습니다. 처음부터 어려움이 생겼습니다. 그는 노동자들에 반대하는 입장을 취하기도 했습니다. 그는 매우 어려운 상황을 만 들었습니다. 내가 노동자들과 만나 노동자들이 이해하고 인내심을 가져야 한다고 설명했습니다. 그리고 각료회의에 참석해 "정치적인 문제들이 발생되고 있다"고 말해야 했습니다.

혁명에 의해 통과된 첫 번째 법률들은 아무런 문제가 없었습니 다. 그러나 그 판사는 우익 대통령을 요구할 수도 있다고 했습니다. 한때 이것은 심각한 충돌에 이르렀습니다. 그는 미국의 작전과 가 장 반동적인 계급의 장단에 맞춰 춤을 추고, 어느 정도 시간이 지 난 뒤에는 혁명 세력들을 분열시키고 충돌을 일으키는 반공주의 성 명서를 만들기 시작했습니다. 나는 "우리가 지금 무엇을 하는가?"라고 이야기할 수밖에 없었습니다. 거의 모든 사람들이 우리와 함께했습니다. 혁명은 90퍼센트, 아마 그 이상의 지지를 받았습니다. 그들은 혁명, 반란군, 그리고 혁명의 지도부를 지지했으며, 우루티아를 지지하지 않았습니다. 만일 우루티아가 한 순간이라도 지지가 자신을 위한 것이라고 그리고 자기 개인에게 속한 것이라고 생각했다면, 그것은 누구도 생각할 수 없었던 가장 야만적인 생각입니다. 그런데 어느 순간 그는 실제로 그렇게 믿었고 그에 따라 행동하기 시작했던 것 같습니다. 그것은 충돌을 야기했습니다. 나는 이렇게 말했습니다. "어떻게 이 문제를 풀 수 있겠습니까? 이 문제는 무력으로 해결될 수 없습니다. 그것은 불가능합니다. 만일 혁명세력과 대통령 사이에 충돌이 일어나고, 우리가 그를 자리에서 물러나게 하는 것으로 상황이 종식된다면, 이것은 어떤 상황으로 여겨지겠습니까? 마치 우리가 이 나라에서 쿠데타를 일으켰다고 볼 것입니다." 나는 이에 대해 많은 생각을 했습니다.

혁명법이 공포되기 이전에 나는 총리로 임명되었습니다. 각료들은 나에게 승인을 요청했습니다. 총리였던 사람이 나에게 나머지 각료들을 대표해 요청했고, 그는 이 요청을 우루티아와 각료회의에 전했습니다. 나는 단 하나의 조건만 정했습니다. "나는 총리직을 받아들일 것입니다. 이제부터 여러분은 앞으로 통과될 혁명법의 후속 정책을 결정할 책임을 가지고 나를 신뢰해야 합니다." 그것이 나의 조건이었고 조건은 수락되었습니다. 총리로서 나는 쟁점이 될 혁명법 공포에 책임을 졌습니다.

그 이후 수많은 혁명법률들이 통과되었습니다. 그리고 국가의 총리와 대통령 사이에 제도적 충돌이 일어났습니다. 나는 그 문제로 많은 생각을 했습니다. 어떠한 자극에도 동요되지 않았고, 나는 신중하게, 사임하기로 결정했습니다. "내가 쿠데타 같은 짓을 하기보다 차라리 사임하겠습니다." 그렇게 나는 사임을 했고 그 사실이 신문에 보도되었습니다. 나는 텔레비전 방송국 사람들을 불러 내가 사임하는 이유를 설명했습니다. 우루티아 대통령은 대통령궁에 있었고, 나는 텔레비전 화면으로 사람들과 만났습니다.

베토 그때가 언제인가요? 혁명 승리 후 얼마나 되었지요?

카스트로 혁명 승리 후 다섯 달 만에 일어났을 거예요. 아마 더 되었을지도 모르고. 찾아봐야겠어요.

베토 여전히 1959년이죠?

카스트로 네, 아직 1959년, 몇 달이 지난 뒤입니다.

그는 궁에 있었고 나는 텔레비전 화면에 있었습니다. 나는 왜 사임하는지를 설명하고, 언론인들을 불러 성명서를 발표했습니다. 발표하는 동안에 이 내용이 알려졌습니다. "텔레비전 방송국 요원들을 대통령궁에 보내십시오. 이 문제를 텔레비전을 통해 모든 사람 앞에서 공개적으로 토론합시다." 그는 모든 사람 앞에서 하는 토론을 원하지 않았습니다. 그리고 몇 시간 뒤에 단지 여론의 압력에 의해 그는 사임했습니다. 혁명에 참여했던 한 명망 있는 동지가 각료 회의에서 대통령으로 임명되었습니다. 그러고 나서 내가 정부에 어떠한 개입도 하지 않은 채 얼마간의 시간이 지났습니다. 나는 다시 총리 자리를 받아들이고 싶지 않았습니다. 마치 나의 사임이 그 문제를 해결하기 위한 계략이었던 것처럼 보이고 싶지 않았습니다. 나는 말했습니다. "우리가 무력에 의지해 강제하는 것처럼 보이느니 차라리 내가 사임합니다." 나는 이 점을 명확히 했습니다. 내가 혁명을 부인하는 것은 아닙니다. 그러나 그런 환경에서 임무를 계속 수행할 수 없었기 때문에 어쨌든 나는 사임했습니다. 나는 그 모순을 해결하기 위해 무력을 사용하지 않기로 결정을 내렸습니다.

인민들이 그것을 해결했습니다. 인민들은 수많은 문제를 해결할 능력이 있습니다. 그 후 나는 그 자리로 돌아가라는 요구를 거절했었지만, 동지들과 모든 인민이 나에게 행사한 압력을 보자면 말도 안 되는 행동이었습니다. 그래서 나는 다시 총리의 자리를 수락하고 그 후로 줄곧 정부 내에서 주요한 책임을 맡게 되었습니다.

베토 당신은 추기경과의 접촉에 대해 말하려고 했습니다.

카스트로 좋아요. 아마도 2월이 맞을 거 같은데, 처음 며칠이 지나면서 나의 생활이 이 세상에서 가장 무익하게 흘러가고 있고, 외교의례 업무와 저명한 인사와의 만남에 헌신하고 있다는 느낌을 받았습니다. 그러던 차에 통통한 사람 둘이 여러 번 인터뷰를 요청하러 왔습니다. 나는 물었지요. "그들은 누구입니까?" "추기경의 조카들입니다." 추기경의 조카들이 나를 보고 싶어 했습니다. "그래요. 추기경의 조카들과의 만남에도 헌신해야 되겠지요." 그들은 사업을 하기 위해 만남에 관심이 있었습니다. 게다가 그들은 그것을 사회사업인 것처럼 신문사에 말했습니다. 다음 날 신문은 "아무개가 피델 카스트로와 만났다." 이렇게 보도를 했습니다. 나는 결코 그런 만남을 좋아하지 않았습니다. 운 좋게도 나는 곧 그런 방식의 일을 그만두었습니다. 나는 말했습니다. "이제, 나는 내가 관심이 있는 만나고 싶은 사람들을 만나고, 내가 방문하고 싶은 곳에 갈 것입니다. 아무것도 생산되는 것 없고 어떤 문제도 해결되지 않은 채 단지 나를 보고 싶어 하는 사람들과의 만남에 더 이상 속박되지는 않을 것입니다." 그렇게 해서 나는 접근방식을 바꾸었습니다. 그러나 내게 인터뷰를 자주 요구했고, 그것을 마치 내가 헌신해야 하는 일인 양 여기는 그 두 사람을 여전히 기억합니다. 추기경은 혁명정부와 아주 좋은 공식적인 관계를 계속 맺고 있습니다. 이 일로 어떤 문제도 일어나지 않았습니다. 문제는 도시개혁법과 농촌개혁법 등 혁명법의 통과에서 기인했습니다.

베토 학교 문제에 대한 질문을 하겠습니다. 언제 학교를 인수하는 법이 통과되었습니까?

카스트로 그 법은 처음에는 없었어요. 우리의 첫 번째 조치들엔 사립학교의 국유화나 일부 즉각적인 프로그램을 고려하는 것이 포함되지 않았습니다. 우리가 예견했던 것은 전국에 걸친 반문맹 캠페인의 시작과 교사 파견이었습니다. 이 혁명적 조치들과 병행해 우리는 산악지역에 도로, 병원, 종합병원, 또 다른 의료보건센터들을, 산악지대와 나머지 시골마을에 학교를 설립하기 시작했습니다. 수만 개의 교사 일자리가 새로 생겼습니다. 혁명 초기 몇 달 동안 시행되었던 다른 조치들도 있었습니다. 1만 개의 일자리가 새로 생겼고 교사들은 시골 전역으로 파견되었습니다.

혁명법은 확실히 충돌을 일으켰습니다. 유산자계급과 많은 토지를 소유한 계층, 부유한 계층은 혁명의 편으로 향하던 태도를 바꾸어 혁명을 반대하기로 결정했습니다. 그들과 함께 그들의 이해에 봉사하던 모든 기관들은 혁명에 반대하는 선전에 나섰습니다. 그러한 방식으로 그들은 교회와 함께 첫 번째 충돌을 시작했습니다. 그들이 교회를 혁명에 반대하는 도구로 사용하기를 원했기 때문입니다.

어떻게 그런 시도를 할 수 있었나? 쿠바의 특징이라는 요인 때문입니다. 그것은 쿠바의 특징이지만 브라질, 콜롬비아, 멕시코, 페루, 혹은 다른 라틴아메리카 국가들의 특징은 아닙니다. 즉 쿠바 교회는 인기가 없었습니다. 쿠바 교회는 인민들, 노동자들, 농민들, 주민들 가운데 있는 더 가난한 이들의 교회가 아니었습니다. 여기, 우리나라에서는 대부분의 라틴아메리카 국가들에서 이미 인기를 얻었고 훗날 일반적인 관습으로 정착된 것을 아직 적용해보지 못했습니다. 바로 마을과 노동자들과 나란히 함께 일하는 사제, 들판에서 일하는 사제에 관한 것입니다. 우리나라는 70퍼센트의 사람들이 시골에 사는데 시골 교회는 전혀 없습니다. 이것은 중요한 정보입니다. 시골에는 단 하나의 교회도 없고 단 한 명의 사제도 없습니다! 그런데 그곳에는 70퍼센트의 사람들이 살고 있습니다. 어제 말한 대로, 내가 태어난 곳도 마찬가지입니다. 나는 그것이 무엇을 의미하는지는 잘 모르지만 복음주의적 직무나 사도의 직무도 없었고, 주민들을 위한 신앙 교육도 없었습니다.

베토 그건 복음화를 의미합니다.

카스트로 네, 복음화.

내가 말했듯이 그것이 이른바 가톨릭 사회이고, 가톨릭 사회의 관습에 따라 아이들에게 세례를 주고 내가 어제 말한 모든 일을 합니다. 그러나 진정한 종교 교육이나 종교 활동은 없었습니다.

쿠바에서 종교는 주로 사립학교들, 즉 수도회에서 운영하는 학교들을 통해 유포되고, 선전됩니다. 내가 어제 말했던 학교들은 이 나라에서 가장 부유한 가정들, 나이 많은 귀족 계층 또는 자신을 귀족이라고 여기는 사람들의 자녀들, 상류층과 대개 중산층 일부의 자녀들이 다녔습니다. 어제 말한 대로, 의사는 아마 그의 아이를 주간 학생으로 학교에 보내고 수업료로 한 달에 10달러에 상당하는 돈을 지불할 여유가 있을 것입니다. 그것이 우리나라에 종교를 유포하는 주요 수단이었고, 아주 조직적이지도 않고 엄격하지도 않지만 지속적으로 그들의 자녀들은 종교 교육을 받고 종교 활동에 참여하는 유일한 이들이었습니다. 아마도 그들의 특성 중 하나는 종교 활동에 관한 느슨함, 무규율이었습니다. 예를 들면 그들 중 어떤 사람은 미사에 가지 않았습니다. 독실한 가톨릭 신자들은 주일 미사에 빠지지 않습니다. 그리고 다른 많은 이들은 오로지 사회 활동으로서 혹은 유행을 했기 때문에 주일 미사에 나갔습니다. 그 뒤로는 자신의 풍족한 삶과 부를 즐기기 시작했습니다. 그들은 종교적 원칙들을 충실하게 준수하는 일에는 주의를 기울이지 않았습니다.

그 사람들이 우리나라 가톨릭교회의 핵을 구성했습니다. 그들은 보통 부유한 인근 지역에 위치한 본당들과 가장 밀접한 관계를 맺는 사람들이었습니다. 물론 어떤 교회들은 꽤 오랫동안 보통의 도시 지역에 존재했습니다. 그러다 부유층, 즉 상류 유산자계급을 위한 새로운 주민개발계획이 있는 곳마다 반드시 굉장한 교회들이 건축되었습니다. 종교예식이 훌륭한 교회에 건축이 보장되었습니다. 가난한 인근 지역과 빈민가에서는 종교예식이 보장되지 않았습니다. 대체로 부유한 계급들은 주교들과 교회의 고위 성직자들과 가족관계를 맺었습니다.

게다가 성직자 대부분이 외국에서 왔습니다. 어제 예수회원들에 대해 말했는데, 그들 대부분이 반동적이고, 우익이며, 스페인 민족주의 사상을 가진, 심지어 친프랑코적인 스페인 사람이었습니다. 교회와 우리의 첫 번째 충돌은 그들이 교회를 혁명 반대 도구로, 단체로 사용하려고 시도했을 때 일어났습니다.

물론 가톨릭교회가 사립학교를 하나만 갖지는 않았습니다. 몇몇 개신교 교회도 사립학교를 몇 개 소유했습니다. 그리고 그들은 혼자 힘으로 꽤 유명해졌습니다. 예를 들면, 내 막내 여동생이 공부했던 오리엔테 주 엘 크리스토의 한 개신교 학교는 상당한 명문 학교였습니다. 그 학교는 수업료가 아주 비싼 편도 아니고, 사실 오히려 경제적이었습니다. 나는 그 학교가 교회에서 지원을 받았는지 안 받았는지 모릅니다.

카르데나스에 프로그레시바라고 불리는 개신교 학교가 있었습니다. 그 학교도 명성이 상당했는데, 많은 졸업생들이 지금 혁명과 함께하고 있습니다. 예를 들면 페핀 나란조 동지가 그 학교를 다녔습니다. 그 학교의 가장 유명한 교장선생님인 에밀리오 로드리게즈 부스토는 아직 생존해 있고 항상 혁명을 지지합니다. 어떠한 문제도 없습니다. 여기가 더 가난한 지역이기 때문입니다.

아바나에도 개신교 학교가 몇 개 있었습니다. 일부는 영어 이름이었는데 그 학교 중 하나가, 내가 정확히 기억한다면 캔들러 칼리지라고 불렸습니다. 그곳은 꽤 호화롭고 이름도 영어였습니다. 내가 벨렌에 갔을 때 우리가 그 팀에 대항해서 농구와 야구 경기를 했기 때문에 나는 그 학교를 잘 기억합니다. 역시 특정 교파와 관계없는 사립학교였습니다. 내가 다녔던 학교와 같이 대부분의 학교들은 가톨릭이었습니다. 1,000명의 학생들이 다니는 국내에서 가장 큰 학교였습니다. 지금 우리는 4,500명이 기숙사에서 다니는 여러 개의 학교를 각각 가지고 있습니다. 벨렌 칼리지는 학생이 약 1,000명이었고, 그들 중 150명에서 200명이 기숙사에서 다니는 학생들이었습니다. 그 학교는 국내에서 가장 크고 가장 명성 있는 학교들 가운데 하나였습니다.

그런 학교들이 교회를 키웠습니다. 나는 다른 믿음을 고려하고 있지 않습니다. 내가 고려하는 것은 대중의 믿음이라고 할 만합니다. 자비의 성모님에 대한 모든 열정은 대중의 열정입니다. 사람들이 나자로 성인 앞에 초를 켜는, 성인에 대한 열정은 대중들의 세례의 전통과 마찬가지입니다.

베토 그러면 쿠바 사람들의 문화에 널리 확산된 종교성을 부인하는 것은 아니지요? 이곳 사람들이 늘 세속적이며 종교적 전통을 전혀 갖지 않았다는 인상을 주려고 노력한다고 해도, 예를 들면 마르티의 작품에서도 종교성을 볼 수 있습니다. 이 나라에 대해 내가 아는 한 미약한 사람들에게 산테리아 종교가 영향을 미쳤고 아프리카 종교들이 영향을 미쳤으며, 그 문화에서 확산되는 종교성이 존재한다는 인상을 받았습니다. 이에 동의하는지요?

카스트로 그것이 자비의 성모님, 나자로 성인, 그리고 다양하게 많은 성인들에 대한 숭배 등 내가 설명하고 있는 것입니다. 심령술 역시 확산되었다고 이미 설명했습니다. 모든 종류의 신앙이 있었습니다. 우리는 아프리카의 유산, 나중에 가톨릭과 다른 종교들과 혼합되는 정령신앙의 유산도 있었습니다. 당신은 확산된 종교성에 대해 말하는군요. 좋아요, 나는 인류 역사에서 모든 사람들이 어떤 확산된 종교성을 지니고 있다고 믿습니다.

콜럼버스가 가톨릭교회인 그의 교회와 함께 여기 도착했을 때, 칼과 십자가를 갖고 왔습니다. 그는 칼로 정복할 권리를 정당화하고, 십자가로 그 권리를 축복했습니다. 여기에 살던 토착민들은 모두 자신들의 종교적 믿음이 있었습니다.

코르테스가 멕시코에 도착했을 때, 그는 스페인 이상으로 훨씬 더 문화와 종교가 널리 확산되어 있는 걸 발견했습니다. 나는 아즈텍인들이 스페인인들보다 더 종교적이었다고 말할 수도 있습니다. 아즈텍 사제들은 자신을 희생제물로 바칠 정도로 종교적이라 우리는 아직도 깊은 인상을 받습니다. 그 통치 체제는 신권주의입니다. 서적과 다른 작품들에는 신권통치 방법들이 폭넓게 분석되어 있습니다. 그리스도인들은 자신들의 도덕을 가지고 도착했고 토착민들이 잔인했다고 말했습니다. 만일 아즈텍인이 스페인에 갔다면, 그는 여름철 더위에 사제가 사제복을 입는 것이 매우 잔인하다고 생각했을 것입니다. 아니면 다른 것들을 보고 잔인하다고 판단을 내렸을 것입니다. 한편으로 스페인인들은 아즈텍인들에게 야만인일 것입니다. 왜냐하면 그들은 신들에게 희생제물을 바치지 않았으나 대신 이단자를 산 채로 화장했으니까요.

당신은 양쪽에 얼마나 많은 야만성이 있었는지 분석해야 합니다. 아즈텍인들은 타인에 대한 잔학 행위로 인간의 목숨을 희생시키지 않았습니다. 오히려 그들은 인간의 목숨을 바치는 것을 희생자의 가장 큰 특권으로 생각했습니다. 이것은 몇몇 아시아의 종교들과 비슷한데, 그 종교에서는 미망인이 죽은 남편의 시신과 함께 화장되는 것을 특권으로 생각합니다. 그들은 석신石神들을 위해 희생제물이 되는 것을 가장 큰 행복, 가장 큰 기쁨, 가장 큰 선물이라고 생각했습니다. 아즈텍인이나 마야인보다 더 종교적인 사람들은 찾아보기 어렵습니다. 그들은 멕시코를 피라미드와 종교 건축물로 채웠습니다. 그들이 건축한 거대한 피라미드나 다른 거대한 작품에 대해 생각해보면, 당신은 모든 것이 종교적인 목적을 갖는다는 걸 알게 될 것입니다. 다시 말해, 아즈텍인들은 스페인인들보다 더 종교적이었습니다. 페루에서 잉카인들도 정복자들보다, 피사로와 그 모든 사람들보다 더 종교적이었습니다. 피사로는 성경보다 금을 더 많이 생각했습니다. 모든 정복자들은 주로 금에 관심이 있었습니다. 그들은 돌을 숭배한다고 다른 사람들을 비판하면서, 스스로는 황금을 숭배했습니다. 그들은 돌의 우상을 위해 인간을 희생제물로 만든 사람들을 비판하면서, 부와 황금의 신을 위해 수천 명의 인간을 희생제물로 만들었습니다. 그들은 광산에서 토착민들에게 일을 시키면서 수백만 명을 죽였으며, 스페인인들도 죽였습니다. 아타후알파(잉카의 황제-역자 주) 자신이 포로가 되었고 속임수에 넘어갔습니다. 스페인인들은 몸값을 모아 금붙이로 방을 가득 채운 뒤에 그를 살해했습니다.

그래서 이 지역을 정복하러 왔던 사람들이 더 종교적이었다는 말조차 할 수 없습니다. 나는 그 정복자들이 전혀 종교적이었다고 생각하지 않습니다.

인도, 중국, 아프리카의 모든 사람들의 역사를 분석할 때, 당신이 첫 번째로 찾는 것은 종교성입니다. 더욱이 당신은 그것이 커다란 순수성과 결합되는 것을 발견합니다. 비록 우리가 그것을 이해하지 못할지라도, 비록 그들의 방식이 야만적인 것 같고 그들의 물건이 우리에게 터무니없는 것으로 보일지라도, 비록 "그들은 야만인이다. 그들은 달이나 동물이나 사물을 믿는다"고 할지라도 말입니다. 인류 역사를 통해, 모든 곳에서 첫 번째로 본 것은 확산된 종교성입니다. 그것은 특정한 한 인간에게 적용시킬 수 있는 원칙이 아닙니다. 모든 사람들이 어쨌든 종교성을 가지고 있습니다. 그리고 의심할 여지 없이 쿠바에도 종교성이 있습니다. 우리가 갖고 있지 않았던 것은 조직되고, 체계적이고, 정연한 종교 전통, 종교 활동 전통, 혹은 교회 일에 적극적인 참여 전통이었습니다. 우리는 종교적 사상과 믿음에 의해 보통 영향을 받았던 정신과 종교가 엄청나게 혼합되어 있었습니다.

여러 사회에서 이런 상황을 거의 피하지 못했다고 나는 생각합니다. 예를 들면 멕시코는 여기보다 더 많은 종교성이 있습니다. 그리고 다른 라틴아메리카 나라들도 같은 경우입니다. 스페인은 당신이 말하던 확산된 종교성에 대해 더 큰 의미를 두었습니다. 그러나 그것은 체계적인 종교 활동과는 다른 수천 가지 다른 방식으로 표현되었습니다.

베토 맞습니다.

지금 나는 처음의 긴장 상태로 돌아가고 싶습니다. 예를 들면 학교에서 가르치는 문제입니다. 나는 이 문제가 혁명과 교회의 관계에서 가장 어려운 문제 중 하나가 틀림없다고 생각합니다.

카스트로 충돌이 발생했는데 그것은 정말 계급 충돌이었습니다. 내가 설명했던 대로, 부유층 계급이 교회를 독점했기 때문이죠. 그들은 교회를 사용하려 들었는데 주교, 사제, 보통의 가톨릭 신자들이 반혁명적인 위치를 취하게 하려고 애를 썼습니다. 이것 역시 반혁명적 태도를 수용하지 않았던 다른 가톨릭 신자들, 중간계급의 가톨릭 신자들, 그리고 더 가난한 신자들에게 반작용을 낳았습니다. 가톨릭의 활동 그룹은 혁명을 위한 일에 늘 민감하게 반응했던 여성들로 대부분 구성되었는데, 그들은 '십자가와 함께, 조국과 함께'라고 불리는 조직을 설립해 굳건히 혁명을 지지했습니다. 그들 중 많은 이들이 쿠바여성연맹의 구성원을 모집했습니다.

그러나 개신교 교회들은 다른 태도를 취했습니다. 나는 원칙적으로 개신교 교회들이 주민들 가운데 가난한 여러 지역에 더욱 퍼져 있고, 더욱 적극적으로 종교 활동을 하는 것을 보았습니다. 나는 항상 이를 관찰했습니다. 나는 개신교 교회에서 그들의 생각, 양식, 방법, 그리고 기도 방식에 있어 더 많은 훈련이 진행되었음을 주목했습니다.

베토 더 긴밀하죠.

카스트로 네, 그들이 자신들의 신앙 활동과 더 일치되어 있습니다. 많은 사람들은 아니지만 일반적으로 그런 학교나 개신교회에 소속된 사람들 가운데 대다수가 가톨릭 신자보다 훨씬 더 자신들의 종교적 느낌과 생각에 일치하고 더 훈련되어 있습니다. 개신교 쪽에는 어떠한 문제도 일어나지 않았습니다. 그들과 우리의 관계는 대개 우호적이었고 편안했습니다. 정령신앙이나 다른 종류의 신앙과도 문제가 없었습니다. 가톨릭 신앙과도 어떤 문제도 없었습니다. 문제가 발생했던 것은 가톨릭 기관들과 관계된 것이었습니다. 그러나 또 다른 문제가 있었습니다.

개신교 교회들 내의 어떤 그룹들은 여호와의 증인같이 자신들의 특별한 성격에 기인해 혁명에 난관을 겪게 했습니다. 여호와의 증인은 모든 곳에서 문제를 일으킨다는 것을 읽은 적이 있습니다.

베토 모든 곳에서, 브라질 군부에서도 그랬습니다.

카스트로 그들은 국가의 상징, 학교, 공공의료, 국방 등 많은 것들과 충돌을 시작합니다. 이에 관해 우리는 매우 민감하게 받아들입니다. 미국의 위협 때문에 우리는 강력한 국방 정책을 시행해야 하는데 징병제를 반대하는 교리와 마주하게 되었다는 것도 알았습니다. 우리는 신앙에 대해 어떤 문제도 없었습니다. 오히려 우리의 문제들은 종교적인 것인지 정치적인 것인지 알지 못하는 이념들에 있었습니다. 쿠바라는 특별한 조건에서 적대감은 혁명과 그 이념들 사이에서 발생했고, 개신교 교회들이 이 한 쌍의 문제를 가지고 있었습니다.

가톨릭 기관들과도 분쟁이 발생했습니다. 당연히 폭력적이지는 않았지만 대립이 있었습니다. 어떤 종류의 폭력도 없었지만, 정치적인 대립이 있었기 때문입니다. 처음에는 사립학교의 국립화가 예견되거나 검토되지 않았습니다. 혁명의 의미에서, 우리는 체계적으로 공립학교들을 발전시켜서 공립학교들이 가장 좋은 사립학교들과 대등해지거나 더 좋은 학교가 되기를 바랐습니다. 지금 수천 개의 학교가 있으므로 나는 우리가 성공했다고 생각합니다. 쿠바에는 유치원, 정규 주간 학교, 기숙사 학교에 다니는 백만 명이 넘는 학생들이 있습니다.

내가 말했듯이, 4,500명이 다니는 대규모의 직업학교 한 곳은 전국에서 기숙사를 이용하는 학생들 수보다 더 많은 학생들이 기숙사 생활을 합니다. 가장 많은 재학생을 둔 학교 가운데 벨렌 칼리지는 약 200명의 기숙사 학생이, 산티아고 데 쿠바에 있는 돌로레스 칼리지는 30명이 있었습니다. 내가 아는 학교 중에서 두 곳만 언급했습니다. 과거에는 우리가 장학생이라고 부르던 2,000명의 기숙사 학생들이 있었지만, 지금은 60만 명의 학생들이 교육, 숙식만이 아니라 의복, 책, 의료, 통학까지 제공받습니다. 그들은 모든 것을 제공받습니다. 우리에겐 유산자계급과 지주들의 자녀인 기숙사 학생 수보다 약 300배나 많은 장학생들이 있습니다. 그래서 오늘날 농민, 예를 들어 시에라 마에스트라 산악지대 가정, 그리고 시골 지역 노동자의 아들딸이 소수 특권층이 받았던 것보다 어떤 이유로든 더 나은 교육을 받을 수 있습니다.

혁명 전에는 전혀 없던 유치원이 지금 쿠바에 약 1,000개 있습니다. 그리고 청각장애인, 언어장애인, 시각장애인, 또 다른 장애를 가진 4만 2,000명의 학생들이 다니는 특수학교들이 있습니다. 많은 유치원이 있고, 대학교 단계에는 수만 명의 장학생이 있습니다. 다시 말해 혁명 26년 뒤에, 과거 특권층 가정들이 이용했던 것보다 더 좋은 학교를 만들어서 가장 가난한 가정들이 이용한다는 원칙을 적용시킬 수 있습니다. 그리고 그 모든 것은 사회에서, 사회주의 국가에서 제공됩니다. 만일 분쟁이 없었다면 그 학교들을 국립화할 어떤 필요도 없었을 것입니다. 라틴아메리카 전문가들이 국립대학교에서 연구했듯이, 많은 사람들이 사립학교에 돈을 지불하기보다 공립학교를 선호하거나 어쩌면 사립학교와 공립학교 사이의 건전한 경쟁을 선호했을 것입니다. 우리는 사립학교의 국립화를 결정하지 않았습니다. 우리가 새 학교를 짓기 전에 사립학교의 국립화가 필요했기 때문에 충돌이 일어난 것입니다. 왜냐하면 혁명에 반대하는 부유한 가정의 아들딸들이 대부분 가톨릭 학교인 사립학교에 다녔으며, 사립학교가 반혁명 활동의 중심지로 변했기 때문이지요. 이 모든 것으로 말미암아 사립학교의 국립화가 필요해졌습니다. 그러나 차별은 없었습니다. 가톨릭 학교들의 국립화 문제만은 아니었습니다. 개신교 사립학교와 일반 사립학교도 국립화되었습니다. 가톨릭과 개신교 학교만이 아니라 모든 학교들이 국립화되었습니다.

나는 그 모든 것을 검토하고 분석해야 했습니다. 인터뷰 전에 사전 준비가 없었다는 것을 기억해주세요. 나는 그 과정에서 일어난 일에 대해 기억나는 내용을 말하고 있습니다. 그렇게 하지 않았더라면 그 학교들이 26년 뒤인 지금까지 여전히 남아 있을까 하고 당신이 내게 질문한다면, 나는 아마 그럴 거라고 말할 수 있습니다. 즉 만일 자녀들을 사립학교에 보낸 가정들이 혁명에 대해 반감이 없었다면 나는 사립학교들을 필히 국립화해야 한다고 주장하지도 않았고, 설명하거나 제시하지도 않았을 것입니다. 그러나 학교가 반혁명 활동의 온상이 되었다면, 특히 그러한 활동이 폭력과 파괴행위, 폭탄, 다른 CIA 활동들과 연결되었다면, 그리고 나라를 스스로 방어할 수밖에 없게 만든 미국의 공격과 경제봉쇄에 더해져 어느 곳이든 돌아다니는 CIA와 함께 활동하고 있을 때는, 선택의 여지가 없습니다. 만일 당신이 사회 속에서 평온한 관계를 맺고 있다면, 교육을 위해 300만 페소를 다 쓸지, 아니면 200만 페소는 사립학교를 제외한 교육 부문에 할당하고 100만 페소는 저축할지를 경제적 관점에서 결정할 수 있을 것입니다. 오늘날 쿠바에도 사립학교 수업료를 지불할 여유가 있는 가정들이 있습니다. 그들은 기업가나 지주들이기 때문이 아니라 매달 1,000페소의 수입이 있는 의사, 기술자, 노동자들이기 때문입니다. 여러 명의 가족 구성원들이 일하기에 매달 수입이 1,000페소 이상인 가정들이 많이 있습니다. 그리고 아이가 하나라면 50페소나 100페소까지 학교 교육을 위해 지불할 수 있습니다.

이것이 바람직하게 여겨진다면, 즉 무료 학교들이 수업료를 받는 학교만큼 우수하게 되거나 더 좋아진다면, 그리고 무료 학교에 다니는 아이들 수가 충분하다면, 사회주의 국가에도 수업료를 받는 학교가 있을 수 있습니다. 만일 나라 안에 있는 사립 종교 학교들이 혁명 과정에 착수했다면 나라의 교육에 공헌하고 있고 교육 재원을 부담하려 한다고 생각할 수 있었을 것입니다. 그렇다면 돈은 많지 않으나 필요가 많은 개발도상국들인 제3세계 국가들은 다른 목적을 위해 100만 달러를 사용하기로 결정할 수 있습니다.

그래서 사립학교의 국립화 필요성에 대해 전혀 독단적이지 않았습니다. 사립학교들을 국가경제에 기여하고 지원하는 부문들로 볼 수도 있었습니다. 따라서 사립학교를 국립화하지 않았다면 그 비용을 다른 중요한 일들에 할당했을 것입니다. 나는 이 문제를 혁명의 신조에 대한 사안으로 고려하지 않았습니다. 나는 우리의 개별적인 경험이 달랐다고 봅니다. 우리는 이상이라고 부를 수 있는 것, 즉 이 나라의 모든 아이들에게 수준 높은 교육을 받을 동등한 기회 제공을 확립했습니다.

베토 사령관님, 어렸을 때 나는 몇 명의 사제들에게 우리는 공산주의와 사회주의에 대항해 싸워야 한다는 말을 듣곤 했습니다. 왜냐하면 사회주의가 등장하면 교회가 문을 닫게 되고, 사제들이 피살되고, 수녀들이 성폭행당하고, 주교들이 교수형에 처해진다는 의미이기 때문이라고 했습니다. 지금 질문하겠습니다. 쿠바에서 교회가 폐쇄되었나요? 사제들이 처형당했나요? 군사독재 시절 브라질에서 일어난 것처럼 주교들이 고문당했나요? 쿠바에서 이와 같은 일이 있었나요?

카스트로 나는 역사적인 계급혁명 속에서 혁명, 정치운동, 그리고 교회 사이에 심각한 충돌이 발생하고 있다고 생각합니다. 때때로 가톨릭교회가 연루되기도 했고, 옛 차르 제국의 정교회에서도 일어났습니다.

베토 그리고 멕시코 혁명 당시 멕시코에서 있었습니다.

카스트로 네, 막 말하려던 참이었는데, 그러면 과거로 더 돌아가보겠습니다. 종교개혁도 루터와 칼뱅의 운동과 다양한 교회들이 등장하면서 일련의 폭력 충돌로 발생했습니다. 개혁은 폭력과 유혈사태로 이어집니다. 내가 아직 어렸을 때 나는 처음으로 프랑스에서 일어난 성 바르톨로메오 축일 밤의 학살에 대한 이야기를 들었습니다. 그것은 역사의 일부입니다. 수천 명의 사람들이 종교 분쟁으로 살해되었습니다. 즉, 정치적이고 사회적인 충돌뿐만 아니라 종교 운동의 대열에서도 폭력이 있었습니다. 그런 이유로 얼마나 많은 사람들이 희생되었는지를 누가 파악했는지는 알지 못합니다.

베토 종교재판에서 밝혀졌습니다.

카스트로 네, 그리고 어쨌든 종교재판 때문이죠. 모두가 어떤 종류의 폭력에 호소했습니다. 어떤 때는 국가가 다른 경우에는 교회가 그랬습니다. 폭력은 현존합니다. 단지 정치적인 충돌에서만 나타나는 것이 아닙니다. 내가 강조하고 싶은 것은 종교 운동 자체에서도 폭력이 현존한다는 것입니다. 분명히 그리스도교의 등장으로 수백만의 사람들이 로마의 옛 이교 신의 이름으로 희생되었습니다. 그리스도와 함께 시작해서 그리스도교가 로마제국의 공식 종교가 되기 전, 최후의 사람에 이르기까지 300년 동안 얼마나 많은 그리스도인들이 로마 제국에 의해 희생되었는지 아무도 알지 못합니다.

교회 자체 갈등에서도, 많은 폭력이 있었습니다. 교회에 반대하는 폭력이 있었고, 교회 역시 상당할 정도의 폭력을 행사했습니다. 이때문에 혁명적인 정치운동과 교회 사이에 폭력이 표면화되는 것이 낯설지 않습니다.

고전적인 혁명을 봅시다. 중대한 역사적 사건인 프랑스 혁명은 혁명과 교회, 혁명과 일부 교회 사이의 폭력 충돌로 얼룩져 있었습니다. 하지만 프랑스 혁명이 귀족, 성직자, 제3계급(상인, 전문가, 수공업자 등 중간계급이라고 부를 수 있는 신분) 등 세 계급을 대표했던 의회에서 시작되었다는 것을 결코 잊지 말아야 합니다. 사제들과 하급 성직자들과 몇 명의 주교들이 제3계급의 대부분을 형성했습니다.

그런데 왕이 소집한 의회에서 몇 명의 귀족까지도 중간계급에 대한 지지를 표명했습니다. 대다수가 하급 성직자, 사제, 약간의 주교로 구성되었으나, 역시 혁명을 지지했던 라파예트를 비롯한 많은 이들을 간과해서는 안 됩니다. 그것이 우리 시대의 첫 번째 고전적인 혁명이고, 폭력적인 혁명이었습니다. 주교들과 사제들은 싸움 중에 이편이든 저편이든, 양쪽에서 당하든 어쨌든 희생당했습니다. 우리는 사제들이 프랑스 혁명의 등장에 결정적인 역할을 했다는 것을 잊지 말아야 합니다.

이러한 충돌은 우리 시대의 두 번째 거대한 사회적 혁명인 볼셰비키 혁명에서 이런저런 방식으로 반복되었습니다. 나는 이 측면을 잘 알지 못하지만 모든 혁명에서처럼 틀림없이 교회와 혁명 사이에 충돌이 있었고, 여러 사제들이 처형당했다는 것을 생각해봅니다. 그런데 나는 이러한 생각이 이 거대한 역사 과정에서 세부 사항에 세심하게 주의를 기울이고 있지 않기 때문에 긍정하지 않습니다. 나는 프랑스 혁명에서 이와 관련해 무슨 일이 일어났는지 더 많은 정보를 가지고 있습니다. 많은 책들이 이에 관해 서술하고 있습니다. 그러나 거기에도 역시 충돌은 있었습니다.

우리 남반구에서 일어난 멕시코 혁명 역시 사회 혁명입니다. 사회주의 혁명이 아니라 사회 혁명입니다. 그리고 모든 유형의 일들이 발생했습니다. 일부 교회는 혁명에 가담했고, 다른 일부는 혁명에 반대했습니다. 그것은 심각한 충돌과 폭력을 일으켰습니다. 유혈분쟁이었습니다.

스페인 내란을 회상할 때, 나는 그 역시 피로 얼룩졌다는 것을 알고 있습니다. 양쪽이 모두 폭력을 행사했고, 사제들, 어쩌면 주교들도 한 편에 의해 처형당했습니다. 그리고 다른 편에 의해서도 사제들이 처형당했습니다.

이제 우리 혁명을 봅시다. 그것은 엄청난 사회 혁명입니다. 아직 주교나 사제가 처형되지 않았고, 어떤 사제도 난폭하게 다루어지거나 고문을 받은 적이 없습니다. 내가 말하는 가장 중요한 일은 어떤 사제나 평신도도 난폭하게 다루어지거나 고문을 받은 적이 없다는 것입니다. 시에라 마에스트라에 있을 때, 우리는 고문과 살인자들에 반대하는 법을 제정했습니다. 그 법에 대해 당신에게 말한 적이 있지요. 그리고 우리의 모든 싸움에 참여했던 사람들 사이의 인간 생명과 개인에 대한 깊은 존경과, 사람과 죄수에 대한 횡포, 불의, 폭력적인 대우의 거부를 촉진하는 법을 제정했습니다.

우리는 싸움만이 아니라 죄수들을 어떻게 다루어야 하는지 알았기 때문에 전쟁에서 승리했습니다. 우리가 생포한 어떤 적군도 처형되지 않았고, 그들 중 어느 누구도 고문을 받지 않았습니다. 중요한 정보를 얻으려고 포로들을 강압하지 않았습니다. 물론 우리에겐 법이 있었습니다. 스파이를 발견하면 우리는 그들을 기소하고, 선고하고, 처형할 수도 있습니다. 그러나 우리는 결코 어느 누구도 정보를 얻기 위해 고문하지 않았습니다. 결과적으로 그들은 사기가 꺾여 그런 짓을 한 것을 부끄러워했습니다.

우리 인민들은 그들이 고문과 범죄를 증오하는 것을 보고 고무되었습니다. 과연 우리는 어떻게 군인들에게 고문과 범죄의 모범을 보일 수 있을까요? 그것은 사기를 떨어뜨릴지도 모릅니다. 사기가 혁명에서 기본적인 요소임을 이해하지 못하는 사람들은 집니다, 패배합니다. 가치와 사기는 인간의 정신적 무기입니다. 당신도 알다시피, 그들의 믿음에 상관없이 우리는 혁명 전사들을 내세의 보상이나 죽은 후에 영원한 행복이 도래할 것이라는 관념으로 고무시킬 수 없습니다. 전사들은 죽음을 각오했습니다. 그들은 비신자이지만 설사 자신이 가진 게 생명뿐이라 할지라도 그 생명을 바치는 것이 가치 있는 일이라고 믿었습니다. 특정한 가치에 근거하지 않는다면 이런 일을 할 사람을 어떻게 구할 수 있을까요? 그리고 과연 그런 가치를 어떻게 훼손하고 파괴할 수 있을까요?

우리 편이 생포한 단 한 명의 군인도 처형하지 않았습니다. 그것은 많은 도움이 되었습니다. 그것은 죄인들을 고문하고 살해했으며 모든 종류의 범죄를 저질렀던 적의 면전에서 혁명 세력의 명망, 권위, 사기를 세우는 데 기여했습니다. 우리는 이 전통을 혁명이 승리한 이래 26년 이상 유지하고 있습니다. 그것은 확고하고 결정적인 정책이었고 범죄는 우리가 결코 용인해서는 안 되는 것이기 때문입니다. 혁명의 적들이 어떻게 말하든 상관없습니다. 그들은 끔찍한 일들을 떠벌리면서 돌아다니지만, 우리는 개의치 않습니다. 긴급 보도 뉴스를 읽을 때마다, 그들이 초조하고 화내고 있다는 것이 보입니다. 그들은 혁명이 살인을 저지르고 누구를 고문하거나 실종시켰다는 증거로 제공될 단 하나의 사례도 지적할 수 없기 때문입니다. 이에 대한 어떤 사례도 없고 결코 어떤 것도 찾지 못할 것입니다. 이것은 정돈된 방식으로 발전되고 있는 정돈된 혁명입니다.

우리는 매우 급진적이었으나 결코 과도하지 않았습니다. 우리는 우리 혁명의 기념비로 구성되는 이 가치들을 위반하고 훼손시키기 위한 변명을 찾지 않았고 수용하지도 않았으며 앞으로도 그럴 것입니다. 이런 점에서 어떤 사제도, 어떤 주교도, 심지어 우리의 가장 나쁜 적도 폭력을 당하는 일은 없었다는 것을 당신에게 확언할 수 있습니다. 가장 나쁜 적은 CIA가 수십 번 주도했던 혁명 지도자에 대한 암살을 시도했던 사람들이었습니다. 한때 쿠바에는 300개의 반혁명 조직이 있었습니다. 매번 다섯 명이나 여섯 명의 반혁명 분자들이 모여 조직을 하나 세웠습니다. 그들은 자신들 뒤에 미국이 함께한다고 믿었으며, 혁명에 반대하는 투쟁이 미국의 격려를 받고, 미국에 의해 선동되고, 미국의 지원을 받기 때문에 혁명은 맹공격을 견뎌낼 수 없으리라고 믿었습니다. 그 조직들 내에는 모든 종류의 기회주의자가 다 있었습니다. 중대 범죄를 저지른 사람은 처형할 수도 있습니다. 그러나 범죄에 대한 재판과 반박의 여지가 없는 증거에 따라 사실상 오직 법에 근거해 판단할 뿐입니다. 300개의 조직들이 있었지만, 우리는 그들의 활동에 대해 그들 자신보다도 더 많은 것을 알고 있었습니다. 그것은 우리의 보안 요원들이 고문에 의존하지 않았기 때문입니다. 그들은 매우 효율적인 기관들이었으며 적이 무엇을 하는지 찾아내고, 적의 부대들을 정탐하고, 그리고 부대에 침투하기 위해 항상 또 다른 수단들을 이용했습니다. 전투 기간이 거의 끝났을 시기에는 우리의 인민들, 혁명군들이 거의 모든 반혁명 조직들을 장악했습니다. 그런 결과는 정보를 획득하는 데 폭력을 쓰지 않았기 때문이며 완벽하게 공을 들인 일이었습니다.

반혁명분자가 1961년 1월에 어떤 일들을 했다고 합시다. 그러면 그가 그달에 날마다 무엇을 했는지, 어디를 갔는지, 누구를 만났는지 그에 대한 일체의 자료가 우리에게 전달되었습니다. 우리는 그에 대한 모든 정보를 가지고 있었습니다. 그가 위험인물로 1962년에 체포되었다고 합시다. 그는 전년도 1월의 특정한 날에 자신이 무엇을 했는지 혹은 누구를 만났는지 아마 정확히 기억할 수 없을 것입니다. 우리에겐 전체 행적이 기록된 일체의 자료가 있습니다. 대개 여기서 그들은 사기가 꺾이고 맙니다. 그들은 확고한 신념도 없었습니다. 재물에 관심이 많고 야심을 가진 이기적인 사람일 뿐이었습니다. 깜짝 놀랄 만큼 사기가 높은 혁명군과 마주하게 되면 그들은 사기가 떨어집니다. 그들은 체포되어 우리가 모든 것을 알고 있다는 것을 증명해 보이자마자 사기를 잃어버립니다. 그리고 무심코 비밀을 발설하게 됩니다. 물리적인 폭력을 써서 얻은 자백이나 증거는 그 어떤 사례도 없습니다.

당신이 한 사제가 반혁명 활동에 가담했다는 이유로 처형되었는지 질문할 수도 있겠지만, 그런 일은 없습니다. 합법적인 관점에서 처형이 가능한지 질문한다면 그럴 수 있다고 답할 수 있습니다. 그리고 나는 많은 중대 범죄가 저질러졌다는 것을 밝힐 것입니다.

베토 세 명의 사제가 피그스 만 침공에 가담했습니다.

카스트로 정확한 수는 확인해봐야겠지만, 그들 중에 세 명이 있었다는 것은 확실합니다. 법적으로 모든 침략자들은 반역 죄인입니다. 생각해봅시다. 당신이 당신 나라의 적국으로 이주하고 난 뒤에 적국의 명령에 따라 당신 나라를 침략해 이로 인해 유혈사태가 일어나고 주민들이 목숨을 잃게 된다면, 그것은 법적인 관점에서 보면 반역입니다. 그것은 사실상 모든 법전에 기술된 대로, 사형으로 처벌할 수 있습니다.

재판을 받고 사형과 같은 중벌을 내릴 수 있는 중대한 반혁명 행위에 연루된 경우들도 있었습니다. 그러나 이것을 적용한 경우는 없습니다. 우리는 상황에 관계없이, 사제를 처형했다는 혁명의 이미지를 제공해 반동 세력들과 제국주의자들의 손에 놀아나고 싶지 않기 때문에 이런 일을 막으려고 최선을 다하고 있습니다. 우리는 이런 일을 피하려고 늘 애를 씁니다. 중대 범죄의 사례가 있지만, 결코 사형 선고를 적용시키지는 않았습니다. 실제 많은 사제들이 중대 범죄를 저지른 것은 아닙니다. 정치적인 항의에 참여하거나 반혁명에 대해 정치적이고 이념적으로 지지하는 것과, 파괴행위를 하거나 다른 반혁명 활동에 참여하는 것은 별개입니다. 사형선고를 적용할 수 있지만 실제로 적용시킨 사례는 아직까지 한 건도 없습니다. 언제나 특별히 고려해 사제들을 대우했습니다. 어떤 이들은 반혁명 활동에 참여해 징역형이 선고되었으나 형기를 다 채우지는 않았습니다. 그들은 아주 단기간 수감되어 있었고, 그런 다음 우리는 그들을 석방시키고자 했습니다. 비록 처벌이 정당하다고 해도, 우리는 사제들을 감옥에 집어넣는다는 혁명의 이미지를 만들고 싶지 않았습니다.

이곳의 교황대사 자키 몬시뇰은 매우 지성적이고, 유능한 사람이며, 건설적인 역량과 높은 인격을 갖춘 인물입니다. 그는 교회와 혁명 사이의 충돌이 바람직하지 않고, 피하려고 노력해야 하며, 부분적으로 이에 대한 책임이 있다는 것을 압니다. 나는 이러한 충돌이 더욱 심각해지는 것을 막는 데 몬시뇰이 중요한 기여를 했다고 생각합니다. 그의 중재로 우리는 감옥에 있는 몇 명의 사제들을 석방시켰습니다.

베토 교회가 폐쇄되고 사제들이 추방되었나요?

카스트로 쿠바에 있는 어떤 교회도 결코 폐쇄되지 않았습니다. 그 어떤 교회도. 정치적인 대립이 정말 격렬했던 시기가 있었습니다. 그때 몇 명의 사제, 특히 스페인 사제들이 취한 호전적인 정치적 태도 때문에 우리는 그들에게 쿠바에서의 철수를 요청했고 이곳에 남아 있는 그들의 권한을 철회했습니다. 하지만 우리는 철수를 요청받은 사제들을 대신해 다른 사제들이 쿠바에 입국하도록 허가했습니다. 그것이 단 한 번 있었던 조치였습니다. 이후에 관계는 정상화되었습니다.

베토 피그스 만 침공 당시에 아르헨티나 대사관으로 갔던 추기경의 경우는 어떻습니까?

카스트로 피그스 만 침공 이후가 맞습니다. 피그스 만 침공 시기였던 1961년 4월 하반기에 추기경은 두려움을 느꼈던 것 같습니다. 왜 그랬는지 모르겠지만, 그가 아르헨티나 대사의 공관으로 이동한 것은 사실입니다. 추기경은 상당히 연로한 사람이었습니다. 아르헨티나가

1962년 2월 쿠바와의 관계를 단절했을 때, 교황 대리대사는 추기경에게 쿠바에 머물러 있으라고 설득했습니다. 그는 마리아나오에 있는 요양소로 가서 여생을 거기서 보냈습니다. 일은 이렇게 발생했습니다.

몇 가지 사례를 들자면, 추기경의 친척 한 사람이 오리엔테 주에서 무장봉기를 조직했습니다. 처음 그는 산티아고 데 쿠바에 있는 코브레 신학대학에서 살았고, 그다음에 산악지대로 가서 반혁명군 게릴라 부대를 조직했습니다. 자연스럽게 그 부대는 위치가 밝혀졌고, 그는 포위되었다 생포되었습니다. 중대 범죄임에도 불구하고, 그 사람은 징역형만 선고받았습니다. 당신도 그가 어떤 종류의 활동에 연루되었는지 알 겁니다. 즉 추기경의 친척이 반혁명의 입장을 취하고, 가톨릭 신학대학을 이용해 게릴라 부대를 조직하고, 혁명에 반대하는 투쟁에 게릴라 부대를 사용했습니다. 그리고 이 모든 일은 혁명이 많은 어려움에 봉착했을 때, 즉 미국의 위협과 공격을 받고 있을 때 발생했습니다. 그런데 그때까지도 우리는 엄한 처벌을 내리지 않았습니다. 물론 그는 징역형을 선고받았습니다.

그것이 내가 아는 전부입니다. 나는 추기경이 대사관으로 도피처를 찾았던 이유를 모르겠습니다. 정말 그럴 이유가 없었습니다. 비록 추기경이 그 일에 관련되었다고 해도, 우리는 정치적인 고려를 하기 때문에 그를 구속할 수도 없었을 것입니다. 우리는 그 일에 관해 그와 이야기를 나누고 추기경이 하고 있는 일은 옳지 않다고 경고했습니다. 그리고 우리는 그가 점점 더 깊이 연루되는 걸 방지하려 애를 썼습니다. 결국 그는 피그스 만 침략자들과 공모를 했지만, 그가 망명이나 어떤 종류의 안전보장을 찾을 필요는 없었습니다. 우리는 결코 그에게 극단적인 조치를 취하지 않았으니까요.

베토 1961년 피그스 만 침공 이후에 혁명의 사회주의적 성격을 공포했나요?

카스트로 아닙니다. 침공 이후가 아니라 침공이 시작된 그날입니다.

그리스도인들과 공산당

베토 처음, 7월 26일 운동, 혁명위원회, 그리고 인민사회당PSP으로 구성된 통합혁명조직이 있었습니다. 그리고 1965년에 통합혁명조직이 쿠바 공산당이 되었습니다.

카스트로 네.

베토 그리스도인들은 쿠바 공산당 가입을 허용하지 않는다는 게 사실인가요?

카스트로 그렇습니다.

베토 정말이군요. 쿠바 공산당은 신의 현존을 부인하는 고백을 하는 무신론 정당이라고 할 수 있을 만합니다. 쿠바 공산당이 비종교적인 정당인지 모르는데, 미래에 어떠한 가능성이 있겠습니까? 미래의 어느 시기에 쿠바의 혁명적인 그리스도인들이 그 당의 대열에 합류할 가능성이 있겠습니까?

카스트로 그 질문은 종교와 혁명에 관해 당신이 했던 질문 중에서 가장 흥미롭고, 가장 중요한 문제들 중 하나입니다.

나는 1951년 이전에 몇 년 동안, 혁명적인 태도뿐만 아니라 정치 투쟁에 관한 마르크스레닌주의, 사회주의 개념도 습득했다고 말했습니다. 훨씬 더 오래전에, 나는 투쟁이 뒤따르는 전략에 관한 생각을 했습니다. 나는 7월 26일 운동을 조직한 우리들 가운데 몇 안 되는 사람들이 그러한 태도를 가졌고, 우리가 단계별로 적용할 전략과 프로그램이 있다고 말했습니다. 지난날에 대해 모두 이야기했으니 지금 그것을 반복할 필요는 없겠지요. 첫 번째 단계에서, 우리는 전국적인 해방을 위한, 그리고 전국적인 독립을 위한 프로그램으로 묘사될 만한 기술적인 관점에 적합한 프로그램을 가지고 있었습니다. 그것은 일련의 진보적인 사회 개혁들로 구성되었는데, 주어진 기간에 사회주의적인 성격을 띤 새로운 조치들이 뒤따라야 한다는 것입니다.

물론 우리는 1985년 현재 대화를 하고 있습니다. 지금 우리가 경험하는 것을 알지 못했던 1956년, 1958년, 1959년, 1960년으로 우리가 돌아간다고 상상해보세요. 그때도 어떻게 일을 해야 하는지 그리고 무엇을 언제 할 수 있는지에 대한 우리의 기본 생각들은 올바로 서 있었습니다. 만일 우리가 하루, 한 해, 그리고 각각의 일을 하는 정확한 시간을 계획하고 있는지를 당신이 묻는다면, 나는 아니라고 말할 것입니다. 우리는 우리나라의 조건에서 사회주의 혁명이 일어나기 위해 무엇을 해야 하는지, 어떻게 각 단계에서 혁명을 수행해야 하는지에 관한 기본 생각이 있었습니다. 우리는 혁명에 대중들의 교육이 수반되어야 한다는 것을 알았습니다. 생각이 보급되면 그들 스스로 결론을 이끌어낼 수 있는 일들이 발생했습니다.

혁명법은 우리 인민들의 의식과 정치 교육에 엄청난 기여를 했습니다. 인민들은 처음부터 마침내 자신들의 정부를 가졌다는 것을 깨달았습니다. 스페인의 쿠바 정복 시대부터 시작해 그때까지 우리 인민들은 결코 자신들의 정부를 갖지 못했습니다. 쿠바를 정복하고, 도시들을 건설하고, 다양한 지역들을 지배했던 디에고 벨라스케스, 판필로 데 나르바에스 그리고 다른 사람들에 의해 설립된 이곳의 스페인 정부는 토착민의 정부가 아니었습니다. 토착민들은 강에서 금을 찾고, 탄광에서 그리고 타는 듯한 태양 아래서 일하는 노역자, 노예들이었습니다. 식민지 개척자들은 토착민의 90퍼센트를 전멸시켰습니다. 거의 모든 토착민들이 몰살되자 수백만 명의 아프리카인 들이 자신들의 땅에서 잡혀와 노예로 탄광에서, 사탕수수 밭에서, 커피 농장에서, 적도의 태양과 열기와 습도에 시달리며 죽도록 일했 습니다. 토착민이나 아프리카인들과 스페인인들의 혼혈은 메스티소 를 낳았습니다. 노예 여자에게서 태어난 메스티소는 노예로 취급했 습니다.

우리 민족의식은 발전하기 시작했습니다. 시간이 지나면서 스페 인인들의 백인 후손들, 메스티소들, 자유로워진 아프라카인들, 그리 고 토착민들 사이에 "쿠바인"이라는 개념이 등장했습니다. 하지만 쿠바 땅의 정부는 쿠바인들의 정부가 아니었습니다. 그것은 스페인 인들의 정부였습니다. 마지막 독립전쟁이 끝난 후 미국의 간섭과 점 령이 시작된 1898년부터 1902년까지, 미국의 정부가 수립되었고 미 국의 총독과는 별개로 미국 시민이 되기도 했던 사람을 수장으로 앉혔습니다. 그다음 1959년까지 있었던 모든 정부들은 지주, 부자, 특권층, 외국인 기업가, 미국의 정부였습니다. 1959년에 쿠바 역사상 처음으로 인민의 정부가 권력을 장악했습니다. 그리고 이것은 어떤 민족의 역사에서도 평범하지 않은 결과를 낳았습니다. 이것은 새로 운 것입니다. 이전에는 국가와 민족이 별개였습니다. 정부와 민족도 별개였습니다.

미국이 우리를 위협하기 시작하자 인민들은 스스로 조직하고 무 장하기 시작했습니다. 자신들에게 권위가 있음을 깨달았기 때문입 니다. 이전의 무장은 전문적인 무장이었지만 인민들과는 유리되어 있었고, 인민들은 그 권위와 일치하지 않았었습니다. 만일 한 사람 이 총을 소지했다면, 그것은 그 총이 시위, 학생소요, 농민들의 투 쟁을 제압하기 위해 사용될 것임을 의미했습니다. 총은 항상 그런 종류의 권력을 지지했었습니다. 혁명의 승리 후 인민들은 군인들,

관리자들, 사회질서의 일부, 국가의 일부, 권위의 일부가 되기 시작했습니다. 반면 18세기 초 프랑스의 절대군주는 "짐이 곧 국가"라고 말했습니다. 1959년 혁명의 승리 후, 인민들이 권력을 장악하고 스스로 무장하고 그들의 나라를 방어하기 시작했습니다. 우리나라에 사는 보통의 시민들 역시 "나는 곧 국가"라고 말할 수 있습니다. 일단 첫 번째 혁명법들이 통과되고 사회정의에 관한 조치들이 이행되자마자 인민들의 동의는 확실했습니다. 그것은 일반적인 의식수준을 높이고, 우리 인민들의 의식을 심화시키고, 사회주의 정치의식을 발전시킨다는 면에서 매우 중요했습니다.

그럼에도 불구하고 처음부터 바로, 후에 7월 26일 운동으로 알려진 운동은 지도부의 핵을 가지고 있었습니다. 당시 그 운동이 바티스타에 대항한 투쟁을 조직했습니다. 나는 가장 중요한 사람과 유능한 동지들로 구성된 핵을 창조하는 일을 진행시켰습니다. 그리고 약간 넓은 핵 안에서, 우리는 가장 비밀스럽고 까다로운 활동들을 수행할 세 동지의 작은 실행 핵, 아벨 산타마리아, 라울 마르티네스, 그리고 나를 선택했습니다.

베토 마르티네스 씨는 어디에 있습니까?

카스트로 라울 마르티네스는 몬카다 공격 이후에 운동을 떠났습니다. 그는 바야모 공격에 참여했었습니다. 그는 매우 활동적인 조직가이지만 그다지 사상적이지 않았습니다. 그는 행동을 선호했습니다. 이와 대조적으로 아벨은 매우 활동적이고, 유능하며, 혁명적인 사상을 갖고 혁명적인 신념을 촉진시켰습니다. 이 조직 안에서 나 자신의 책임과 업무들은 잘 정의되었습니다. 투쟁을 위한 조직을 만들기 위해 내가 했던 첫 번째 결정은 집단적인 지도부를 확립하는 것이었습니다.

그때 전쟁이 시작되었습니다. 전쟁 동안 나는 반란 세력의 최고

사령관이었습니다. 한때 나는 나 자신과 다른 두 사람의 최고사령
관이었습니다. 훗날, 나는 칠팔 명의 동지로 구성된 부대의 최고사
령관이 되었습니다. 그리고 성공적인 첫 전투는 내가 잘못 알고 있
지 않다면 1957년 1월 17일에 22명의 동지들이 벌였습니다. 원래 부
대에서 파견된 뒤 한 달 반 만에 우리는 첫 전투에서 승리했습니다.
나는 그 부대 대장이었고, 전투 상황에서는 군대 내의 상관에게 복
종해야 합니다. 그것이 원칙입니다.

그런데 우리는 7월 26일 운동의 동지이기도 했습니다. 그 운동은
활발한 전국적 지도부가 있었습니다. 지도부는 도시와 그 밖의 지
역 양쪽 모두에서 그 운동의 전반적인 책임을 졌습니다. 내가 멕시
코에서 원정대를 조직하고 있을 때, 지도부는 쿠바 내 운동의 전반
적인 책임을 졌습니다. 내가 산악지역에 있을 때, 지도부는 나머지
지역에서 운동을 선도했습니다. 중요한 결정을 내려야 했을 때, 우리
는 결정을 내릴 때까지 협의와 토론을 벌였으나 항상 권위를 갖춘,
때로는 너무 많은 권위를 갖춘 전국적 지도부가 있었습니다. 우리는
대다수의 의견들을 수용하고 실행해야 했습니다. 다른 길은 없었습
니다. 역사적 관점으로 그 기간을 분석해볼 때, 나는 대다수의 의견
이 항상 최선은 아니었음을 깨닫습니다. 그럼에도 불구하고 우리 부
대는 발전 과정에 있던 군대 초기에 항상 대다수의 의견을 받아들
였습니다.

우리 조직이 설립된 이래, 몬카다 공격 이전에도 우리에겐 소규
모의 충실하고 집단적인 지도부가 있었습니다. 정치운동은 어떤 다
른 방식으로 지도할 수 없습니다. 우리에겐 항상 지도부의 핵과 집
단 지도부가 있어 책임을 나누었습니다. 그때가 1959년 1월 1일에
혁명이 승리하기 전이었습니다. 물론 승리의 시기에 반란군은 중요
한 역할을 했습니다. 그 시점에 실전 무기로 무장한 약 3,000명의

전투원이 있었습니다. 우리는 오리엔테 주에서 1만 7,000명의 군인들을 포위하고 섬을 둘로 나누었습니다. 바티스타 정권은 혼란에 빠졌고 그 군대는 더 이상 지탱할 수 없었습니다. 다시 말해 혁명군의 전투부대들은 전쟁의 마지막 단계에서 핵심적인 역할을 했습니다.

물론 인민들의 지지가 결정적인 요인이었습니다. 이것은 바티스타 군대의 고위 장교들이 우리와 했던 합의를 깨고 쿠데타를 일으키려고 했을 때 입증되었습니다. 적군 참모총장이 나에게 회의를 요청하는 일이 일어났습니다. 회의에서 그는 그들이 전쟁에서 패배했음을 인정했고, 우리는 합의에 이르렀습니다. 나는 "수용 가능한 해결책을 찾아 많은 장교들을 구할 수 있도록 하자"고 제안했습니다. 불행히도 군대의 많은 고위 장교들은 잔혹했으나 모든 장교들이 다 살인자는 아니었습니다. 한데 시에라 마에스트라에서 마지막 공격 시기에 그 참모총장이 사령관으로 있다는 것은 놀랄 만한 일이었습니다. 왜냐하면 70일간의 전투에서 그들 1만 명의 군인이 우리 300명의 전사들을 물리치지 못했고, 결국 우리가 처음 300명에서 무장한 전투원 805명으로 증강하면서 그들은 1,000명 이상의 사상자를 내는 고통을 겪었습니다. 우리는 적의 공격을 물리치고 가장 우수한 군대를 패배시켰으며 우리 무기의 거의 세 배에 이르는 많은 무기들을 노획했습니다. 어쨌든 그 참모총장은 매우 유력하고 명망 있는 장교였지, 범죄자는 아니었습니다.

우리는 그가 우리에 대항해 참전하고 있는 모든 군대들의 사령관이라는 사실에 더하여, 거의 전쟁 끝무렵에 만났다는 사실을 참작했습니다. 그가 "우리가 전쟁에서 졌습니다"라고 말하자, 나는 우리가 연합해 봉기를 일으키자고 제안했습니다. "우리는 범죄에 가담하지 않은 수많은 유능하고 소중한 장교들을 구할 수 있습니다." 그는 동의했지만, 동시에 아바나로 돌아가야 한다고 주장했습니다. "위험합니다." 나는 그를 만류했습니다. 그러나 그는 많은 인맥이 있으니 해를 당하지는 않을 거라고 고집했습니다. 그 시점에 나는 세 가지 조건을 세웠습니다. "우리는 미국 대사관과 어떠한 접촉도 원하지 않는다. 우리는 아바나에서 쿠데타가 일어나길 원하지 않는다. 우리는 바티스타 도주를 허용하는 것을 원하지 않는다." 누가 그 사람을 확신시켰는지, 무엇이 그를 혼란에 빠뜨렸는지 아무도 모릅니다. 그러나 작전에 참여하는 모든 군대들이 12월 31일에 봉기를 일으킬 것이라고 우리가 합의한 뒤에, 그는 하지 않기로 서약했던 그 세 가지를 정확히 모두 이행했습니다. 그는 미국 대사관과의 접촉을 확고히 했고, 아바나에서 쿠데타를 일으켰으며, 바티스타가 공항에서 이륙하는 것을 지켜보았습니다. 다음 날 나는 총파업을 촉구하고 모든 군대에 투쟁을 계속할 것을 지시했습니다. 72시간 내에 나머지 군대는 무기를 내려놓아야만 했습니다.

나는 반란군이 결정적인 역할을 했다는 것을 보여주기 위해 이 말을 하고 있습니다. 당시 그 운동을 기본적으로 상징하는 것이 게릴라 부대였습니다. 내가 지난번에 말했듯이, "게릴라 부대는 조직할 수도 없고 조직된 대중들을 유지할 수도 없을 만큼 좁은 수로를 통해 흐르는 아마존 강과 같은 사람들입니다." 우리가 갖고 있는 것은 혁명을 지지하는 아마존 강과 같은 사람들과 상대적으로 소규모인 정치 조직이었습니다. 더욱이 우리 운동 내부에는 여러 추세들이 있었습니다. 어떤 사람은 어느 정도 우파인데, 다른 사람은 어느 정도 좌파입니다. 그래서 어떤 모순도 존재했습니다.

그렇지만 인민 대중은 혁명을 지지했고, 그러한 대중들이 점점 더 많아지고 있으며, 혁명보다도 훨씬 더 많은 것을 아우른다는 것을 깨달았습니다. 우리는 분파주의자가 될 수는 없습니다. 우리는 우리 운동이 하는 역할 때문에 엄청난 지지를 받았습니다. 하지만 우리가 모든 헤게모니를 행사하고 싶고 그 조건들이 우리가 그렇게 하도록 되어 있다고 해도 우리는 헤게모니를 장악하는 것을 거부했습니다. 나는 얼마나 많은 사람들이, 얼마나 많은 정치 지도자들이, 우리가 쿠바에서 우리 스스로를 규정했던 것과 같은 조건으로 그들 또한 자신들을 평가하고 있는지 궁금합니다. 그 조건은 헤게모니에 대한 생각을 거부하는 것입니다.

베토　당신은 분파주의자가 되지 않겠다고 말했습니다. 분파주의 입장을 취하는 요인이 마르크스레닌주의 슬로건들을 빈번하게 사용하지 않으려는 시도인지 궁금합니다. 나는 이런 질문을 덧붙이고 싶습니다. 당신은 언제 처음 쿠바의 거리에서는 제국주의의 억압 때문에 결코 마르크스나 레닌의 동상을 보지 못하고 놀랍게도 늘 마르티의 흉상만 보게 된다는 사실을 발견했습니까? 비분파주의적 입장이 사람들이 쉽게 이해하지 못하는 중요한 사실에 대해 주의를 기울이면서 또 사람들의 문화가 의미하는 국가적 가치와 상징을 살리는 데도 관계하는 것이 의아스럽습니다.

카스트로　나는 그렇게 생각하지 않았습니다. 왜냐하면 그것은 다른 요인, 다른 기준, 다른 사고들에 의존하기 때문입니다. 나는 우리의 운동이 투쟁과 승리에서 기본적인 역할을 했기 때문에 분파주의를 언급했습니다. 그리고 분파주의는 전체 사람들에게 지지를 받았습니다. 다른 말로, 우리는 우리의 조직과 운동을 핵심적인 혁명의 중심으로 보편화시킬 수 있을 것입니다. 우리는 이렇게 말할 수 있습니다. "우리는 다른 모든 조직보다 더 강합니다. 책임을 나누지 맙시다. 모두 책임을 집시다." 이것이 역사 속에서 계속 반복되어 발생하는 것입니다. 거의 늘 발생합니다. 그러나 우리가 그렇게 했다는 것이 아닙니다. 나는 많은 경우에 혁명의 성공은 올바르고, 신중하고,

지성적인 해결책에서 시작된다고 믿습니다.

내가 대항해서 싸우기 시작한 첫 번째 분파주의 형태는 도시에 남아 있는 사람들과 다르게 사물들을 보기 시작한, 산악지대와 지하에서 싸웠던 이들의 분파주의였습니다. 나는 말했습니다. "그들은 싸웠고 위험을 감수했습니다. 종종 그들은 우리보다 더 위험을 감수했습니다." 그들은 우리가 걷는 것만큼 걷지 않았을지 모르고 우리가 올랐던 산에 오르지 않았을지 모르지만 그들은 매일 위험을 감수했습니다.

우리가 지역을 장악했을 때, 비행기가 나타나 새벽에, 또는 일몰에, 또는 정오에 우리를 발견할 수도 있었습니다. 그래서 우리는 미리 내다볼 수 있는 위험에 대비를 했습니다. 그러나 지하에서 싸웠던 동지들은 많은 위험들을 겪었습니다. 그들 중 많은 이들이 죽었습니다. 사실 게릴라 투쟁보다 지하에서 싸웠던 사람들이 더 많이 죽었습니다. 물론 부대 단위로 전투를 하는 게릴라들은 더 많은 훈련을 받았고, 집단적인 정신에서 더 많은 것을 공유했습니다. 지하에서 싸웠던 사람들은 조금 더 개별적입니다. 그들은 보통 더 독립적이고, 더 고립되어 있었습니다. 형제애, 훈련, 그리고 단체정신을 돈독하게 촉진시키는 데는 공개투쟁이 지하투쟁보다 더 도움이 됩니다.

반대해야 하는 두 번째 분파주의 경향은 더 작고 덜 강력한 다른 조직들과 관련을 맺는 우리 조직의 분파주의였습니다. 이 때문에 두 번째로 큰 규모의 조직이고 노동자들 사이에 상당한 영향력을 지닌 인민사회당PSP과 관련을 맺는 일뿐만 아니라 다음 규모인 7월 26일 운동을 포함한 다른 모든 조직들과 관련을 맺는 일도 회피하게 만들었습니다. 비록 모든 노동조합들이, 노동조합 지도자들이 바티스타의 통제를 받았지만 우리의 운동, 게릴라 부대는 노동자들 사이에서 엄청난 명망을 누렸습니다. 1월 1일 아바나에서 내가 언급했던 쿠데타가 발생했을 때, 나는 혁명적인 총파업을 촉구했습니다. 그것은 사실상 우리가 몬카다 수비대를 공격했을 때인 5년 6개월 전에 세웠던 계획의 일부로 기본적인 생각은 변함이 없었습니다. 나는 계속 전진하도록 부대에 명령했고 그리고 노동자들, 인민들에게 모든 활동을 중단하도록 요청했습니다. 그들은 강력한 훈련대로 했기 때문에 전국이 마비되었습니다. 그다음 텔레비전과 라디오 노동자들은 반란군 본부의 라디오 방송인 라디오 라벨데 방송을 전국의 모든 텔레비전과 라디오 방송국을 통해 내보내기 시작했습니다. 문을 닫지 않은 유일한 곳은 텔레비전과 라디오 방송국이었고, 그들은 라디오 라벨데에 주파수를 맞추었습니다. 나는 인민들에게 말하고 싶었습니다. 인민들은 계속 역할을 하는 유일한 중심이었기 때문입니다. 우리는 노동자들 사이에서 도덕적으로 큰 영향력을 미치고 있었습니다.

인민사회당PSP에는 가장 많은 정당 경험과 최고 수준의 정치조직과 최대 인원의 경력 있는 간부들이 있었습니다. 투쟁을 단계적으로 이행했던 우리 부대는 더 소규모였으나, 그 단계 동안 많은 장점들을 축적했던 젊은 동지들이 많았습니다. 그런 다음 학생들 가운데 혁명위원회가 등장해서 호세 안토니오 에체베리아가 사망할 때까지 이끌었고, 그 후 파우레 초몬이 지도자가 되었습니다. 서로 다른 세 조직들이 투쟁에 참여했었습니다. 그 뒤에 무장투쟁에는 참여하지 않았지만 바티스타를 반대했던 다른 모든 정당들과 조직들이 있었습니다. 비록 힘에 의해 대체되었던 낡고 불명예스러운 정당들이지만 나는 모든 조직들과 정당들의 대표자들과 대화를 했습니다. 이 조직들과 함께해서라도, 우리는 분파주의자가 되기를 원하지 않았습니다. 그리고 우리는 통합의 깃발을 올렸습니다.

인구의 95퍼센트가 혁명에 호의적이었고 85 내지 90퍼센트가 7월 26일 운동을 지지했습니다. 반면 다른 조직들은 5 내지 10퍼센트가 지지했습니다. 우리의 정책은 5퍼센트가 필요하고 일치가 필요했습니다. 혁명에서 일치는 정확한 양적 문제가 아닙니다. 그것은 역시 질적 문제입니다. 나는 다른 당들의 군사력 총합이 10 내지 15퍼센트가 되는지 아닌지를 생각하지 않았습니다. 다른 당들은 혁명에 질적인 우수성을 제공합니다. 즉 통합과 통합의 원칙을 제공합니다. 만일 통합의 원칙이 강하게 자리 잡지 못하면, 다른 당들과 갈라지게 될 것이고, 그런 흐름, 기준, 그리고 적의가 나타나자마자 자신의 조직 내부에서 역시 분리가 나타날 것입니다. 우리 운동은 매우 혼합적이었습니다. 우리 운동의 특성은 좁은 강바닥을 흐르는 아마존강 같은 사람들처럼 대규모 대중들을 포함하고 있었습니다. 그리고 아마존에 있는 모든 부문들로부터 등장한 온갖 종류의 사람들을 발견할 수 있었습니다.

우리는 모든 조직들에 통합의 원칙들을 적용했습니다. 혁명을 떠난 사람들은 그들이 머물 기회를 갖지 못했기 때문이 아니라, 머물기를 원하지 않았기 때문이라고 확신할 수 있습니다. 우리는 모든 사람에게 기회를 주었지만 그다음엔 불순응, 야심, 그리고 좌절이 찾아왔습니다. 미국은 결정적이고 체제 전복적인 정책을 시행했습니다. 이해가 충돌했고, 많은 정당들이 미국과 반동의 이해를 지지하기 시작했습니다. 기본적으로 세 조직이 남아 있던 그 투쟁에서 가장 명성이 높았습니다. 7월 26일 운동, 인민사회당(구 공산당), 인민위원회(학생들의 정치조직)입니다. 우리는 즉각 진력을 다해 조직화하기 시작했습니다.

이것은 쉽지 않았습니다. 분파주의가 나타났기 때문입니다. 우리는 대열 속에 있는 분파주의에 대항해 싸웠습니다. 그러나 인민사회당은 분파주의에 대항해 싸우지 않았습니다. 그곳에는 토론과 비판을 일으켰던 분파주의가 있었습니다. 어느 시점에 우리는 그것을 종식시켜야 했습니다. 혁명위원회에도 분파주의 징후들이 있었는지 몰랐는데, 불과 며칠 만에 사실로 드러났습니다.

이 세력들 간의 일치와 협력은 군사들 사이에서도 지도자들 사이에서도 구축되었습니다. 그래서 혁명의 승리를 맞고 몇 달 뒤에, 우리는 다양한 세력들을 대표하는 집단 지도력을 발휘하기 시작했습니다. 주요 간부들은 이 조직에 있었습니다. 물론 체가 소속되어 있었고, 라울과 나, 반란군 및 7월 26일 운동 출신인 다른 한 무리, 추가로 다른 조직 출신인 몇 명의 동지도 포함되었습니다.

전통에 따라 집단 지도력의 원칙은 혁명의 승리 이후 즉각 세워졌습니다. 그래서 조직들이 합쳐지기 전이라도, 바로 혁명의 시작 직후부터 우리는 집단 지도력을 갖게 되었습니다. 우리는 지도력에 사용될 거의 모든 도구들을 분석하고 토론했습니다. 즉 혁명 초기부터 지도력의 실체를 만들었고, 그 원칙들은 지금도 널리 유포되고 있습니다. 그다음 모든 세력들은 다양한 조직들이 합쳐질 때 통합되어 단일한 조직이 되었습니다. 그때 통합혁명조직이 탄생되었습니다.

그 시기에 분파주의의 징후들이 있었습니다. 어떻게 그 징후들이 나타났을까? 인민사회당은 우리 조직보다 더 동질적인 조직이었습니다. 그것은 정치 교육을 더 잘 받은 노동계급조직이었습니다. 우리 조직은 몇몇 어려움과 경향성들이 있는 더 이질적인 조직이었습니다. 그때 제국주의가 활동을 강화하기 시작했습니다. 우리는 상당히 적은 수의 간부들이 있었기 때문에 절대적으로 신뢰하는 간부에게 요구되는 정치적인 임무를 맡길 때 공산당 경험이 있는 구성원을 때때로 선발했습니다. 때로는 경험이 적고 더 어린 동지를 선발하는 것보다 그렇게 하는 것이 더 안전했습니다.

인민사회당은 많은 수는 아니었지만 매우 유능한 간부들을 보냈습니다. 인민사회당의 당원은 많았지만, 우리의 7월 26일 운동에 참여했던 많은 대중들과 비교될 수 없었기 때문입니다. 간부들이 관계했을 때 우리의 운동은 중요한 기여를 했습니다. 그것은 간부들을 갖고 있다는 강점 때문입니다. 우리 운동의 시작과 혁명의 승리 사이에 거의 6년의 시간이 지났음을 기억하기 바랍니다. 우리 운동 구성원들이 조직에 15년, 20년, 혹은 25년 동안 계속 있을지 말할 수 없었습니다. 인민사회당은 아주 오래전에 조직되었습니다. 그 구성원들은 이념적으로 잘 훈련받았으며 간부들을 파견했습니다. 물론 우리의 운동이 대다수의 간부를 보냈지만 인민사회당은 매우 유능한 간부들을 제공했고, 혁명위원회도 마찬가지였습니다.

다른 조직들의 구성원들도 혁명에 합류했습니다. 그들의 지도자는 떠났지만 정직한 일반 구성원들은 그대로 남았습니다. 그들의 매우 소수의 지지자들 중 일부는 혁명과 함께 남았습니다. 나는 "매우 소수"라고 말했습니다. 그 이유는 압도적인 다수의 지지로 혁명 과정을 통해 전통적인 정치정당이 실질적으로 폐지되었기 때문입니다. 어떤 사람들이 "나는 100명의 추종자가 있습니다" 또는 "나는 200명 있습니다"라고 할 수 있지만, 혁명은 수백만 명의 지지를 받았습니다. 그런 다음 우리는 기초적인 원칙인 일치의 원칙과 집단 지도력을 적용시켰습니다.

내가 이미 말했듯이, 몇 가지 문제들이 있었습니다. 어느 시점에 인민사회당은 신뢰받는 간부들이 있었습니다. 그들은 구 공산당이 파벌주의를 초래했던 경험을 가진 당의 간부들이었습니다. 이 문제는 새로운 게 아니었습니다. 그것은 일치가 이루어졌을 때 나타나지 않았습니다. 오히려 어떤 징후들은 당 내부에서 일어났습니다. 공산당원들이 지하에서 바티스타에 대항해 투쟁하는 동안, 야심과 정당하지 않은 방법들로 지하활동 수행의 조건들을 이용하며 과도한 권력을 행사하기 시작한 사람들이 등장했기 때문입니다. 당들이 합쳐졌을 때도 그 요인들이 존재했으나 별문제 없이, 어려움 없이, 분파주의 반대 투쟁으로 해결되었습니다. 그것은 내가 한 일입니다. 첫 번째 나는 게릴라들의 분파주의에 대항해 싸웠습니다. 그다음 우리 운동에 그렇게 했고, 그 뒤 다른 조직들의 분파주의에 대항했습니다. 그러고 나서 불쑥 튀어나오는 분파주의의 다른 징후들과 싸웠습니다. 인민사회당은 분파주의자들이 있었습니다. 우리는 어떤 곳이든 분파주의를 막아야 했습니다. 더 이상 그대로 둘 수 없었습니다. 그것은 협력을 보존하고 모든 형태의 분파주의에 대항한 지속적인 투쟁이었습니다. 우리는 1965년, 당을 설립할 때까지 이 방식을 계속 전개했습니다.

사회주의는 1961년에 공포되었습니다. 바로 피그스 만 침공 시기였습니다.

침공 때까지 우리는 이미 많은 법률들을 만들었습니다. 미국은 쿠바에 대해 통상금지, 경제봉쇄 같은 여러 조치들을 취했고 우리는 미국의 산업시설들에 대한 국유화로 대응했습니다. 미국이 우리의 설탕수출할당제를 중단시켰고 우리는 몇몇 산업과 모든 설탕 공장들을 국유화했습니다. 미국의 조치에 맞서 우리의 조치로 대응했습니다. 미국이 쿠바에 대해 적용한 모든 조치들은 국유화 과정을 더욱 빠르게 촉진시켰습니다.

그 뒤 거대한 반공주의 선전이 시작되었습니다. 그것은 몇 해 동안 계속해서 주입했던 모든 편견들을 기회로 활용하기 위해, 대다수 주민들의 정치적 무지, 정치적 교육과 문화의 결핍을 처음으로 이용한 사건이었습니다.

그것은 악명 높은 사건이었습니다. 예를 들어 탈출을 부추기는 선전의 일부로, 완전히 잘못된 법률이 하루 만에 발견되었다는 것입니다. 누군가 한 부처에서 그것을 가지고 나왔다는 말이 있었습니다. 법적인 강제에 의해 가족들에게서 자녀들을 빼앗아 가는 법률이 있다는 주장도 있었습니다. 얼마나 터무니없습니까! 그러나 당신도 알다시피, 터무니없는 일들이 이성이 아니라 본능에 호소해 공포를 주입시킵니다. 이성적 인간은 그런 일을 믿을 수 있다고 결코 말하지 않습니다. 그러나 "이봐, 그놈들이 당신 애를 빼앗아 갈 거라고." 하는 말을 들은 엄마는 공포에 질립니다. 또 다른 것은 아이들을 소련 같은 데로 보낼 거라는 소문이었습니다.

나는 우리를 비난하는 그러한 소문들이 새로운 것인지 궁금했습니다. 훗날 내가 노벨문학상 수상자인 숄로호프의 『고요한 돈강』과 몇 권의 소설들을 읽었을 때, 나는 이런 비난이 볼셰비키 혁명만큼 오래되었다는 사실을 발견했습니다. 40년이 흐른 뒤에 우리를 비난하는 것과 같은 소문들이 그 당시에도 퍼지고 있었습니다. 그것들은 새로운 상상의 결과도 아니고 오래된 비난일 뿐이었습니다. 쿠바에 대항하는 많은 선전들도 그렇게 시작되었습니다.

베토 그런 일들은 초기 몇 세기 동안 그리스도인들에게도 있었습니다. 사람들은 그들이 인육을 먹는다고 했습니다.

카스트로 맞습니다. 적절한 사례입니다. 나는 가끔 당시에 그리스도인들이 비난받았던 것은 중상모략의 일종이었다고 생각합니다. 같은 소문들이 프랑스 혁명에서도 퍼졌다는 것을 짐작할 수 있습니다. 소문은 도처에 퍼집니다.

미국은 탈출을 부추기려고 중상모략을 했습니다. 과거에는 그런 적이 없던 미국이 입국을 원하는 모든 사람에게 문을 개방했습니다. 미국이 우리에게서 교사, 의사, 엔지니어와 기술자들을 빼앗아 가기 위해서였습니다. 숙련된 인력들의 탈출이 시작되었습니다. 미국은 높은 급료를 제공했습니다. 이전에는 결코 제공하지 않았던 것을 말입니다.

우리는 도전을 받았습니다. 하지만 그 사람들에게 떠날 수 없다고 말하지 않았습니다. 이렇게 말했지요. "맞습니다. 우리는 새로운 세대의 기술자들과 전문가들을 교육해야 합니다. 그리고 그들은 떠나는 사람들보다 더 나을 것입니다." 우리는 쿠바에 남아 있는 사람들과 함께 우리의 대학들을 발전시켰습니다.

베토 당시 얼마나 많은 사람들이 이 나라를 떠났습니까?

카스트로 한 가지 사례만 말한다면, 당시 6,000명의 의사들이 있었습니다. 그중 절반인 3,000명이 떠났습니다. 지금 쿠바는 공공의료에서 제3세계 나라들 중에 첫 번째 순위이고 여러 선진 국가들 가운데서도 앞서 있습니다. 우리의 의료 프로그램은 이 나라에 있었던 의사들 가운데 절반의 의사들과 함께 시작했습니다. 우리는 이미 의사가 2만 500명 있습니다. 그리고 지금부터 몇 달 내에 이번 학년도가 끝나면 2,436명이 더 졸업합니다. 이 숫자는 내년에 더 증가할 것이고 1988년부터는 매년 3,000명씩 졸업하고 1990년부터는 3,500명씩 졸업합니다. 우리는 15년 내에 5만 명의 새로운 의사들을 맞이하게 될 것입니다. 그러나 이 나라에 전체 의사의 절반만 남았을 때가 있었습니다. 미국은 우리를 도전에 직면하게 만들었습니다. 그래요, 우리는 많은 도전에 맞서야 했습니다. 나는 왜 우리가 여기에 이르렀는지 생각해봅니다.

적은 오도하고, 혼란에 빠뜨리고, 상처를 주기 위해 편견, 거짓, 선전에 의지했습니다. 그때 사람들은 견고한 정치적 기반을 갖지 못했으나 혁명을 지지하고, 혁명을 신뢰하고, 그리고 혁명이 그들 편의 정부를 세울 것임을 알았습니다.

우리는 프로그램을 단계적으로 적용했습니다. 모든 침략행위들로 인해 혁명 과정이 앞당겨졌습니다. 그게 원인이 되었냐고요? 아니요, 그렇게 말했다면 실수를 한 겁니다. 나는 침략행위가 쿠바 사회주의의 원인이 되었다고 말하는 것은 아닙니다. 그것은 맞지 않습니다. 우리는 질서정연하게, 합리적인 일정으로, 가능한 한 정신적 충격이나 문제가 없이 쿠바 사회주의를 건설할 것입니다. 제국주의의 침략행위는 단지 혁명 과정을 가속시킬 뿐입니다.

미국은 우리가 사람들에게 말 따로, 행동 따로 하면서 혁명을 배반했다는 소문도 퍼뜨렸습니다. 훗날 『역사가 나를 무죄로 하리라』라는 제목으로 출판된 몬카다 재판에서의 나의 변론을 읽은 사람은 우리가 적용해나간 프로그램이 책에 제시되어 있는 것을 보았을 것입니다. 물론 우리가 그 프로그램을 작성했을 때는 미국이 우리의 설탕수출할당량을 강탈하고, 공격적인 조치를 취하고, 군사력으로 이 나라에 침입해 혁명 파괴 시도를 하리라고는 상상도 할 수 없었습니다. 그때 우리는 여전히 이상적으로 단지 쿠바가 주권국가이기 때문에 그리고 우리가 정당한 일들을 하기 때문에 모든 사람들이 쿠바가 한 일을 존중할 것이라고 믿었을지 모릅니다. 이것은 우리가 겪은 실천적인 교훈이었습니다. 제국주의는 사회 변화의 발생을 허용하지 않는다는 것을 우리에게 가르쳐주었습니다. 제국주의는 사회 변화를 받아들이지 못하고 무력으로 방해를 시도합니다. 우리가 당시 내린 결정은 필연적이기도 합니다. 만일 주저했다면, 만일 두려워했다면 혹은 만일 물러섰다면 우리는 틀림없이 패했을 것입니다.

그때 침공이 시작되었습니다. 우리가 갖고 있던 소수의 비행기들을 파괴하기 위한 첫 번째 기습공격이 1961년 4월 15일 새벽에 모든 공군기지에서 감행되었습니다. 나는 전투 사령부에서 밤을 새우며 머물러 있었습니다. 오리엔테 주의 해안에서 방금 발견된 적의 부대가 상륙하고 있다는 보고를 받았기 때문입니다.

라울이 오리엔테에 있었습니다. 그런 상황이 발생할 때마다 우리는 지역을 나누었습니다. 알메이다가 섬의 중심부에 파견되었습니다. 체는 서부 지역에 파견되었고, 나는 아바나에 머물렀습니다. 미국이 쿠바를 침입할 조짐이 있을 때마다 우리는 지역을 나누었습니다. 물론 우리는 어떤 의미에서든 오늘날과 같은 조직을 당시에는 갖지 못했습니다. 나는 상륙 지점에 대해 보고를 받았습니다. 경계태세를 취하고 있었을 때, 나는 새벽에 아바나 베다도의 한 가옥인 전투사령부 근처를 날고 있는 비행기를 몇 대 보았고, 몇 초 후에 비행기들이 시우다드 리베르타드에 있는 공군기지를 로켓으로 공격하는 것을 보았습니다. 그들은 우리의 비행기들을 파괴하려고 여러 곳의 공군기지들을 공격했습니다. 여러 명의 전투원도 전사했습니다.

정말로 인상 깊은 일이 일어났습니다. 부상을 당해 출혈로 사망한 전투원 중 한 명이 출입문에 자신의 피로 내 이름을 써놓았습니다. 그것은 지금 박물관에 보관되어 있습니다. 매우 인상 깊은 일이었지요. 젊은 군인은 죽어가면서도 자신의 피로 이름을 쓰며 저항한 것입니다.

그 분노는 엄청나게 컸습니다. 4월 16일 수만 명의 무장한 군인과 반란군 부대들이 희생자를 기리기 위해 모였습니다. 군대는 아직 소규모였고 대부분의 구성원들이 노동자, 농민, 학생들이었습니다. 그런 경우에 나는 군사적인 반응뿐만이 아니라 정치적인 반응도 보여주었습니다. 나는 피그스 만 전투 전에 혁명의 사회주의적 성격을 선포했습니다.

그들의 상륙은 같은 날 밤 자정 무렵(4월 16일과 17일 사이) 시작되었습니다. 그들은 제공권을 장악하기 위해 우리의 공군력을 파괴하려 들었습니다. 그러나 우리에겐 조종사보다 더 많은 비행기가 있었습니다. 여덟 대의 비행기와 일곱 명의 조종사가 있었지요. 4월 17일 동이 튼 직후, 배들은 침몰당했거나 피신해 있었는데 이 배들이 전체 함대였습니다. 그리고 우리는 몇 대의 비행기와 함께 성공을 거두었습니다. 새벽에 그들은 피그스 만을 향해 상공을 날고 있었는데, 우리는 그 사실을 알아채자마자 주공격을 그 비행기들에 집중했습니다. 전투는 거기에서 발생했으나, 나는 그걸 말하려는 것이 아닙니다. 4월 16일, 혁명의 사회주의적인 성격이 선포되었습니다.

그러므로 우리 인민들은 미국이 조직한 침공에 대항해, 그리고 사회주의를 위해 전투를 벌였습니다. 인민들은 헌법을 지키기 위해, 바티스타를 전복시키기 위해, 그리고 1956년 이래 아직 사회주의적이지는 않지만 진보된 사회 프로그램을 위해 싸우고 있었습니다. 피그스 만에서 그들은 사회주의를 위해 싸웠습니다. 그것은 매우 상징적인 일로, 수만 명의 인민들이 무엇이 오든지 맞설 준비를 갖추게 되었습니다. 피그스 만의 전투는 미국 해군의 배들이, 즉 군함, 순양함, 항공모함들이 해안에서 겨우 3마일 떨어진 곳에 있는 상황에서 일어났다는 사실을 잊지 말아야 합니다. 미국의 군함들은 전투가 격렬하게 벌어진 곳에서 겨우 3마일 떨어져 있었습니다. 그리고 수만 명이 큰 결단으로 싸웠습니다. 그 전투에서 100명 이상이 전사했습니다. 죽은 전사들의 숫자보다 훨씬 더 많은 사람들이 미군이 우리나라에 상륙했을 경우 죽음을 각오한 상태였습니다. 적을 궤멸시킨 승리의 반격으로 미국은 자신들의 간섭을 요구할 최소한의 정치적 조건도 만들 수 없었습니다.

4월 16일, 나는 결정적인 투쟁의 그날 밤부터 인민들에게 이렇게 말했습니다. 우리는 우리나라의 사회주의를 위해 싸우고 있습니다.

이제 정당 가입을 허용한 사람들에 대한 질문에 답을 해볼까요.

그 과정은 내가 이미 말했던 모든 투쟁이 일어난 후 발생했습니다. 어떤 일이 일어났느냐? 교회를 독점했던 모든 특권사회계급들은 혁명을 반대했습니다. 그래서 정당을 조직하면서 우리가 신을 믿는 사람들을 제외했을 때, 우리는 그들을 잠재적인 반혁명분자로 제외했을 뿐이지 가톨릭 신자로 제외한 것은 아닙니다. 모든 가톨릭 신자들이 반혁명분자라는 의미는 아니었습니다.

우리의 이념적이고 원칙적인 요구들은 매우 엄격해야 합니다. 우리는 그 사람이 무신론자여야 한다는 요구를 하는 게 아닙니다. 반종교적인 이념들은 우리를 고무시키지 않았습니다. 우리가 요구하는 것은 마르크스레닌주의를 완전히 고수하는 것이었습니다. 그것이 우리를 매우 엄격하게 만든 환경이었습니다. 우리는 정당의 이념적인 순수성을 지켜야 했기 때문입니다. 물론 우리의 조건 아래, 그렇게 하는 것이 정치적으로 가능해야 합니다. 노동자, 농민, 그리고 우리를 지지하는 많은 인민 대중들은 활동적인 가톨릭 신자가 아니었습니다. 개인은 정당에 가입하면서 자신의 신앙을 부인할 필요가 없었습니다. 정당에 가입하는 이들은 모든 면에서 정당의 정책과 원칙을 받아들이는 것으로 추정되었습니다.

이런 일이 다른 나라에서 일어날 수 있었을까요? 아닙니다. 만일 우리나라의 대중들이 노동자, 농민, 그리고 대학생들인 엄청난 대중들이 활동적인 그리스도인들이었다면, 우리는 이러한 전제에 기반을 둔 혁명적인 정당을 형성할 수 없었을 것입니다. 우리는 그렇게 할 수 없었을 것입니다. 또 만일 대중들이 반혁명적이었다면 우리는 혁명을 완수할 수 없었을 것입니다. 물론 그런 경우는 결코 일어나지 않았습니다. 그러나 대부분의 활동적인 가톨릭 신자들은 부유하고, 반혁명을 지지하며, 이 나라에 남아 있기 때문에 우리는 신중하고 정통적인 규칙을 세워야 했습니다. 마르크스레닌주의는 정치적으로, 계획적으로, 그리고 철학적으로 모든 측면에서 수용되어야 합니다. 이 규칙은 그 환경의 결과로서 수립되었습니다.

만일 당신이 나에게 "꼭 그렇게 해야 합니까?"라고 묻는다면, 나는 "아닙니다, 꼭 그렇지 않습니다"라고 말할 것입니다. 나는 꼭 그렇게 할 수도 없고 역사상 그렇게 한 적도 없었다고 확신합니다. 어떤 나라에서는 대부분의 국민들이 가톨릭 신자입니다. 폴란드 같은 사례가 있습니다. 폴란드 공산당의 다수 구성원들이 가톨릭 신자입니다. 그러나 이것은 혁명 운동이나 공산주의 운동의 한 전통으로 형성되지 않았습니다. 라틴아메리카에서도 그렇게 되지 않았습니다.

베토　쿠바 공산당의 구성원으로서, 당신은 1986년 2월에 열릴 쿠바 공산당 제3차 대회 기간에 당이 평신도의 성격을 선포하고, 미래에는 쿠바의 혁명적 그리스도인들에게 정당 가입이 허용될 것이라고 생각합니까?

카스트로　제3차 대회가 곧 열립니다. 그런데 나는 그런 조건들이 만들어지고 있는지 모릅니다. 나는 정직하게 말하겠습니다. 당신은 2월 얘기를 했지만, 그것은 아주 가깝게 다가와 있습니다. 당신과 내가 많은 주제들에 대해 대화를 하고 있지만, 이 주제에 대해서도 이야기를 나누어야 합니다.

지금은 당과 교회 사이에 공존과 상호 존중의 시대입니다. 몇 년 전만 해도 우리는 가톨릭교회와 어려움이 있었습니다. 그러나 어려움은 해결되었고, 지난 시간 동안 존재했던 모든 문제들이 사라졌습니다. 우리는 개신교 교회들과는 결코 그러한 문제들이 없었습니다. 그리고 개신교 교회 기관들과 우리의 관계는 항상 좋았고 아직도 그렇습니다. 언제나 우리를 지지하는 가톨릭 신자들뿐만 아니라 활동적인 많은 개신교 신자들도 이렇게 말할 것입니다. "우리를 차별하는 방식은 공정하지 않습니다." 우리나라에는 개신교 신자들보다 더 많은 가톨릭 신자들이 있습니다. 그러나 차별이 있다고 여기는 사람은 개신교 신자들이 많습니다. 그리고 그들은 언제나 혁명과 좋은 관계를 가졌습니다.

우리는 평화 속에 공존하는 것보다 더 중요한 일을 해야 한다고 말하고 있었습니다. 더 친밀해지고 더 좋은 관계를 맺어야만 합니다. 혁명과 교회 사이에서 더욱 협력해야 합니다. 교회는 지주, 유산자계급, 부유층을 대표할 수 없기 때문입니다. 교회가 지주, 유산자계급, 부유층을 대표했을 때 그들과 더 친밀해지고 우리와 협력하기란 불가능했습니다. 이런 관점에서 자기비판이 있을 수 있고 교회와 협력이 가능할 것입니다. 왜냐하면 과거 몇십 년간 비판적인 방향에서 작용하지 않았지만 공존과 상호 존중으로 우리 스스로 만족하고 있었을 것이기 때문입니다.

당신도 알다시피, 시민들의 종교적 신앙에 대한 절대적 존중은 우리 헌법에 수립되었고 보장되었습니다. 이것은 단지 정치적인 책략이 아닙니다. 정치적인 원칙으로서 신자들에 대한 존중은 올바른 일입니다. 왜냐하면 우리는 많은 신자들과 함께 살아가며, 혁명과 종교적 신념 사이의 대립은 바람직하지 않기 때문입니다. 대립이 발생할 때, 반동과 제국주의는 종교적 신앙을 혁명에 대항하는 무기로 사용할지도 모릅니다. 왜 우리가 노동자, 농민, 혹은 가난한 사람의 종교적 신념을 혁명에 대항하는 무기로 사용하도록 만들어야 합니까? 그렇게 하는 것은 정치적으로 잘못된 일입니다. 나는 이것을 정치적 관점만이 아니라 원칙의 문제로도 보고 있습니다. 그것은 분명히 정치적 술책의 문제가 아닙니다. 나는 모든 시민들의 의료, 생명, 자유, 그리고 다른 모든 권리와 함께 자기 자신의 신앙에 대한 권리가 존중되어야 한다고 생각합니다. 즉, 나는 개인에게 자기 자신의 철학사상과 종교신념을 갖거나 갖지 않을, 양도할 수 없는 권리가 있다고 믿습니다. 나는 다른 권리들과 함께 모든 개인의 양도할 수 없는 권리를 믿습니다. 다시 말합니다만, 그것은 분명히 정치적 술책의 문제가 아닙니다.

지금 당신은 정당 가입의 조건들이 존재하느냐 묻고 있습니다. 나는 마땅히 존재해야 할 만큼 있지 않기 때문에 그 조건들이 존재한다고 생각하지 않습니다. 만일 당신이 나에게 "이것이 혁명에 필수적인 문제였나요?"라고 물었다면, "나는 아닙니다, 그렇지 않습니다"라고 말했을 것입니다. 왜냐하면 우리의 혁명은 엄청난 힘, 엄청나게 정치적이고 이념적인 힘을 가졌기 때문입니다. 그러나 만일 우리가 이러한 환경을 성취하지 않았다면, 우리 혁명이 완벽하다고 말할 수 없습니다. 왜냐하면 그런 환경 속에 있는 한, 자신들의 사회적 의무를 다른 사람과 똑같이 다 한다고 해도 종교적 신념으로 인해 어떤 이들은 같은 권리를 갖지 못하며, 우리 혁명의 성과도 완성되지 않을 것입니다.

베토 물론입니다. 그러나 그전에 정당이 당원에게 고백하도록 하는 방식을 없애는 것이 전제되어야 합니다.

카스트로 글쎄요. 내가 문제에 접근하는 당신의 방식에 근거가 있다고 인정하더라도, 나는 당신이 말하는 정당이 당원에게 고백하도록 한다는 표현은 받아들일 수 없습니다. 그것은 분명히 고백하는 방식은 아닙니다. 그런 방식은 우리의 철학과도 부합하지 않기 때문입니다. 나는 이 문제를 어떻게 생각하는지 밝히고 있습니다. 내가 설명한 것처럼, 이것은 역사적인 상황에서 발생한다고 믿습니다. 그리고 나는 하나의 본보기로 삼으려는 것이 아닙니다. 나 역시 혁명의 미덕을 가진 모든 사람들이 혁명과 밀접하게 일치하고 어떤 종교적 신념을 갖고 있을지라도 모두 같은 인식을 하고 있다는 것을 오히려 더 잘 보고 있습니다.

이것이 내가 고백의 방식이 아니라고 말하는 이유입니다. 당신이 말하듯 그것은 일종의 종교를 닮거나 종교가 될 수 있기 때문입니다. 우리는 사람들이 무신앙을 철학으로, 무신론을 종교로 실천하리라고 생각하지 않습니다.

나는 무슨 일이 일어났는지 당신에게 말하고 있습니다. 나는 그일에 참여했고, 그것은 나의 생각이지 다른 사람의 생각은 아닙니다. 나는 엄격한 적용에 대해 전적인 책임을 지고 있습니다. 그것을 부인하지 않습니다. 왜냐하면 내가 "어떤 환경에서도, 이것은 해야 할 옳은 일입니다. 우리는 완벽한 순수성을 요구해야 합니다. 우리는 미국이 우리를 적대시하고, 우리를 침략하고 있기 때문에, 최소한의 틈이나 추호도 불일치가 없는 굳게 단결된 정당이 필요하기 때문에 그렇게 요구해야 합니다. 우리는 우리를 분열시키려는 강력한 적과 맞서야 하기 때문에, 종교를 우리 혁명에 반대하는 이념으로 사용하는 적이 있기 때문에 매우 강력한 정당이 필요합니다. 이것이 이 방식이어야 하는 이유입니다"라고 말한 사람이기 때문입니다. 이 말을 한 사람으로서 나는 그에 대한 책임을 받아들입니다. 만일 누군가 그것에 대해 역사적으로 책임이 있다면, 그 사람은 나입니다. 내가 제안했고 주장했기 때문입니다. 그래서 지금 나는 나의 생각과 관점과 이 모든 것에 대한 역사적인 이유와 이 방면에서 진보를 위한 조건들을 만들기 위해 협력할 진정한 필요성을 피력하고 있습니다. 혁명의 승리 이후 26년이 지났기 때문입니다. 나는 대부분이 가톨릭교회인 쿠바 교회 못지않게 자신을 비판할 수 있습니다. 과거에 당원의 선정 과정에서 이 적용을 엄격하게 강요했던 흔적들을 지우는 데 필요한 조건들을 만들지 못했기 때문입니다. 정치인이자 혁명가로서 나는 우리가 한 일 가운데 모범으로 받아들여지지 못할 것도 있고, 다른 라틴아메리카와 달라야 하는 것들도 있다는 것 역시 알고 있습니다. 나는 조금의 의심도 없이 이것을 인정합니다.

베토 쿠바 국내 상황에서 혁명 과정에 참여하기를 원하는 그리스도인들이 학교에서, 대학에서, 혹은 전문적인 활동에서 차별을 받고 파괴분자로 여겨진 것을, 당신은 잘못된 일이라고 믿습니까?

카스트로 원칙적으로 나는 어떤 종류의 차별에도 동의할 수 없습니다. 이것은 분명합니다. 만일 그리스도인들에 대한 어떤 미묘한 차별이 존재했는지 묻는다면, 나는 그렇다고 답할 것입니다. 나는 솔직하게 그렇다고 해야 할 것입니다. 우리는 아직 극복하지 못한 것이 있습니다. 그것은 의도적인 것이 아닙니다. 계획한 것이 아닙니다. 차별은 존재하고, 나는 우리가 이 단계를 극복해야 한다고 믿습니다. 비록 제국주의가 여전히 우리를 침입하고 있고 거기에 있는 많은 사람들이 종교를 반혁명 이념으로 바꿔놓았던 과거의 유산자계급, 지주, 특권층이라고 하더라도 조건들은 만들어져야 하고 신뢰가 서야 합니다. 우리는 제국주의자들과 그 하수인들인, 제국에 있는 사람들에게 협력하라고 요청하지 않을 것입니다. 하지만 우리는 조건들을 만들고, 그렇게 해서 우리나라의 모든 혁명세력들 가운데 존재하는 신뢰와 형제애를 통해 종교를 반혁명 무기로 사용하는 일을 파기할 것이라고 말할 것입니다.

나는 어떤 형태의 차별도 반대합니다. 당신이 우리가 다음 회기에 이것을 할 수 있을지 나에게 묻는다면, 나는 "아니요, 아직 아닙니다"라고 말할 것입니다. 왜냐하면 이것을 모든 당원들에게 설명하고 전부를 함께 분석해야 하기 때문입니다. 최고 정상부터 혹은 정치국 회의에서 혹은 중앙위원회 회의에서 '이것이 그렇다'고 말하는 게 우리의 정책은 아닙니다. 필요한 조건들과 의식이 만들어질 때까지 나는 그것에 대해 언급하거나 사람들에게 '그를 당원으로 만듭시다'라는 말도 꺼낼 수 없습니다. 내가 어떤 이유를 들 수 있을까요? 당원은 그 이유를 알고 이해할 필요가 있고, 나는 당신이 이 점에 관해서 큰 도움을 줄 수 있다고 생각합니다. 당신은 이야기를 계속해감으로써 도울 수 있습니다. 또한 우리 남반구에 있는 많은 진보적인 사제들이 도울 수 있을 것입니다. 그렇게 해서 많은 나라에서, 즉 당신의 나라, 니카라과, 엘살바도르, 그리고 다른 나라들에서 교회가 했던 것처럼 가난한 사람들을 위한 환경 조성, 투쟁의 모범으로 교회의 일부가 라틴아메리카의 가난한 사람들과 함께할 수 있을 것입니다. 나는 당신들 모두 이런 방향에서 쿠바 교회들이 일하도록 도울 수 있다고 생각합니다.

이 문제는 단지 당신이나 내 생각으로 해결될 수 없습니다. 당신과 내가 그것에 대해 생각하고, 우리 당원들, 우리 간부들, 우리 중앙위원회 구성원들이 그것을 이해하고, 우리 인민들이 그것에 대해 생각하고, 쿠바 교회들 역시 그것에 대해 생각할 필요가 있습니다. 나는 우리가 이런 방향으로 일해야 한다고 생각합니다. 당신과 내가 하는 이런 접촉과 관점의 교환들이 매우 중요하게 애를 써야 할 일입니다.

베토　나는 여기에서는 위로부터 아래로 일이 부과되지 않는다는 것을 이제 깨달았습니다. 질문을 하기 전에, 나는 내가 서기장이 아니라 당원에게 질문하는 것이라는 점을 강조했습니다.

카스트로　맞습니다. 그래서 나는 당원으로서, 혁명가로서, 그리고 당 지도자로서, 그러니까 당 서기장으로서 대답했습니다.

내가 녹음기를 껐을 때는 오후 10시 몇 분 전이었다. 사령관은 아르헨티나 대사의 집에서 열리는 만찬에 참석하는 일정이 있었다. 떠나기 전에 그는 나에게 멋진 선물을 선사했다. 피델의 얼굴 그림과 소총의 총신이 눈에 잘 띄는 7월 26일 운동 포스터 복사물이었다. 원본은 1959년에 만들어졌다. 포스터 위에 그는 이렇게 썼다.

"어떤 사람도 아직 이루지 못했다. 그러나 만일 누군가 나를 신자로 만들 수 있다면, 그것은 프레이 베토이다. 나는 이 혁명 초기 포스터를 그에게 바친다. 형제로서, 피델 카스트로."

3

1985년 5월 25일, 토요일 오후 나는 아바나에 있는 우리 수도회에서 대학연맹 그리스도인 학생운동 소속 40여 명의 청년그룹이 개최하고 있는 모임에 갔다. 그 모임은 학생들이, 예수님이 나사렛의 회당에서 이사야 예언자의 한 구절을 읽는 루카복음의 장면을 묵상하기 위해 열렸다.

예수님께서는 당신이 자라신 나사렛으로 가시어, 안식일에 늘 하시던 대로 회당에 들어가셨다. 그리고 성경을 봉독하려고 일어서시자, 이사야 예언자의 두루마리가 그분께 건네졌다. 그분께서는 두루마리를 펴시고 이러한 말씀이 기록된 부분을 찾으셨다. "주님께서 나에게 기름을 부어주시니 주님의 영이 내 위에 내리셨다. 주님께서 나를 보내시어 가난한 이들에게 기쁜 소식을 전하고 잡혀간 이들에게 해방을 선포하며 눈먼 이들을 다시 보게 하고 억압받는 이들을 해방시켜 내보내며 주님의 은혜로운 해를 선포하게 하셨다."루카복음 4:16-19

"은혜로운 해"는 50년마다 돌아오는 해이며, 모든 유대인들은 그해에 빚을 갚거나 탕감하고 노예를 해방시켜야 했다. 그것이 하느님의 정의와 자비의 상징이었다.

진행자는 모임별로 나누어 쿠바의 현실 속에서 오늘날 우리의 삶을 복음의 의미로 분석해보자고 청년들에게 제안했다. 나는 한 모임에 합류해 그들이 말하는 것을 적었다.

"이기적인 관점에서 쿠바에 사회적 해방을 질문하는 그리스도인들이 있습니다. 그들은 다른 라틴아메리카와 전 세계에서 어떤 일이 일어나고 있는지 알지 못합니다. 그들은 해방을 진지하게 고찰하지 못합니다. 그들은 그리스도가 전하는 해방을 단지 영혼의 해방으로 생각합니다. 그들은 우리에게 영혼뿐만이 아니라 인간 전체를 자유롭게 할 의무가 있다는 것을 잊어버렸습니다. 그리스도인들은 자신들의 신앙과 사회에 헌신해야 합니다. 하느님은 가난하고 부유한 우리 모두를 위해 오셨습니다. 그러나 그분은 부자에게 그들의 재산을 나누라고 요구하셨습니다. 그리고 그분은 가난한 사람들을 위한 완전한 해방을 전하셨습니다. 그 해방은 가난한 이들이 인간으로서 발전하는 것입니다."

그 모임 지도자의 평가가 끝나자 긴 침묵이 이어졌다. 내 주위에 있던 여섯 명의 청년이 놀란 것 같았다. 나는 가까이 있는 다른 모임들에서는 이런 경우가 없었던 것을 주목했다.

"만일 여러분이 원한다면, 여러분들이 말할 수 있도록 내가 자리를 비키겠습니다." 나는 농담 삼아 말했다.

젊은 청년이 침묵을 깼다. "그리스도가 구원을 알리러 오셨습니다. 그러나 왜 사람들은 고향에서 예언자의 말을 듣지 않는 것입니까?"

아무도 답하지 않았지만, 그러나 모두 그 질문 뒤에 마치 신앙이 원래 이념적 일탈인 것처럼 쿠바의 많은 청년 그리스도인들이 자신들의 학교 친구들이나 직장의 동지들로부터 "파괴분자"로 여겨지기 때문에 느끼는 어떤 불안감을 이해하고 있는 것 같았다. 나는 적당한 기여를 했다.

"네, 예수님은 우리를 완전한 구원에로 부르셨습니다. 그리고 그분으로 말미암아 육체와 영혼 사이에 분열은 없어졌습니다. 그분은 개인을 사회와 떨어진 채 생각할 수 없으셨습니다. 병자를 치유하면서, 그분은 하느님이 생명을 위하신다는 것을 명백히 하셨습니다. 하느님은 질병을 바라지 않으셨으며, 그분은 빈곤을 기뻐하지 않으셨습니다. 원래 우리의 믿음은 체제 전복적입니다. 만일 우리가 오직 한 분이신 하느님이 계시고, 그분이 아버지시라는 것을 믿으면, 우리는 모두 형제들이고 어떠한 사회적이거나 인종적 차이들이 우리 사이에 정당화될 수 없습니다. 평등을 위해 싸우는 것은 하느님이 추구하셨던 형제애를 실현시키도록 투쟁하는 것입니다. 왜냐하면 우리가 인류를 갈라지게 하는 장애물들에 대항하는 투쟁을 중단할 때, 우리는 하느님의 형제애를 부인하는 것이기 때문입니다."

다른 청년이 크게 말했다.

"지금, 쿠바는 사회주의 사회입니다. 그 속에서 우리는 의문의 여지가 없이 첫 번째 중요한 대립을 겪었고, 그것은 긍정적이지 않았습니다. 하지만 많은 그리스도인들은 그들의 원한과 분열을 극복했고 비신자들과의 대화를 시작했습니다. 그 대화는 이 나라에서 누구도 기아로 죽지 않는다는 사실에 근거를 두었습니다. 사람들은 배급카드에 불평하지만, 그러나 빈틈없는 봉쇄에도 불구하고 여기서는 아무도 굶주리지 않았습니다. 우리는 건강 문제를 해결하기 위해 줄을 서서 기다릴 필요가 없습니다. 우리에게는 의사에게 돈을 내는 사람이 우선권이 있는 나라들과는 다른 종합병원과 병원들이 있습니다. 자신들의 나라에 존재하고 있다는 민주주의에도 불구하고 그들은 불평등하며 많은 이들이 비참 속에 살아갑니다. 여기 우리 사회에는 그러한 문제들이 없습니다. 그러나 많은 그리스도인들이 그것을 잊어버렸습니다. 라틴아메리카는 지금 심각한 외채 문제에 직면해 있습니다. 우리가 읽은 성경 본문에서, 그리스도는 유대인들이 매 50년마다 기념했던 희년에 대해 말씀하셨습니다. 희년에는 모든 채무들이 탕감되고 정의가 실현되었습니다. 엑첼시오르와의 인터뷰에서, 외채상환불가를 선언했을 때 피델은 그리스도가 하셨던 말씀을 반복했습니다. 그는 새로운 희년을 요청했는데, 그 누구도 아닌 바로 마르크스주의자 한 사람이 정의를 위해 이러한 요청을 한 것입니다. 가끔 우리 쿠바인들은 우리의 걱정이 다른 나라의 문제들에 비해 매우 사소하다는 것을 잊어버리고 불평하면서 우리의 시간을 모두 보냅니다."

나는 전체가 모인 자리에 참석했고, 같은 생각들을 나누었다. 나는 개신교 신자 청년에게서 "교회의 문화 혁신"에 대한 짧은 이야기를 들었고, 브라질의 상황을 설명해달라는 요청을 받았다. 그래서 호엘미르 베팅이 사령관에게 전한 자료 일부를 다시 인용하고 몇 가지 문제들을 더 깊이 다루었다. 그 뒤 나는 전화를 받았는데, 혁명궁 사무실에서 내게 세 번째 인터뷰를 준비하라는 전언이었다.

저녁 8시가 다 되었을 때 나는 쿠바의 지도자 사무실에 도착했다.

"인터뷰가 영신수련보다 더 못하군요." 피델은 아주 밝은 얼굴로 말했다.

"사령관님, 예수회 피정에서는 당신이 듣기만 했지만, 지금은 내가 듣는 사람입니다. 그것이 차이점이죠"라고 내가 대답했다.

우리는 테이블에 자리를 잡고 인터뷰를 시작했다.

미국 가톨릭 주교들과의 대화

베토 사령관님, 오늘 우리는 세 번째 부분의 대화를 시작합니다. 쿠바 혁명을 위한 당신의 투쟁의 역사는 차치하고, 쿠바의 교회, 정부, 그리고 국가 사이의 내부적인 관계들로 들어가보겠습니다. 두 가지 질문을 드리겠습니다. 첫 번째, 지난 1월에 여기서 미국 주교들과의 만남은 어떻게 갖게 되었습니까? 두 번째, 현재 쿠바주교회의와 어떤 관계입니까?

카스트로 나는 미국 주교들과의 만남이 좋았다고 생각합니다. 그들이 우리나라를 방문할 계획을 세웠고, 우리는 섬의 다양한 장소를 방문하도록 준비했습니다. 그들은 산티아고 데 쿠바에 머물러 있었고 쿠바 주교들이 준비한 다양한 활동 프로그램에 참여했습니다. 그 프로그램의 일부로 하루는 쿠바 정부가 지원한 활동들, 즉 정부가 준비한 프로그램이 있었습니다. 그날은 일찍 하루를 시작해서 여러 곳을 방문하기로 되어 있었습니다. 예를 들어, 미국 주교들은 아바나의 역사적 중심지에 안내되었습니다. 그곳은 유네스코가 역사적 유산으로 지정해서 복구 프로그램이 진행 중이었습니다.

그다음에는 아바나의 최신식 병원을 방문했습니다. 4,500명의 학생이 등록하고 있는 아바나 교외의 직업학교에도 갔습니다. 그리고 몇 년 전 혁명 후에 설립된 가장 중요한 교육기관인 새로운 형태의 시골 지역의 한 학교를 보러 갔습니다. 우리는 시골 지역에 약 600개의 학교를 세웠습니다. 그들은 그중 가장 오래된 학교를 방문해 학생들과 상당히 많은 접촉을 했습니다.

오후에 우리는 몇 시간 동안 계속해서 회의를 했습니다. 나는 모든 쿠바 주교들과 사회사목을 담당하는 몇몇 수녀들을 따라 우리가 초대했고 내가 주최하는 작은 연회에 가야만 했습니다.

우리는 아직 끝나지 않은 대화를 중단하고 연회장에 갔지만, 그 뒤에 우리의 대화는 재개되었습니다.

베토 쿠바 주교들과의 만남이 얼마 만이었습니까?

카스트로 글쎄요, 지난번 제시 잭슨이 쿠바를 방문했을 때 주교들 몇 사람을 만났습니다. 개신교회들에서 준비하고 가톨릭교회도 참여한 마틴 루터 킹에게 바친 추도식이 있었습니다. 잭슨이 나를 초대해 나는 그의 연설을 듣게 되었습니다. 그들이 몇 마디 해달라고 청했고 나는 기쁘게 받아들였습니다. 그 때문에 나는 가톨릭을 포함한 여러 교회 지도자들에게 인사를 했습니다.

나는 이미 미국 가톨릭교회의 입장이 무엇인지 알고 있었습니다. 왜냐하면 내가 생각하기에, 명망 있는 주교들 그룹이 우리 시대의 중요한 문제들을 다루는 데 있어 다수의 적절하고 용기 있는 위치에 자리를 잡고 있었기 때문입니다. 일례로 평화와 무기 경쟁을 위한 그들의 적들에 대한 주교들의 관심을 들 수 있습니다. 그들은 핵무기 사용, 특히 도시와 민간인을 향한 핵무기 사용에 관한 도덕적 본질의 논지들도 끌어내었습니다. 그들은 아직도 수백만 명의 미국인들에게 재앙을 가져오고 있는 빈곤에 대한 신중한 관심과 합리적인 태도를 보여주었습니다. 동시에 그들은 라틴아메리카의 간섭 정책에 관계하며 반대하고 있습니다. 게다가 그들은 개발도상국가의 빈곤과 다른 모든 문제들에 관계를 맺고 있습니다. 그들은 제3세계의 수백만 명이 겪고 있는 끔찍한 빈곤을 잘 알고 있습니다. 나는 이것이 가장 중요한 문제라고 생각합니다.

나는 이 문제들과 그들이 원하는 다른 모든 문제들에 관해, 주교들과 폭넓고 솔직하게 대화를 나누는 것이 흥미롭습니다. 쿠바와 관련해, 그들은 교회와 정부, 우리의 견해, 우리의 입장 사이의 관계에 대해 흥미롭게 배우고 있다고 생각했습니다. 게다가 그들은 교회와 혁명 사이에 더 넓은 관계 회복과 더 나은 이해를 이루길 원했습니다. 나는 어제 우리가 이야기 나누었을 때와 같은 방법으로 그동안 등장했던 투쟁들의 기원을 설명했습니다. 나는 그들에게 정치적 혁명의 주요 사건들에 대한 매우 솔직하고 역사적인 분석들도 전달하고 가톨릭교회 역사상의 진보적인 사건들과 비교했습니다. 나는 교회의 교리와 혁명 사이에 많은 공통점들이 있다는 것을 느낀다고 그들에게 말했습니다.

베토 예를 들면 어떤 것인가요?

카스트로 처음으로 비판적인 언급을 할 텐데, 이전에 내가 "우리는 때
때로 독단적이기도 합니다. 그렇지만 당신들도 독단적입니다. 가끔
은 당신들이 우리보다 더 독단적입니다. 역사상 어떤 제도도 가톨
릭교회만큼 독단적이지 않았습니다"라는 말을 한 적이 있습니다.
나는 그들에게도 혁명은 때때로 융통성이 없지만 역사상 어떤 제
도도 가톨릭교회보다 더 엄격하거나 융통성이 없지는 않다고 말했
습니다. 수 세기 동안의 교회의 엄격함, 완강함, 불관용으로 인해 교
회와 의견을 달리하는 사람들을 화형에 처하는 방안을 제도로 만
들었습니다. 나는 토르케마다(스페인의 초대 종교재판소장-역자 주)의
만행과, 교회에 동의하지 않기 때문에 산 채로 화형을 당했던 과학
자들과 사상가들을 그들에게 상기시켰습니다.

베토 토르케마다는 나와 같은 도미니코 수도자였습니다. 나의 위안
은 나 역시 조르다노 브루노, 토마스 데 캄파넬라, 사보나롤라, 그리
고 해방을 위해 투쟁했던 바르톨로메 데 라스 카사스 같은 도미니
코 수도자들과 형제라는 것입니다.

카스트로 나는 단지 캄파넬라가 도미니코 수도자라서 당신이 유토피
아적 공산주의자가 되리라고는 생각하지 않습니다.

베토 아닙니다. 나는 유토피아적인 사람이기를 바라지 않습니다. 어
쨌든 공산주의가 상당히 유토피아적이라고 생각했습니다. 신학적으
로 우리는 유토피아적인 것을 하느님의 왕국이라고 부릅니다. 모순
되는 것들도 없고 더 이상 국가도 존재하지 않는 상황이 되는 즉시,
우리가 인간의 삶 속에서 영적인 성격의 다른 차원에 이르게 될 것
이라고 생각합니다.

카스트로 동의합니다. 왜냐하면 모든 혁명은 위대한 것들에 대한 희

망과 꿈을 갖기 때문입니다. 모든 혁명적인 사상이 유토피아 이념의 일부를 포함하기 때문에 모두 실현될 수 없을 것입니다. 나 역시 그리스도교가 사회주의와 공산주의가 갖고 있는 것과 같이 유토피아적인 요소들을 갖고 있다고 생각합니다. 그러나 지난 26년간 우리나라에서 겪었던 나의 경험에서 말하자면, 우리의 현실이 우리의 꿈을 뛰어넘는다고 할 수 있습니다. 우리는 유토피아의 국면이 아니라 유토피아에 미치지 못하는 국면을 겪었습니다. 즉, 우리 현실이 유토피아를 넘어서기 때문에 우리의 꿈들은 아직 유토피아에 부족합니다.

나는 토르케마다가 당신의 수도회 회원이었다는 것을 몰랐습니다. 하지만 당신이 저명하고 명망 있는 사람들의 이름을 들어준 것에 대단히 만족합니다.

신앙 교리와 혁명 사이의 조화

카스트로 나는 역사적인 경험과 사건들에 대해 논쟁이나 비판적인 정신이 아니라 고찰을 하는 마음으로 주교들과 대화를 나누었습니다. 나는 주교들에게, 우리는 거의 모든 하느님의 계명들을 완벽하게 따를 수 있으며, 그 계명들은 우리 원칙과 매우 유사하기에 공통점이 있다고 말했습니다. 교회는 "도둑질을 해서는 안 된다"고 말하는데 우리는 엄격히 그 원칙을 적용합니다. 혁명의 원리들 중 하나는 절도, 횡령, 부패를 방지하는 것입니다. 교회는 "네 이웃을 너 자신처럼 사랑해야 한다"고 말합니다. 이것은 분명히 인간 연대의 감정들을 통해 우리가 가르치는 것이고 사회주의와 공산주의의 본질인 형제애의 정신이며, 우리의 가장 가치 있는 목적들 중 하나이기도 합니다. 교회는 "거짓 증언을 해서는 안 된다"고 말합니다. 거짓과 기만은 우리가 가장 강하게 비판하고 검열하는 것입니다. 예를 들어 교회는 "이웃의 아내를 탐내서는 안 된다"고 말합니다. 우리는 혁명가들의 윤리적 관계의 요인이 정확히 가족에 대한 존경과, 당신들이 말하듯 이웃의 아내인 동지의 부인에 대한 존경의 원칙에 있음을 믿습니다. 예를 들어 교회가 자기희생의 정신과 금욕의 정신을 촉진하고 겸손을 촉구할 때와, 우리가 자기희생과 겸손하고 검소하게 사는 것이 혁명가의 의무라고 말할 때가 분명히 같다고 생각했습니다.

베토 나는 아기 예수의 성녀 데레사의 겸손은 진리에 헌신하는 것이라는 정의를 좋아합니다.

지금, 나는 당신이 다른 중요한 계명에도 주의를 기울이고 있을 것이라고 생각합니다. "주 너의 하느님의 이름을 부당하게 불러서는 안 된다." 레이건과 수많은 자본주의 정부들은 부당하게 그분의 이름을 불렀습니다. 나는 인간의 원칙과 이념의 이름으로 적용되는 공정한 정책들을 선호합니다. 식민주의, 제국주의, 그리고 파시스트 정책들이 종종 하느님의 이름으로 적용됩니다. 나의 확신은 우상숭배가 종교적 현상에서 존재한다는 사실을 성경을 통해 깨달았기 때문입니다. 즉, 많은 사람들이 신을 믿습니다. 그리고 일반적으로 그것은 주 예수 그리스도가 아닙니다. 예를 들어 종종 이러한 사실에 대해 놀라워했지만, 나는 라틴아메리카 노동자, 농민들과 내가 믿는 하느님과, 레이건과 피노체트처럼 살인을 저지르는 칠레 장군들의 신 사이에 어떠한 유사성도 없다고 확신합니다. 그 개념들은 같은 것처럼 보일 수도 없고, 다른 개념들입니다. 그중의 하나가 우상숭배일 뿐입니다. 우상숭배가 아닌 또 다른 개념을 정의하는 복음의 기준은 네 이웃, 무엇보다도 가난한 사람을 사랑하기 위한 헌신입니다.

카스트로 나는 당신이 매우 명확한 몇 가지 예를 들고 있다고 생각합니다. 우상숭배뿐만이 아니라 극악한 위선이 이 모든 것들에 개입되어 있다고 말할 수 있습니다. 당신에게 말한 대로, 나는 거짓말을 혐오하고 국민들에게든 그 밖의 어느 누구에게든 결코 거짓말을 하지 않습니다. 왜냐하면 거짓말을 하는 사람은 누구나 자기 자신을 비하하고, 자기 자신을 비굴하게 만들고, 자기 자신을 팔고, 자기 자신을 의기소침하게 만드는 것입니다. 그럼에도 불구하고, 나는 미국의 정책이 레이건만이 아니라 다른 모든 공무원들도 체계적이고 의도적이고 의식적인 거짓말에 매일, 단 하루도 아니고 날마다 의존하고 있다는 사실을 주목하고 있습니다.

당신은 피노체트 같은 몇몇 "신사"의 예를 언급했습니다. 전하는 바에 따르면 피노체트는 신앙심이 있는 사람이지만 그의 양심은 수천 명의 죽음, 즉 수천 명이 살해되고, 고문당하거나 실종된 사람들과 관련되어 있습니다. 국민들은 지독한 억압으로 고통을 겪고 강압에 의해 엄청난 희생을 당했습니다. 칠레는 지금까지도 실업률이 가장 높은 라틴아메리카 국가입니다.

우리는 부유층과 제국주의의 이익을 위한 정책에 의해 수백만 명이 당하고 있는 고통을 차마 상상할 수 없습니다. 제2차 세계대전에 사용한 폭탄보다 더 많은 폭탄을 떨어뜨린 베트남 전쟁은 수백만 명의 목숨을 앗아갔습니다. 그것은 절대로 그리스도인의 사례가 아니었습니다. 그 전쟁도 거짓에 의해 일어났습니다. 통킹 만 사건은 모두 터무니없는 날조였습니다. 전쟁을 시작하기 위해 사용된 모든 구실들은 위조된 것이었습니다.

그것은 미국이 쿠바는 말할 것도 없이 남아메리카, 엘살바도르, 니카라과에 대해 사사건건 공표하는 선언에서 본 것이었습니다. 미국은 26년 동안 쿠바에 대해 거짓말을 했습니다. 그들은 극악한 위선자들이며, 종종 그러한 범죄들을 저지르며 하느님의 이름을 들먹이기도 합니다.

베토 실례지만, 사령관님, 당신들 마르크스레닌주의자들이 부정하는 신을 나도 부정합니다. 자본의 신, 착취의 신, 스페인과 포르투갈 선교사들이 라틴아메리카에 와서 토착민들을 살육했던 그들의 이름으로 있던 신, 교회와 유산자계급 국가 사이의 유대를 정당화하고 신성시한 신, 오늘날 피노체트 같은 군사독재를 합리화하는 신들을 부정합니다. 나 역시 당신이 부정하고 마르크스가 당대에 비난했던 신을 부정합니다. 그것은 성경의 하느님, 예수의 하느님이 아닙니다.

하느님의 뜻을 진정으로 실현하는 성경의 기준은 마태오복음 25장에서 발견됩니다. "내가 굶주렸을 때에 먹을 것을 주었고, 내가 목말랐을 때에 마실 것을 주었다." 그리고 오늘날 우리는 더할 수 있습니다. 내가 무지했을 때 학교에 보내주었고, 내가 아팠을 때 건강을 찾아주었고, 내가 집이 없을 때 쉴 곳을 제공해주었다. 그런 다음 예수님은 결론을 내리셨습니다. "내가 진실로 너희에게 말한다. 너희가 내 형제들인 이 가장 작은 이들 가운데 한 사람에게 해준 것이 바로 나에게 해준 것이다."

나는 방금 쿠바 그리스도인 학생 그룹과의 모임에서 돌아왔습니다. 그들은 내게 몇 가지 질문을 했는데, 그들 중 한 명이 많은 사람들이 무신론자들인 사회에서 한 명의 그리스도인이 된다는 것에 대해 내가 어떻게 생각하는지 물었습니다. 나는 그에게 말했습니다. "나는 무신론의 문제가 마르크스주의의 문제라고 생각하지 않습니다. 그것은 우리 그리스도인들 사이의 문제입니다. 무신론은 우리 그리스도인들이 역사적으로 우리의 신앙을 일관되게 증거하지 못했기 때문에 존재합니다. 그렇게 그 모든 것이 시작되었습니다. 당신이 천국의 보상을 명분으로 지상에서의 착취를 정당화시키면서 교회가 어떻게 했는지 분석한다면, 무신론의 근거를 찾을 수 있을 것입니다." 나는 복음적인 관점에서, 인민을 위해 더 살기 좋은 조건들을 만들어내는 사회주의 사회는 우리 신앙인들이 하느님의 계획을 역사 속에서 숙고해온 것들을 무심결에 실행하고 있다고 말할 수 있습니다.

카스트로 당신이 말한 내용 중에 어떤 것들은 매우 흥미롭습니다. 이런 관점들의 교환이 이루어졌던 미국 주교들과의 대화에서, 나는 유년기와 청소년 시절에 배웠던 그리스도의 가르침들 속에서 공통적으로 발견되는 요소들을 나 자신의 근거로 삼았습니다. 예를 들면 교회는 과식을 비판합니다. 사회주의, 마르크스레닌주의도 교회와 마찬가지로 과식을 단호하게 비판합니다. 이기주의는 우리가 가장 비판하는 것 중 하나이며 이를 교회도 비판합니다. 탐욕 역시 우리가 같은 기준을 공유하는 것입니다.

주교와의 대화에서 예를 들어, 토착 공동체에서 살기 위해 또는 세계의 많은 지역에서 나환자나 병자와 함께 일하기 위해 그들이 아마존으로 선교사를 파견했던 것처럼, 우리에겐 국제주의 노동자들이 있다는 것을 덧붙였습니다. 수천 명의 쿠바인들이 국제주의자의 사명을 띠고 있습니다. 나는 니카라과에 갔던 우리 교사들의 사례를 언급했습니다. 2,000명의 교사들이 그곳에서 가장 어려운 생활조건들을 농민들과 나누었습니다. 여기서 한 가지 흥미로운 점은 니카라과에 갔던 쿠바 교사들 중 거의 절반이 여자들이며, 그들 중 다수가 가정과 자녀가 있습니다. 그들은 가장 멀고 가장 벽지인 니카라과 산악이나 시골 지역에서 자신들이 가르치는 학생들이 사는 초가지붕 오두막에서 살고 그들이 먹는 것을 함께 먹으며 가족들과 2년 동안 떨어져 있었습니다. 가끔 결혼한 부부와 그 자녀들로 이루어진 가족과 교사, 그리고 짐승들 모두가 한 지붕 아래 살았습니다.

우리가 그들의 건강을 걱정하던 때가 있었습니다. 약간의 음식을 보내고 싶었습니다. 그들의 건강과 영양이 염려되었지만 그 문제를 해결할 수 없었습니다. 노력을 했지만 어쩔 수가 없었습니다. 아이들이 아무것도 먹지 못할 때면 어떤 교사도 초콜릿바나 연유나 분유를 먹을 수 없었습니다. 즉시 자신들이 받은 모든 것들을 나누어주었습니다.

우리가 그곳에 자원봉사를 요청했을 때, 2만 9,000명의 교사들이 등록을 했습니다. 그들 중 몇 명이 살해당했을 때는 10만 명 이상이 자원했습니다. 나는 오늘날 다른 라틴아메리카 사회가 10만 명의 교사들을 그러한 조건에서 일하도록 동원할 수 있는지 궁금합니다. 우리 교사들이 했던 것처럼 나는 그들이 마음에서 우러나 자발적으로 일하려는 사람 500명이나 100명이라도 동원할 수 있는지 궁금합니다. 1,000만 명의 주민들이 사는 작은 나라인 쿠바에는 그곳에서 기꺼이 일할 준비가 되어 있는 10만 명의 남녀 교사들이 있습니다. 앙골라, 모잠비크, 에티오피아 같은 아프리카와 아시아의 예멘인민민주주의공화국에도 우리의 교사들이 있습니다. 우리에겐 아시아와 아프리카의 외진 장소들에서 일하는 약 1,500명의 의사들이 있습니다. 그리고 쿠바인 수만 명은 다른 국제적인 임무들을 수행하고 있습니다.

나는 주교들에게 말했습니다. "교회에는 선교사들이 있습니다. 그러나 우리에겐 국제주의자들이 있습니다. 우리는 자기희생과 다른 도덕 가치들에 감사합니다. 그것은 우리가 칭찬하고, 북돋아주고, 우리의 인민들 속에 불어넣고자 하는 가치들과 같습니다."

그리고 또 말했습니다. "보세요. 만일 교회가 그러한 원칙에 따라 국가를 세운다면, 그것은 우리와 같은 국가로 조직될 것입니다."

베토 네, 그러나 나는 교회가 그런 일을 다시 하지 않기를 바랍니다.

좌파 그리스도인은 우파 그리스도인을 대신하려고 하지 않을 것입니다.

카스트로 글쎄요, 나는 꼭 주교들에게 국가를 조직하라고 제안한 것은 아니었습니다. 나는 그들에게 만약에 그리스도교의 계율에 맞게 국가를 조직한다면, 우리와 유사한 국가가 세워질 것이라고 말했을 따름입니다. 나는 주교들에게 말했습니다. "당신들은 그리스도교의 원칙들에 의해 확실히 지배되는 나라에서 도박을 허용하지 않을 것이며 도박을 막기 위해 가능한 한 모든 것을 할 것입니다. 우리는 도박을 근절했습니다. 당신들은 걸인들이 생기게 하지 않을 것입니다. 쿠바는 라틴아메리카에서 걸인이 없는 유일한 나라입니다. 당신들은 어린아이가 버려진 채 있거나 굶주리는 것을 허용하지 않을 것입니다. 우리나라에서는 단 한 명의 아이도 버려지거나 굶주리지 않습니다. 당신들은 노인을 도움이나 지원 없이 그대로 두지 않을 것입니다. 쿠바에서는 모든 노인이 도움과 지원을 받습니다. 당신들은 높은 실업률이 있는 나라를 만들려 하지 않을 것입니다. 쿠바에는 실업이 없습니다. 당신들은 마약을 허용하지 않을 것입니다. 우리나라에서는 마약중독이 근절되었습니다. 당신들은 매춘을 허용하지 않을 것입니다. 그것은 여성들이 생계를 이어나가기 위해 어쩔 수 없이 자신의 몸을 파는 것입니다. 우리나라에서 매춘은 근절되었고 성차별도 제거되어 여성들이 더 좋은 조건에서 살고 일하며 사회에서 더 현저한 역할을 수행할 수 있게 되었습니다. 우리는 부패, 절도, 횡령과 싸웠습니다. 우리가 싸운 그 모든 것들, 우리가 해결했던 그 모든 문제들은 교회가 만일 그리스도교의 계율을 지키는 시민 국가를 조직한다면 해결하기 위해 노력하려는 것들과 같습니다.

베토 유일한 문제는 우리가 아직 은행들을 가지고 있다는 것인데, 나는 은행을 가져야 한다는 교회의 생각을 좋게 보지 않습니다.

카스트로 네, 은행은 교회에 속해 있어선 안 됩니다. 은행은 교회에서 조직한 국가에 속해야 합니다. 은행은 국가의 소유이지, 교회 소유가 아닙니다.

교회와 십자들의 현재 역할

카스트로 일반적으로, 우리 대화는 그러한 노선을 따라 진행되었습니다. 우리는 그러한 주제들을 깊이 다루었습니다. 자연스럽게, 주교들은 교회의 문제와 관심 영역들을 더 실천적인 측면에서 다루었습니다. 그들은 어떻게 교회를 도울 수 있을까, 어떻게 교회에 물자를 공급할 수 있을까 알고 싶어 했습니다. 나는 우리가 여러 가톨릭교회와 문화유산의 일부인 일군의 교회들을 수리하고 보존하면서 대개 도움을 주었다고 설명했습니다. 우리는 일종의 협력을 제공했고, 주교들은 종교 건축물들에 제공하는 물질적 지원에 반대하지 않았습니다. 그들은 교회와 국가 사이의 관계 증진에 특히 관심을 가졌습니다. 나는 어제 설명했던 것과 유사한 일들에 대해 그들과 대화를 나누었습니다. 처음으로 문제가 제기되고 해결되었지만, 우리는 거기서 중단했습니다. 우리는 단지 우리 자신이 공존의 상황에서 떨어져 나오지 않도록 노력했으며, 더 진전하기 위해서는 우리들 상호 간의 책임이 필요했습니다. 나는 그들에게 쿠바 주교단과의 회합을 열 계획이었다고 말했습니다. 우리는 같은 날 연회에서 이에 관해 말했고, 나는 후일에 만나자고 했습니다. 그 만남은 여전히 미정입니다. 왜냐하면 내가 시간을 내어 헌신해야 하는 엄청나게 많은 일이 있기 때문입니다. 아마도 한 번의 모임으로는 충분하지 않을 것입니다. 주교단과 만난 이래 나는 다른 교회들과 만나는 것도 좋으리라는 생각을 더 많이 하게 되었습니다. 나는 그 외의 그리스도교 교회에 만남을 제의했고, 모임에 대해 그 지역에 있는 수녀들과 대화도 나누었습니다. 우리는 사회봉사를 제공하는 수녀들과 아주 빈번하게 접촉했습니다.

예를 들면, 병원과 노인요양시설에서 일하는 수도자들이 있습니다. 우리나라에서는 나병이 근절되었지만, 나병 환자들을 위한 병원도 있습니다. 그 병원은 오래전에 설립되었고 수녀들이 늘 그 병원에서 일했습니다. 수녀들은 다른 의료기관에서도 일했습니다. 예를 들어 아바나에는 선천적인 문제를 가진 어린이들을 위한 센터가 있습니다. 수녀들과 공산주의자들은 그 병원에서 어깨를 나란히 하고 있습니다.

나는 수녀들이 하고 있는 일들을 볼 때마다 탄복합니다. 단지 당신에게만 하는 말이 아닙니다. 나는 공적으로도 비교를 하며 말했습니다. 수녀들이 운영하는 몇몇 노인요양시설들이 우리 행정가들이 운영하는 곳들보다 더 효율적이고 경제적이었습니다. 그것은 우리에게 24시간 내내 기꺼이 일하려는 사람들이 부족하기 때문입니까? 아닙니다. 만일 자비의 수녀회의 어느 수녀가 하듯이, 사랑과 헌신으로 어려운 일을 하는 수천 명의 간호사, 의사, 의료 기술자, 그리고 병원의 다른 고용인들이 있다는 말을 하지 않는다면 공정하지 못할 것입니다. 하지만 사랑과 함께 일하는 것에 더하여, 자비의 수녀회와 다른 수도회들은 자원의 사용에 매우 엄격합니다. 그들은 근검절약하며 그들이 운영하는 기관은 매우 경제적으로 운영됩니다. 나는 우리가 그 기관들을 기쁘게 도울 수 있기에 이렇게 말하는 것입니다.

공중보건부에서 운영하는 기관들의 비용은 국가가 지불합니다.

국가는 수녀들이 운영하는 요양시설들의 중요한 비용도 지출합니다. 수녀들의 수입의 원천 가운데 하나는 은퇴하고 나서 연금의 일부나 전부를 기부한 노인들의 기부금으로 구성됩니다. 하지만 혁명의 승리 이후, 수녀들이 운영하는 모든 노인요양시설들은 전액 국가의 지원을 받고 있습니다. 그들은 부족함이 없습니다. 나는 나와 함께 일하는 동지들 팀에 병원과 시설들을 방문하라고 요청했습니다. 수녀들이 힘들어하는 문제가 무엇이며, 그것을 해결하려면 어떤 도움이 필요한지 찾아보려는 것입니다. 한 동지가 수녀들이 체계적으로 운영하는 노인요양시설들을 방문하면서 건설자재, 운송수단 등 몇 년간에 걸쳐 그들이 필요로 하는 모든 것들을 즉시 제공해왔습니다.

국가기관을 관리하는 평신도나 동지가 물적 자원을 요청할 때마다, 그들이 공산당 당원이기는 하지만 나는 언제나 그들에게 확인하고, 토론하고, 분석하기를 요구했습니다. 그러나 나는 그 기관들을 관리하는 수녀들의 요청은 결코 분석한 적이 없습니다. 왜 그랬겠습니까? 수녀들은 필요한 것 이상을 요구하지 않습니다. 오히려 필요한 것보다 적게 요청하곤 합니다. 수녀들은 항상 절약합니다. 의회 회기 동안, 나는 노인요양시설들에 대해 연설하며 비용 비교 분석을 통해 수녀들이 모범적인 공산주의자라고 말했습니다. 그 내용이 전국에 텔레비전으로 방송되었습니다. 나는 수녀들의 태도를 공산주의자들이 따라야 할 모범이라고 늘 언급합니다. 그들이 우리 당원들이 갖기를 바라는 모든 자질들을 갖추었다고 생각하기 때문입니다.

덧붙여 수녀들은 자신들의 경험을 적용시켰습니다. 그 경험은 수녀들이 운영하는 노인요양시설이 더 적은 비용으로 운영되었음을 설명하는 요인 중 하나입니다. 물론 그곳에서 일하는 모든 사람들이 수녀라는 의미가 아닙니다. 많은 평신도 노동자들이 부엌에서, 건설 현장에서, 다른 구역에서 도움을 주고 있습니다.

혁명 초기에, 거의 자발적으로 수립된 조치들 중 하나가 겸직의 제거였습니다. 일부 일터에서는 사람들이 동시에 여러 일들을 하고 있었습니다. 벽 청소를 맡은 사람이 창고에 짐을 쌓거나 다른 일을 돕고 있었습니다. 그런 관습은 거의 자연스럽게 사라졌습니다. 실업이 그것과 관계가 있으므로, 노동운동은 일자리 수를 줄이고 있는 관행을 중단시키려는 뜻에서 압력을 행사했습니다.

수녀들은 일을 겸하는 전통을 유지하면서 그에 관한 모범이 되었습니다. 예를 들어 나는 수녀원장이자 요양시설의 책임자인 파라 수녀를 압니다. 그 수녀는 간호사로 일하며 필요한 모든 훈련을 합니다. 행정업무 이외에 그녀는 병동에서 일을 합니다. 수리나 개선을 해야 할 때 그녀는 무엇이 필요한지, 그것이 기계든지 욕실이든지 노인들의 필요성에 적합한 것을 설계하며 도움을 줍니다. 또한 요양원의 차를 운전합니다.

요양원 방문에 동지를 파견했을 때 이 모든 것을 알게 되었습니다. 쓰레기를 치우는 데 필요한 요구에 근거해 그들은 나에게 트럭을 요청했습니다. 그들은 그 일을 위해 트럭 한 대를 빌리면 얼마나 지불해야 하는지 설명했습니다.

나는 동지에게 말했습니다. "이것을 조사해보십시오. 요양원에 있는 노인들의 수를 고려하면 트럭 한 대는 너무 지나칩니다. 트럭 한 대를 제공하는 것이 필요할 때 한 대를 빌리는 것보다 더 비쌀지 모릅니다."

그것이 우리가 유일하게 그들의 요구를 분석했던 일이었습니다. 우리는 그들이 원하는 트럭의 크기도 알아야 했습니다. 동지가 가서 조사를 했습니다. 트럭은 단지 쓰레기 처리에만 필요한 게 아니었습니다. 건설자재나 그 밖의 물건들을 옮길 때도 트럭이 필요했고, 두 군데의 요양시설에 사용되는 것이었습니다. 그래서 우리는 그들에게 트럭을 제공하기로 결정했습니다. 그러자 곧 한 수녀가 "나는 일급운전면허증을 딸 거예요"라고 했습니다. 그건 무슨 뜻이었을까요? 바로 대형화물자동차 면허에 지원할 것이란 얘기였습니다. 알겠지요? 더욱이 그들은 노인요양시설에 있는 다른 노동자들이 일하는 데 자신들의 방법을 적용합니다. 그들은 사람들을 더 적게 고용합니다. 그것이 노동 절약입니다.

나는 그날 나눈 대화들이 가장 흥미로웠습니다. 그래서 내가 계획하고 있는 대규모 회의에서 그 얘기를 꺼낼 것입니다. 수녀들은 나에게 그 지역 환경에서 벌어지는 흥미로운 사실들을 전하기 때문에 나는 그들과 함께하는 자리를 계획하고 있습니다. 수녀들은 어떤 요양기관들은 공동 병실만 있기 때문에 부부가 함께 시설에 온다면 한 사람은 이 병실, 다른 사람은 저 병실로 떨어져 있어야 한다고 설명했습니다. 그들은 나에게 질문했습니다. "왜, 그렇게 오랫동안 함께 산 부부를, 우리가 떨어뜨려야 하나요?" 수녀들은 요양시설 중 하나를 확대해서 부부가 함께 머무를 수 있는 개인실을 지을 것을 제안했습니다.

혁명 후에 최근에 지은 노인을 위한 가정은 가정이라기보다 관광호텔을 더 닮은 현대적 디자인을 기초로 모두에게 선택권을 부여하도록 설계되었습니다. 어떤 가정들은 더 오래되어 이러한 설비들이 없습니다.

그들은 평균 수명이 점차 늘어나기 때문에 점차 요구가 많아지고 있다는 얘기도 했습니다. 우리나라 사람들은 20년 혹은 30년 전보다 상당히 더 오래 살고 있습니다. 그 결과 노인 수가 점점 증가합니다.

내가 설명했듯이 우리는 많은 학교, 병원, 유치원들을 지었습니다. 그러나 필요에 맞게 노인을 위한 가정을 충분하게 짓지 못했습니다. 우리는 이것을 인식하고 여러 가지 다양한 형태를 조사했습니다. 가족과 함께 살고 있지만 자녀들이 일하러 나가고, 낮 동안 아무도 식사 준비나 다른 일들을 해드리지 못하고 노인들이 외롭게 있어야 하는 문제가 있습니다. 그 때문에 노인을 위한 가정에서는 꼭 노인들이 밤에만 취침할 필요가 없는 여러 사례들이 발생합니다. 그런 노인들은 낮 동안 보호와 돌봄을 보장받을 수 있는 곳이 필요합니다. 전통적인 노인을 위한 가정은 비용이 많이 들기 때문에, 우리는 이런 유형의 해결책도 역시 생각하고 있습니다. 노인 세대를 돌보는 것은 비용이 많이 드는 사업이라 우리는 다른 해결책들을 찾아내려고 노력하고 있습니다.

수녀들과 대화를 나누면서 나의 기본적인 관심은 그들의 경험에서 나오는 세부적인 것들을 배우는 것이었습니다. 수녀들은 우리에게 매우 유용하고 교육적인 길, 방법, 그리고 업무 습관들을 개발했습니다.

베토 당신은 미국 주교들과의 대화에 대해 말했습니다. 쿠바 주교들과의 모임은 어떻게 될 것 같습니까?

카스트로 나는 주교들만 만나는 게 아니라 개신교회 대표자들과도 만날 것입니다. 내가 무시한다고 생각하지 않도록 말입니다. 그리고 노인을 위한 가정에서 오는 수녀도 만날 예정입니다. 나는 지난 몇 주 동안 그들과 시간을 가질 수가 없었지만 수녀들은 우리가 이런 모임들을 갖게 되리라는 사실을 알고 있고, 매우 기뻐하며 기대하고 있습니다. 우리는 공통된 주제들에 관한 진지하고 심도 있는 토론을 원합니다.

미국 주교들이 몇몇 반혁명가 죄수들의 사례에 관심을 보였다는 것을 그만 잊어버렸군요. 주교들은 몇몇 반혁명가 죄수들이 자신들의 고령이나 건강과 관련한 문제들을 그들에게 알려왔다는 얘기를 꺼냈습니다. 그들은 명단을 보냈고 나는 정말 건강문제가 있는지 모든 경우를 조사하기로 약속했습니다. 왜 그런 유형의 반혁명가 죄수들이 징역을 사는지 그들에게 설명했습니다. 그들을 석방해 미국으로 보내면 쿠바에 대항해서 일하는 구성원 숫자만 증가시켜 우리나라를 파괴하는 활동이나 다른 범죄들을 저지를 뿐입니다. 혹은 해외로 나가서 니카라과나 다른 나라에서 같은 짓을 저지를 것입니다. 이미 반혁명가들이 니카라과와 엘살바도르에서도 잔학한 행위를 저지르고 있습니다. 우리는 복수에서 벗어나 단지 반혁명 범죄로 감옥에 가두지 않습니다. 그것은 혁명을 보호하기 위해 필수적인 일이었습니다. 그러므로 우리는 훗날 쿠바에 대항하며 미국에 이용당할 개인들을 석방시킬 수 없습니다. 우리는 정말 심각한 건강문제가 있는 사람들의 예를 조사할 것이라고 말했습니다. 그들은 쿠바혁명이나 다른 나라들에 반하는 폭력행위에 이용될 수 없다고 판단되는 사람들일 것입니다.

우리는 그들에게, 바티스타 군대의 군인들과 장교로서 사람들을 고문하고 다른 범죄를 저질렀던 죄수들에게는 징역형이 내려져 수년 동안 감옥에 있다는 것도 설명했습니다. 나는 그들에게 말했습니다. "들어보세요. 그들을 걱정하는 사람은 아무도 없어요. 미국은 자신들이 모집한 반혁명가들에게 더 관심이 있습니다. 모집된 이들은 그 때문에 도의상 헌신해야 한다고 느낄 것입니다." 우리가 전직 육군 장교들의 사례를 조사해서 나이가 가장 많은 사람들과 건강이 가장 나쁜 사람들을 석방하면서 동시에 미국이 받아들일 준비가 되어 있다면, 나는 몇 가지 제안을 할 것이라고 주교들에게 말했습니다. 훗날 나는 바티스타 지지자들 가운데 몇 사람이 여기에 관심을 기울였던 미국 교회 대표단의 남자 구성원 속에 포함된 것을 발견했습니다.

우리는 명단을 가지고 있었고, 명단을 살펴보고 이러한 기준과 연결해 조사했고, 바티스타 지지자들의 사례들을 검토했습니다. 그리고 얼마 전에 폭정 아래에서 군인들과 장교들이었던 반혁명 죄수들과 대규모의 노인 죄수들 모두를 포함해 어떠한 경우든 풀어줄 준비가 되어 있는 명단을 미국 주교들에게 보냈습니다. 전체가 72명이나 73명이었습니다. 만일 그들이 미국으로 가기 위해 자신이나 가족들이 비자를 얻는다면, 우리는 석방할 준비가 되어 있다고 주교들에게 말했습니다. 몇 가지 문제는 이들이 바티스타의 군인이나 장교로서, 살인이나 고문을 저지른 자들이라는 것입니다. 그래서 26년이 지난 뒤인데도, 사람들은 그 일들을 잊지 못했습니다. 만일 희생자들의 자녀, 부모, 형제, 자매, 그리고 다른 친척들이 살고 있는 곳에 그들이 나타난다면 문제가 일어날 수도 있습니다. 그들은 장기간 구속되어 있었고, 일부는 이미 노인으로 몇 년째 감옥에 있었습니다. 결코 복수가 혁명의 처벌 근거가 될 수는 없습니다. 그러나 그렇게 많은 사람들의 슬픔과 고통의 원인이 된 범죄들은 처벌받지 않을 수 없습니다. 그래서 우리는 혁명의 적들로부터 혁명을 보호해야 합니다. 불행하게도 그들 중 많은 사람들이 처벌받지 않고 도망을 쳤는데 미국은 두 팔 벌려 그들을 환영했습니다.

우리는 주교들에게 말했습니다. "만일 우리가 제안한 경우에 적합한 비자를 당신들이 얻어준다면 더 좋겠습니다. 여기서 그들을 위한 해결책을 찾기는 어렵습니다." 최근에 미국 내 쿠바이익대표부 대표는 우리를 방문했던 주교들과 접촉해서 그들에게 우리가 내린 결정을 전했습니다. 그것은 그들을 상당히 만족시켰습니다. 왜냐하면 그 모든 경우들을 위한 해결책을 우리가 논의했던 기초 위에서

찾았기 때문입니다. 이제 미국 교회가 비자를 얻기 위해 움직일 차
례였습니다.

라틴아메리카의 가톨릭교회와 혁명운동

베토 다른 주제로 나아가 봅시다.

사령관님, 우리가 처음 만났을 때가 1980년 7월 19일, 산디니스타
혁명의 첫 번째 기념식이 현재 니카라과 부통령인 세르지오 라미레
즈의 집에서 열리고 있었습니다. 우리는 서로의 친구인 미구엘 데
스코토 신부를 통해 만났습니다. 그날 저녁에 라틴아메리카에 있는
종교와 교회에 대해 두 시간 동안 말할 기회를 가졌고, 당신은 나에
게 쿠바 내 종교와 혁명의 매우 흥미로운 개괄을 들려주었습니다.

그때 나의 질문은 쿠바 정부가 교회에 관해 취하는 태도는 어떠
한가였습니다. 나는 세 가지 선택이 있다고 생각했습니다. 첫째는
교회와 종교를 없애는 것이지만, 그러나 역사는 이렇게 작동되지 않
을 뿐만 아니라 존재론적으로 그리스도교와 사회주의가 양립되지
못한다는 제국주의자들의 선전을 강화하는 데 도움을 줄 것입니다.

둘째는 주류에서 내몰린 교회와 그리스도인들을 보호하는 것입
니다. 그러면 내 생각에 이것은 사회주의 국가에서 일어나는 일에
대한 제국주의자들의 비난을 막을 뿐 아니라 사회주의 국가 안에
서, 또는 반혁명가들 속에서 신앙을 가진 사람, 즉 그리스도인이 되
는 조건들에 호의를 보이기도 합니다.

세 번째 선택은 정의와 형제애의 사회 건설 과정에 그리스도인들
을 포함시키는 것입니다.

우리는 몇 년간 다시 만난 기회가 있었고, 당신은 흔치 않은 홀

룡한 태도로 종교와 교회에 대한 일련의 대화를 시작하도록 나를 초대했습니다. 왜냐하면 쿠바 정부가 그 주제를 탐구하는 데 관심을 가졌기 때문입니다. 그 점에서 나는 역으로 제안을 했습니다. 내가 쿠바 교회에 더 가까워질 수 있다면 기꺼이 그렇게 할 것입니다.

그런 다음 나는 1983년 2월에 열렸던 쿠바 주교회의에 참여할 기회를 가졌습니다. 거기서 "나는 교회로부터 권한을 받았던 적도 없고 여전히 권한이 없지만, 그러나 나는 되도록 많이 쿠바 교회와 국가 사이의 관계 회복을 도울 준비가 되어 있습니다"라고 주교님들에게 말했습니다.

이제, 당신은 교회에 대한 나의 사랑, 교회에 대한 나의 헌신을 압니다. 나는 정치의 유혹을 받습니다만, 그러나 사목적인 이해, 부르심을 간직하고 있습니다. 그래서 나는 여기에 있고 우리는 사목적 이해를 위해 이 일을 하려고 합니다.

나는 쿠바 정부와 사회주의가 활동적인 교회를 두고 있고, 그리스도교 공동체에 참여한다면 어떤 이익이 있는지 질문하고 싶습니다. 제국주의는 종종 사회주의가 어떠한 종교의 표현이든 철저하게 반대한다는 취지의 선전을 널리 퍼뜨리고 있습니다. 그래서 나는 당신에게 질문합니다. 이에 대한 당신의 견해는 무엇입니까?

카스트로 네, 당신은 니카라과의 세르지오 라미레즈의 집에서 우리가 만났던 때를 언급했습니다. 산디니스타 혁명 승리 1주년 때였습니다. 그들이 나를 집으로 초대해서 내가 갔습니다. 빽빽하게 잡혀 있는 일정 중간에 그들은 나를 상당히 늦은 밤에 세르지오 라마레즈의 집에 데리고 갔습니다. 그곳에서 우리가 이 일들에 대해 대화를 나누었습니다. 당신은 내가 1971년 칠레에서 사회주의를 지지하는 그리스도인들과 모임을 가졌다는 것을 알고 있었습니다. 그때 나는 아옌데 정부가 다스리던 칠레를 방문해서 약 200명의 사제단과 다른 그리스도인들 그룹과 무척 즐겁고 흥미로운 모임을 가졌습니다. 그곳에는 다른 나라에서 온 사람들도 있었습니다. 나는 이미 산디니스타이자 작가, 그리고 시인인 에르네스토 카르데날 신부를 만났습니다.

베토 그는 쿠바에 관한 매우 아름다운 책을 썼습니다.

카스트로 내가 칠레로 떠나기 전에 그를 만나야 했기에 나는 그를 태우러 갔습니다. 우리는 약 두 시간 동안 차를 타고 니카라과 상황과 몇 가지 다른 일들에 대해 말을 나누었습니다. 몇 주 뒤에 그는 우리가 신중하게 나누었던 대화를 모두 기억해 정말 아름다운 글을 써주었습니다. 그것은 놀라운 일이었습니다. 우리는 칠레에서도 서로 만나기로 했습니다. 그러나 우리의 칠레 방문은 동시에 이루어지지 않았습니다. 나는 그곳에서 '사회주의를 지지하는 그리스도인들'과 오랫동안 대화를 나누었습니다. 그래서 일찍이, 즉 13년 전에 이 문제들을 접했습니다.

훗날 자메이카를 방문하는 동안 나는 그곳의 다양한 그리스도교 공동체 대표들과 만났습니다. 그때는 1977년 10월이었습니다. 우리는 길고 진지한 대화를 나누었고, 몇 가지 내가 생각하는 주제들에 대해 설명했습니다. 나는 그리스도인들과 마르크스주의자들 사이의 동맹에 관한 생각을 말했습니다. 그들은 "전술적 동맹인가요?"라고 물었고, 나는 "아닙니다, 우리 인민들이 요구하는 사회 변화를 수행하는 전략적인 동맹입니다"라고 대답했습니다. 나는 칠레에서 이미 그렇게 말했습니다.

나는 세계교회협의회의 몇몇 중요한 지도자들과도 만났습니다. 그들은 제3세계의 문제들과 차별과 인종차별정책 같은 문제들에 대항하는 투쟁에 깊은 관심을 보였습니다. 이에 대해 우리는 완전히 일치했습니다.

자체적으로 노동자와 농민의 문제, 가난한 사람들의 문제에 관심을 갖고, 여러 나라들에서 정의를 요구하기 위해 투쟁하고 강론하기 시작하면서 등장한 라틴아메리카 교회 내의 운동은 이러한 생각들이 발전하는 데 커다란 영향을 미쳤습니다. 그것은 어떻게 그 운동이 시작되었는지를 보여주었습니다. 칠레에서는 그 운동을 '사회주의를 지지하는 그리스도인들'이라고 불렀습니다. 그 운동은 쿠바 혁명의 승리 후, 지난 25년 동안 라틴아메리카의 다른 지역들에서도 나타났습니다. 나는 가톨릭교회와 다른 교회들 내에서 심각한 사회 문제와 끔찍한 삶의 조건들을 점점 더 인식하고, 가난한 사람들을 위해 투쟁하기로 선택한 그리스도인들이 늘어나고 있다는 것을 주목했습니다.

이것으로 니카라과에 있는 그리스도인들의 태도, 즉 소모사에 대항하고 사회 개혁과 정의를 위한 투쟁에서 그들이 하는 중요한 역할을 볼 수 있습니다.

나는 산디니스타 혁명이 승리하기 오래전에 내가 에르네스토 카르데날 신부를 만났다고 당신에게 말했습니다. 나는 그의 사고방식을 알고 탄복했었습니다. 작가와 시인의 면모에 탄복했지만, 혁명가로서 더욱더 그랬습니다. 훗날 나는 제국주의가 가했던 모든 압력에도 불구하고, 혁명에 대한 지지가 흔들리지 않는 사람들과 일치하고 그들을 위해 투쟁했던 그의 동생 페르난도 카르데날, 데스코토, 그리고 다른 많은 저명한 사제들과 뛰어난 인물들을 만나게 되었습니다. 그들은 혁명을 그들 자신의 대의명분으로, 그리고 진정으로 깊이 자리 잡고 있는 양심의 문제로 보았습니다. 그런 이유로 인해 나는 니카라과 방문 당시 종교 지도자들 그룹과 모임을 가졌습니다.

베토 나도 거기 있었습니다.

카스트로 그 모임은 칠레나 자메이카에서 있었던 모임과 같지 않았습니다. 왜냐하면 시간이 짧아 어떤 문제에 깊이 들어갈 시간이 없었습니다. 내가 니카라과에서 일하는 메리놀 수도회의 소규모 수녀들을 알게 되었지만, 단지 그들과 인사를 나눈 모임이었습니다. 수녀들은 매우 친절했고, 열정적이었고, 고결한 사람들이어서 깊은 인상을 받았습니다. 그들은 미국인 수녀들이었습니다. 나는 그들의 모임에 있었고, 그들과 이 문제들에 대해 대화를 나누었습니다. 수녀들은 매우 친절하고 다정했습니다.

나는 인민들, 가난한 사람들, 그리고 사회정의를 위한 교회 내의 운동이 이미 니카라과에서 아주 강력하게 성장하고 있다고 말했습니다.

그 당시에 이미 엘살바도르의 혁명가들은 범죄를 종식시키고 몇 십 년 동안 그 나라가 겪고 있는 압제를 없애기 위해 많은 그리스도인들의 지원을 받으며 열심히 투쟁했습니다. 모든 범죄들을 용기 있게 비난했던 엘살바도르의 로메로 대주교의 행위는 특별히 뛰어났으며, 그 때문에 그는 생명까지 잃었습니다.

얼마 뒤에 나는 이전에 나와 대화를 나누었던 수녀들을 포함해, 메리놀 수도회 소속의 수녀 네 명이 엘살바도르에서 잔혹하게 살해당했다는 충격적인 뉴스를 들었습니다. 훗날 나는 어떻게 그런 일이 일어났으며 누가 그 범죄에 책임이 있는지 알았습니다. 미국의 지원을 받은 압제 정권의 하수인들이 네 명의 수녀들을 성폭행하고 살해했습니다. 엘살바도르의 로메로 대주교를 극악하고 기만적으로 살해한 자들도 CIA와 제국주의와 연결된 하수인들이었습니다.

그때까지 나는 라틴아메리카와 카리브 해 지역의 그리스도인 지도자 그룹들과 모임을 많이 가졌습니다. 그들은 내가 어떻게 생각하는지 알고, 나는 그들이 하는 일을 상당히 존중합니다. 당신이 브라질에서 교회가 하고 있는 일을 설명하고 있었을 때, 우리는 그러한 교회의 환경 속에서 만났습니다. 당신이 언급했던 대화가 이루어진 시기였습니다. 물론 당신은 내가 무엇을 생각하는지 이미 알았습니다. 그리고 당신은 우리가 결코 우리나라에서 종교를 타파할 생각이 아니라는 것을 알았습니다. 나는 당신에게 이에 대해 길게 말했습니다. 그것은 단지 정치적인 문제가 아닙니다. 나는 혁명가입니다. 그것은 지고하고 지순한 의미의 용어로서의 정치인을 뜻합니다. 정치적 현실들을 인식하지 못하는 사람들은 혁명의 프로그램을 착수할 권리조차 없습니다. 왜냐하면 그들은 사람들을 승리로 이끌어 자신들의 프로그램을 수행할 수 없기 때문입니다. 그러나 종교가 관여하는 한, 원칙들인 도덕적 요인은 정치적 요인 이전에라도 고려되어야 합니다. 심층적인 사회변혁, 사회주의와 공산주의에서는 결코 인간의 내적 삶을 간섭하거나 어떤 사람이라도 사상이나 신앙에 대한 권리를 부정하는 것을 생각할 수 없습니다. 나는 이것이 사람의 가장 내밀한 자아의 일부라고 생각하며, 따라서 1976년에 우리의 사회주 헌법에서 수립된 권리들을 순수하게 정치적인 문제가 아니라, 신앙을 고백하는 인간의 권리를 존중하는 원칙의 문제로 봅니다. 그것은 사회주의의 심장, 공산주의의 심장, 그리고 종교적 신념과 관련한 혁명적 이념의 심장에 있습니다. 마치 그것은 생명에 대한 존중, 인간의 품위, 노동할 권리, 복지, 의료, 교육, 그리고 문화가 혁명과 사회주의의 원칙들 가운데 필수적인 부분과 같습니다.

　물론 우리나라에서 교회의 영향력이나 지배력은 다른 라틴아메리카 나라와 같은 게 아닙니다. 여기에서 교회는 소수 부자의 교회였습니다. 그러다 소수 부자들이 나라를 떠나 이민을 갔습니다. 내가 당신에게 말했던 것처럼, 그 사람들이 혁명에 반대하는 호전적인 입장에 섰었고 많은 사람들이 미국으로 떠났다고 해도, 우리나라에서 특정 교회가 끝났다거나 혹은 그 교회를 반대하는 다른 조치들이 종료되었다는 의미는 결코 아닙니다. 일부 사제들 역시 호전적인 태도를 취하다 미국으로 떠나, 피그스 만 침공, 쿠바 봉쇄, 그리고 제국주의가 우리나라에 저지른 다른 모든 범죄들에 대한 캠페인을 시작했으며 심지어 용병을 축복하기까지 했습니다. 그것은 내 의견으로는 그리스도교의 원칙과 전적으로 모순된 것입니다. 그러나 그 결과로 교회에 반하는 어떠한 조치도 취하지 않았습니다. 부자들과 제국주의의 이데올로기에 이끌려 대다수가 나라를 떠나고 소수의 신자들이 머물렀지만, 그들은 양적인 세력화나 우리나라 안에서 정치적인 세력을 구성하지 않았습니다. 엄밀히 말해 정치적인 이유보다는 원칙의 문제로서 종교적 신념과 기관들을 존중하는 우리의 혁명 기준들은 변함이 없습니다.

당신에게 이미 말한 것처럼, 초기의 어려움들은 정신적 외상 없이, 부분적으로 쿠바 주재 교황대사가 취한 입장으로 인해 상대적으로 짧은 시기에 극복했습니다. 우리는 분명히 소외된 주변부가 아니라 혁명과 교회 사이의 상호 공존의 상황에 놓여 있습니다. 완전한 상호 존중이 있었지만, 그뿐이었습니다. 내가 어제 따져본 것이었습니다.

물론 다른 교회들, 개신교 교회들과의 관계는 이런 종류의 충돌 없이 상당히 여러 해 동안 좋은 관계였습니다. 나는 단지 사회주의나 쿠바 혁명만이 아니라 모든 곳에서 충돌을 일으키는 몇 종파들의 경우를 언급했습니다. 그리고 쿠바와 미국의 경우에 어떤 종파들의 자세는 우리나라를 위협하고 있는 매우 강력한 나라, 미국에게 유용합니다. 왜냐하면 한 종파가 "당신의 나라를 보호하기 위해 무기를 들지 마라. 국기에 대한 충성 맹세를 하지 마라. 그리고 국가를 부르지 마라"라고 한다면, 그것은 객관적으로 온전함, 안전함, 그리고 혁명의 이해에 맞서는 것이고 제국주의의 이해를 돕는 것입니다. 그러한 종파들은 많은 곳에서 문제를 일으켰습니다. 미국과 같은 강대국에서는 그들이 해를 끼치지 못합니다. 그들은 거기에 머물러 "미국의 전략방위구상" 무기 계획을 반대하는 것이 더 낫습니다. 만일 그들이 그렇게 한다면, 그들은 세상에 기여할 것입니다.

처음 만남에 대한 생각은 칠레와 자메이카에서 내가 말했던 내용 속에 있습니다. 그것은 생각으로 내재되었지만 그러한 노선에 따라 진전되지 않았습니다. 즉 우리가 만났을 때, 모든 조건들이 그리스도교와 혁명 사이의 상호 이해의 관련성을 위해 존재했습니다. 이렇게 합시다. 우리는 그 관련성을 "교회"라고 하지 않을 것입니다. 그것을 "그리스도교와 사회주의"라고 합시다.

그것은 그 모임이 우호적이고, 조화로운 분위기에서 개최된 이유입니다. 그 뒤에 당신은 여기에서 당신의 활동을 수행했습니다. 우리의 만남 뒤에 투쟁과 전쟁들이 계속되는 생활 때문에 나는 그 모든 것을 정말 잘 알지 못했습니다. 나는 당신이 여기에서 계속 일하고 있었다는 것을 알았습니다. 우리는 최근까지 다시 만나지 못했습니다. 그러나 나는 우리가 나누었던 대화에 후속 조치를 취하는 당신의 인내와 초지일관에 기뻤고 용기를 얻었다고 말할 수밖에 없습니다. 그것은 그러한 노선에 따라 묵상하고 생각을 진행하면서 취해졌습니다. 그다음 지난 모임에서, 우리는 이미 이 문제들을 심도 있게 다루었으며, 이러한 관점의 변화를 위해 이 인터뷰를 진행하기로 결정했습니다. 당신은 그렇게 하는 것이 그 주제를 본격적으로 다루기에 유용할 것이라고 생각했습니다.

이 같은 정신으로 우리는 진전을 이루어냈습니다. 왜냐하면 내가 쿠바 주교들과 함께할 모임은 미국 주교들과 함께했던 모임과 직접 연결되지는 않기 때문입니다. 미국 주교들과의 모임에서 나는 이 모든 것에 대해 내가 생각하는 바를 설명했고, 그리고 그들에게 나는 쿠바 주교단과 만날 계획이라고 말했습니다. 나는 접촉했던 모든 관계를 통해 무엇을 하고 있었는지 그들에게 말했습니다. 처음의 생각은 사실로부터 등장했습니다. 혹은 만일 교회에 의한 것이 아니라면, 많은 그리스도인들에 의해, 고위 사제, 주교, 다른 교회 인사들에 의해 착취, 불의, 종속에 대항하고 해방을 위해 투쟁하는 공정한 입장을 취할 것입니다. 그것이 첫 번째로 중요한 일입니다. 우리가 이에 대해 대화를 나누면서 인터뷰에서 표현했듯이 그것이 정말 나의 생각을 고무시켰습니다. 그것은 이 연결에 도움을 주었습니다. 이 과정은 거의 15년 동안, 정확히 13년 이상 발전되어왔습니다. 그리고 지금 우리가 구체적인 단계들을 수립해야 할 지점에 도달했다고 생각합니다. 사실, 우리는 행동을 시작하고 있습니다. 사실들, 생각들, 그다음에 새로운 사실들이 있습니다. 그것은 지금까지 발전된 방법으로, 우리가 진전하기를 원한다면 그것이 결정적인 요인이 될 것입니다.

어제 내가 말했듯이, 이것은 단지 더 이상 원칙이나 윤리의 문제가 아닙니다. 어떤 의미에서는 미학의 문제입니다. 어떤 의미에서 미학의 문제입니까? 나는 혁명이 지속적으로 개선되어야 하는 작업이며 게다가 혁명은 예술 작품이라고 생각합니다.

베토 아름다운 정의로군요!

카스트로 혁명에 어떤 한 무리의 일반인들이 참여했다는 사실을 알게 되었다고 해서, 그리고 그 수가 아무리 많다고 해서 만족할 필요는 없습니다. 그들이 천만 명 중에서 이백만 명, 백만 명, 오십만 명, 십만 명일 필요가 없습니다. 즉 종교적 이유 때문에 이해하지 못하겠다거나 혹은 정치적 차별의 대상이 될 수도 있다고 느끼는 사람들이 전체 인구의 1퍼센트를 차지할 필요는 없습니다. 우리가 어제 당원 자격에 관해 말했던 것처럼, 그것에는 차별의 다른 미묘한 형태들이 수반될 수 있습니다. 어떤 사회 환경은 충분히 이해되지 않습니다. 어떤 사람들도 충분히 이해되지 않습니다. 즉 충분히 고통을 야기합니다. 왜냐하면 그것은 불신과 같은 미묘한 방식으로 표현되기 때문입니다.

당신에게 말했듯이, 이것은 배타적인 역사적 근거가 있었습니다. 왜냐하면 수백만의 쿠바인들의 목숨을 대가로 바쳐서라도 혁명을 분쇄하려는 막강한 적들과의 투쟁에서 혁명이 이기고 살아남도록 결의를 다졌기 때문입니다. 교계조직, 반혁명, 제국주의 사이에 초기에 존재했던 동일함은 이러한 불신을 초래했습니다. 그것은 예를 들면 당원 자격과 아마도 정치적으로 민감한 다른 활동들과 연관되어 미묘한 종류의 차별의 형태를 취했는데, 원래의 신념과 애국자들이나 혁명가들의 근본적인 의무 사이에 모순이 존재할 수 있다는 관점을 갖도록 만들었습니다.

만일 누군가 나에게 이러한 문제를 안고 있는 사람들이 10만 명 혹은 쿠바 그리스도인들의 정확한 수만큼이라고 한다면, 모든 애국자나 혁명가의 자질을 지닌 사람들, 즉 친절하고 근면한 훈련된 사람들은 필연적으로 당연히 불만스러울 것입니다. 만일 5만 명이나 10만 명 혹은 단 한 명이라도 이 문제에 직면한다면, 혁명은 예술 작품으로 완수되지 못할 것입니다. 만일 단 한 명의 주민이라도 여자라는 이유로 차별을 받는다면 이와 똑같이 적용될 것입니다. 라틴아메리카의 어떤 나라가 쿠바보다 여성차별에 대항해 더 투쟁을 하고 더 진보했습니까? 혁명 전에는 쿠바에도 인종차별이 있었습니다. 만일 단 한 명이라도 피부색 때문에 차별을 받는다면, 단 한 명이라도 당연히 심각하게 우려할 것입니다. 혁명은 예술 작품으로 완수될 수 없을 것입니다. 그것은 내가 전에 언급했습니다.

이 개념, 기준, 원칙들을 위해 정치적인 숙고를 더 해야 합니다. 만일 쿠바의 사회주의 혁명만큼 많은 정의를 구체화하는 혁명에서 종교를 이유로 인간에 대한 어떠한 유형의 차별이라도 발생한다면, 그것은 사회주의와 혁명의 적들의 이익에만 봉사할 것입니다. 그것은 다른 민족들을 착취하고, 강탈하고, 토벌하고, 공격하고, 간섭하고, 침략하는 사람들의 이익에만 봉사할 것입니다. 그들은 자신들의 특권을 잃는 것보다 오히려 라틴아메리카와 카리브 해 지역의 민족들을 말살시키는 사람들입니다. 따라서 이 개념들을 분석하면서, 우리는 정치적인 숙고를 명심하게 됩니다.

나는 이것이 우리의 생각을 뒷받침하는 논리였다고 생각합니다. 그리고 가장 순수한 원칙과 정치라는 단어의 의미에서, 아직 끝나지 않은 혁명을 이러한 한계로부터 해방시키려는 우리의 관심을 설명하고 있습니다.

해방신학

베토 아주 좋습니다. 사령관님.

이제 다른 질문을 드리려고 합니다. 사실 당신이 많이 언급했던 것처럼, 교황 요한 23세가 소집을 했던 제2차 바티칸 공의회 이후, 그리고 공의회의 라틴아메리카 형태인 1968년 메데인 주교회의 모임 후에 라틴아메리카의 가톨릭교회 내에서 많은 변화들이 시작되었습니다. 그것은 특히 여러 해 동안 군부독재가 지배해온 브라질 같은 나라들 내의 가난한 사람들에게 더 가까이 다가가는 일입니다. 그것은 가난한 사람을 위한 교회의 선택 문제라기보다 교회를 위한 인민들의 운동과 노동운동이 강압적으로 억압당하는 가난한 사람들의 선택 문제입니다. 다시 말해, 가난한 사람들은 조직되고, 명료하고, 자각하고, 그리고 활동적으로 머물기 위해 교회를 의지합니다. 나는 최소한 두 명의 브라질 주교를 들 수 있습니다. 그것은 농담이 아니라 가난한 사람들이 교회를 차지할 정도로, 가톨릭 사제들과 주교들은 그들을 그리스도교로 개종시키기 시작했습니다. 그래서 오늘날 라틴아메리카 전역에 셀 수 없이 많은 그리스도교 기초 공동체들이 있습니다. 브라질에는 그중 약 100개의 공동체가 있으며, 그리스도인들, 노동자, 농민, 그리고 주변부 소외된 사람들 약 300만 명이 구성원으로 되어 있습니다.

라틴아메리카의 그리스도교 기초 공동체들의 등장을 어떻게 설명할 수 있겠습니까?

카스트로 몇백만 명이라고 했죠?

베토 브라질에 300만 명이 있습니다. 약 10만 개 그룹에 300만 명 가까이 있습니다.

왜 이런 일이 벌어지고 있을까요? 칠레, 볼리비아, 페루, 에콰도르, 과테말라, 니카라과에는 당신 스스로 말했듯이 해방 과정에서 중요한 역할을 하는 공동체들이 있습니다. 게릴라들에 의해 해방되고 있는 멕시코와 엘살바도르의 일부 지역들조차 공동체들이 있습니다. 도대체 왜 이런 일이 있을까요? 이유가 뭐죠?

만일 우리가 라틴아메리카의 농민에게, 노동자에게, 혹은 집안의 고용인에게, 그들 세계에 대해 어떤 개념을 갖고 있느냐고 질문한다면, 그들은 확실히 종교적 용어로 대답을 할 것입니다. 압제받는 라틴아메리카 사람들이 세계에 대해 갖고 있는 가장 기초적인 개념은 종교적인 것입니다.

나는 라틴아메리카 좌익, 특히 마르크스레닌주의 전통에 있는 좌익의 가장 심각한 실수 중 하나가 대중에게 무신론을 역설했는 것이라고 믿습니다. 그들이 생각하는 것을 말하지 말아야 한다는 것은 아닙니다. 그런 것은 전혀 아닙니다. 중요한 것은 그들이 사람들의 종교적 개념들에 민감하지 못했고, 종교적 방식으로 행동할 때 그들은 사실상 자신들의 정치적인 전망과 대중들 사이의 관계를 수립할 가능성을 배제했습니다.

예를 들어 사회주의를 위해 싸워야 한다는 것을 노동자나 농민에게 납득시키기는 쉽지 않습니다. 하지만 그들에게 이렇게 말하는 것은 쉽습니다. "보세요, 우리는 아버지이신 오직 한 분이신 하느님이 계시다는 것을 믿습니다. 그것이 진실하다면, 우리 모두 형제로 살아야 합니다. 그러나 하느님이 원하시는 형제애는 우리 사회에 존재하지 않습니다. 그것은 인종차별, 계급 불평등, 그리고 대부분의 사람들이 매우 가난한 데 반해 어떤 이는 매우 부유한 경제적 모순들로 인해 거부당하고 있기 때문입니다. 그래서 우리 스스로가 우리 신앙의 뿌리를 기반으로 하여 형제애를 위해 싸우는 것은 직업, 피부색, 혹은 사상이 어떠하든 구체적이고 역사적으로 모든 사람들의 사회적 평등, 정의, 자유, 그리고 온전한 존엄성 등을 위해서 싸우는 것입니다." 이러한 접근방식이 지난 몇 년 동안 그렇게 성공을 거둔 이유입니다.

그 공동체들로부터 등장하는 사고의 노선, 과테말라, 페루, 브라질, 엘살바도르, 그리고 다른 모든 나라에서 자신들의 해방을 위해 투쟁하는 사람들을 계몽하고 용기를 불러일으키며 신학자들에 의해 체계화되고 있는 신앙을 우리가 해방신학이라고 부르는 것입니다.

나는 이 공동체들에 대해 당신이 어떤 생각을 하는지 알고 싶습니다. 해방신학은 매우 격론을 불러일으키는 쟁점이 있습니다. 레이건과 산타페 문헌은 해방신학을 체제 전복적인 요인으로까지 기술하고 있습니다. 당신은 해방신학에 대해 어떻게 생각합니까?

카스트로 당신은 꽤 길고, 매우 흥미로운 설명을 하면서 마지막에 질문을 덧붙였습니다. 질문에 대답하기 위해 나는 당신이 언급했던 몇 가지 중요한 점들에 대해 말하겠습니다.

당신은 정치적 운동, 마르크스레닌주의 좌익 운동이 라틴아메리카의 종교적 문제 분석과 무신론의 역설에서 잘못을 했다고 말했습니다. 나는 라틴아메리카에 있는 각각의 좌익 운동들과 각각의 공산주의자 혹은 다른 좌익 정당들이 어떻게 종교적 문제에 접근하는지 정말 알 수 없습니다. 왜냐하면 내가 이 조직들과 대화하고 토론하는 것은 보통 다른 문제들, 즉 경제 상황, 빈곤, 대중들의 상황 등등에 중점을 두기 때문입니다. 다른 말로, 보통 정치적 문제에 초점이 맞추어져 있습니다. 나는 지난 26년 동안 그러한 정당들의 대표자나 구성원들과 셀 수 없이 많이 나눈 대화들 가운데 우리가 이 문제들을 분석했는지 정말 기억이 나지 않습니다. 그래서 나는 그들이 생각하는 것을 당신에게 말해줄 수 없습니다. 그러나 당신은 라틴아메리카 국가에서 살고 다른 나라들을 두루 여행하기 때문에 아마 내가 아는 것보다 그에 대해 더 많이 알 것입니다.

물론 나는 정치운동, 혁명운동은 주어진 순간에 존재하는 조건들에 대한 분석을 기반으로, 그리고 원칙보다는 그에 대한 전술적 접근을 기반으로 해야 한다는 것을 믿습니다. 물론 당신은 출발점으로 원칙을 사용해야 하고, 원칙이 시행되고 실천되어야 합니다. 만일 정치사상이 올바른 전략과 전술 없이 적용된다면, 아무리 올바른 정치사상일지라도 객관적으로나 주관적으로 실천될 수 없기 때문에 그것은 유토피아가 될 뿐입니다.

나는 정치혁명사상과 교회 사이에 등장하는 모순들을 이해할 수 있습니다. 내가 만일 토착 쿠바인인 시보니이고, 외국인들이 화승

총, 석궁, 칼, 왕실 문장, 그리고 십자가로 무장을 한 채 침입해서 우리 마을을 공격하고, 그들이 죽여야 한다고 생각하는 사람들을 죽이고, 그들이 생포하고 싶은 사람들을 생포했다면 어떠하겠습니까? 실제로 그들이 스페인으로 돌아갈 때, 콜럼버스와 스페인인들이 했던 첫 번째 일들 중 하나는 토착민들의 가장 중요한 기본권을 노골적으로 침해하며 그들 중 한 무리를 데리고 떠났습니다. 그들은 토착민들을 전리품으로 여기기 때문에 그들을 유럽으로 데려간다고 어느 누구에게도 허락을 구하지 않았습니다. 그리고 늑대, 사자, 코끼리, 혹은 원숭이를 잡는 방식으로 토착민들을 사로잡았습니다. 그렇다면 그 모든 것에 대해 내가 어떻게 생각하겠습니까? 동물의 권리 침해는 아직 논란이 없지만, 나는 오랫동안 그들이 백인이든, 갈색인이든, 황인이든, 흑인이든, 메스티소든 상관없이 인간의 양심이 인권을 존중해왔다고 믿습니다.

만일 우리가 토착 멕시코인에게 그 모든 것을 어떻게 생각하느냐고 묻는다면, 그들의 대답이 정복자들과 그들의 종교적 신념에 경외하는 마음을 품고 있을 리 없습니다. 그들도 신의 자녀로 여겼어야 했음에도 불구하고 정복자들은 "이교도"들을 종속시키고, 노예로 삼고, 착취하기 위해 칼과 십자가로 무장한 채 왔습니다. 그것이 구세주 신앙과 함께 서구 그리스도교 신앙과 문명화를 피로써 도입해 라틴아메리카를 정복한 방법이었습니다. 자신들이 진리를 소유한 사람이라고 생각하는 이들도 살인과 사람들의 노예화를 통해 진리를 펼칠 수는 없습니다.

정복된 나라들이 더 앞선 나라들로부터 배운 가장 객관적인 진리는 자유 상실이었습니다. 학대, 착취, 노예 도입이었으며, 그리고 종종 전멸이 되기도 했습니다.

그러나 초기 동안에도 그러한 잔인무도한 범죄들에 대항해 활동한 몇 명의 사제들, 예를 들면 바르톨로메 데 라스 카사스 신부가 했던 일들에 주의를 기울여야 합니다.

베토 그는 여기서 살았습니다. 그도 도미니코회 수도자였습니다.

카스트로 그는 가장 영예로운 사제들 가운데 한 명이기 때문에 수도회는 그를 자랑스러워해야 합니다. 그는 정복에 뒤따르는 공포들을 비난하고 반대했습니다.

몇 세기 동안 식민주의는 현실이었습니다. 전 대륙이 유럽 열강들 사이에서 분리되었습니다. 아시아, 아프리카, 아메리카는 몇 세기 동안 분리되고, 점령되고, 착취당했습니다. 유럽인들은 자신들의 종교를 그곳에 가져왔습니다. 어떤 면에서 그 종교는 정복자, 노예를 만드는 사람, 착취자들의 종교였습니다. 원래부터 그리고 내가 말했듯이, 인간의 진의, 연대의 고귀한 본질은 진실합니다. 비록 그러한 본질이 정복자로 종교를 휘둘렀던 사람들의 사실이나 실제와 모순되었으며 그리고 그런 사제들을 언급하지 않는다 해도, 결국 고대 로마에서처럼, 노예들의 종교와 같은 종교가 되었습니다. 이런 환경에서 스페인인들은 3세기 동안, 쿠바에서는 처음에 정복을 위한 시기와 마지막에 해방을 위한 시기 사이의 거의 4세기 동안 정복자의 종교로서 상당히 널리 퍼졌습니다.

이것은 아시아에서는 그렇지 않았습니다. 왜냐하면 다른 종교들이 깊이 뿌리를 내리고 있었으며, 풍부한 내용을 갖춘 문화인 힌두교, 불교, 그리고 다른 토착 종교들이 더욱 저항했기 때문입니다. 그래서 그리스도교는 다른 종교와 철학들과 그곳에서 충돌을 일으켰고, 그 결과 그리스도교의 지배력은 덜 광범위했고 덜 보편적이었습니다. 십자군과 지속적인 정복과 서구 유럽의 통치에도 불구하고 아랍 세계와 중동에서는 이슬람이 우세했습니다. 비록 그 지역의 국가들은 유럽의 식민지가 되었지만 동남아시아와 인도에서는 힌두교와 불교가 우세했습니다. 동인도 제국들과 아시아의 다른 지역들에서는 유럽의 통치에도 불구하고 중국과 같이 토착 종교들이 역시 우세했습니다.

귀족과 봉건 영주들이 토지와 농노를 소유한 봉건적인 유럽에서조차 영혼을 위로했던 교회는 착취구조의 한 동맹이었습니다. 사회 구조와 교회 교리 사이에는 모순이 있었습니다.

제정 러시아 제국에서는 밀접한 연맹이 제국, 귀족, 봉건 영주, 지주, 그리고 교회 사이에 존재했습니다. 그것은 여러 세기 동안 지속되었던 반론의 여지가 없는 역사적 사실입니다.

오직 한 나라가 예외적이었습니다. 아프리카의 에티오피아는 무력으로 정복당했습니다. 정복자들은 다른 곳보다 몇몇 지역에서 더 오래 머물렀으나, 문화적인 동화는 덜 되었습니다. 그리스도교는 아프리카에서 전혀 승리를 거두지 못했습니다. 북아프리카에서는 이슬람이 광범위하게 퍼졌습니다. 아프리카 대륙의 나머지 지역들은 애니미즘이었습니다. 몇 세기 동안 서구인들은 아프리카로 와서 그리스도교를 전한 것이 아니라 노예를 만들어냈습니다. 얼마나 많은 사람들을, 수천만의 자유인들을 유럽인들이 아프리카에서 사로잡아다가 노예로 만들어 라틴아메리카, 카리브 해, 미국에 데려다 상품으로 팔았는지를 누가 정확히 아는지 나는 알지 못합니다. 아마도 1억 명이 될 것입니다. 나는 그 주제로 연구가 진행되고 있고, 그 연구는 약 5,000만 명이 살아남았으나 아마도 그들 중 대부분의 사람들이 잡히는 순간에, 혹은 대서양을 건너는 항해 도중에 죽었다는 사실을 규명했다고 생각합니다.

베토 브라질에서 살아남은 사람은 400만에 이르렀습니다.

카스트로 자신들의 고향, 가족, 모든 것들로부터 멀리 떨어져 얼마나 많은 사람들이 죽었는지 생각만이라도 해보세요. 그러한 끔찍한 체계가 거의 4세기 동안 지속되었습니다. 몇 세기 동안 서유럽의 기술적, 경제적, 군사적 우세는 지금 제3세계에 있는 인민들을 압도했었습니다.

토착민들은 여러 지역에서 전멸되었습니다. 정복자들이 다른 곳에서는 그 수가 아주 많았던가 아니면 사람들을 노동력으로 보고 더 잘 다루었기 때문에 쿠바에서와 같은 사건이 일어날 수 없었겠지만, 쿠바에서는 그들이 실제로 토착민들을 몰살시켰습니다.

아프리카인들은 수 세기 동안 차이 없이 노예가 되었습니다. "자연법과 자연의 신법神法이 부여하는" 인류의 양도할 수 없는 권리에 대한 엄숙한 선언에도 불구하고 미국은 독립 후에도 노예제도를 폐기하지 않았습니다. 진실은 자기 증명이 되어야 합니다. 거의 한 세기 동안, 수백만의 아프리카인들과 그들의 후손들이 계속 노예가 되었습니다. 그것이 그들의 유일한 자기 증명의 진실이며 노예제도와 자본주의의 창시자가 그들에게 허용한 유일한 권리였습니다.

독립 선언 후 그와 같은 나라에서 아메리카 원주민들이 간단히 몰살당했습니다. 그들은 유럽의 그리스도인들과 그 후손들에게 몰살당했습니다. 그리고 마치 수 세기 동안 부와 땅을 차지하기 위해 아메리카 원주민들을 추적하여 머리 가죽을 벗겼던 사람들이 그랬던 것처럼 그 모든 사람들이 매우 종교적이며 자신들을 그리스도인이라고 여기고 있었습니다. 그것은 부인할 수 없는 역사적 사실입니다.

1800년대 중반 로사스 시대의 아르헨티나에서도 그리스도인들이 미국이 세운 선례에 따라 토착민들의 땅을 침략하고 그들을 전멸시켰습니다. 많은 지역에서 원주민의 몰살은 따라야 할 절차였습니다.

이와 같이 유럽에도 봉건영주들, 귀족들, 그리고 교회 고위 성직자들이 있어서, 그들은 몇 세기 동안 지속된 밀접한 동맹 속에서 농노와 농민들에 대한 수탈을 시행했습니다. 제정 러시아 제국에서도 같은 상황이 19세기 말까지 만연했습니다.

역사적인 전망으로 교회를 분석한다면, 아무도 교회가 정복자, 압제자, 착취자의 교회로 정복자, 압제자, 착취자의 편에 섰다는 것을 부인할 수 없습니다. 교회는 지금 우리의 양심에 상당히 반감 있는 제도인 노예제도를 결코 단언적으로 비난하지 않았습니다. 아프리카나 토착민들에 대한 노예제도를 책망하는 비난을 전혀 하지 않았습니다. 교회는 원주민들의 전멸이나 그들에게 저질렀던 다른 범죄들, 즉 원주민들의 토지, 부, 문화, 심지어 생명까지도 강탈했다는 사실에 대해 결코 비난하지 않았습니다. 어떠한 교회도 그들의 범죄들을 비난하지 않았고, 그러한 체계는 수 세기 동안 지속되었습니다.

그러한 아주 오래된 불의에 대항해 투쟁하는 혁명가들의 생각이 반종교적이라는 것은 당연합니다. 네, 혁명운동 내에서 그러한 생각의 근원이 객관적이고 역사적으로 설명되고 있습니다. 그러한 생각들은 프랑스 혁명과 볼셰비키 혁명에서 유산자계급 내에 존재했습니다. 첫 번째는 자유주의로 나타났습니다. 장 자크 루소와 프랑스 백과사전파의 철학도 이러한 반종교적인 정신을 담고 있었습니다. 그것은 단지 사회주의에만 있지 않았습니다. 그 생각들은 역사적인 이유 때문에 마르크스레닌주의 이후에 나타났습니다. 자본주의에 대한 비난은 전혀 없었습니다. 아마 지금부터 100년이나 200년 후, 자본주의가 완전히 소멸되면 누군가 비통하게 말할 것입니다. "수 세기 동안 자본주의자들의 교회는 자본가와 제국주의자의 체계를 비난하지 않았습니다." 오늘날 우리가 말하는 것처럼 수 세기 동안 그들은 노예제도, 토착민들의 몰살, 식민주의 체계를 비난하지 않았습니다.

지금, 혁명가들은 현존하는, 역시 무자비한 착취의 체계에 대항해 투쟁하고 있습니다. 그래서 당신이 말하는 잘못한 일들과 사실상 잘못으로 여겨지는 일들에 대해 설명하는 것입니다. 문제는 생각이나 혁명적인 사회 프로그램을 수행하는 방법입니다. 만일 당신이 뜻하는 것이 라틴아메리카의 현재 조건에서 정의에 대한 같은 열망을 나누는 모든 사람을 공동 투쟁에 연합하도록 설득하는 노력보다, 그 체계에 의해 대량으로 희생된 사람들 대다수를 차지하는 그리스도인들과의 철학적인 차이점들을 강조하는 것이 잘못이라는 의미라면, 나는 당신에게 동의할 것입니다. 나는 더욱 강력하게 동의할 것입니다. 왜냐하면 우리는 라틴아메리카 그리스도인들의 중요한 부문들 사이에 자각이 일어나는 것을 목격하고 있기 때문입니다. 만일 우리가 이 사실과 구체적인 조건들 위에서 우리의 분석을 기반으로 한다면, 혁명운동이 그 주제에 올바른 접근을 해야 할 것이고 주민들, 즉 노동자, 농민, 그리고 중간층의 종교적 감정에 반대해 교리적 미사여구를 피하는 데에 모든 대가를 지불해야 한다고 말하는 것은 전적으로 올바르고 공정합니다. 그런 미사여구를 쓰는 것은 착취체계의 이익에 봉사할 뿐일 것입니다.

나는 좌파가 문제나 주제에 대한 접근법을 다루는 방식을 변화시켜야 한다는 새로운 현실에 직면했다고 봅니다. 그 점에 대해 당신에게 전적으로 동의합니다. 나는 그것을 의심하지 않습니다. 그러나 오랜 역사의 기간 동안, 신앙은 통치와 압제의 도구로 사용되었습니다. 그래서 부당한 체계를 변화시키려는 사람들이 종교적 신념들, 그 도구들, 신앙과의 투쟁에 들어가는 것은 필연적인 일입니다.

우리가 무엇이라고 부르든 간에, 해방신학, 해방교회의 막대한 역사적 중요성이 바로 추종자들의 정치적 견해에 엄청난 충격을 던져주고 있습니다. 그것은 오늘날의 신자들과 과거의 신자들, 즉 그리스도 이후, 그리스도교의 등장 후 초기 몇 세기의 먼 과거의 신자들 사이의 접촉점을 구성하고 있습니다. 나는 해방교회 혹은 해방신학을 그리스도교의 뿌리, 가장 아름답고 매력적이고 영웅적이며 영광스러운 역사로의 회귀라고 정의하고 싶습니다. 그것은 매우 중요하기 때문에 라틴아메리카의 모든 사람들이 우리 시대의 가장 중요한 사건으로서 해방신학을 주목하도록 밀고 나가고 있습니다. 우리는 그것을 이와 같이 기술할 수 있습니다. 왜냐하면 해방신학은 착취자, 정복자, 압제자, 간섭주의자, 우리 인민들의 약탈자와 우리를 무지, 질병, 가난 속에 계속 있게 하려는 자들에게서 그들이 대중들을 혼란시키고, 기만하고, 소외시키며 계속 착취하는 가장 중요한 도구를 박탈하기 때문입니다.

내가 언급했던 역사의 오랜 기간 내내 그리스도교 내의 사람들, 즉 서구 중상주의자조차 아메리카 원주민, 아프리카인, 인디언, 그리고 다른 아시아인들이 영혼이 있는지 없는지 토론까지 했습니다. 사실상 공포, 착취, 그리고 모든 유형의 범죄들의 세기 내내 그들에게 유일하게 허용된 것은 그들이 영혼을 가지고 있다는 것뿐입니다. 그러나 이것은 노예제도, 착취, 강탈, 죽음의 권리 이외의 다른 권리들을 의미하지 않았습니다.

프랑스, 미국, 다른 어느 곳에서도 양도 불가능한 권리를 말했던 유산자계급의 혁명조차 토착민들, 아프리카인, 아시아인, 메스티소들을 위한 권리를 인정하지 않았습니다. 백인들을 위해서만 양도 불가능한 권리들이 있었습니다. 생명, 자유, 안전, 건강, 교육, 문화, 온당한 고용에 대한 권리는 위대한 유산자계급혁명에 의해 백인 유럽인들을 위해서만 유효한 것으로 인식되었습니다. 거기에 역사의 쓰라리고 이의를 제기할 수 없는 증거가 있습니다. 이 권리들 가운데 어떤 것도 제3세계 인민들을 위한 권리는 없습니다. 물론 라틴아메리카는 제3세계에 있습니다. 그런데 매우 낮은 임금으로 버티며 살아가는 수천만 명, 수억 명의 가난한 농민들과 노동자들과 라틴아메리카 나라들의 수도에 사는 빈민가 거주자들에게 지금까지 유일하게 허용된 양보는 그들이 영혼이 있다는 사실을 인정하는 것이었습니다.

그렇지만 만일 우리가 이것을 받아들인다면, 우리가 그들이 영혼이 있다는 것을 인정한다면, 그러면 나는 당신과 같은 그리스도인들에 의해 공인된 위치, 모든 사람에게 같은 권리들을 선언하고 요구하기 위한 위치에서 역사적으로 위대한 중요한 사건이 펼쳐질 것으로 생각합니다.

베토 사령관님도 몸과 영혼이 한 개체인 인간입니다.

카스트로 그래서 만일 당신이 가난한 사람과 부유한 사람, 흑인과 백인, 소작농민과 지주 사이에 영적인 평등을 인정하기 시작한다면, 당신은 몸과 영혼을 가진 모든 남녀 인간들이 백인들처럼, 부유한 사람들처럼, 다른 사람들이 갖는 권리와 같은 권리를 가져야 한다는 것을 인정하기 시작해야 합니다.

나는 당신이 계속 벌이고 있는 투쟁을 그렇게 보고 있습니다. 제국주의, 그 정부, 이론가, 대변인들이 해방신학을 체제 전복적인 것으로 더 강경하게 반대하는 입장을 취하거나 권장하기 시작했다는 것은 놀라운 일이 아닙니다. 실제로 그들은 우리가 영혼이 없다는 원칙을 유지해야 합니다. 만일 우리가 영혼과 몸을 가지고 있다면, 우리 또한 살고, 먹고, 건강하고, 교육받고, 지붕 아래에 머리를 두고, 직업을 갖고, 위엄 있게 살 권리가 있다는 것을 그들도 인정해야 할 것입니다. 그들은 노동자의 부인과 딸들이 매춘부가 되지 않을 권리가 있으며 그 가족들이 판자촌에서 도박, 마약, 절도, 혹은 자선에 의지해 살아가지 않을 권리를 인정해야 할 것입니다.

논리적으로 그리스도교 역사에서 최선을 추구하는 종교적 입장이나 이론은 제국주의의 이익과 완전히 모순됩니다. 나는 여전히 생각합니다. 비록 이론적으로 그들이 우리가 영혼이 있다는 것을 인정한다고 해도, 내심 제국주의의 이론가, 산타페 문헌을 기안한 자들은 아프리카인들, 토착민들, 메스티소들, 곧 제3세계에 사는 사람들의 영혼을 믿지 않습니다. 그리고 그들은 자신들을 산타페(거룩한 믿음) 그룹이라고 불렀습니다! 그것은 그들의 차별적인 접근 뒤에 숨어 있습니다. 그리고 나는 가난한 사람들 편을 들고 있는 라틴아메리카 교회의 중요 부분이 내린 결정에 대한 역사적 중요성을 평가할 수 있는 것처럼, 그들의 극렬한 반대를 이해할 수 있습니다.

가난한 사람들이 어떻게 교회를 차지하는지에 대한 당신의 기술은 매우 아름답습니다. 나는 가난한 사람들의 고통이 교회를 차지했고, 이 대중들의 형언할 수 없는 비극이 교회를 차지했다고 믿습니다. 나는 고통의 울음소리가 교회에 도달했다고 믿습니다. 무엇보다도 나는 그들의 울음소리를 듣고 그들의 고통과 아픔에 더욱 명확히 주의를 기울이는 그들 양 무리와 가장 가까운 사목자들에게 도달되었다고 믿습니다.

그 울림은 조금 더 멀리 갔습니다. 그것은 주교들, 추기경들, 교황 요한 23세에까지 도달했습니다. 제3세계와 제3세계 혁명가들은 요한 23세의 의미심장한 성명서들로부터 충격을 받았습니다. 마르크스레닌주의자들을 포함한 우리 지역의 국가들에 사는 모든 이들은 그를 존경스럽고 따뜻하게 기억합니다. 나는 요한 23세 교황의 가르침이 의심의 여지가 없이 제3세계, 특히 라틴아메리카에 있는 가난한 사람들을 향해 많은 사제들과 주교들이 취하는 이러한 선택이나 태도와 상당히 많은 관련성을 가지고 있다고 믿습니다.

베토 요한 23세는 교황이 된 농부였습니다.

카스트로 그가 농부라는 요인은 그의 사고에 커다란 영향을 미쳤을 것입니다. 우리는 요한 23세를 언급하지 않고는 인민들과 함께하는 라틴아메리카 교회 운동에 대해 말할 수 없습니다. 나 자신도 이러한 변화들을 인식하지 못했습니다. 왜냐하면 당신들은 1968년 이후부터 그에 대한 이야기를 하고 있기 때문입니다. 나는 요한 23세의 사고가 가톨릭교회의 진보와 이러한 운동의 등장을 계속하게 만드는 영향력을 갖고 있음을 알았습니다. 나는 그 영향력이 상호적이고 호혜적이라, 가난한 사람들이 교회에 영향을 미치고 교회를 차지하면, 결국 교회는 그러한 고통의 반향과 울림으로써 역시 가난한 사람들에게 도달한다고 생각합니다. 많은 사제들과 주교들이 자신들을 가난한 사람들의 원인으로 인정하기 시작한 이래, 이러한 분위기처럼 결코 지금만큼 교회가 영향력과 신망을 받은 적이 전에는 없었다는 것을 당신에게서 확인할 수 있습니다.

베토 당신은 교회 사람들을 포함해 오늘날 유럽에 있는 많은 사람들이 해방신학을 단지 교회에 대한 마르크스주의자들의 조작에 불과하다고 생각한다는 것을 알고 있습니다.

나는 해방신학을 전적으로 지지합니다. 그리고 사령관님, 나는 해방신학 덕분에 오늘날 나의 그리스도교 신앙이 더 깊어지게 되었다고 생각합니다.

수 세기 동안 유럽 교회는 유럽 사회와 같이, 세계의 중심에 있었습니다. 그리고 교회는 나머지 세계에 교회의 모델뿐 아니라 신학도 수출하는 것이 점점 익숙해졌습니다. 나는 신학을 믿습니다. 신학은 그리스도교 공동체의 신앙으로부터 탄생된 성찰입니다. 이런 의미에서 그리스도인들은 자신들의 신앙에 대해 성찰할 때 신학을 하고 있는 것입니다. 그러나 모든 그리스도인이 신학자는 아닙니다. 신학자들은 신학에 필요한 과학적인 기초, 과학적인 지식을 갖고 있는 사람들이고, 동시에 공동체와 접촉하는 사람들입니다. 그들은 그리스도인의 성찰들을 실천할 수 있고 체계화할 수 있는 사람들입니다.

우리는 유럽이 소위 "자유주의 신학"이라는 신학을 만들어냈다는 것을 알고 있습니다. 그 신학은 그것만의 가치를 갖습니다. 그러나 다른 모든 신학처럼, 그것은 특수한 현실의 문제, 이 경우 유럽의 문제를 반영합니다. 그렇다면 이 세기에 가장 중요한 유럽의 사건들이 무엇입니까? 두 번의 세계대전입니다. 이 사실은 모든 유럽 문화에 인간의 가치와 삶의 의미에 대한 고뇌에 찬 문제들을 제기하도록 합니다. 우리가 하이데거와 사르트르의 철학, 펠리니와 브뉴엘의 영화, 피카소의 그림, 카뮈와 토마스 만과 제임스 조이스의 문학을 볼 때, 우리는 그들 모두 인간의 가치가 무엇인가라는 혼란스러운 문제에 답하려 노력했다는 것을 알게 됩니다. 그리고 이러한 노선에 따라, 개인주의적인 철학 속에서 유럽의 신학은 현실과 연관되는 필요한 수단을 찾았습니다.

이제, 이번 세기에 라틴아메리카의 역사에서 가장 중요한 사건은 무엇입니까? 전쟁입니까? 아닙니다. 우리는 국지전들이 있었지만 세계대전은 없었습니다. 라틴아메리카 역사에서 가장 중요한 문제나 사건은 엄청난 수의 가난으로 고통받는 사람들입니다. 그러므로 우리의 문제는 인간의 철학적 문제가 아닙니다. 우리가 해야 하는 고뇌에 찬 질문은 왜, 언제 세계가 마음대로 이용할 수 있는 기술을 그토록 발달시켰는지, 그러나 라틴아메리카에서는 압도적 다수의 비인간적으로 간주되는 사람들과, 권리나 희망이 없는 사람들이 왜 존재하는지 하는 문제들입니다. 대부분의 라틴아메리카인들은 어떠한 권리도 없습니다. 즉, 많은 경우에 그들은 동물보다 더 나쁜 조건에서 살아갑니다. 브라질에 있는 소는 대부분의 브라질 인구보다 더 잘삽니다. 그래서 신학은 이것을 분석하는 철학보다 더 필요합니다. 당신은 상황에 대한 원인들을 추적하고 사회과학에 의지해 도움을 받아야 합니다. 사회과학은 마르크스주의의 공헌을 무시할 수 없습니다.

과학적 분석이 요구하듯, 사람들을 향한 정의감과 진리를 위한 존중이라는 방식으로 해방신학을 명확히 설명하자마자, 해방신학은 교회의 한 부문으로부터 상당히 강력한 반발을 촉발시켰습니다. 그 부문은 브라질 신학자들인 레오나르도 보프와 같은 우리의 동지들 가운데 몇 사람에 대해 제재를 신청하기에 이르렀습니다. 그는 교회 신학자로서 가장 기본적인 권리를 행사했기 때문에 처벌되었습니다. 그것은 그의 백성들의 역사와 현실의 기초를 신앙으로 성찰하기 위한 권리 행사였습니다.

나는 당신이 무슨 일이든 세계의 사건들에 대해 어떤 견해를 갖기 위해 계속 상세히 확인하기를 바랍니다. 해방신학에 대한 이 모든 논쟁이 당신에게 어떤 충격을 미칠까요? 당신은 어떻게 대응하고 있나요? 당신에게 해방신학이 어떤 특별한 이해를 촉발시켰나요? 한 개인과 정치인으로서 어떤 개인적인 반응을 불러일으켰나요? 나는 당신이 이에 대해 말해주기를 원합니다.

카스트로 당신은 매우 어렵고 미묘한 문제를 질문했습니다. 나는 한 번 더 당신의 설명에서 강조점 몇 가지를, 첫 번째로 조작의 문제를 언급할 것입니다.

우리는 이미 이에 대해 말했습니다. 우리는 인터뷰를 시작하기 전 어느 날, 이에 대해 설명했습니다. 나는 조작자들은 결코 어떤 사람의 존경도 받을 자격이 없거나 혹은 어디서든 성공하지 못한다고 말했습니다. 조작자들은 바람과 파도에 맡기는 작은 범선과 같습니다. 조작은 기회주의와 동의어입니다. 조작은 본질을 갖지 못하고, 뿌리를 갖지 못합니다. 만일 당신이 내가 조작자라고 생각한다면 나는 당신이 나를 존경할 것이라고 생각하지 않습니다. 그리고 같은 이유에서 만일 혁명가들이 당신이 조작되고 있다고 생각한다면, 어떤 혁명가도 당신이나 당신 같은 다른 사람들을 존경하지 않을 것입니다. 나는 존경, 관계, 신중한 분석, 그리고 이해 등 모든 것이 스스로에게 그리고 다른 사람에게 정직한 사람들 사이에서 가능하다고 생각합니다. 만일 당신이 신심 깊은 신자가 아니라면, 당신의 생각은 우리에게 어떠한 충격도 주지 못할 것입니다.

개인적으로 당신에 대한 나의 존경심이 가장 많이 고무되었던 것은 당신의 깊은 확신과 종교적인 신념을 내가 알아차렸기 때문입니다. 나는 자신들을 이 문제와 연관되어 있다고 여기는 교회 내의 다른 사람들도 당신과 같을 것이라고 확신합니다. 만일 우리 혁명가들이 당신이 정직하지 않다고 생각한다면, 우리가 말한 어떤 것도 의미가 없습니다. 그것은 마치 내가 이미 니카라과에서 그리스도인들과 마르크스주의자 사이에 대해 말했던 것처럼, 논의된 생각이나 동맹 혹은 일치에 대한 생각까지도 모두 의미가 없습니다. 왜냐하면 참된 마르크스주의자는 거짓된 그리스도인을 신뢰할 수 없고 참된 그리스도인은 거짓된 마르크스주의자를 신뢰할 수 없기 때문입니다. 오직 이러한 확신만이 굳건하고 지속적인 관계의 기초가 될 수 있습니다.

그 정도로 해둡시다. "장애인보다 거짓말쟁이를 발견하는 것이 더 쉽다"라는 속담처럼. 그리스도인의 진실과 혁명가의 진실은 꾸밀 수 없고, 거짓말쟁이는 숨길 수 없습니다.

나는 왜 사람들이 단순한 주장에 의지해 신앙의 존재를 걱정하는지 이해할 수 있습니다. 이것은 양쪽 모두 진실입니다.

나는 당신이 많은 생각을 제공했다는 것을 알고 있습니다. 이것은 당신이 유럽, 자유주의 신학, 역사적으로 중요한 요인들, 그리고 유럽의 가장 중요한 사상가들의 생각에 영향을 끼친 대형 사건들에 대해 말하면서 분명해졌습니다. 나는 당신이 유럽의 현실과 라틴아메리카의 현실의 차이점에 관해 한 말에서 깊은 감명을 받았습니다. 라틴아메리카의 거대 빈곤의 성격은 기본적이고 결정적인 요인입니다. 이것은 지난 40년 혹은 50년 동안의 진실이었으며 지금은 점점 더 분명해져갑니다. 1930년대 경제위기는 라틴아메리카의 가장 심각한 경제적·사회적 비극 가운데 하나였습니다. 그러나 현재의 위기는 훨씬 더 심각합니다. 그 뒤 라틴아메리카에서는 약 1억의 인구가 살았고, 오늘날은 약 4억 명입니다. 이곳은 생존자원과 지하자원까지 고갈되고 있습니다.

나는 원시 인간들이 어떻게 살았는지, 이 주제에 대한 많은 이론들이 발표되었지만 잘 모르겠습니다. 그들은 생존을 위해 사냥하고 고기를 잡고 열매를 모았다고 합니다. 풍부한 야생 동물과 강과 호수에는 많은 고기들이 있었습니다. 오염은 없었습니다. 그들에겐 울창한 숲이 있었고, 그래서 온기를 구하려 불을 피울 수 있었습니다. 그들은 먹을 뿌리와 열매들이 있었습니다. 이러한 자연자원들은 줄어들었고 점차 드물어졌습니다. 자연자원들은 오염되었고 소유자는 열심히 그것들을 지켰습니다. 한편 인간의 수는 몇 배씩 크게 증가했습니다.

오늘날, 사람들은 사냥과 채집으로 살 수 없습니다. 그들은 집중적인 농업, 물고기 사육, 현대적 기술의 심해어업, 그리고 산업을 사용해야 합니다. 현대인들은 교육과 보건의료 없이 살 수 없습니다. 자연 선택의 법칙은 가장 적합한 원시 인간들만 생존을 보장했습니다. 현대 인간들은 지역에서 대부분을 얻어야 합니다. 삶이 더 이상 자연이나 환경에 종속되지 않기 때문입니다. 이 라틴아메리카에 사는 수억의 인간들은 생활 수단이 부족합니다. 그래서 결과적으로 대규모의 빈곤이 존재합니다. 나는 비인간에 대해 당신이 한 말을 전적으로 동의합니다.

호엘미르 베팅이 나에게, 약 1억 3,500만의 인구를 가진 나라 브라질에서 3,200만의 소비자 시장을 형성하고 있는데, 그 규모가 벨기에의 시장과 유사하며, 3,000만 명이 시장 형성 수준에 못 미치고, 4,000만 명이 최저생계비 수준이고, 그리고 남은 3,000만 명이 최저생계비 수준 이하라고 말했습니다. 직업도 없고, 학교에 갈 수도 없고, 그리고 생계수단도 없는 판자촌에 사는 사람들을 우리는 어떤 범주에 놓아야 합니까? 명백한 비인간의 경우입니다. 대다수 라틴아메리카에 사는 사람들의 절반 이상은 비인간의 범주에 속합니다. 반면 아마도 15퍼센트, 예를 들면 10퍼센트와 20퍼센트 사이라면 20퍼센트에 가까운 사람들이 벨기에와 유사한 기회와 소비양식을 간직하면서 같은 수준으로 삽니다. 다른 말로 우리는 라틴아메리카의 전체 인구 중 약 4분의 3인, 2억 5,000만 명과 3억 명 사이에 비인간으로 여겨지는 사람들이 있다고 말할 수 있습니다.

나는 당신이 말하는 것에 전적으로 동의합니다. 그리고 나 역시 당신의 설명에 관심이 많습니다. 그것은 긴 설명이지만 역사는 이 모든 것들이 식민주의와 노예제도와 밀접하게 연관되어 있습니다. 라틴아메리카에서 뽑아낸 부는 유럽과 미국의 산업 권력들의 발전을 위한 자금으로 지원했습니다. 내가 전에 말했듯이, 노예제도는 미국에서 독립 이후 거의 100년까지 사라지지 않았습니다.

이 모든 것이 불공평한 무역조건, 보호무역주의 정책, 덤핑, 라틴아메리카의 자연자원과 인적 자원들의 가차 없는 착취, 높은 이자율, 통화정책, 그리고 일련의 다른 모든 방식의 착취를 통한 저개발, 신식민주의, 다양한 형태의 강탈에 기초가 되었습니다. 이 때문에 제3세계 나라들은 계속 종속, 저개발, 빈곤화되었습니다. 그곳의 더 높은 사회적, 정치적, 교육적, 문화적 수준과 서구 소비사회에 대한 정보 때문에 라틴아메리카는 특히 이에 민감했습니다. 서구 소비사회는 이곳에서 매우 널리 선전되었습니다. 결과적으로 불평등과 빈곤에 대한 인식은 아프리카나 아시아 같은 다른 제3세계 지역보다 훨씬 더 확장되었습니다. 이 모든 것은 정치적이고 사회적인 관점에서 잠재적으로 더 위험하고 분노를 촉발하는 상황을 만듭니다.

나는 마르크스주의가 사회과학의 발전에 중요한 공헌을 한다는 당신의 관점을 공유합니다. 나는 종교적인 견지에서 이 질문들에 흥미를 갖는 사람들이 해설을 찾고 연구를 하는 데 관심을 가지며 마르크스주의를 분석의 도구로 사용하는 이유를 이해합니다. 왜냐하면 연구는 과학적 토대와 과학적 분석방법을 가져야만 하기 때문입니다. 그들은 마르크스주의를 신학적, 형이상학적, 정치적 현상들을 설명하기 위해 사용하지 않았습니다. 그것은 질병을 진단하는 의사들과 같습니다. 그들은 과학적 방법들과 설비를 사용하는데, 설비가 미국, 프랑스, 소련, 일본, 혹은 어떤 다른 나라에서 만든 것인지 신경을 쓸 필요가 없습니다. 과학은 그 자체가 이념이 아닙니다. 즉, 과학 도구, 의술, 어떠한 종류의 의학적이거나 산업적인 장비 또는 기계가 어떤 것이든 그 자체로 이념이 아닙니다. 과학적인 설명이 정치적인 이념으로 이어질 수 있습니다. 내가 종교적인 신념들에 대해 말하는 것은 아닙니다.

나는 이것을 이해합니다. 지금, 누가 마르크스주의를 도구로 사용합니까? 모든 해방신학자들, 혹은 그들 중 일부만 사용합니까? 나는 해방신학자들이 마르크스주의를 사회문제에 대한 연구 방법이나 도구로 사용하고 있다고 말할 위치에 있지 않습니다. 그러나 나는 실제로 모든 과학자들에 의해 사용된다는 것을 알고 있습니다.

사회문제가 없는 많은 과학 서적들과 연구 업적들을 읽습니다. 셀 수 없이 많은 과학자들은 생물학, 항성, 행성, 동물학, 식물학, 광물학을 연구하고 있습니다. 그들 모두 명백히 자신들의 종교적 신념들과 독립적으로 과학 연구에 몰두하고 있습니다. 진화론은 한참 동안 거부되었고 어떤 과학자들은 진화론을 수용했다는 이유로 강력하게 견책을 받았습니다. 지구가 축으로 회전하고 태양의 궤도에 따라 돈다고 생각했던 것처럼 실제로 지구가 둥글다는 이론이 거부되었던 때가 있었습니다. 인류의 과학적 진보의 과정 속에서 많은 과학적 진리들은 처음에는 거부되었습니다.

오늘날 미국, 일본, 중국, 그 밖의 다른 나라에서 온 가톨릭, 개신교, 무슬림, 힌두교, 불교도의 모든 과학자들은 자신들의 종교에 상관없이, 약간의 주저함도 없이 과학적 관점에서 문제에 접근할 것입니다. 그것이 바로 과학이 유전 법칙을 발견하고 세포 구조를 변화시키는 놀라운 위업을 달성한, 다른 말로 새로운 종을 창조한 엄청난 진보를 거둔 이유입니다. 사실상 그것은 멘델 수사의 업적으로 확실치 않지만 내가 생각하기에 그는 베네딕트 수도자로 유전법칙을 발견했습니다. 다른 사람들이 더 깊이 탐구하고 돌연변이와 그 이유를 발견했습니다. 여전히 또 다른 사람들은 세포들, 세포핵, 염색체를 연구하며, DNA를 분석하고, 세포의 유전 프로그래밍을 발견했습니다. 그들은 더 철저히 연구하여 한 종류의 세포에서 다른 종류의 세포로 유전자 이동에 성공했습니다. 같은 일이 수학 계산과 물리학 연구를 통해 엄청난 힘의 원자력을 발견한 사람들에게, 우주를 탐험하고 우주정복을 가능하게 만든 사람들에게, 그리고 현대 약학을 발전시켜 자연에서 발견되지 않고 실험실에서 생산하는 분자들을 설계할 수 있는 사람들에게 발생했습니다.

예를 들면, 30년 전에는 항생제가 곰팡이 배양의 수단에 의해 생산된 반면, 오늘날에는 화학 합성을 통해 생산되며 과학자들은 자연의 형태에서 존재하는 것보다 더 좋고 더 많은 효과가 있는 의약품을 개발할 수 있습니다.

나는 어떤 사회문제 연구는 과학적 방법의 적용이 필요하다는 것을 말하기 위해 이렇게 긴 설명을 했습니다. 많은 과학자들은 마르크스의 개념과 밀접하게 관련된 방법들을 사용합니다. 그들은 자연적, 물리적, 화학적 현상들을 해석하기 위해 과학적 방법들을 사용하고 있습니다. 그러나 철학적이거나 신학적인 현상들을 해석하는데 사용하지 못합니다. 과학자들은 자연진화론, 우주인들이 발견한 법칙, 물리학 법칙, 중력의 법칙부터 은하수의 존재를 주관하는 법칙들을 사용하고 있습니다. 이 분야, 유전공학과 생물학에서 일하는 사람들 가운데 많은 사람들은 세계적으로 유명한 사람들이며, 그들 중 많은 이가 개신교, 가톨릭, 무슬림, 유대교, 힌두교, 불교신자이거나 다른 종교에 속해 있습니다. 다른 사람들은 무신론자, 비신앙인, 불가지론자입니다. 그러므로 해방신학자들은 연구에서 과학을 사용하는 유일한 사람들이 아닙니다. 그것은 모든 인간 지식의 분야에서 모든 연구자에 의해 사용됩니다. 그리고 과학 방법을 사용하는 것은 분명히 종교적 신앙과 모순되지 않습니다.

이미 말했듯이, 나는 이 인터뷰를 더 오래 하기를 원합니다. 왜냐하면 나는 해방신학자들이 생각하는 방식과 해방신학 자체에 대해 더 많은 정보와 더 많은 지식을 얻길 원하기 때문입니다. 나는 레오나르도 보프와 구스타보 구티에레즈에 대한 모든 것을 알고 싶습니다. 나는 그들에 대한 문헌들과 보프, 구티에레즈, 그리고 다른 사람들의 방대한 양의 주요 작품들을 골랐습니다. 내 무거운 업무 부담에도 불구하고 나는 그들에 대해 배우고, 실제로 그들이 무엇을 생각하는지 아는 일에 무척 관심이 있습니다.

우리들의 결론은, 가까운 미래에 다시 한 번 당신이 쿠바를 방문할 기회를 갖는 것은 좋은 일이 아니며, 나는 지금 그 주제에 들어갈 시간이 많지 않다는 것입니다. 나는 그것에 대해 더 많이 배울 작정이지만 이미 어느 정도 전반적인 생각과 정보가 있습니다. 왜냐하면 내가 오늘 아침에 첫 번째로 한 일이 국제통신사로부터 온 많은 공문서와 함께 정치학, 경제학, 의학, 그리고 다른 과학에 관한 중요한 정보들, 그리고 물론 해방신학과 그것을 둘러싸고 등장한 문제들과 토론들에 대한 문서들을 선택해 읽었기 때문입니다. 나는 이 주제들에 대해 의견을 내기가 쉽지 않습니다. 나는 그 분야에서 활동을 수행한 이래 혁명운동이나 공산주의 운동, 국제경제 상황, 전반적인 정치적 주제와 관련된 문제들에 대해 의견을 내는 것이 더 쉽습니다. 그것은 나의 분야, 내가 의견을 표할 자격이 더 있다고 느껴지는 분야입니다.

이제 우리가 교회, 즉 교회 내부 정책과 교회 자체 내의 논의들을 다루고 있기 때문에, 매우 주의를 기울여야 하며 쟁점에서 어느 한 편을 들거나, 종교 동향에서 논쟁이나 분열의 원인이 될 수 있는 의견들을 내어서는 안 됩니다. 당신이나 다른 그리스도인이나 가톨릭 신자들이 그런 일을 하는 것이 훨씬 더 쉽습니다. 뉴스와 공문서를 읽기 때문에 나는 유럽, 라틴아메리카, 그 밖의 다른 곳에서 전달되는 많은 정보를 얻을 수 있습니다. 주제의 성격을 고려해, 내가 어떤 분석을 하고, 결론을 내리고, 문제에 간섭하는 것을 피하고 있습니다. 물론 그렇다고 해도 처리된 모든 일과 명시된 관점들을 내가 평가하는 것을 막지는 못합니다.

가톨릭교회는 매우 오래된 기관입니다. 거의 이천 살이 되었습니다.

베토 현존하는 가장 오래된 기관입니다.

카스트로 글쎄요, 나는 불교와 힌두교가 더 오래되었다고 생각합니다.

베토 네, 그러나 그들은 기관이 아닙니다.

카스트로 당신 말이 맞습니다. 만일 그것이 기관의 문제라면, 가능한 이야기일 수 있습니다.

가톨릭교회는 가장 오래된 기관일 수 있습니다. 그리고 가톨릭교회는 모든 종류의 분리와 분열 등 매우 어려운 시련들을 겪으며 왔습니다. 예를 들어 정교회와 같은 다른 교회들은 분리의 결과로 세워졌습니다. 그런 다음 종교개혁이 생겨 많은 다른 교회들이 등장하게 되었습니다.

가톨릭교회와 사회정의에 관한 성찰

카스트로 베드로 성인의 바위 위에 세워진 가톨릭교회는 굳건하고 지속적인 것이 사실입니다. 역사 기간 내내, 그 기관은 현실에 적응하는 경험, 지혜, 능력을 증명했습니다. 갈릴레오가 유죄판결을 받았을 때부터 핵시대와 우주비행, 은하수의 기원에 관한 이론, 진화론, 그리고 현대 생물학의 발전에 이르기까지 내가 이미 언급했던 위대한 업적들 가운데 어떤 것들은 매우 어려운 시련들이었음이 틀림없었습니다. 그러나 신학자들은 항상 해명을 제시하고, 새로운 종교적 개념들이 계발되었으며, 세계에서 발생하는 주요한 정치적, 경제적, 사회적 변화들과 과학적 발견들을 기관에 적용하기 위한 단계들을 취했습니다.

지금도 역시 교회는 매우 어려운 시련들을 겪고 있고 중요한 변화들을 해야 합니다. 나는 기관으로서의 교회가 일련의 문제들과 관련해 취한 입장들에 전적으로 동의한다고는 말할 수 없습니다. 예를 들어 통제 불가능한 인구 증가에 대한 아주 심각한 문제에 교회가 더욱 깊이 관여할 필요가 있다고 나는 말할 것입니다. 내가 이해하는 한, 교회는 지금 이 문제에 더욱 관심을 기울이고 있습니다. 지금 이 주제에 대해 표명해야 되는 생각들은 내가 5, 6학년 때 했던 생각과는 완전히 다릅니다. 그때 이후로 그 생각들 가운데 커다란 변화가 일어나고 있습니다.

나는 교회의 원칙이나 신학적 사고에서 벗어난 생각이나 기준들을 촉진시키지 않지만, 그러나 현실적으로 우리 시대의 중요한 문제들에 접근하는 것은 필연적이라고 느낍니다. 그리고 그 문제들 중하나가 산아제한의 필요성을 다루는 방법입니다. 그것은 어떤 나라에서는 심각한 정치적인 충돌과 논쟁으로 일어나기도 합니다.

나는 언젠가 아프리카 추기경과 이 문제를 논의했습니다. 그는 베냉 출신으로 로마에 살고 있습니다. 나는 그에게 말했습니다. "들어보세요. 가톨릭교회가 중국과 인도에 많은 영향력을 행사하지 않는 것은 좋은 일입니다." 왜냐하면 한 나라는 10억 이상의 인구이고, 다른 나라는 약 7억 명과 아주 제한된 자원이 있는 나라로, 두 나라 모두 산아제한의 문제에 진지한 관심을 보이기 때문입니다. 이 문제는 매우 중대하기에 그들은 종교적인 신념들과 충돌을 일으키지 않을 것입니다. 교회는 복잡한 문제를 해결해야 합니다. 그리고 그 문제들 중 하나가 가톨릭 신앙과 그들의 현실 사이의 대단히 충격적인 모순을 피하는 문제입니다.

베토 조금 명료화되었습니다. 사령관님.

원칙에 따라 교회는 책임 있는 부모라는 개념을 위해 지금 산아제한을 허용하지 않습니다. 즉 부모는 그들이 갖기를 원하는 자녀들의 수를 결정해야 합니다. 그리고 그들은 자녀들의 삶에 대해 최고의 발전을 촉진할 의무가 있습니다. 교회에서의 논의는 산아제한의 방법에 관한 것입니다. 산아제한은 정치적인 관심사이며 그것은 내가 생각하기에 매우 중요하며 공정해야 하기에, 철저한 논의 없이 산아제한을 촉진해서는 안 됩니다. 왜냐하면 이것은 자본주의 국가들에서 발생하고 있는 일로, 결정적인 발언은 세계은행과 보건소에서 가난한 여자들에게 불임 시술 정책을 시행하는 미국이 함께 합니다. 만일 여자가 두통이나 임신문제로 보건소에 간다면, 그녀는 즉시 불임 시술을 받게 됩니다. 그래서 이 문제는 그러한 중요성의 관점에서 매우 주의 깊게 다루어져야 합니다.

카스트로 자연적으로 나는 우리 대륙의 나라들을 계속 지배하기 위한 제국주의의 실행과 방법들을 결코 지지하지 않습니다. 나 역시 강제 불임은 인권에 대한 가장 잔혹한 침해들 중 하나라고 생각합니다. 나는 그에 대해 결코 동의하지 않습니다. 나는 해결책을 제시하지는 않지만, 단순히 우리 시대의 진정한 문제를 지적할 뿐입니다.

　나는 책임성 있는 부모에 대한 이 분석, 이 기준, 이 생각이 분명해진 때가 언제인지 듣지 못했습니다. 당신은 언제 그 논의가 시작되었는지 말해줄 수 있습니까?

베토 1965년에 열린 제2차 바티칸 공의회 이후입니다. 일련의 분석이 그 당시 시작되었습니다.

카스트로 그러면 언제 결정이 되었습니까?

베토 교황 바오로 6세의 재임기간에, 회칙 『인간의 생명에 관하여』에서 결정되었습니다.

카스트로 그때가 몇 년도지요?

베토 정확하게 기억할 수 없지만, 교황 재위 15년 정도였을 때입니다. 정확한 날짜를 기억하지 못합니다.

카스트로 10년이 더 지났네요?

베토 네, 그렇게 생각합니다.

카스트로 그렇다면 내가 베닝 출신 추기경과 대화를 나누었을 때 이미 그 개념이 존재했군요.

베토 네, 그 대화를 언제 했습니까?

카스트로 10년이 약간 넘었어요. 비록 내가 그에게 나의 관심에 대해 말했지만 그는 책임 있는 부모에 대한 생각을 언급하지 않았습니다.

내가 제3세계에서 보았던 것처럼, 만일 인구 증가가 일어나지 않는다면 조만간 그 나라들에 참혹한 결과가 일어날 것이기 때문에, 인구 증가 계획의 필요성과 피임약 사용에 대한 가톨릭교회의 전통적 입장 사이에서 양심의 충돌이 일어나는 문제들에 대해 언급했습니다. 어떤 개발도상국도 1년에 2퍼센트나 3퍼센트의 인구 성장률을 유지할 수 없고, 몇 세기 동안 축적된 빈곤과 고통의 심연을 밖으로 끌어낼 수 없습니다. 나는 교회가 그토록 많은 정치적, 경제적, 사회적, 심지어 도덕적 영향력을 갖는 문제들에 대해 현실적이고, 이성적이고, 합리적인 입장을 취해야 한다고 생각합니다.

식량의 부족으로 매년 제3세계에서 사망하는 어린이 수를 고려해야 합니다. 천만 명의 어린이가 15세에 이르기 전에 사망하고 생존자들 중 1억 명은 영양실조로 육체적으로나 정신적으로 피해를 입었습니다. 이것은 비인간적이고, 잔인하고, 비극적입니다. 당신은 더 나쁜 운명을 상상할 수 없고, 우리는 몇 세기 동안 학교에 접근하지 못하는 사람들을 기다릴 여유가 없습니다. 혹은 성적 금욕과 같은 고상한 도덕관념을 습득하고, 수도원의 확고함과 훈련이 갖춰진 겸손한 선생님을 따르기 위해 학교에 들어올 사람은 아무도 없습니다. 그것은 현실적이지 않습니다. 어떤 신학, 종교, 혹은 교회도 이 비극을 무시할 수 없습니다. 만일 교회가 모든 사람들에게 음식, 교육, 의료를 제공하고 그들의 삶을 보장하는 문제를 기술적으로,

과학적으로, 사회적으로 어떻게 해결해야 하는지 정치적 이론을 갖지 않았다면, 만일 그 이론이 부족하다면, 그리스도인 가족들이 어떻게 그 문제를 다루어야 하는지 최소한 합리적인 도덕 이론을 갖고 있어야 합니다.

즉, 이 주제들에 대한 상이한 점들이 있습니다. 만일 내가 배운 전통적 기준은 수정되지 못하지만 더 합리적이고 실현 가능한 기준을 만들었다면, 그것은 우리 인민들을 위해 극히 가치 있고 중요할 것입니다. 나는 종교적이나 신학적인 문제들을 언급하지 않습니다. 나는 모든 제3세계 나라들, 특히 가톨릭교회가 상당히 영향력이 있는 라틴아메리카 나라들에게 굉장한 중요성이 있는 참된 정치적이고 사회적인 문제에 대해 말하고 있습니다.

나는 교회가 이 문제들에 대해 묵상하는 것을 보고 싶습니다. 한 발 더 나아가, 라틴아메리카와 다른 제3세계 나라들의 경제적이고 사회적인 문제들에 대해서, 계속될 엄청난 비극에 대해서, 심각한 경제 위기와 제3세계의 채무에 대해서, 그리고 국제경제관계의 터무니없이 이기적이고 불공정한 체계를 통해 우리 인민들이 당하는 착취와 강탈에 대해서 명확하고 심도 깊은 생각들을 듣기를 바랍니다. 나는 교회가 우리 인민들이 겪는 문제들에 관해 건설적이고, 지원하는 입장을 취하는 것을 보고 싶습니다. 그것은 세계 평화와 안녕에 극히 가치 있는 공헌이 될 것입니다. 현 상태에서 보듯, 우리 인민들로부터 수탈한 경제 자원은 군사 목적을 위해 사용되고 있습니다.

우리는 교회 내의 분열을 원하지도 않고 원할 수도 없습니다. 우리는 제3세계 인민들과 모든 인류의 정당한 요구를 지지하는 일치된 교회를 보기 원합니다. 특히 현재의 성장률로 가장 가난한 사람들이 살아가는 대부분의 나라가 가톨릭인 라틴아메리카의 요구를 교회가 주목하기 바랍니다. 나는 외부로부터 교회를 개혁하거나 개선하려는 노력이 옳다고 생각하지 않습니다. 또한 외부로부터 분열을 촉진하는 것이 옳다고도 생각하지 않습니다. 그러나 나는 인류가 가장 깊이 느끼는 일치된 교회를 향한 열망에 따른 연대는 우리 모두를 위해 정치적으로 더 나은 것입니다. 그리고 나는 이 문제들이 합리적으로 해결될 수 있다는 것을 진심으로 희망합니다.

베토 그리고 그리스도인으로서 나는 민주적으로 통합해나갈 것입니다.

카스트로 나는 그 개념은 합리적 해결책 속에 내재되어 있다고 생각합니다. 왜냐하면 해결책이 민주적이면, 전적으로 합리적일 수밖에 없기 때문입니다.

나는 교황의 이야기가 약간 이상하다는 것을 발견할 수 있습니다. 예를 들면 우리가 어떻게 정당을 조직해야 하는지, 민주적인 중앙집권 제도를 적용해야 하는지 혹은 하지 말아야 하는지, 그리고 우리가 마르크스레닌주의를 어떻게 해석해야 하는지에 대한 이야기입니다. 당신들은 자신이 원하는 대로 그렇게 이야기할 수 있습니다. 그리고 나는 당신들이 원하는 모든 주제들에 관해 이야기할 수 있습니다.

나는 교회의 문제들이 합리적으로 해결되고 교회가 라틴아메리카 국가들이 직면한 심각하고 비극적인 문제들을 이해하고 그 국가들을 지원하기를 희망합니다. 내가 말한 모든 것과 완전히 부합하는 것이 가난한 사람들의 편에 있는 교회인데, 당신들은 우리가 전적으로 가난한 사람들의 편에 있는 교회를 지지한다는 것을 인식할 통찰력이 필요하지 않습니다. 이것은 내가 했던 역사적인 분석과 일치합니다. 나의 분석은 봉건제도와 식민주의의 수 세기 동안, 사람들이 노예가 되고, 착취당하고, 몰살당하는 기간의 몇 세기 내내,

교회는 엄청난 역사적 불의에 반대하는 입장을 취하지 않았습니다. 우리 시대의 가장 심각한 사회문제들에 대해 교회가 취하는 입장에 아무도 더 진지하게 호의를 가질 수 없습니다. 교회가 수 세기 동안 그 문제들을 다루지 않았다는 것을 아무도 다시 듣고 싶어 하지 않습니다. 많은 사제들과 주교들이 라틴아메리카에서 가난한 사람들과 더 가까이 가고 있고 그들의 문제에 동화되고 있음을 보았을 때 내가 느낀 감탄과 기쁨에 대해 이미 당신에게 말했습니다. 그리고 물론 해방신학자들이 가난한 사람들과 전체로서의 인민들에게 가까이 다가간 교회의 지도자들이었습니다. 이런 의미에서 현자라고 할 이 사람들이 이와 관련해 이루어낸 수고를 보고 내가 매우 기쁜 것은 말할 필요가 없습니다.

그것이 내가 그들 중 어떤 이들에 대해 취해진 조치들을 비판하거나 이 문제에 간섭하고 싶지 않은 이유입니다. 나는 단지 그들의 작업을 깊이 공부하고 싶습니다.

나는 자료를 모으려고 시도하고 있습니다. 나는 지금 거의 모든 보프와 구티에레즈의 작품들을 가지고 있고, 가이아나, 에콰도르의 토착민 공동체, 페루의 판자촌에서 한 연설문들을 포함해 교황이 지난 라틴아메리카 순방에서 했던 연설문들도 요청해 입수했습니다. 정치가이자 혁명가로서 나는 커다란 관심으로 그의 성명서에 관한 보고서들을 읽었습니다. 특히 농민들은 땅을 가져야 하고, 모든 사람이 하루 세끼를 먹어야 하고, 모든 가족의 가장들이 직업을 가져야 하고, 모든 어린이들이 건강해야 한다고 한 교황의 말을 관심 깊게 읽었습니다. 나는 교황에게 다가가 일반의 감정을 표현한 리마의 가난한 주민에 대한 문서를 읽었습니다. 그는 교황에게 그들은 직업이 없어 자녀들이 굶주리고, 그들은 아프지만 약이 없고, 그들의 부인들은 결핵에 걸린 채 임신을 한다고 말했습니다. 아주 극적으로, 깊은 신앙을 가진 그는 교황에게 호소하며 지원을 요청했습니다.

나는 라틴아메리카 순방 동안 교황이 로마, 파리, 런던, 암스테르담, 마드리드처럼 화려한 도시들로 이루어진 부유하고 발달된 유럽의 소비 사회에서 볼 수 있는 물질적인 재화들의 풍요나 낭비와, 수억 명에 달하는 사람들의 가장 기본적인 생계수단조차 부족한 라틴아메리카 도시들과 시골에서 그가 발견하고 당신이 말한 끔찍하고 엄청난 빈곤 사이에 존재하는 차이들을 틀림없이 이해했다고 생각합니다. 나는 가톨릭교회의 수장이 이 문제들에 대해 어떤 생각을 했는지 알고 싶기 때문에 성명서에 관심을 갖고 교황의 모든 연설문들을 수집하게 했습니다. 그것은 내가 믿기에 굉장한 중요성이 있습니다. 나는 교황이 표명한 관심이 나를 즐겁게 한다는 것을 인정합니다.

나는 모든 자료들을 공부할 작정입니다. 그래서 나는 미래에 정치적인 측면에서 더 완벽하게 그 모든 주제에 대해 말할 수 있게 될 것입니다. 나는 피상적인 판단을 하고 싶지 않습니다. 어쨌든 내가 그 문제들을 접근할 때, 나는 정치적인 관점에서 그렇게 할 것입니다. 자연스럽게 나는 신학적으로는 그렇게 생각하지 못할 것입니다.

우리가 작업을 마쳤을 때는 거의 오후 11시가 되었다. 사령관은 우리가 머물고 있는 집에 들러달라는 초대를 수락했다. 우리는 나의 어머니가 요리한 돼지 갈빗살과 허릿살, 옥수수 수프 깐히긴아와 함께, 내가 준비한 새우요리 보보를 저녁으로 나누었다. 몇 명의 다른 친구들을 포함해 쿠바인, 브라질인, 아르헨티나인, 칠레인 등 모두 15명이 거기에 모였다. 특히 쿠바 요리와 미나스 제라이스 요리 사이의 유사성에 대해 느긋한 대화를 나누는 동안, 피델 카스트로는 다른 음료들 사이에 내가 브라질에서 가져온 베료 바레이료를 작은 술잔에 따라 놓고 곁에 두길 좋아했다. 후식이 나왔을 때, 몇 사람이 최고라고 했듯이 도나 스텔라의 "허즈번드-캐처" 케이크가 칭찬을 가장 많이 받았다. 사령관은 요리법을 물었고, 다음 날 그녀는 사령관에게 디저트 한 접시를 보냈다.

4

네 번째이자 마지막 인터뷰는 1985년 5월 26일, 일요일에 시작했다. 나는 오전 7시 조금 전에 사무실에 도착했다. 쿠바 지도자는 예수회의 벨렌 칼리지를 졸업한 해의 졸업 앨범에서 자기 모습이 나온 페이지를 복사해 그 사진을 기념품으로 주었다. 수염이 없는 18세의 사진 아래 다음과 같은 기록이 적혀 있었다.

피델 카스트로 루즈(1942~1945)

그는 예술과 문학과 관련된 모든 과목에서 언제나 뛰어난 학생이었다. 탁월한 학생이자 모임의 자랑스러운 구성원이며 뛰어난 운동선수로, 항상 용감하고 자랑스럽게 학교의 이념을 수호해 모든 이로부터 찬사와 사랑을 받았다. 그는 법학을 공부할 것이며, 틀림없이 스스로 이름을 빛낼 것이다. 피델은 출중한 재능으로 반드시 성공할 것이다.

나는 우리가 지난 인터뷰에서 했던 말로 첫 번째 질문을 이어갔다.

요한 바오로 2세와 쿠바

베토 사령관님, 아바나의 밝고 화창한 일요일 저녁에 종교에 관한 네 번째 대화를 시작해보겠습니다.

어제 우리의 대화 끝에, 당신은 교황 요한 바오로 2세가 지난 남아메리카 여행에서 했던 연설문 내용을 폭넓게 공부할 의향이 있다고 했습니다.

최근 몇 달간 세계의 언론은 요한 바오로 2세와 당신의 만남 가능성을 추측하고 있습니다. 이탈리아 가톨릭교회의 신新우익계 비공식 기관지 '트렌타 지오르니' 잡지는 표지에 당신과 교황님의 사진을 나란히 싣기까지 하며 그 가능성을 예측했습니다.

나는 첫째, 교황님의 쿠바 방문을 위한 초대와 관련해 구체적인 구상이 있는지 둘째, 만남의 가능성이 있다면 당신은 요한 바오로 2세에게 무엇을 말하고 싶은지 알고 싶습니다.

카스트로 한동안 교황의 쿠바 방문 가능성에 대해 말이 나왔지요. 교황 요한 바오로 2세는 매우 활동적인 사람으로 알려져 있습니다. 교황은 여행을 많이 하고 여러 나라를 방문했습니다. 나는 교황이 많은 나라들을 여행하고 군중들과 접촉하는 것이 아주 새롭고 독특하다고 생각합니다.

교황은 두 가지 역할을 합니다. 그는 가톨릭교회의 수장이자 바티칸 시국의 수장입니다. 어떤 면에서 그의 활동은 사목적일 뿐만 아니라 정치적이기도 합니다. 정치인으로서 나는 특히 교황의 정치활동 능력, 즉 세계를 두루 돌아다니며 사람들과 접촉하는 그의 능력을 관심 있게 지켜보고 있습니다. 정치적인 관점에서 나는 그것이 교황의 미덕 가운데 하나라고 생각합니다. 종교적인 관점에서 그리고 교회의 관점에서, 교리와 신앙의 신조를 위한 교황의 활동과 사람들과의 접촉은 당연히 중요합니다. 그러나 앞서 말했듯이, 내가 그 부분을 언급하는 것은 적절하지 않다고 봅니다.

나 자신이 엄격하게 정치적으로 숙고하는 데에 한계가 있기 때문에, 그의 활동, 여행, 대중과의 접촉으로 인해 교황이 뛰어난 정치인이라는 것을 인정해야 합니다. 우리 혁명가들은 대중과 만나고, 대중과 말하고, 그들에게 메시지를 전달하지만, 가톨릭교회의 수장이 이렇게 하는 것은 새로운 일입니다.

이러한 맥락에서 교황의 쿠바 방문 가능성을 이야기하고 있지만, 이와 관련해 구체적인 것은 전혀 없습니다. 나는 교황이 전에 멕시코를 방문했을 때를 기억합니다.

베토 1979년 초 푸에블라에서 열렸던 주교회의에 즈음해 교황님이 방문하셨습니다.

카스트로 네, 그 무렵이었지요. 로마로 돌아가는 길에, 교황은 중간 기착지를 정해야 했습니다. 우리는 그에게 쿠바에서 잠시 머무르기를 요청했는데, 마이애미에 있는 쿠바 출신 이주자들도 자기 지역에 체류하기를 요청했습니다. 그런 상황에서 교황은 아바나도 마이애미도 중간 기착지로 정하지 못했습니다. 교황은 바하마로 갔습니다. 그곳에는 가톨릭 신자가 거의 없습니다. 과거 영국 식민지시대 이래로 바하마의 주요 종교는 개신교입니다.

그때 우리와의 접촉 가능성이 있었습니다. 그런데 나는 정말 그의 결정을 듣고 의아했습니다. 나는 여기가 쿠바인의 나라이고, 쿠바인의 나라가 이곳이며, 마이애미에 있는 자들은 대부분 미국인이 되기 위해 쿠바인의 나라를 버린 것이라고 생각했습니다. 그래서 나는 논리적으로 마이애미 방문은 쿠바를 방문한 것일 수 없다고 생각했고 믿었습니다. 그것은 미국과, 미국인이라고 생각하고 느끼는 자들을 방문하는 것입니다. 그곳은 바티스타 시기에 고문에 관여했거나 끔찍한 범죄들을 저지르고 도망간 자들, 횡령 사범들, 나라의 재산을 훔친 도둑들, 이 나라를 착취하거나 황폐화시킨 자들 중의 압도적인 다수가 모인 곳입니다. 물론 마이애미에 있는 모든 이주자들이 지주, 바티스타 시기의 심복, 혹은 도둑이나 횡령 사범이라고 말하는 것은 아닙니다. 하지만 도망칠 수 있었던 모든 범죄자들은 거기에 다 있습니다.

실제로 상당수의 중간계급들, 즉 의사, 교사, 행정가, 기술자, 몇몇 숙련 노동자들도 있습니다. 그들이 물질적 혜택을 얻었는지 아니면 환상에 불과했는지 모르겠지만, 그들은 미국 내에서 얻을 수 있는 어떤 혜택을 선택했던 자들입니다. 당신은 미국이 세계에서 가장 부유하고, 가장 발전된 나라이며 확실히 쿠바보다 훨씬 더 부유한 나라임을 인식하지 않을 수 없습니다. 미국의 부는 분배는 이루어지지 않지만 더 많습니다. 우리의 부는 훨씬 더 많이 분배되고 있지만 더 적습니다.

몇 가지 매우 중요한 사회적 측면들이 있습니다. 우리나라 안의 국민들은 가정에서 안전합니다. 거리로 내팽개쳐질 위험이 없습니다. 연금과 그 밖에 사회적으로 필요한 보장들이 준비되어 있습니다. 그리고 자녀의 교육과 자기 자신과 가족들의 건강도 보장되어 있습니다. 그들은 그곳에서 그 모든 것을 얻을 수 없습니다. 그러나 많은 사람들이 더 많은 수입, 값싼 중고차 구입, 또 다른 물질적 혜택을 생각합니다. 어떤 사람들은 그런 것들을 얻으려 미국행을 결정했습니다. 이미 말한 것처럼, 그들은 우리가 자기 부모의 특권을 빼앗아버리자 미국으로 떠났거나, 자녀를 먼저 보내고 나중에 미국으로 건너가 합류했습니다. 불운하게도 그들의 아들딸이 범죄, 매춘, 도박, 마약중독에 빠졌다는 걸 보여주는 사례가 너무도 많습니다.

우리가 도박에 반대하는 조치들을 취하자, 도박으로 먹고살던 사람들이 미국으로 건너갔고 미국은 두 팔을 벌리고 그들을 환영했습니다. 유곽을 운영하며 여자들을 착취하던 사람들도 미국행을 결정했고 그들 역시 환영을 받았습니다. 마약 운반이나 아직까지 혁명에 의해 금지된 그 밖에 다른 활동에 관여하는 사람들도 미국으로 갔습니다.

솔직히 말하자면, 부랑자 부류, 즉 실업자이면서 일하고 싶지 않은 사람들, 적의 일을 하는 사람들, 반체제 인사인 체하는 사람들이 기생충처럼 살기 위해 미국으로 갔습니다. 반체제 인사인 체하는 사람들은 정치적인 반체제 인사가 아닙니다. 그들은 단지 수익성 높고, 급료가 많은 데로 움직였을 뿐입니다. 분명히 그들은 혁명과 발을 맞추지 못했습니다. 혁명은 노동을 고귀하게 여겼고 혁명 속에서 일하는 것은 삶의 본질적인 부분이 되었습니다. 미국행을 선택한 이들 중 일부는 CIA에서 시키는 일을 하고, 또 다른 이들은 여타의 일에 고용되었습니다. 물론 우리가 그들 전부를 분류하지는 못하겠지만, 본질적으로 그들은 쿠바 국민의 나라를 대표하지 못합니다. 쿠바 국민의 나라는 여기에 머물러 투쟁하고, 자신들의 나라를 수호하고, 나라의 발전과 수 세기 동안 축적된 물질적이고 사회적인 문제들을 해결하기 위해 일하는 사람들이 대표하는 곳입니다.

솔직히 나는 교황이 그다지 중요하지 않은 중간 기착지로도 우리나라를 선택하지 않았던 것을 좋아할 수는 없었습니다. 하지만 그것이 교황을 쿠바에 다시 초대하는 데 선입견으로 작용하지는 않았습니다.

비록 교황을 초대할 날들이 남아 있지만, 이것은 새로운 상황입니다. 교황은 최근의 몇몇 문제들에 관해 요청을 받았고, 그의 답변에서 우리 인민의 이해와 관련된 것들을 추론할 수 있었습니다.

어떻게 내가 이에 대해 생각하지 않을 수 있겠습니까? 교황과 쿠바의 커다란 상징성 때문에라도 그의 방문은 허투루 이루어져선 안 됩니다. 다른 나라를 방문하기 위한 임시방편일 것이라고도 믿지 않습니다. 왜냐하면 쿠바는 사회정의를 위한 투쟁을 벌이고 있으며, 제국주의에 반대해 투쟁하고 있는 나라입니다. 라틴아메리카의 다른 나라들과는 확연히 다른 환경에 들어선 혁명가, 사회주의자의 나라입니다.

우선, 내가 교황의 우리나라 방문을 이제 의심을 넘어선 관심의 시선에서 영예롭게 느끼고 있다는 걸 말하고 싶습니다. 교황의 쿠바 방문은 용기 있는 행동입니다. 왜냐하면 세계 여러 나라의 국가원수, 정치인 중 어느 누구도 감히 쿠바를 방문할 생각을 못 하고 있으니까요. 그들은 늘 미국의 생각을 엿봅니다. 그들은 정치적, 경제적 보복을 두려워하고, 미국이 불쾌하게 여길까 봐 전전긍긍합니다. 왜냐하면 세계은행이나 미주개발은행으로부터 원조나 신용이 필요하고, 국제통화기금 등과 협상해야 하기 때문입니다. 나는 많은 사람들이 쿠바의 활동을 도덕적으로 지지하면서도, 쿠바에 오기 위한 영웅적인 결단을 하기 전에 그 모든 이해를 고려해야 한다는 걸 이해합니다. 사실 쿠바 방문은 독립의 표시가 됩니다. 의심할 바 없이, 바티칸은 최고 개념의 독립된 기관 혹은 국가입니다. 하지만 이것이 우리나라를 방문하는 용기에 대해 우리가 감사하지 않는다는 의미는 아닙니다. 그럼에도 불구하고 우리는 쿠바 방문이 가장 좋은 조건 속에서 이루어져야 한다고 생각합니다. 그래야 방문 결과가 교회와 교회가 옹호하는 것을 위해, 그리고 우리나라와 우리나라가 옹호하는 것을 위해 모두 유용할 수 있을 것입니다. 나는 교황의 방문이 교회를 위해 그리고 쿠바를 위해 유용하고 긍정적일 것이라고 확신합니다. 제3세계에도 전반적으로 유용할 것이라고 생각합니다. 그것은 다른 모든 나라들에게도 여러 분야에서 유용할 것입니다.

따라서 만남을 위한 조건들은 적절하고 호의적이어야 합니다.

우리는 바티칸과의 접촉을 유지하고 있습니다. 사실, 우리는 좋은 외교 관계를 맺고 있습니다. 혁명 초기에 가톨릭교회에 닥친 어려움을 해결하는 데 교황대사가 얼마나 오랫동안 도움을 주었는지, 이미 당신에게 말했었지요. 나는 경제적, 사회적인 조건 아래 제3세계 문제를 다룬 중요한 서류들을 다른 정부에, 제3세계 국가들과 선진공업국의 수장들에게 항상 보냈습니다. 당연히 일부는 그 대상에서 제외했는데, 남아프리카의 인종차별 정부, 피노체트 정부, 혹은 그와 비슷한 몇몇 사람들에게는 그 문서들을 보내지 않습니다. 나머지 정부에는 모두 보냈습니다. 예를 들어 비동맹국가들의 제6차 정상회의 이후 유엔에서 내가 한 연설과 관련된 문서들, 1983년 뉴델리에서 제출되었던 국제 경제위기와 제3세계의 충격에 관한 보고서, 라틴아메리카와 제3세계 국가들의 외채와 경제적, 사회적 비극을 분석한 보고서들을 모두 보냈습니다. 물론 교황청에도 그 문서들을 보냈습니다. 그리고 지금 나는 당신에게 말한 교황의 성명서들을 살펴본 뒤에 더 큰 이해를 갖고 분석 보고서를 보내고 있습니다.

따라서 나는 바티칸이 이것에 동의하리라 여기고, 교회와 우리나라에게 모두 유용하고 결실 있는 회의가 만들어지기 위한 최소한의 조건들이 허락될 때까지 교황의 쿠바 방문이 이루어지지 않을 것이라고 믿습니다. 왜냐하면 그의 방문이 아주 중요하기 때문입니다.

교황의 방문은 단지 외교상의 문제가 아닙니다. 우리는 쿠바 내 교회, 쿠바 내 가톨릭과 관련해 교황의 모든 관심사를 논의할 것입니다. 교황은 특히 이 문제들에 관심을 기울이겠지요. 그는 또 우리 혁명가들에게도 관심이 있을 것입니다. 쿠바의 중요한 이해는 라틴아메리카, 아시아, 아프리카 개발도상국가의 중요한 쟁점들에 대한 분석과 연관이 있습니다. 우리를 놓고 벌어지는 크고 작은 논쟁들은, 선진자본주의 국가들의 착취와 강탈로 인해 세계의 가난한 나라 수십억 인구가 그 영향을 받습니다. 물론 쿠바를 방문한 교황과의 만남은 무기경쟁과 세계평화와 같은, 인류 전체의 이해를 좌우할 문제들로 채워질 것입니다.

쿠바는 제3세계 국가, 개발도상국가, 혁명가의 나라, 그리고 사회주의 국가입니다.

베토 그리고 봉쇄당한 국가입니다.

카스트로 혁명가의 나라, 사회주의 국가는 공통된 함축적 의미가 있기에 두 범주가 매우 유사합니다. 나는 다른 측면의 범주에는 관여하고 싶지 않습니다. 그리고 쿠바가 독립과 해방, 봉쇄와 여러 상황에 맞서며 생존 자체를 위해 단호하게 투쟁하고 있다는 사실을 소개하고 싶은 생각도 그다지 없습니다. 하지만 위의 네 가지 범주에 대해서는 꼭 보여 주겠습니다.

그런 면에서, 교황과의 대화는 특히 평화의 관점에서 매우 유용하고, 결실이 기대되고, 흥미롭고, 진지할 것입니다. 또한 바티칸, 교황청, 가톨릭교회에 대한 나의 존경의 마음을 결코 과소평가할 수 없기에, 봉쇄된 환경에서 교황의 쿠바 방문은 영향이 극대화될 것입니다. 자연스럽게 내가 생각하는 것이 바티칸의 견해와 같을 수 있다는 분석도 나왔습니다. 나는 바티칸의 지도자들도 이에 대해 생각할 것이며 적당한 시간에 이 문제에 대한 자신들의 관점을 역시 정리하고 표현할 것이라고 믿습니다.

비록 봉쇄된 환경 아래에서 그런 변화가 유용할 것이라는 나의 믿음을 강조해서 말할 수 있지만, 지금까지는 어떠한 구체적인 결정도 일어나지 않았습니다. 예를 들어 우리가 평화를 중요하게 여기는지의 문제가 아니라, 세계가 평화를 추구하는 것이 얼마나 중요한지 확고한 생각을 갖고 있기 때문에 반드시 평화 문제를 다루어야 한다고 생각합니다. 나는 그것이 교회에도 매우 중요하다고 믿습니다. 만일 세계대전의 재앙이 다시 촉발되면, 교회는 아마도 자신들의 어린 양을 가장 많이 잃을 것이고 어린 양들도 양치기를 잃을 것입니다. 이것은 한 교회뿐만 아니라 전 세계의 모든 교회에 유효합니다. 지금 우리가 토론해야 할 것은 인류가 핵융합 반응 전쟁에서 살아남을 수 있느냐 없느냐입니다.

나는 우리가 여러 가지 방법으로 재앙을 막는 데 기여할 수 있다고 생각합니다. 교회가 재앙을 막기 위해 커다란 영향력을 행사할 수 있다고 믿습니다. 그리고 쿠바가 우리의 지식, 우리의 정보, 우리의 경험, 우리의 구상, 우리의 관점을 가지고 역시 재앙을 막는 데 적당한 기여를 할 수 있으리라고 믿습니다.

교황 방문과 그에 따라 논의될 주제들에 대해 묻는 당신 질문에 만족스러운 대답이 되었는지 모르겠군요. 나는 교황이 지금까지 내가 말한 문제에 분명히 관심이 있을 것이라 생각하고, 아울러 다른 제3세계 국가에서도 충분히 일어날 법한 혁명, 그 혁명에 성공한 쿠바에서 교회와 국가의 관계는 어떠한지에 관심이 있을 것이라고 생각합니다. 물론 교황에게도 그가 논의하고 싶은 것이 무엇인지를 요청해야 할 것입니다.

혁명가 예수 그리스도

베토 이제 나는 교황보다 훨씬 더 중요하고, 더 보편적이며, 더 많이 논의되고, 훨씬 더 사랑을 받는 이에 대한 당신의 견해를 듣고 싶습니다. 인간 예수 그리스도에 대한 당신의 생각은 어떠한가요?

카스트로 앞서 당신에게 내가 받은 교육과 내가 경험한 종교와 교회와의 접촉에 대해 이야기했습니다. 예수 그리스도는 실제로 내가 기억할 수 있는 한 집에서, 학교에서, 나의 유년 시절과 청소년 시절을 통틀어 가장 친근한 이름 중 하나입니다. 그때 이후 혁명 기간에 비록 종교적 신념을 얻지는 못했지만, 나의 모든 노력, 나의 의도, 나의 삶은 정치적 신념의 계발에 헌신했고, 나는 나 자신의 확신을 통해 정치적 신념에 이르렀습니다. 나는 스스로 종교적 개념을 확장시킬 수는 없었지만, 정치적이고 혁명적인 확신들을 헌신적으로 계발했습니다. 그리고 나는 내가 옹호하던 생각들과 그것의 상징성, 즉 내가 옹호하던 생각과 내가 기억할 수 있는 가장 친숙하며 특별한 인물에 관한 생각 사이에 정치적이고 혁명적인 영역에서는 결코 어떠한 모순도 보지 못했습니다. 오히려 나는 그리스도교 교리의 혁명적 측면들과 그리스도의 생각을 대비시켜 보았습니다. 몇 해에 걸쳐, 나는 그리스도인과 혁명가의 사상 사이에 존재하는 긴밀함을 표현할 기회를 여러 차례 발견했습니다.

나는 그리스도의 말씀을 종종 사용합니다. "부자가 하느님 나라에 들어가는 것보다 낙타가 바늘구멍으로 빠져나가는 것이 더 쉽다." 나는 사제를 포함한 다양한 사람들에게 그리스도는 우리가 지금 아는 작은 바늘을 언급했던 것이 아니라는 말을 들었습니다. 왜냐하면 낙타가 바늘귀를 통과하는 것은 불가능하기 때문입니다. 오히려 그것은 다른 뭔가를 의미하는 것으로, 다르게 해석되어야 합니다.

베토 어떤 성서학자들은 그것이 예루살렘, 팔레스타인, 베이루트의 중심부에 있는 좁은 모퉁이를 의미한다고 추정합니다. 낙타가 그런 모퉁이를 돈다는 것은 상당히 어렵기 때문이었지요. 부자가 하느님 나라에 들어가기가 얼마나 어려운지 왜 아무도 궁금해하지 않습니까? 그것은 의심할 여지가 없습니다. 사령관님, 신학적인 관점에서 그것은 예수님이 부자를 차별했다는 의미가 아닙니다. 그것은 예수님이 가난한 사람을 선택했다는 의미입니다. 즉, 사회적 불평등이 굳어버린 사회에서는 하느님이 예수님의 닮음을 지니도록 결심하게 하십니다. 예수님은 황제의 가족으로 로마에서 태어나셨을 수도 있고, 유대인 지주의 가족으로 태어나셨을 수도 있고, 교구민들 중에서 중산층으로 태어나셨을 수도 있습니다. 그런데 예수님은 목수의 아들로서 가난한 사람들 사이에서 태어나는 것을 선택하셨습니다. 예수님은 그 당시의 브라질리아 건설 공사장에 해당되는, 티베리우스 카이사르 황제의 속국으로 설립된 티베리아스 시의 건설 공사장에서 분명히 일했을 것이고 그 지역에서 사셨습니다. 티베리아스가 겐네사렛 호숫가의 둑 위에 있었다는 것은 흥미로운 일입니다. 겐네사렛 호숫가에서 예수님은 생애 대부분을 보내시고 대부분의 활동을 수행하셨습니다. 복음에서 그분은 단 한 번도 그 도시를 방문하지 않으셨습니다.

그렇다면 우리는 무엇을 말할 수 있을까요? 우리는 예수님이 가난한 사람을 무조건적으로 선택하셨다고 말합니다. 그분은 부자와 가난한 사람 모두에게 말했지만, 그러나 특정한 사회적 입장에서, 가난한 사람의 이익을 위한 사회적인 입장에서 말했습니다. 그분은 중립적이고, 보편적이고, 추상적인 방법으로 말하지 않았습니다. 오히려 당대의 압제받는 계층들의 이해를 반영했습니다. 만일 부자가 예수님의 옆자리를 차지하기를 원한다면, 부자는 가난한 사람을 선택해야 했습니다. 예수님이 부자를 환영했다는 내용은 자신을 가난한 사람을 돕는 데 첫 번째로 헌신하겠다는 한 사람을 제외하고는 모든 복음에서 사례를 찾을 수 없습니다.

나는 세 가지 사례를 인용할 수 있습니다. 첫 번째, 모든 계명들을 다 지키는 성인과 같은 젊은이의 사례입니다. 예수님은 결국 그 젊은이가 한 가지 더 실행해야 한다고 말씀하셨습니다. 즉 가서 너의 재산을 팔아 가난한 이들에게 주어라. 그리고 와서 나를 따르라. 나는 오늘날 많은 사제들이 이렇게 말한다고 믿습니다. "보십시오, 모든 계명을 지킨다면, 우리와 함께 갈 것입니다. 여기 우리 옆에 머무르다 보면 적당한 때에 당신은 향상될 것입니다." 하지만 예수님은 우리보다 조금 더 철저하셨기 때문에 그에게 이렇게 말했습니다. "가서 가난한 사람들에게 너의 의무를 다하고 나서 오너라."

두 번째는 예수님이 그의 집을 방문한 부자의 사례입니다. 예수님은 편견이 없으셨지만 일관되셨습니다. 그래서 그분은 페르시아에서 가져왔을 자캐오의 도자기나 이집트 조각상에 찬사를 보내지 않고 그의 집에 들어가셨습니다. 오히려 자캐오에게 가난한 사람들 것을 훔쳤기 때문에 너는 도둑이라고 말씀하셨을 것입니다. 그래서 자신에게 평화가 있기를 바라는 자캐오는 말했습니다. "보십시오, 주님! 제 재산의 반을 가난한 이들에게 주겠습니다. 그리고 제가 다른 사람 것을 횡령했다면 네 곱절로 갚겠습니다." 즉, 정의의 실천은 예수님을 따르기 위한 기본적인 요건입니다.

세 번째 사례는 세례자 요한의 가르침입니다. 그는 예수님의 오심을 준비했습니다. 세례자 요한의 가르침은 정의의 실천으로 시작했습니다. 회개를 원하는 사람들은 그들이 무엇을 믿어야 하는지 묻지 않았습니다. 그들은 무엇을 해야 하는지 물었고 요한은 대답했습니다. "옷을 두 벌 가진 사람은 못 가진 이에게 나누어주어라. 먹을 것을 가진 사람도 그렇게 하여라."

예수님 가르침의 보편성 역시 설명이 되었습니다. 그 보편성이란 가난한 이들의 원인에 대한 어떤 선택이나 특정한 사회적, 정치적 입장에서 비롯됩니다.

카스트로 당신의 이야기를 아주 흥미롭게 들었습니다. 당신의 말에는 여러 가지 측면의 본질이 들어 있군요. 하지만 나는 수학적으로 반대를 제기할 수 있습니다. 부자는 그가 훔친 것의 네 곱절을 결코 돌려줄 수 없습니다. 왜냐하면 부자가 가진 모든 재산은 훔친 것이 틀림없기 때문입니다. 만일 그것을 자신이 훔치지 않았다 해도, 틀림없이 부모나 조부모가 훔친 것입니다. 만일 그가 가진 모든 것이 훔친 것이라면, 훔친 것의 네 곱절로 돌려주는 것은 불가능합니다. 그는 아마도 그 약속을 지키기 위해 다시 네 곱절만큼 훔쳐야 할 것입니다.

베토 당신은 암브로시오 성인이 초세기에 하신 말씀을 반복하고 있군요.

카스트로 그 성인의 말과 일치했다니 기쁘군요. 그래서 내가 어떻게 생각했는지 아세요? 아마도 성경의 잘못된 번역일 것이고, 번역자들이 비난받아야 마땅할 것이라고 생각했습니다. 왜냐하면 그들은 바늘귀의 의미를 숙고하지 않기 때문입니다. 나는 성경의 구절들이 그 당시의 환경, 사회나 관습과 연관되어 있다는 것을 알았습니다. 그러나 나는 이런 경우에 어떻게 연관성을 증명할 수 있는지 모릅니다. 어쨌든 종교에 정통한 사람, 언어에 정통한 사람이 같은 근거를 가지고 해석해서 모든 사람이 우리의 언어로 바늘귀에 대해 알아야만 합니다. 우리는 뭔가 다른 것을 알지 못하기 때문입니다. 스페인어권에 사는 사람들은 낙타가 무엇인지 생각은 해보지만, 우선 낙타에 대해 알지 못합니다.

어떤 경우에도 나는 번역자들이 제공하는 구절을 내가 이해하는 바에 따라 해석해보는 걸 좋아합니다. 그리고 그 해석이 그리스도의 다른 모든 가르침과 완전히 일치하며 일관성을 갖는다고 믿습니다. 무엇보다 먼저, 당신이 말한 대로 그리스도는 교리를 가르치기 위해 부자를 선택하지 않았습니다. 그는 12명의 가난하고 무지한 노동자들을 골랐습니다. 즉, 그는 당대의 무산자계급이나 몇 사람의 어부, 비천한 비고용 노동자들을 골랐습니다. 그들은 당신이 말한 것처럼 예외 없이 모두 가난했습니다.

때때로 나는 그리스도의 기적을 언급합니다. "글쎄요, 그리스도는 물고기와 빵을 사람들을 먹이기 위해 몇 배로 확장시켰습니다. 그것은 우리가 혁명과 사회주의로 하고자 하는 것과 일치합니다. 인민들을 먹이기 위해 물고기와 빵을 몇 배로 확장시키는 것, 학교, 교사, 병원, 의사들을 몇 배로 확장시키는 것, 공장, 경작지 들판, 직장들을 몇 배로 확장시키는 것, 산업과 농업 생산성을 몇 배로 확장시키는 것, 같은 목적의 연구 센터와 과학 연구 프로젝트들을 몇 배로 확장시키는 것입니다." 때때로 나는 여러 명의 일꾼들을 고용한 부자의 비유를 언급합니다. 그는 하루 종일 일한 대가로 한 데나리온을 일꾼들 중 몇 명에게 주었습니다. 다른 일꾼들에게는 반나절 일한 대가로 한 데나리온을 주었고, 또 다른 일꾼들에게는 오후의 반을 일한 대가로 한 데나리온을 주었습니다. 이 비유는 분배에 동의하지 않는 사람들의 비판을 의미합니다. 나는 그것이 분명히 공산주의적 공식이라고 믿습니다. 그것은 사회주의에서 우리가 말하는 것을 뛰어넘습니다. 왜냐하면 사회주의에서는 각자 자신의 능력과 일에 따라 돈을 받아야 하기 때문입니다. 그런데 공산주의 공식은 자신의 필요에 따라 각자에게 지급되는 것입니다. 그날 일한 누구에게라도 한 데나리온을 지급하는 것은 전형적인 공산주의 공식대로 필요에 더 합당한 분배를 의미합니다.

또한 나는 산상 설교와 같은 그리스도의 가르침이, 당신들이 가난한 이들에 대한 선택이라고 부르는 것과 다른 해석을 제공할 수 없다고 믿습니다. 그리스도가 "행복하여라, 마음이 가난한 사람들!

하늘나라가 그들의 것이다. 행복하여라, 슬퍼하는 사람들! 그들은 위로를 받을 것이다. 행복하여라, 온유한 사람들! 그들은 땅을 차지할 것이다. 행복하여라, 의로움에 주리고 목마른 사람들! 그들은 흡족해질 것이다"라고 말했을 때, 그리스도는 하늘나라를 부자에게 주지 않았다는 것이 분명합니다. 그리스도는 하늘나라를 가난한 이들에게 정말로 주었습니다. 그래서 그리스도의 그 가르침은 잘못된 번역이나 해석의 경우라고 생각하지 않습니다. 나는 칼 마르크스가 산상 설교에 동의했을 것이라고 믿습니다.

베토 루카복음에서는, 가난한 이들의 행복만이 아니라 부자들의 불행 선언이 나옵니다.

카스트로 나는 그 구절이 어떤 복음의 가르침에 있는지 모릅니다. 당신이 루카복음에 있다고 했는데, 내가 기억하는 복음은 부자를 비난하지 않았습니다.

베토 그것은 더 많이 알려진 마태오복음입니다.

카스트로 아마도 마태오복음이 보수적인 정신을 더 강화시키기 위해, 당시에는 가르치기가 더 편리했을 것입니다. 만일 부자들의 정신과 어울리는 것들, 즉 둔감, 연대의 부족, 그리고 모든 영역에서 저지르는 부자들의 죄까지 생각한다면 어떻게 부자가 하늘나라에 들어갈 수 있는지 이해하기가 어렵다는 당신의 말은 무척이나 중요합니다. 나는 정말 부자가 좋은 그리스도인이 되어야 하고 그래서 하늘나라에 이르러야 한다는 것이 명확히 표현되어야 한다고 믿습니다. 그것은 그리스도의 가르침에서 반복해서 말하는 것입니다.

당신은 우리가 초세기 그리스도교 순교자를 생각하는 평신도와 성직자들의 역사와 문학 저술들을 많이 읽었다는 것도 고려해야 합니다. 모든 사람이 그 사건들을 배울 기회가 있어야 합니다. 그래서 분명히 기억합니다만, 나는 학생일 때, 교회가 가장 자랑스럽게 느

끼는 것 중 하나가 교회 초기와 전체 역사에 걸친 순교사라고 생각
했습니다.

그리스도인과 공산주의자

카스트로 나는 단지 해석의 문제가 아니라, 의심 없이 그리스도교가
카타콤베에 살았던 노예의, 압제당하는 이의, 가난한 이의 종교라
고 생각합니다. 그들은 가장 지독한 형벌을 받았는데, 사자나 다른
동물들의 먹이가 되기 위해 원형극장에 잡혀 들어가고, 수 세기 동
안 모든 종류의 박해와 탄압을 받았습니다. 로마 제국은 혁명의 교
리라고 여기며 가장 잔인한 괴로움을 가하는 정책을 고수했습니다.
그것은 그 후에도 계속 공산주의자들의 역사와 관련되어 있다고 생
각합니다. 왜냐하면 공산주의가 정치적이고 혁명적인 신조에 따라
확립된 이후에, 공산주의자들 역시 잔인한 괴로움, 고문, 다른 범죄
들을 당해왔습니다. 공산주의 운동이 불공정한 사회 체제를 변화시
키기 위한 투쟁 속에서 순교사를 갖게 되는 것 역시 위대한 역사적
진리입니다. 초기 그리스도인들처럼, 공산주의자들 역시 모든 곳에
서 잔인하게 살해당하고 난폭하게 억압당했습니다.

우리는 파리코뮌 뒤에 전개된 근대 역사에서, 프랑스 노동자들
이 지난 세기 말에 그들의 조국에 사회주의를 건설할 시도를 했다
는 것을 알게 되었습니다. 두꺼운 책에는 방금까지 프랑스를 침략
했던 독일 제국의 지원을 받는 유산자계급과 억압자들에 의해 고문
당하고 살해당하는 수천 명의 파리코뮌 지지자들의 영웅적인 행적
이, 정확한 날짜와 함께 기록되어 있습니다. 역사는 공산주의자, 사
회주의자, 투쟁가, 좌익 구성원들이 내란 후 스페인에서 사살당했으

며 나치 독일과 나치가 점령한 모든 유럽 국가들에서 어떤 일을 당했는지 기록하고 있습니다. 내가 전체 역사에 걸쳐 자라나고 있었던 수치와 편견들로부터 기인하는 이른바 우수한 인종, 고발, 이성을 잃은 원한과 관련된 불공정하고 비열한 기준 등을 적용해, 나치는 수백만의 유대인들을 살해했습니다. 그들은 투옥되고, 고문당하고, 사살당한 공산주의자들과 함께 완전히 "더럽혀진" 사람들이었습니다. 나치의 손안에서 살아남은 공산주의자는 거의 없습니다. 얼마 남지 않은 이들마저 싸우다가 영웅적으로 죽었습니다.

나치는 소련에서 단지 사회주의 국가의 국민이라는 이유로 노인, 여자, 어린이를 포함해 수백만 명을 살해했습니다. 그러나 나치만이 유럽에서 공산주의자들을 죽인 것은 아닙니다. 자본가들의 사주를 받은 자들이 공산주의자들을 고문하고 죽였습니다. 남녀 좌익들은 남아프리카공화국, 남한, 베트남, 칠레, 아르헨티나, 파라과이, 과테말라, 엘살바도르, 수단, 인도네시아, 혁명 전 쿠바에서 살해당했습니다. 열두 나라 어디든 지난 150년 동안 집권 계급과 착취 계급은 자신들의 특권을 잃을까 두려워, 마치 초세기 그리스도인들을 살해했던 것처럼 좌익들을 살해했습니다.

나는 필연적으로, 로마의 노예들과 억압받는 이들의 정치적 사상이기도 한 종교사상에 대한 박해와 공산주의자들에 의해 구체화된 정치사상을 간직한 노동자와 농민들에 대한 현대의 체계적이고 야만적인 박해를 비교할 수 있습니다. 이제까지 반동 세력들이 "공산주의자"보다 더 적의를 갖는 이름이 있었다면, 그것은 또 다른 시대의 "그리스도인"이었습니다.

베토 나는 도미니코 수도회의 동료, 티토 수사를 잃었습니다. 그는 브라질에서 수감되어 끔찍한 고문을 받았고 망명 중에 죽었습니다. 그는 지금 고문 희생자의 상징으로 여겨집니다. 고문기술자들은 그의 마음을 갉아먹었습니다. 프랑스 망명 중에 스스로 목을 맬 때까지 어디를 가든 그의 눈엔 고문기술자들이 보였습니다. 고문을 받아 침묵하게 되면서 그는 많은 고통을 겪었습니다. 고문기술자들은 그에게 말했습니다. "우리는 너를 죽이지 않을 거야. 네가 살아 있는 한, 너는 너의 침묵의 대가를 받는 거니까."

나는 당신에게 정보를 주고 싶었습니다. 군부독재하의 중앙아메리카와 라틴아메리카 순교자들의 순교사가 발표되고 있습니다. 그들은 우리 민중의 순교자들입니다. 동시대에 브라질에는 산토 디아즈라는 이름의 노동자도 있습니다. 그는 파업을 조직하는 중에 살해당했습니다. 지금 여러 교회에 그의 형상이 보존되어 있습니다.

카스트로 당신은 고문당하고 엄청난 용기로 모든 고통을 인내했던 도미니코 수사에 대해 나에게 말해주었습니다.

이런 일들은 유럽, 라틴아메리카, 제3세계 나라들뿐만 아니라 미국에서도 일어납니다. 우리는 공산주의자들에게 고통을 주었던 매카시 기간을 잊지 말아야 합니다. 공산주의자들은 직업을 찾을 수 없었습니다. 거의 모든 직장과 모든 활동에서 쫓겨나고, 투옥되고, 억압당하고, 박해받고, 살해당했습니다. 어떤 경우에는 단지 공산주의자라는 이유만으로 전기의자에 보내졌습니다. 우리는 메이데이를 잊지 말아야 합니다. 메이데이는 자신들의 계급 이익을 옹호하기 위해 파업을 시작하려는 시카고 노동자들을 암살한 사건이 원인이 되어 선언된 날입니다. 더 최근의 일로는, 정치적으로 의식 있는 사람들은 모두 로젠버그 부부의 살인을 기억하고 전율을 느낍니다.

나는 현대 혁명가들이 당하는 억압과 원시 그리스도인들이 당하는 억압 사이의 높은 유사성을 주목합니다. 나는 역사상 이 두 시기 압제자들의 행동에서 어떤 차이점도 보지 못했습니다. 단지 하나는 노예제, 다른 하나는 자본주의로 인간 사회의 발달 과정에서 다른 시기일 뿐입니다. 나는 그 가르침들 사이의 모순을 찾을 수 없습니다. 그것은 당시에 그리고 우리 시대에 강력하게 뿌리를 내리고 있습니다. 그러므로 나는 그리스도인과 공산주의자의 사상, 가르침에 크게 공감하고, 그리스도인들의 행동과 역사에 탄복하여 우리 시대의 공산주의자들의 행동과의 유사성에 주목합니다. 나는 유사성을 보았고, 보고, 계속 볼 것입니다. 당신들의 일, 투쟁, 강연 등 당신들 모두와 미국에 있는 다른 많은 이들의 노력을 보면서, 나는 이것을 훨씬 더 확신하게 됩니다.

베토 가난한 이와 소원해진 사람은 그리스도와 소원해진 사람이라고 이전에 당신이 말했습니다. 나는 당신의 그 연설문이 매우 유명할 뿐 아니라, 해방신학의 기초라는 것을 알았는지 궁금합니다. 게다가 그 연설문에는 당신이 동의했던 요한 바오로 2세의 회칙, 『노동하는 인간Laborem Exercens』의 인간 노동을 다루었습니다. 교황은 그리스도에 대한 교회의 충실성은 가난한 이들에 대한 헌신에 의해 증명된다는 것을 재확인했습니다.

카스트로 내가 25년 전쯤, 아마도 26년 전에 한 말이었습니다. 특권 계급들이 교회를 혁명에 반대하는 도구로 사용하고자 했던 혁명 초기에, 여러 번 이 문제들과 그리스도의 가르침을 연결시켰던 것을 기억합니다. 연설문이 거기 어디엔가 있습니다. 일찍이 당신은 "가난한 이를 배신하는 자는 그리스도를 배신한다"고 말했습니다.

공산주의와 종교

베토 네, 사령관님, 이제 다른 문제로 넘어가겠습니다.

공산주의 운동 내에서, 어떤 사람들은 전통적으로 마르크스의

『헤겔 법철학 비판 서설』에 포함된 마르크스의 성명서를 사용합니다. 성명서는 "종교는 인민의 아편"이며, 어떠한 변증법도 넘어서는 확정적이고, 절대적이고, 형이상학적 신조라고 밝히고 있습니다.

1980년 10월, 역사상 처음으로 정권을 잡은 혁명 정당인 산디니스타 민족해방전선은 절대적인 원칙으로 비판을 받았던 종교에 관한 문서를 발표했습니다. 산디니스타 성명서에는 이렇게 적혀있습니다. "어떤 저자들은 종교가 사람들의 소외를 위한 장치라고 주장합니다. 소외는 다른 계급에 의해 한 계급의 착취를 정당화시킵니다. 의심의 여지가 없이, 이러한 주장은 역사적인 가치를 반영해서 나왔습니다. 대부분 다른 역사의 시대에도 종교는 정치적인 지배를 위한 이론적인 선전으로 도움을 주었습니다. 브라질 토착민들에 대한 지배와 식민화 과정에서 선교사들이 했던 역할을 상기하는 것으로 충분합니다. 그러나 산디니스타는 우리의 경험을 진술합니다. 자신들의 신앙에 의존하는 그리스도인들이 인민과 역사의 필요에 응답할 수 있을 때, 그들의 신앙은 그들의 혁명 투지를 고무시켰습니다. 우리는 한 사람이 신앙인이면서 동시에 일관된 혁명가일 수 있으며 그 둘 사이에 극복할 모순은 없다는 것을 경험했습니다." 사령관님, 나는 당신에게 묻습니다. 당신은 종교가 인민의 아편이라고 생각합니까?

카스트로 어제 우리는 사회주의, 사회주의 운동, 과학적 사회주의 이데올로기, 마르크스레닌주의 이데올로기가 등장한 역사적 상황에 대해 이야기했습니다. 그리고 교회와 종교가 수 세기 동안 지배, 착취, 압제의 도구로 사용되었던 잔인하고 비인간적인 착취의 사회, 즉 계급들로 나뉜 사회에서 과격파들이 등장했으며 가혹한 비판과 정당한 비판이 교회와 종교에 제기되었다는 대화를 나누었습니다. 세상을 인식하고 세상을 바꾸려는 혁명가의 입장에서 국가기관, 지주, 귀족, 유산자계급, 부자, 대기업가, 교회를 바라봤을 때, 그들은 사회 변화를 막으려 하고 그 과정에서 부당한 결정을 내리는 기관으로 판단했을 것입니다. 종교가 지배의 도구로 사용된 이래 가장 타당했던 일은 혁명가들이 반성직적, 반종교적 대응을 한 것입니다. 성명서가 발표된 그 상황을 나는 완전히 이해할 수 있습니다.

그러나 마르크스가 국제노동자연맹을 설립했을 때, 많은 그리스도인들이 제1인터내셔널에 있었습니다. 많은 그리스도인들이 파리 코뮌에서 싸우다 죽은 사람들 가운데 있었음을 압니다. 어디에서도 마르크스는 사회 혁명을 진전시키는 역사적 사명에서 그리스도인들을 배제한 성명서를 발표하지 않았습니다.

만일 우리가 조금 더 앞으로 나아가 볼셰비키당의 프로그램 이후에 레닌이 수립하고 기초한 모든 논의들을 상기해보면, 단 한 글자도 당에서 그리스도인들을 배제하자는 문구가 없습니다. 당 가입의 주요 전제 조건은 당의 프로그램을 받아들이는 것이었습니다. 그것은 어떠한 시점에도 당이 정당했다는 걸 보여주는 역사적으로 가치 있는 문구, 좌우명, 성명서입니다.

현재의 상황에서도 진실을 표현해야 하는 환경들이 있을 수 있습니다. 가톨릭 고위 성직자들이나 다른 교회의 고위 성직자들이 제국주의, 신식민주의, 국가와 사람들에 대한 착취, 압제와 밀접하게 결부될 때마다, 특정 국가에서 누군가가 종교가 인민의 아편이라는 말을 되풀이하더라도 별로 놀라운 일은 아닐 것입니다. 이와 마찬가지로 니카라과인들은 자신들의 경험과 니카라과 종교인들이 취하는 입장에 기초를 두었습니다. 신자들은 신앙에 기초해 혁명가의 입장을 취할 수 있으며 신자와 혁명가 사이에 어떤 모순이 있을 필요가 없다는 결론에 도달한다는 사실도 완벽하게 이해했습니다. 그들은 정당한 결론을 내린 것입니다. 내가 보기에 종교가 아편이라는 그 문구는 신조거나 절대적 진리가 될 수 없고 그런 것도 아닙니다. 그것은 특정한 역사적인 조건에서 참된 것입니다. 무엇보다 나는 이러한 결과가 변증법과 마르크스주의를 완벽히 따른 것이라 생각합니다.

정치적 관점에서 종교는 그 자체로 아편이나 기적의 치료제가 아닙니다. 만일 종교가 압제자와 착취자, 혹은 압제받는 사람과 착취당하는 사람을 옹호하는 데 이용된다면, 그것은 아편이나 놀라운 치유책이 될 수 있습니다. 왜냐하면 그럴 경우 사람들은 신학이나 종교적 신념 이외에 정치적, 사회적, 물질적 문제들을 해결하는 방식을 종교에 의존해야 하기 때문입니다.

나는 엄격하게 정치적인 관점에서 그리스도인들이 세상을 변혁시키기 위해 마르크스주의자처럼 될 수 있고 마르크스 공산주의자와 함께 일할 수 있다고 믿습니다. 중요한 것은 두 가지 경우 모두 그들은 인간에 대한 착취를 종식시키고, 사회적 부의 공정한 분배, 평등, 우애, 모든 인간의 존엄성을 위해 투쟁하려 하는 정직한 혁명가들이 될 것이라는 점입니다. 다시 말해, 그리스도인들은 출발점이 종교적인 관념에 있다 할지라도 그들은 가장 진보한 정치적, 경제적, 사회적 사상을 가진 지도자가 될 것입니다.

혁명의 요건인 사랑

베토 사령관님, 사랑이 혁명의 요건입니까?
카스트로 물론, 사랑이란 말의 최대 의미에서 보면 그렇습니다. 사회적으로 말하면, 무엇이 연대입니까? 무엇이 우애의 정신입니까?
첫 번째 대규모 사회 혁명으로 돌아가봅시다. 그것은 사회주의 혁명 전, 몇 세기 전에 일어난 자유, 평등, 박애를 기치로 내건 프랑스 혁명입니다. 내가 말했던 것처럼 자유는 제한된 방식으로 해석되었습니다. 그것은 유산자계급을 위한, 백인을 위한 자유를 의미했습니다. 결코 아프리카 노예들을 위한 자유를 의미하지 않았습니다. 프랑스 혁명가들은 세계 도처에 그들의 사상을 퍼뜨린 뒤에, 아이티로 군대를 보내 자유를 원한 노예들의 반란을 진압했습니다. 아메리카 토착민을 몰살하고 온갖 잔학 행위를 벌였던 것처럼 미국의 독립 이후에도 아프리카 노예들에 대한 잔혹한 지배는 사라지지 않았습니다. 계급으로 나뉜 사회에서 이른바 평등에 대해 아무리 철학적인 대화를 한다고 해도, 프랑스 혁명은 유산자계급과 백인들을 위한 자유를 부르짖은 것일 뿐, 전혀 평등하지 않았습니다. 뉴욕이나 미국 내 다른 지역의 백만장자와 거지 사이에, 혹은 미국에서 백만장자와 실업자 사이에 존재한다는 평등은 무엇인가요? 그것은 이념적인 평등입니다. 나는 미국의 백만장자와 거지, 차별받는 아프리카계 미국인들, 실업노동자들, 집 없는 어린이들 사이에 어떠한 박애가 있다는 것인지 모르겠습니다. 그것은 순전히 공상입니다. 나는 오직 지금의 사회주의에 의해서만 완전한 자유의 뜻인 진정한 자유, 평등, 박애의 개념이 존재한다는 것을 믿습니다. 나는 교회에서 말하는 너의 이웃을 사랑하라는 계명이 사회주의와 국제주의적인 정신에 따라 지켜지는 매우 구체적인 인간의 평등, 박애, 연대로 적용되고 실행된다고 생각합니다.

쿠바인들은 교사, 의사, 기술자, 숙련 노동자로서 다른 나라에 일을 하러 갑니다. 수만 명, 수십만 명이 어렵고 힘든 조건 속에서 이러한 일들을 하면서, 때로는 생명을 바쳐 자신들의 원칙에 충실한 최고의 연대감을 보여줄 준비가 되어 있다고 나는 믿습니다. 그들은 현지의 동료들에게 그들의 존경, 숭고, 사랑의 실천을 전심전력으로 표현합니다.

이렇게 사회주의 혁명이 이 개념을 가장 높은 정도까지 발전시키며, 공산주의 사회에서 더욱더 발전할 것이라고 믿습니다. 사회주의는 아직 완전한 평등을 유지하지 못합니다. 우리는 이미 보상과 관련해 이에 대해 논의했습니다. 사회주의는 자본주의가 하는 것보다 더 많은 실질적인 가능성들을 제공합니다. 예를 들어 쿠바에서는 과거에 부자의 자녀들만 공부를 했습니다. 지금은 모든 어린이들, 벽지에 사는 어린이들, 농민과 노동자의 자녀들도 가장 좋은 학교에 다닐 수 있습니다. 재능이 있는 모든 어린이들에게 우수한 교육기관과 대학에 가기 위한 교사와 기회가 제공됩니다. 더구나 이것은 이론적, 이념적 기대가 아니라 실질적이고 객관적인 가능성입니다. 우리는 우리 사회에서 진정으로 동등한 기회를 만들어냅니다.

노동에 대한 우리의 보수체계는 완벽하게 평등하다고 생각할 수 없습니다. 어떤 이들은 육체적으로 더 강하고, 어떤 이들은 재능이 더 많고, 어떤 이들은 더 총명하게 타고났기 때문입니다. 사회주의적 분배 형식은 각자가 일한 양과 질에 따르는데, 이것은 아직 공산주의 분배 형식이 아닙니다. 그것이 바로 『고타 강령 비판』에서 마르크스가 이 형식은 유산자계급 법칙의 좁은 한계를 초월하지 못했으며 공산주의 사회는 더욱더 평등주의가 되어야 한다고 말한 이유입니다.

베토 사회주의와 공산주의 사회도 인간의 정신생활의 발전을 추구합니다.

카스트로 네, 물론입니다. 우리는 인간의 폭넓은 물질적, 정신적 발전을 추구합니다. 그것은 내가 교육과 문화에 대한 이야기를 꺼내는 방식입니다. 당신은 "종교적인 감성에서의 인간의 정신적인 발전"을 거기에 덧붙입니다. 우리는 모든 개인들이 자유와 기회를 가져야 한다는 원칙을 만들었습니다.

이제 우애를 생각해봅시다. 나는 우리 사회가 정말 우애 있는 사회라고 생각합니다. 우리가 특정한 사회의 압제, 착취, 노예상태에서 사람들을 해방시킬 때, 우리는 그들의 자유만이 아니라 명예, 존엄, 의욕, 다시 말해 그들의 인간으로서의 조건을 보장합니다.

당신은 계급으로 나뉜 사회에서 자유에 대해 말할 수 없습니다. 그곳엔 끔찍한 불평등이 있으며, 사람들은 각자의 인간으로서의 조건조차 보장받지 못합니다. 오늘날과 같은 자본주의 사회에서 라틴 아메리카의 판자촌에 사는 어떤 이, 아프리카 출신의 어떤 미국인, 혹은 세계 어딘가에 사는 어떤 가난한 사람에게 물어보십시오.

이것이 가장 깊은 확신입니다. 너의 이웃을 사랑한다는 것은 연대를 실천한다는 의미입니다.

계급투쟁과 증오

베토 사령관님, 어떤 그리스도인들에게는 두 개념이 어려움의 원인이 되고 있습니다. 첫째는 계급적 증오에 대한 마르크스주의의 개념이고, 둘째는 계급투쟁의 개념입니다. 이에 대해 당신과 이야기를 나누고 싶습니다.

카스트로 현존하는 사회 계급은 원시공산주의 이래, 인간이 부와 토지, 다른 이들의 업적을 착취하기 위한 수단들을 축적하기 시작했을 때부터 지금까지 역사적인 실재로 존재합니다. 사실상 모든 것을 공동으로 소유했던 원시공산주의 시대에는 존재하지 않았던 사회 계급은 사회 발전의 결과로 등장했습니다. 계급 차별이 일어난 이래 우리는 가장 역사적인 기록을 세운 사회에 살고 있습니다. 그리스와 로마는 민주주의의 전형으로 잘못 받아들여지고 있습니다.

우리는 아테네 민주주의가 정치 문제를 토론하기 위해 광장에 모인 사람들의 전원참석 의회라고 들어왔습니다. 그래서 "얼마나 놀라운가, 그리스에서 존재했던 모범적인 직접 민주주의는 얼마나 아름다운 꽃을 피웠는가!" 하면서 감탄하기도 했지요. 나중에 역사적인 연구를 통해, 시민들 가운데 대수롭지 않은 소수만이 그 광장에서 만났다는 사실이 확인되었습니다. 나는 마이크나 스피커도 없었는데 어떻게 모든 사람들이 공공의 장소에서 만날 수 있을까 궁금했습니다. 어떻게 모든 사람들이 특정한 일에 대해 이야기하기 위해 모일 수 있을까? 나는 어렸을 때, 집에 오곤 했던 회계기록원을 기억합니다. 그는 스페인어, 프랑스어, 라틴어 등 여러 언어를 구사하고, 그리스어, 독일어, 영어도 조금 할 줄 아는 교양 있는 사람이었습니다. 그는 사람들이 학자라고 부를 만한 사람이었습니다. 그는 다정했고 내가 방학을 맞아 학교에서 돌아오면 나와 얘기하는 것을 좋아했습니다. 그는 위대한 그리스와 로마의 웅변가인 데모스테네스와 키케로 얘기를 해주었습니다. 그는 늘 내게 들려줄 일화를 가지고 있었습니다.

아마 그 회계기록원한테 들은 얘기 같은데, 데모스테네스가 말을 더듬어 연설하기 어려웠는데 말할 때마다 작은 조약돌을 혀 밑에 놓고 훈련해 강한 의지력으로 그 문제를 극복했다고 합니다. 그는 고대 정치인들에 대한 이야기를 들려주었습니다. 내가 중학생 때 문학에 관심이 생겨 데모스테네스의 연설문 선집을 구했습니다. 어떤 연설문들은 알렉산드리아 도서관의 화재에서 살아남았고, 역사적 흥망과 "이방인들"의 침략에도 불구하고 보존된 것들이며, 혹은 누군가 복원한 연설문도 있었습니다. 나는 데모스테네스, 키케로, 또 다른 고대 웅변가와 작가들의 연설문도 읽었습니다. 회계기록원인 스페인 사람 알바레즈가 나의 관심을 불러일으켰기 때문일 겁니다. 알바레즈는 아스투리아스 지방 출신의 스페인인이었습니다. 나는 어렸을 때 읽었던 역사적 인물들의 책을 기억하고 있습니다.

지금 다시 보면, 그 연설문들은 너무 수사적이고 과장이 지나쳐 좋아할 수가 없습니다. 말장난도 심해 거슬립니다. 후에 나는 다른 연설가들의 작품을 많이 접했습니다. 역사상 위대한 연설가의 책은 거의 다 읽었을 겁니다. 나는 그 책들에 관심이 많았습니다. 그 모든 독서의 결과, 나는 위대하고 유명한 연설가들과 정확히 반대로 연설을 했습니다. 나는 오래전에 우연히 카스텔라와 그의 놀라운 의회 연설문들을 발견했습니다. 연설문은 경탄할 만했지만 오늘날이라면 카스텔라는 완전히 재난을 맞았을 것입니다.

데모스테네스와 키케로 역시 만일 오늘날 사회의 실질적인 문제들을 설명해야 한다면 엄청난 어려움에 직면했을 것입니다. 어찌 되었든, 그 당시에 나는 아테네의 민주주의에 탄복했습니다. 신전에 모인 로마의 원로원 의원과 다른 기관들에서 온 인물들도 민주주의의 모델이었습니다. 그러나 조금 전에 말했듯, 나는 단지 소수의 귀족들만이 그리스의 광장에 모여 결정을 내렸다는 사실을 알게 되었습니다. 그들 밑에는 권리를 갖지 못한 수많은 시민들이 있었습니다. 아마 그들은 외국인들이었을 것입니다. 그리고 그들 밑에는 훨씬 더 많은 노예들이 있었습니다. 그것이 아테네의 "민주주의"였습니다. 그것은 오늘날의 자본주의적 "민주주의"를 연상시킵니다. 귀족, 외국인, 노예계급이 투쟁에 참여했습니다.

그다음에 우리는 역시 모델이었던 로마를 공부했습니다. 로마는 내게 오늘날의 미 제국을 연상하게 합니다. 그들은 모든 면에서, 신전과 의사당까지도 매우 닮았습니다. 미국에는 로마의 신전과 유사한 의사당이 있습니다. 미국이 복사한 것입니다. 로마도 당대의 상황을 논하는 막강한 귀족들인 원로원 의원들이 있어서 로마의 황제가 암살되기도 했지요. 로마는 당시 전 세계에 걸쳐 군사기지, 함대, 무력간섭으로 지배했습니다.

베토 필라델피아에 불을 놓기 시작한 사람이 네로였습니다.

카스트로 네, 만일 경찰이 최근 한 일을 보자면, 그들도 정권의 뒤를 받쳐주는 작은 네로라고 할 수 있습니다.

다시 말해 전 세계에 걸쳐, 물론 훨씬 더 정교한 무기, 군사 기지, 함대, 부대들이 있습니다. 침략행위, 침략전쟁, 군사력 증강, 오늘날 제3세계에 존재하는 모든 문제들, 억만장자들, 걸인들, 권리를 박탈당한 수많은 사람들, 세계의 반동적인 정부들의 결탁이 있습니다.

로마에 무엇이 있었습니까? 귀족, 평민, 노예 등 각각의 계급들과 그들 사이의 계급투쟁이 있었습니다. 훗날 중세기에도 이와 같습니다. 귀족, 유산자계급, 농노들이 있었습니다. 누가 그걸 부인할 수 있겠습니까? 계급이 있기 때문에 투쟁이 있었습니다. 유산자계급들은 아직 생산의 권리를 갖지는 못했지만 생산성의 발전을 촉진하는 일에 자신들의 생애를 보내는 것을 포기하지 않았습니다.

프랑스 혁명 후에는 생산수단을 소유한 사람들, 그리고 단지 노동력으로 기여할 뿐인 유산자계급, 무산자계급, 중간계급이 있었습니다.

노예제도는 긴 역사 기간 동안 존재했습니다. 노예제도는 아주 최근까지 공식적인 제도로 계속 존재했습니다. 쿠바에서는 언제 노예제도가 없어졌습니까? 쿠바에서 노예제도는 1886년에 폐지되었습니다.

베토 브라질도 10년 안팎의 차이가 날 뿐입니다.

카스트로 미국에서는 지난 세기, 1860년대에 남북전쟁의 결과로 폐지되었습니다. 훨씬 더 오래 지속되었던 나라들도 있었는데, 그곳에서는 만일 사람들이 빚을 갚지 못하면 노예가 되었습니다. 예를 들어 로마와 그리스의 경우였습니다. 거기서 모든 것들이 발생했습니다.

마르크스도 다른 마르크스주의자도 계급의 현존과 계급투쟁을 지어내지 않았습니다. 그들은 계급의 현존을 명확히 분석하고, 연구하고, 증명했을 뿐입니다. 그리고 이 현상을, 역사적인 실재를 폭넓게 조사했습니다. 그들은 이 투쟁과 인간 사회의 진전을 규율하는 법칙을 발견했습니다. 그들이 계급이나 계급투쟁을 발명한 게 아닙니다. 그러니 마르크스주의 탓으로 돌려서는 안 됩니다. 만일 당신이 누군가를 고발한다면, 역사를 고발해야 합니다. 역사가 그 문제에 책임이 있기 때문입니다.

이제, 계급 증오에 대해 말해봅시다. 마르크스레닌주의는 계급 증오를 야기하거나 가르치지 않았습니다. 마르크스레닌주의는 단지 계급과 계급투쟁이 존재하며 계급투쟁은 증오를 불러일으킨다는 것을 말했을 뿐입니다. 증오를 일으킨 것은 마르크스레닌주의가 아니라 계급의 현존과 계급투쟁입니다.

무엇이 실제로 증오를 야기합니까? 인간의 착취, 압제, 소외, 사회적 불의입니다. 그것이 객관적으로 증오를 일으키는 것이지 마르크스주의가 아닙니다. 마르크스주의는 이렇게 말합니다. "계급이 존재해서 계급투쟁이 존재하는데 이것이 증오를 일으킨다." 계급 증오를 가르치지 말라고 하면서 사회 현실을 설명하라는 것이 문제입니다. 모든 역사에 걸쳐 발생했던 것이 이 문제입니다. 그것은 증오를 불러내지 않습니다. 오히려 사람들이 착취당하고 있다는 것을 인식할 때 그 원인이 설명됩니다. 앞서 내 개인사를 이야기했습니다. 어린 시절에 내가 굶주림을 겪게 한, 그런 상황을 만들었던 사람들을 증오하지 않는다고 했지요. 나는 그 일이 내게 교훈을 주었고 삶을 준비시켰기 때문에 그 일이 다행스럽기조차 합니다. 나는 그들을 정말 미워하지 않습니다.

예를 들어 당신이 쿠바의 혁명 이념을 분석해본다면, 우리의 혁명 이념에 증오라는 단어는 한마디도 없습니다. 우리에게는 실제로 탁월한 사상가인 마르티가 있었습니다. 그는 17세에 쓴 "쿠바의 정치적 감옥"이라는 글에서 자신이 견디고 있는 어려움을 토로하면서, 역사상 스페인에 등장했던 공화국들이 항상 그랬던 것처럼 스페인인들에게는 권리를 제공했지만 쿠바인들에게는 거부했고, 스페인에서는 자유와 민주주의를 주장하지만 쿠바에서는 거부했다는 걸 밝혔습니다. 마르티는 전설적인 성명을 냈습니다. "채찍 소리도 모욕적인 목소리도 내 사슬의 철컥대는 소리도 내게 미움을 가르치지 못합니다." 그래서 "나로 하여금 당신을 경멸하도록 시켜도, 나는 누구도 미워할 수 없습니다." 마르티는 생애 내내 독립을 위한 투쟁을 가르쳤으나, 그는 스페인인들에 대한 미움은 가르치지 않았습니다.

마르티의 경험은 그가 이른바 자신의 스페인 부모라고 부르는 이들에 대한 미움을 가르치지 않고도 투쟁의 정신과 독립을 위한 투쟁을 가르칠 수 있다는 것을 보여줍니다. 나는 우리의 혁명이 마르티의 사상으로 충만해 있다는 것을 확신합니다. 혁명가, 사회주의자, 마르크스레닌주의자들인 우리는 미움의 철학으로 증오를 가르치지 않습니다. 이것은 우리가 억압적인 체제에 대해 일종의 친근감을 느낀다거나 억압적인 체제에 대항해 열심히 투쟁하지 않는다는 의미가 아닙니다. 반대로 나는 우리가 최고의 실험을 한다고 생각합니다. 그것은 우리가 제국주의에 대항하는 전투를 벌이고, 제국주의의 온갖 침략행위와 악행을 겪고 있지만, 우리는 미국인들을 미워하지 않기 때문에 그들이 이 나라를 방문하면 모든 사람들이 존경으로 대하고, 배려합니다. 우리가 물리치고 미워하는 것은 그 체제입니다. 다른 모든 혁명적인 마르크스주의자들과 공유해 내린 나의 해석은, 그것이 개인들에 대한 미움이 아니라 부당한 착취 체제를 미워하는 문제라는 것입니다. 그것은 사람에 대한 증오가 아닙니다.

마르티는 스페인 체제를 미워했습니다. 그는 식민주의적인 스페인 체제에 대항해 투쟁하게끔 사람들을 북돋았습니다. 그래서 많은 쿠바인들이 불굴의 용기와 대담성으로 기꺼이 전투에 뛰어들어 싸우다 죽었습니다. 하지만 그는 스페인인들에 대한 미움을 말하지 않았습니다.

우리가 가르치는 것은 체제의 부당함, 거부, 적의, 즉 불의에 대한 증오입니다. 우리는 사람들 사이에 미움을 가르치지 않습니다. 왜냐하면 최종적으로 분석하면 사람이 체제의 희생자이기 때문입니다. 만일 우리가 체제에 맞서 싸워야 한다면, 우리는 그렇게 할 것입니다. 만일 우리가 체제를 대표하는 사람들에 맞서 싸워야 한다면, 우리는 그렇게 할 것입니다.

나는 이것이 그리스도교의 가르침과 어떠한 모순이 있다고 생각하지 않습니다. 누군가 "나는 죄를 미워합니다." 혹은 "나는 불의, 학대, 착취를 미워합니다"라고 말하는 것은 그리스도교의 가르침에 반한다고 생각하지 않습니다. 나는 사람들 사이에서 죄, 불의, 착취, 학대, 불평등을 고발하고 맞서 싸우는 것이 그리스도교의 가르침에 반하는 게 아니고, 종교와 모순이 있다고도 생각하지 않습니다. 권리를 위한 투쟁 역시 종교에 반하는 것이 아닙니다. 종교적 사고방식 내에서, 내가 이해하는 것처럼, 대의를 옹호하는 것과 종교 사이에는 어떠한 모순도 없습니다. 게다가 며칠 전에, 우리는 성경의 역사에 대해 이야기했습니다. 나는 성경의 역사에서 볼 때 하늘의 천사들도 투쟁을 한다는 이야기를 들었습니다. 만일 하늘에서 투쟁을 한다면, 어떻게 땅에서 투쟁하는 것을 이해하지 못할 수 있겠습니까?

베토 예수님은 바리사이들을 강하게 비난하시고 헤로데를 여우라고 불렀습니다. 더욱이 예수님은 우리가 적들을 사랑해야 한다고 말하지 않고, 우리가 '우리의' 적들을 사랑해야 한다고 우리에게 말씀하셨습니다. 그리고 압제자에게 다른 사람을 억압하지 못하도록 막는 것보다 더 큰 사랑은 없습니다.

카스트로 그렇습니다. 나는 그 문제에 대한 당신의 해석에 전혀 반대하지 않습니다. 나는 선과 악 사이에 항구한 투쟁이 있고, 악이 벌을 받아야 한다는 것을 배웠습니다. 내가 신앙을 공유한다고 말하려는 것은 아닙니다. 나는 죄를 저지르는 사람들과 불의, 악, 그리고 우리가 대항해서 싸우고 있는 다른 모든 것들에 책임이 있는 사람들은 지옥에서 벌을 받을 것이라고 배웠습니다. 이것을 미움의 표현으로 해석할 수 있습니까? 내 생각을 말해보겠습니다. 나는 결코 개인에게 개별적인 미움을 느끼지 않습니다. 나는 나의 적들을 사랑하지 않습니다. 나는 그렇게 하지 못합니다. 그 정도까지 갈 수 없습니다. 나는 그들이 어찌해서 적인지, 역사와 역사 법칙과 개인들의 사회적 지위로 인해 그들이 적인 이유를 이해합니다. 나는 얼마나 많은 요인들이 그들이 적이라는 것을 미리 결정했을지 이해합니다. 유전적이거나 생물학적 설명들도 있을 수 있습니다. 어떤 개인들은 유전적인 결점이나 병을 가지고 태어났습니다. 그것 또한 사실입니다. 나는 많은 범죄자들이 사이코패스라고 생각합니다. 히틀러도 앓았음이 틀림없습니다. 그가 제정신이라고 생각할 수 없습니다. 나는 수백만 명을 화장터로 보낸 그들이 정신적으로 정상이 아니라고 봅니다.

네, 나는 파시즘을 미워합니다. 나치즘도 미워합니다. 나는 그러한 비열한 방법을 미워합니다. 나는 책임지는 사람들에게 벌을 주는 것이 옳다는 말을 했습니다. 그들은 벌을 받아 마땅합니다. 그들은 인류에 끔찍한 해악을 가했기 때문에 투옥되고 총살형 집행대 앞으로 보내져야 합니다. 그러나 나는 살인자를 처벌할 때, 혹은 반혁명가나 혁명의 배반자를 처벌할 때, 보복을 위해 처벌하는 것이 아니라고 말했습니다. 당신은 누구에게 보복하고 있습니까? 역사입니까? 그러한 괴물들을 낳은 사회입니까? 개인에게 끔찍한 일을 저지르도록 유도했음이 틀림없는 질환입니까? 당신은 무엇에 복수합니까? 그렇기 때문에 우리는 누구에게도 복수하지 못합니다. 나는 오랫동안 계속 싸우고 투쟁했지만 개인에 대해 증오나 복수의 감정을 가진 것은 아닙니다. 우리는 개인이 종종 일련의 상황이나 환경의 결과이며, 그의 행위 중 많은 부분이 미리 결정되었다는 것을 알게 되었습니다.

나는 고등학교 때 배웠던 철학의 기초를 기억합니다. 우리가 토론했던 것들 중 하나는 개인이 미리 정해져 있는 대로 어떤 일을 하는 것인지, 혹은 개인이 그들의 행위의 심각성과 그들이 끼치는 해로움을 완전히 인식하고 자신들의 행동에 전적으로 책임을 지는 것인지에 대한 토론이었습니다. 나는 당시에 예수회 학교에서 개인들에게 미리 결정된 것은 아무것도 없기에, 모든 것은 그들의 개인 책임이라는 이론을 좋아했던 선생님을 기억합니다. 나는 종종 그 두 견해가 결합되어 있다고 믿습니다. 한 가지 중요한 요인은 사람들의 행위를 미리 결정하는 정신병의 경우, 예를 들어 정신병으로 살인을 저지른 사람을 제외하고 사람에게는 책임과 죄책감의 요인도 있습니다. 자신들의 행위에 책임을 지는 사람들에게 책임을 지지 말도록 계속 막고 있는 것은 매우 어렵습니다. 어떤 개인들은 자신들을 어떤 방식으로 행동하도록 만드는 이념을 배웁니다. 그런데 그들의 태도는 어느 정도까지 미리 결정되어 있다는 것입니다.

우리에게는, 혹은 최소한 내 생각으로는, 건강한 정신을 갖고 있다고 추정되는 개인이 반혁명적이고 반동적인 활동을 했을 경우, 그를 파괴공작원, 배반자, 살인자로 처벌할 필요가 발생하고, 그럴 때 우리는 증오나 보복의 정신이 아니라 우리 사회를 보호하고 혁명의 존속을 위해 필요하기 때문에 처벌하는 것입니다. 혁명은 모든 정의, 안녕, 그에 따르는 사람들을 위한 혜택이 존재함으로써 존속됩니다. 그것이 내가 이 문제를 보는 방식입니다.

만일 당신이 위대한 투사이자 뛰어나고 고귀한 투사인 마르티의 개념들, 그의 가르침과 그의 역사를 주목한다면, 당신은 그가 증오에 대한 말을 한 적이 없음을 알게 될 것입니다. 그는 "우리를 억압하는 스페인 사람들을 미워합시다"라고 말하지 않았습니다. 그는 "우리의 모든 힘을 다해 스페인 사람들과 싸우지만 그들을 미워하지 맙시다. 투쟁은 스페인 사람들에 대항하는 것이 아니라 스페인의 체제에 대항하는 것입니다"라고 말했습니다. 이것이 우리의 정치적 사상의 핵심으로 자리 잡고 있습니다. 나는 더욱이 마르크스도 개인을 미워하지 않았고 레닌도 누구를, 심지어 차르까지도 미워하지 않았다는 것을 믿습니다. 나는 레닌이 제정러시아의 차르 체제, 지주와 유산자계급에 의한 착취 체제를 미워했다고 생각합니다. 그리고 엥겔스도 그 체제를 미워했다고 생각합니다. 그들은 인간에 대한 증오를 가르치지 않았습니다. 그들은 체제에 대한 증오를 가르쳤습니다. 그것은 계급투쟁의 기준과 원칙이 무엇인지, "계급적 증오"가 무엇인지를 의미합니다. 인간에 대한 미움이 아니라 계급 체제에 대한 미움입니다. 그리고 이것은 절대 같은 것이 아닙니다.

쿠바 민주주의와 유산자계급 민주주의

베토 사령관님, 그리스도교 환경에 있는 어떤 사람들은 쿠바 혁명의 사회적이고 경제적인 업적, 교육과 의료 분야의 업적에 감탄하지만, 쿠바에는 투표를 통해 정부를 교체할 수 있는 미국과 서유럽과 같은 민주주의가 없다고 말합니다. 이에 대해서는 어떻게 말하겠습니까? 쿠바에 민주주의가 있습니까, 없습니까?

카스트로 우리는 오랜 시간 이 문제를 놓고 대화할 수 있습니다. 우리의 인터뷰가 이미 꽤 오래 진행되었지만 말입니다. 하지만 당신의 시간을 빼앗고 이 인터뷰를 읽을 사람들의 인내를 시험하고 싶지는 않습니다. 나는 이른바 민주주의는 전부 사기일 뿐이라고 생각합니다. 말 그대로입니다.

나는 최근에 그 문제에 대해 질문을 받았습니다.

베토 누구에게 질문을 받았습니까?

카스트로 미국에서 온 동료입니다. 그리고 두 사람과의 인터뷰에서 같은 질문을 받았습니다. 한 사람은 하원의원이고 한 사람은 교수로, 교수는 몇 편의 기사를 쓰고 한 권의 책을 출판하고 싶어 했습니다. 그는 어떤 사람들이 나를 잔혹한 독재자라고 생각한다고 말했고, 다른 얘기들도 했습니다.

상상해보세요! 나는 타당한 조치를 취해야 합니다. 나는 독재자가 무엇인지 분석했습니다. 우선 독재자란 혼자 결정을 내리고 법률에 따라 통치하는 사람입니다. 그렇다면 당신들은 레이건을 독재자라는 이유로 고발할 수 있습니다. 외람된 말씀이지만, 당신들은 또 교황을 독재자라는 이유로 고발할 수도 있습니다. 왜냐하면 교황은 법령에 따라 통치하기 때문입니다. 그는 대사들, 추기경들, 주교들과의 약속과 관련해 결정을 내립니다. 그 결정들이 모두 일방적으로 내려질지언정 아무도 교황을 독재자라고 말할 생각조차 하지 않습니다. 나는 교회의 내부 체제, 내부 업무에 대한 비판을 들었습니다. 그러나 결코 교황이 독재자라고 말하는 것을 들어본 적은 없습니다.

나는 쿠바에 대해 설명했습니다. 장관, 대사, 혹은 어느 누구도, 이 나라에서 크게 중요하지 않은 고용인까지도 나는 임명하지 않았습니다. 나는 일방적이고 개별적인 결정을 내리지 않았고, 내가 법령에 따라 통치하지 않습니다. 나는 우리가 집단 지도력을 가지고 있다고 설명했습니다. 나는 당신에게 이에 대해 말했습니다. 우리는 우리의 운동이 결성된 이래, 항상 모든 기초적인 문제들을 처음부터 직접, 집단적으로 논의하고 있습니다. 그리고 이렇게 덧붙입니다. "우리가 가진 것은 말할 권리로서 나의 주장을 중앙위원회, 정치국, 각료회의 최고위원회, 국회에 전하는 것입니다. 그리고 나는 정말 다른 권리를 원하지 않습니다." 나의 여러 동료들이 당에서 그리고 인민들 사이에서 권한과 명망이 있고, 그래서 그들의 견해가 우리나라에서 영향력을 미치는 것처럼, 나에게도 권한과 명망이 있다는 것을 부인하지 않습니다. 다른 이들이 동료들의 견해를 듣는 것처럼, 나도 첫 번째로 그렇게 합니다. 나는 다른 이들의 말을 듣고 그들의 견해를 고려해서 판단합니다.

그렇다면 무엇이 잔혹함입니까? 나는 자신들의 삶을 불의, 범죄, 학대, 불평등, 기아에 맞서 투쟁하고, 어린이들과 환자들의 생명을 구하기 위해 투쟁하고, 모든 노동자들에게 직업을 찾아주고, 모든 가족에게 음식을 제공하기 위해 헌신하는 사람들이, 자신들의 삶을 이렇게 바친 사람들이 잔혹할 수는 없다고 말합니다. 나는 "무엇이 잔혹한 것인가?" 하고 질문했습니다. "자본주의 체제는 빈곤과 재난, 자본주의자의 이기심, 자본주의자의 착취에 상당한 책임이 있습니다."

　제국주의는 잔혹합니다. 제국주의는 수백만 명의 죽음의 원인입니다. 얼마나 많은 사람들이 1차 세계대전에서 죽었습니까? 누군가는 사망자 수가 천사백만 명, 천팔백만 명, 혹은 이천만 명이라고 했습니다. 얼마나 많은 사람들이 2차 세계대전에서 죽었습니까? 오천만 명이 넘습니다. 그리고 누가 죽음과 참사를 일으켰습니까? 사망자에 불구자, 맹인, 폐인, 그리고 셀 수 없이 많은 희생자들이 있습니다. 얼마나 많은 어린이가 고아가 되었으며, 얼마나 많은 재산이 파괴되었으며, 얼마나 많은 인간의 노동이 지구상에서 사라져버렸습니까? 그것은 누구의 탓입니까? 제국주의 체제, 자본주의 체제, 세계 시장의 재분배 싸움, 1차 세계대전과 2차 세계대전 동안의 식민지 재분배 싸움이 수천만 명의 죽음에 책임이 있었습니다.

　누가 정말 잔혹한 자들입니까? 평화를 위해 투쟁하는 사람들, 고통, 빈곤, 착취를 종식시키기 위해 투쟁하는 사람들, 그 체제에 맞서 투쟁하는 사람들입니까, 혹은 그것을 지지하고 유지시키려는 자들입니까? 베트남에서 양키들은 수백만 명을 죽였습니다. 내가 전에 말한 것처럼, 그들은 독립을 위해 싸우는 작은 나라에 2차 세계대전에서 사용했던 전체 폭탄보다 더 많은 폭탄을 떨어뜨렸습니다. 그게 진짜 잔혹한 일이 아닌가요? 어떻게 당신은 그 체제를 민주적이라고 부를 수 있나요?

　게다가 나는 레이건이 어떻게 투표에서 선출되었는지 설명했습니다. 미국인 유권자들이 거의 절반도 투표하지 않았는데, 그는 이른바 민주주의에서 총 투표수의 30퍼센트로 선출되었습니다. 그렇게 해서 레이건은 로마 황제들도 갖지 못했던 권력을 가졌습니다. 네로처럼 미친 로마 황제는 로마에 불을 지를 수도 있었습니다. 그것이 참인지 수에토니우스의 거짓인지, 네로가 로마에 불을 지르고 하프를 연주하기 시작했다는 말이 역사적인 전설인지 역사가의 우화인지 나는 모릅니다. 그런데 역사가들이 말한 대로 황제들은 검투사들이 서로를 죽이거나 그리스도인들이 사자에게 잡아먹히는 원형경기에 참여했던 것이 사실인 것 같습니다. 오늘날의 황제들은 로마 황제들보다 더 큰 힘을 가졌습니다. 레이건은 네로 치하의 로마에서 일어났던 일들보다 훨씬 더 나쁜 핵무기에 의한 대학살을 촉발시킬 수 있기 때문입니다.

핵무기에 의한 대학살로 그들은 불교도, 무슬림, 힌두교도, 중국의 공자 추종자, 덩샤오핑과 마오쩌둥의 추종자뿐만 아니라 그리스도인, 개신교도와 가톨릭 신자, 부자와 가난한 사람, 걸인과 백만장자, 청년과 노인, 어린이와 성인, 여자와 남자, 농부와 지주, 노동자와 기업가, 경영자와 무산자계급, 지식인, 전문가들까지 재로 만들어 버릴 수도 있습니다. 모든 사람이 핵무기의 대학살로 사라질 수 있습니다. 이런 경우 레이건이 핵무기에 의해 전 세계가 불에 타는 동안에 실제로 하프를 연주할 시간은 없을 겁니다. 왜냐하면 과학자들은 핵 방사선에 더 잘 견딜 수 있는 일부 곤충만 제외하고 모든 생명체가 수 분, 수 시간, 수일이나 수개월 안에 전멸할 것이라고 밝혔으니까요. 그들은 바퀴벌레가 저항력이 크다고 말했습니다. 레이건이 이 세계를 바퀴벌레들의 세계로 바꿔버릴 수도 있습니다. 그는 핵 암호를 보관하한 서류가방을 가지고 있습니다. 만일 그가 암호로 명령을 내리면 핵전쟁이 시작될 것입니다. 우리 시대의 제국은 과거의 제국보다 훨씬 더 강력합니다. 그러나 그 제국은 민주주의를 누린다고 자칭하며, 잔혹한 제국으로 여겨지지 않습니다. 당신이 언급했던 나라들, 영국, 서독, 이탈리아, 스페인, 그리고 다른 나라들은 민주주의를 찬양하며 나토 회원국으로서 믿을 수 없는 관념을 공유합니다. 그들은 민주주의 국가라고 불립니다. 그것은 실업을 특징

으로 하는 민주주의입니다. 스페인은 삼백만 명이 실업자이고 프랑
스도 삼백만 명, 영국도 삼백만 명, 서독은 이백오십만 명이 실업자
입니다. 그 모든 나라들이 실업을 겪고 있습니다.

나는 세부적으로 들어가고 싶지는 않습니다. 지금은 진전되어 유
럽이 중세와 같지 않다는 것을 인정합니다. 정복의 유럽도 아니고
종교 이단자를 산 채로 화장시키는 유럽도 아닙니다. 더 이상 식민
시대의 유럽이 아닙니다. 물론 신식민주의 유럽이고 제국주의 체제
의 유럽이지만 얼마간의 진전이 있었다고 인정할 용의가 있습니다.
제국주의 체제의 유럽은 몇 해 전에 만들어진 진보를 자랑스럽게
여기는 것 같습니다. 그때는 그들이 촉발시켰던 두 세계대전 기간
동안에 발생했던 파시즘과 대학살에서 벗어나 진보가 등장했던 때
입니다. 나는 아직도 그들이 전 세계에 가했던 노예제도, 착취, 잔학
행위에 대한 명확하고 명료한 인정과 비판을 보지 못했습니다. 나는
그들이 여전히 엄청난 착취를 위해 세계를 주관하고 있다고 봅니다.
왜냐하면 그들의 발전이 제3세계의 재원으로 이루어졌기 때문입니
다. 그들은 모든 것을 옛 식민지에서 수탈한 금으로 조달했습니다.
남자, 여자, 어린이들의 땀과 피가 섞인 수탈한 금으로 마르크스가
말한 대로, 모공에서도 피가 나는 세계로 들어가게 되는 자본주의
사회가 설립되었습니다.

나는 그들이 무엇을 자랑스러워할 수 있는지, 그들이 어떻게 이전
에 노예였으며, 식민지였고, 착취당했던 우리보다, 그들이 거의 몰살
시켰던 사람들의 생존자인 우리보다 더 민주적이라고 하는지, 미국
의 대기업들과 다른 제국의 세력들이 우리의 탄광과 자원들을 약
탈해 갔던 것처럼 다시 강제로 봉쇄당하는 땅에 사는 우리보다 더
민주적이라고 자신들을 생각할 수 있는지 알지 못합니다. 쿠바에 있
는 우리는 이러한 상황에 맞서 열심히 투쟁하면서 스스로를 해방시

키고, 지금 우리의 부와 노동의 결실을 소유합니다. 더 이상 과거의 노예나 피식민자, 문맹인, 병자, 걸인이 아닌 우리, 참된 사회 혁명을 통해 인민들, 노동자, 농민, 수공업자와 지식 노동자, 학생, 노인과 청년, 남자와 여자 등 모든 인민들을 결속시키는 우리들은 항상 어마어마한 다수의 동료 시민들을 위한 결연한 지지와 신뢰를 가지고 있습니다. 왜냐하면 우리는 인민의 이익에 봉사하기 위해 우리의 생애를 바쳤기 때문입니다.

일반적으로 다수 인민의 지지를 받는 서구의 정부들이 높은 찬사를 받는다고 말할 수는 없습니다. 때때로 그들은 선거 후 며칠 동안 다수를 차지하지만, 대부분의 기간 동안 소수의 표를 얻을 뿐입니다. 레이건을 예로 들어봅시다. 첫 번째 선거에서 투표자들의 약 50퍼센트만 투표를 했습니다. 후보자가 셋이었는데, 투표자 총수의 30퍼센트보다 적은 투표수로 레이건이 선거에서 이겼습니다. 국민의 절반이 투표조차 하지 않았습니다. 그들은 투표를 믿지 않습니다. 미국 투표자들의 반이 투표를 하지 않았습니다. 레이건이 약간 더 표를 얻었을 뿐이지만, 그는 두 번째 대통령 선거에서도 이겼습니다. 레이건은 투표권이 있는 미국 국민들의 30퍼센트보다 훨씬 못 미치는 적은 지지를 얻었습니다. 다른 사람들이 투표자들의 '50퍼센트 더하기 한 표' 이상의 다수를 차지했고, 전체 유권자 수와도 거리가 있었습니다. 대체로, 지지는 몇 달 동안 계속되거나, 아마도 1년 혹은 최대한 2년 계속됩니다. 국민들의 지지는 즉각적으로 감소하기 시작합니다. 영국 수상이든, 프랑스 대통령이든, 이탈리아 수상이든, 서독 총리든, 스페인의 수상이든, 서구의 다른 어떤 나라의 수장이든 그것이 문제가 아닙니다. 계속해서 언급되는 수장의 형태가 문제가 아닙니다. 몇 달 재직 후에 그들은 소수 국민들의 지지를 받을 뿐입니다.

4년에 한 번 선거입니다! 4년 전에 레이건을 선출한 국민들은 미국의 정책에 대해 다른 말을 하지 못합니다. 왜냐하면 오직 레이건이 군 예산을 세우고, "별들의 전쟁" 무기 프로그램을 개발하고, 어떤 종류의 미사일이나 다른 무기들을 만들고, 모든 종류의 분규를 일으키고, 다른 나라의 내정에 침입하거나 간섭하고, 누군가와 상의도 없이 어떤 곳이든 해병대를 보낼 수 있기 때문입니다. 그는 자신에게 투표를 한 사람들과 상의 없이, 단지 한 사람의 결정으로 세계대전을 일으킬 수 있습니다.

쿠바에서는 한 사람에 의해서 결코 중요하고 기본적인 사안이 결정되지 않습니다. 우리는 모든 일들을 분석하고 토론하는 집단적인 지도력이 있습니다. 투표자의 95퍼센트 이상이 우리의 선거에 참여합니다. 풀뿌리 단계에서 선거구의 대표자가 되기 위해 공직에 출마하는 후보자는 이웃들의 추천을 받습니다. 대도시의 경우에 시민약 1,500명당 한 명을 선출합니다. 지방에 따라 시골 지역이나 특별한 선거구에서는 어떤 경우에 1,000명이나 더 적은 수를 기준으로 선출되기도 합니다. 나라 전체로는 약 1만 1,000개의 선거구가 있고, 910명당 한 명의 대표자가 있습니다. 이 대표자들은 당에서 추천하지 않습니다. 그들은 주민의회에서 직접 추천됩니다. 각 선거구는 두 명에서 여덟 명의 후보자가 나올 수 있습니다. 만일 그들 중 아무도 최소한 투표자의 절반에다 한 표를 더 받지 못하면, 첫 번째 선거에서 최대 득표를 얻은 두 후보 사이에서 결선 투표가 시행됩니다. 그런 대표자들은 쿠바에서 국가 권력을 행사하는 이들을 선출하는 사람들입니다. 그들은 인민 권력의 지방자치단체 구성원들을 선출하고 차례로 인민 권력의 주정부 구성원들을 선출하고 국회의 구성원들을 선출합니다. 우리나라 국회 구성원의 절반 이상은 풀뿌리 단계에서 선출되고 인민의 추천을 받은 대표자들입니다. 나는 풀뿌리 단계의 대표자가 아닙니다. 나는 산티아고 데 쿠바 지방 자치단체의 추천을 받고 선출된 국회의 구성원입니다. 그곳에서 우리는 혁명 투쟁을 시작했습니다.

풀뿌리 단계에서 선출된 대표자들은 실천적인 인민의 종입니다. 그들은 정규 직업으로부터 받는 임금을 제외하고 어떤 보수도 받지 않은 채 오랜 시간 힘든 일을 해야 하기 때문입니다. 6개월마다 그들은 투표자들에게 그 기간 동안에 자신들이 한 일을 다시 보고해야 합니다. 이 나라의 어떤 공직자도 그를 선출했던 인민들로부터 어느 때라도 면직될 수 있습니다. 이 모든 것이 대다수 인민들의 지지를 받고 있음을 의미합니다. 대다수 인민들의 지지가 없으면, 혁명 권력은 지속될 수 없을 것입니다.

우리의 전체 선거 체계는 대다수 인민들의 지지를 전제로 합니다. 우리 혁명의 개념도 인민을 위해 투쟁하고 일하는 사람들, 혁명 과업을 수행하는 사람들이 항상 어마어마한 다수의 인민들의 지지가 있을 것이라는 전제를 기초로 삼고 있습니다. 왜냐하면 무엇을 말하든지, 어느 누구도 인민보다 더 감사해야 할 사람은 없고, 어느 누구도 인민의 수고보다 더 감사해야 할 수고가 없습니다. 여러 나라 사람들이 표를 받을 만하지 못한 개인에게 투표를 하곤 합니다. 하지만 인민과 동일시되는 혁명이 있을 때는 인민과 동일시되는 권력이 그들의 권력이므로, 그들은 항상 그들의 권력에 전폭적인 지지를 합니다. 이미 설명한 것처럼, 쿠바의 어떤 시민도 진정으로 "내가 국가다"라고 말할 수 있습니다. 왜냐하면 그는 책임이 있고, 권한을 갖고 있고, 군대가 있고, 무기가 있으며, 권력이 있기 때문입니다. 이런 상황이라면, 혁명가가 잘못을 하더라도 그들이 신속하게 잘못을 고치면, 그리고 혁명이 참된 혁명이라면, 혁명의 뒤에 대다수 인민들이 없을 수 없습니다.

이제 지금까지 들려온 모든 얘기들이 터무니없는 거짓말이라는 이유를 말하겠습니다. 왜냐하면 평등과 우애 없이는 민주주의도 없고 자유도 없기 때문입니다. 이른바 민주주의의 많은 권리들처럼, 그 밖의 모든 것이 다 허구이자 이념입니다. 예를 들어, 당신이 언론의 자유에 대해 이야기할 때 당신은 대중매체를 소유할 자유에 대해 말하는 것입니다. 체제의 진정한 반대자가 가장 명성 있는 미국 신문, 『워싱턴포스트』나 『뉴욕타임스』 등의 신문에 글을 기고하도록 그냥 두지 않을 것입니다. 미국을 번갈아 통치하는 두 개의 정당을 보세요. 그 정당들은 모든 관직에 입후보해 관직들을 독차지합니다. 그들 가운데 단 한 명의 공산주의자도 없으며 『워싱턴포스트』, 『뉴욕타임스』 혹은 다른 중요한 미국 신문이나 잡지에 글을 쓰는 공산주의자도 찾아볼 수 없을 것입니다. 또한 라디오에서도 공산주의자의 목소리를 듣지 못할 것이고 전국적인 텔레비전 프로그램에서도 공산주의자를 볼 수 없을 것입니다. 자본주의 체제를 정말 반대하는 사람은 결코 대중매체에 접근하지 못할 것입니다. 자유는 자본주의 체제에 동의하는 사람들에게만 존재합니다. 그들이 여론을 형성하는 자들입니다. 그들이 견해를 만들어냅니다. 그들이 사람들의 정치적인 확신과 신념까지도 창조합니다. 여전히 그들을 민주주의자라고 부릅니다.

우리는 조금 더 정직합니다. 여기에는 사적 소유의 대중매체가 없습니다. 학생들의, 노동자들의, 농민들의, 여자들의, 다른 대중 조직들, 정당, 국가, 각각이 자기 소유의 출판물이 있습니다. 우리는 민주주의를 권력의 위치에 맞는 우리의 선거 방법을 통해, 무엇보다 지속적인 비판과 자아비판, 집단적인 지도력, 인민 대중의 항구적인 참여와 지지를 통해 발전시켰습니다. 이미 설명했듯이, 어떤 사람을 대사로 제안할 때 내 의견을 전할 수는 있어도, 나는 여기서 대사나 혹은 하위직 시 공무원도 임명하지 않습니다. 우리에겐 능력과 장점에 기초해 더 높은 직위나 책임을 맡는 승진체계가 있습니다. 나는 어느 누구도 임명하지 않습니다. 할 수도 없으며 하고 싶지도 않습니다. 그리고 하위직 시 공무원조차도 어느 누구에 의해 임명이 결정되어선 안 됩니다.

솔직하게 말해서, 우리의 체제가 나토 국가들을 포함한 선진 자본주의 국가들의 자본주의적이고 제국주의적인 체제보다 천 배나 더 민주적이라고 믿습니다. 선진 자본주의 국가들은 우리의 세계를 약탈하고 우리를 가차 없이 착취했습니다. 나는 우리 체제가 훨씬 더 공정하고 훨씬 더 민주주의적이라고 믿습니다. 누군가를 불쾌하게 했다면 사과하겠지만, 당신 앞에선 더 진심으로 말하게 되는군요.

베토 매우 좋은 일입니다. 그것이 그리스도인들의 미덕입니다. 사령관님.

카스트로 좋습니다. 그리스도인들의 미덕에 전적으로 찬성합니다. 전적으로 지지합니다.

"혁명을 수출하기!"

베토 사령관님, 다른 문제인데 쿠바는 혁명을 수출합니까?

카스트로 우리는 이미 이에 대해 많은 이야기를 나누었습니다. 이제는 내가 말한 것을 간추려보겠습니다.

혁명을 촉진하는 조건들을 수출하는 것은 불가능합니다. 3,600억 달러의 외채를 어떻게 수출할 수 있습니까? 30퍼센트에서 50퍼센트까지 과대평가된 1달러를 어떻게 수출할 수 있습니까? 100억 달러 이상에 달하도록 늘어나는 이자를 어떻게 수출할 수 있습니까? 국제통화기금의 조치들을 어떻게 수출할 수 있습니까? 보호무역주의를 어떻게 수출할 수 있습니까? 덤핑을 어떻게 수출할 수 있습니까? 불공정 무역 조건을 어떻게 수출할 수 있습니까? 제3세계 국가들에 존재하는 궁핍과 가난을 어떻게 수출할 수 있습니까? 그것들이 혁명을 일으킨 요인들입니다. 그것들이 수출될 리가 없습니다. 최소한 혁명의 나라로서는 그럴 리가 없습니다.

나는 미국과 레이건과 국제통화기금의 정책과 현재의 국제경제 관계의 불공정한 체계가 라틴아메리카와 나머지 제3세계에서 "전복"이 일어나는 기본 요소라고 강조합니다.

나는 그것이 혁명의 수출에 대한 단순하고, 피상적이며, 생각할 수 있는 대화라고 봅니다. 당신은 생각이나 기준, 의견들을 제시할 수 있고 세계 도처에 퍼뜨릴 수 있습니다. 세계에 존재하는 거의 모든 생각들은 한 곳에서 생겨난 다음에 다른 곳들로 퍼집니다.

당신은 민주주의에 대해 말했습니다. 유산자계급 민주주의 개념은 유럽의 프랑스 백과사전파에서 태어난 뒤에 세계로 퍼져나갔습니다. 그것은 아즈텍인, 잉카인, 쿠바의 시보니인들의 생각이 아니었습니다. 그리스도교 자체는 아즈텍인, 잉카인, 쿠바의 시보니인들의 종교가 아니었습니다. 그런데 오늘날 그것은 남반구에 있는 많은 사람들의 종교가 되었습니다. 우리가 사용하는 언어조차도 여기서 시작된 것이 아닙니다. 나는 풍부한 토착 언어가 거의 사라진 것이 유감스럽습니다. 한편으론 이렇게 말하는 것도 가능하겠지요. 지금까지 식민화의 결과 좋은 일은 거의 발생하지 않는데, 굳이 말하자면 멕시코에서 파타고니아까지 소통할 수 있는 한 언어가 주어졌다는 것입니다. 브라질인, 쿠바인, 아르헨티나인, 베네수엘라인, 멕시코인, 그리고 다른 라틴아메리카 사람들은 언어 사용에서 약간의 혼란이 있더라도 서로를 완벽하게 잘 이해할 수 있습니다. 하지만 스페인어, 포르투갈어, 영어가 카리브 해 섬들에서 사용되고 있는데, 그 언어들이 여기서 시작되었습니까? 아닙니다. 그 언어들도 수입된 것입니다. 세계 도처에 퍼져 나간 모든 사상들, 철학사상, 정치사상, 종교사상, 문학사상도 마찬가지입니다. 그리고 이것은 사상에서 발생되는 것만이 아닙니다. 우리의 커피가 북반구에서 오기도 하고, 남반구에서 생산된 카카오, 토마토, 옥수수, 생명을 앗아가는 담배는 세계 도처에 널리 확산되고 있습니다. 우리 식단의 중요한 여러 식재료와 더불어, 라틴아메리카의 말, 소, 돼지들은 모두 다른 대륙에서 우리 식단에 올라오고 있습니다.

나는 사상들이 성장하고 확산하는 것을 인정합니다. 그것은 아무도 부인할 수 없는 역사적 사실입니다. 그러나 이국적인 사상을 선전하는 것은 유치하고 터무니없는 일입니다. 나는 반동분자들이 사상을 굉장히 두려워한다는 것을 당신에게 충고합니다. 만일 그렇지 않다면, 그렇게 많은 반사회주의자, 반마르크스주의자, 반공주의자 캠페인은 없었을 것입니다. 사상을 유포할 수는 있지만, 혁명을 수출할 수는 없습니다. 울부짖음이 사상을 만들어내지 사상이 울부짖음을 만들어내지는 않습니다. 혁명을 수출하는 것은 불가능하고, 그 반대를 긍정하는 것은 유치하고 터무니없는 짓입니다. 그것은 단지 무지를 드러내는 것입니다.

혁명에 대해 공감과 연대, 혹은 정치적이고 도덕적인 지지를 표할 수 있습니다. 혁명이 승리했을 때 쿠바의 경우와 같이, 종종 경제적 지원을 제공할 수는 있지만, 어느 누가 쿠바에 혁명을 수출했습니까? 아무도 없습니다! 아무도 우리에게 혁명을 하라고 단 1센트도 보내지 않았습니다. 전쟁이 실제로 끝난 최종 단계에 몇 자루의 총을 제외하고는 아무도 혁명을 하라고 무기를 내지 않았습니다. 그것도 방금 권력을 장악한 민주적인 라틴아메리카 정부가 우리에게 보낸 것이었습니다. 우리는 전적으로 우리의 힘으로 전쟁에서 싸웠습니다. 그것은 혁명이 내부로부터 이행될 수밖에 없다는 것을 보여줍니다. 혁명은 수입될 수 없습니다. 우리는 혁명 사상의 성장과 확산에 대해 말할 수 있습니다. 다시 말하지만, 혁명 사상은 울부짖음을 만들어내지 않으며, 오히려 그러한 울부짖음의 결과로 나타납니다.

이것이 내가 지금까지 말했고 앞으로도 계속할 내용입니다. 나는 누가 혁명의 수출을 말하면 웃음이 날 뿐입니다.

라틴아메리카의 외채 위기

베토 사령관님, 외채 문제에 관한 당신의 제안, 그리고 이 문제를 놓고 당신이 호엘미르 베팅과 논의한 내용이 언급된 당신 책의 첫 부분에 대해서 간단한 논평을 듣고 싶습니다.

카스트로 당신은 나와 호엘미르의 대화에 참석했었습니다. 우리는 많은 이야기를 했고 의견을 교환했습니다. 당신이 알다시피, 나는 호엘미르가 브라질에서 가장 뛰어난 언론인이자 경제분석가 중 한 사람이라는 말을 듣고서 이곳으로 초대했습니다. 나는 잘 알지 못하는 문제와 과정들에 대해 내 의견을 말하는 걸 피하는 편입니다. 나는 그런 경우에 매우 주의를 기울입니다. 수치를 인용할 때에도 언제나 가장 보수적인 수치를 사용합니다. 가장 낮은 수치들은 우리가 믿기 힘든 파국에 마주해 있다는 증거입니다.

민주적인 개방 이후에도 그가 방문하기 어려웠다는 사실을 못 믿겠지만, 호엘미르는 결국 입국이 가능했고 나는 그를 만났습니다. 우리는 이 문제들에 대한 견해를 주고받았습니다. 나는 브라질에 많은 중요성을 두었습니다. 왜냐하면 브라질은 생산통계, 자연자원, 경제발전, 다수의 다른 환경들에 기인해 남반구에서 커다란 영향력을 차지하기 때문입니다. 다른 인터뷰에서 설명했던 것처럼, 나는 브라질의 상황에 대해 잘 알지는 못합니다. 나는 멀리서 브라질 군부가 칠레, 아르헨티나, 우루과이와 같은 절차를 밟는 것이 아닌지 주의를 기울이고 있었습니다. 이 세 나라 모두 자신들의 나라를 손발을 못 쓰게 결박해놓았습니다. 그들은 관세장벽을 제거하고, 시카고학파의 정책을 실행하고, 이에 덧붙여 거대한 채무를 초래하면서 정말 나라를 파멸시켰습니다. 나는 이와 대조적으로 브라질 군부가 외국 경쟁 상대에 대항해 그들 산업을 보호하려고 노력하는 것을 주목했습니다. 그들은 초국가적 투자에 문호를 개방했습니다. 이건 다른 것입니다. 호엘미르는 채무 증가를 가져온 브라질의 개발 과정에서 실행된 몇 가지 발상들에 대해 설명했습니다. 어떤 기간 동안에 대형 투자는 에너지와 같이 다양한 지역에서 일어났습니다. 그 투자의 일부는, 즉 그가 내게 말한 대로라면 투자의 70퍼센트는 국유 기업을 통해 이루어졌지만, 그것은 대형 수력발전 프로젝트, 대형 에너지 프로젝트이며, 채무 증가를 가져왔습니다.

그는 이것이 석유가격의 급등이라는 신드롬에 크게 영향을 받았다는 설명도 했습니다. 왜냐하면 10년 안에 석유가격이 한꺼번에 배럴당 80달러에 이를 것이라는 믿음 때문입니다. 그것은 브라질 군사정부가 믿는 미 국방부와 미국의 전문가들이 제기한 몇 가지 이론으로 이어졌습니다. 어쨌든 그는 그 투자노선을 유도했던 요인들을 설명했습니다. 그런데 그것은 차례대로 채무 급증의 원인이 되었습니다. 그는 국민총생산GNP의 30퍼센트 정도가 한꺼번에 투자되고 있다고 말했습니다. 약 20퍼센트는 국내총생산GDP에서 나온 것이고, 나머지 10퍼센트는 외국 차관과 통화 발행을 균등하게 분배했습니다. 그는 그들이 사용하는 방법을 설명했습니다. 그것은 어떻게 통화 팽창과 다른 문제들이 일어나는지를 보여줍니다. 우리는 이에 대해 영향력을 미쳤던 국제적인 요인들, 특히 수출 가격의 하락, 불평등한 무역조건, 보호무역주의 조치, 덤핑 등을 분석했습니다. 우리는 쿠바와 브라질 사람들보다는 오히려 문제를 확인하고, 상황을 평가하고, 가능한 해결책을 발견하고자 하는 제3세계 사람들의 문제들을 분석했습니다.

그것은 매우 흥미 있었습니다. 당신이 알다시피, 나는 일단의 주요 정부 지도자를 불렀습니다. 그래서 호엘미르는 일종의 강연을 했고, 우리는 그 주제들에 대해 길게 토론을 벌였습니다.

이것은 라틴아메리카를 위한 결정적인 사건입니다. 나는 우리가 비극적인 상황에 마주하고 있다고 믿습니다. 내가 전에 당신에게 말했듯, 이 위기는 1930년대 위기보다 더 나쁩니다. 비록 대단히 암울했지만, 1930년대 우리의 수출 가격이 더 높았습니다. 제3세계 나라들의 구매력은 지금보다 더 컸습니다. 4분의 1 정도의 인구지만 당시에도 지금만큼 많은 사람들이 있었습니다. 그런데 지금 인구는 네 배가 되었고, 게다가 우리의 축적된 문제들은 몇 배 증가했습니다.

지금 우리는 1,800만의 주민과 믿기 힘든 문제들이 발생하는 멕시코시티처럼, 거대 도시의 현상이 나타나고 있습니다. 멕시코 생태학자들은 우리에게 현상들을 설명했습니다. 예를 들어 멕시코시티가 200만 명의 실업자와 50만 명의 범죄자들이 있고 매일 시골에서 도시로 600명에서 700명씩 쏟아져 오고 있습니다. 멕시코의 애국자들인 멕시코 생태학자들은 이 문제들을 지적하고 있습니다. 그들은 삼림이 사라지고 공기가 더욱더 오염되고 있다고 말합니다. 자동차, 버스, 공장의 배출가스로부터 500톤의 화학 입자들이 매 시간 공기 중으로 분출되고 있습니다. 그들은 고도 2,200미터의 멕시코 수도에는 산소가 훨씬 적은데, 14년 6개월 내에 3,400만의 주민들이 살게 되고, 그때는 숨을 쉴 산소도 없을 것이라고 말합니다. 얼마 전에 그들은 그 도시의 1,800만 주민들 중 600만 명이 자기 집 마당에 대변을 보았다고 말했습니다. 그들은 멕시코시티 마당에 있는 인간 배설물의 양을 측정하기도 했습니다. 그들의 분석에 따르면 그것은 2만 톤으로 여름에 북풍과 북동풍이 도시 전체로 불어올 때 사람들의 눈과 호흡기 점액의 세포막을 자극합니다. 그들은 이에 대한 철저한 연구를 하고 있습니다. 같은 일이 상파울루, 리우데자네이루, 보고타, 카라카스 등 전역에 걸쳐 계속 일어나고 있습니다. 결과적으로, 참을 수 없는 문제들이 계속 발생하고 있습니다.

이 문제는 1930년대에는 없었습니다. 무엇보다 1930년대에는 3억 6,000만 달러를 빚지지 않았습니다.

나는 진보를 위한 동맹 시절, 케네디가 사회적 소요와 혁명을 막기 위한 시도로 10년에서 15년에 걸쳐 200억 달러의 투자 프로그램에 대해 말한 내용을 설명했습니다. 그런데 지금 우리는 그때보다 두 배, 세 배, 네 배 많은 사회적 문제들이 발생하고 있고, 매년 엄청난 금액을 양도하고 있습니다. 우리는 앞으로 10년 동안 지불 이자만 매년 400억 달러를 양도해야 합니다. 그리고 100억 달러는 자본 도피를 통해 사라져버립니다. 모두 합쳐 500억 달러입니다.

이 외에, 우리는 달러의 과대평가에 대한 부분도 지불하고 있습니다. 우리는 우리의 가격 하락이 수반하는 추세, 불평등한 무역조건에 관한 현상이나 법률에 해당하는 금액도 더해야 합니다. 그 금액이 1984년에 기록한 200억 달러에 도달했습니다. 계산해보면 거의 4억 명의 주민과 그만큼 많이 축적된 문제를 지닌 세계의 저개발 국가들이 부유한 산업 국가들에게 매년 700억 달러를 넘겨주고 있다는 것입니다. 반면 투자와 신용 수입은 약 100억 달러에 불과합니다. 따라서 우리의 순손실은 1년에 600억 달러에 맞먹습니다.

이것은 도저히 이치에 닿지 않습니다. 물리적으로, 정치적으로, 도덕적으로 성립될 수 없습니다. 우리는 채무를 지불할 수 없고, 채무가 지불될 리가 없으며, 전혀 지불 불능이라고 말하고 이를 수학적으로 증명했습니다. 우리는 채무 지불이 경제적으로, 정치적으로, 도덕적으로 불가능하다고 말합니다. 그러므로 나는 자본과 이자를 포함한 모든 채무에 대한 무효화를 주장합니다.

나는 채무의 역사적 원인도 분석했고 도덕적 요인 역시 매우 중요하다고 생각했습니다. 수 세기 동안 제3세계 나라들에서 해오던 모든 일들은 도덕적으로 성립될 수 없는 일들이기 때문입니다. 우리 제3세계 나라들은 지금까지 약탈을 당해왔고 계속 약탈당하고 있습니다. 산업화된 세계의 발전을 위한 자금 조달을 위해 수억 명이 여기 광산에서 일하다 죽었습니다. 같은 세계가 지금도 우리를 약탈하고 있으며, 우리에게서 훔쳐 간 돈은 채무를 초과합니다.

도덕적 측면도 있습니다. 하지만 도덕적 측면을 차치하고 경제적 측면만 보더라도, 채무를 지불하는 것은 수학적으로 불가능합니다. 정치적으로 말하자면, 불가능합니다. 왜냐하면 그것은 군대와 경찰이 사람들에게 발포하고 사람들을 죽였다는 것을 의미하기 때문입니다. 우리가 채무로 인해 겪었던 유혈 참사가 얼마나 많았는지 아무도 말할 수 없습니다. 나는 사람을 죽이는 것, 사람의 피를 흘리게 하는 것, 거대한 착취자들에게 채무를 갚는 것은 도덕적으로 옹호할 여지가 없다고 생각합니다.

이런 채무가 발생하게끔 계약을 체결한 것은 누구인가? 그들은 누구에게 혜택을 주었나? 그중에 일부가 발전을 위해, 기반시설 프로젝트를 위해 사용되었다고 내가 인정한다 해도, 이 돈의 많은 부분이 또다시 산업화된 국가들로 달아났고, 무기에 투자되었으며, 낭비되었고, 횡령이나 도둑질을 당했습니다. 그것이 이 상황에 대한 나의 입장입니다.

그러므로 나는 지금이야말로 채무를 무효화할 뿐 아니라 채무가 낳은 문제들을 해결하고 국제경제관계의 불공정한 체제를 일소하기 위한 투쟁을 해야 할 시간이라고 말합니다. 국제경제관계의 불공정한 체제란 불공정한 무역조건, 보호무역주의, 덤핑, 이자 확산, 통화 조작으로, 그 모든 것이 라틴아메리카 정치인들과 경제 전문가들에겐 아주 익숙합니다. 지금 우리는 신국제경제질서를 이행하기 위한 투쟁을 해야 합니다. 신국제경제질서는 10년 전에 실제로 유엔이 만장일치로 채택한 것인데, 나는 이 입장을 옹호합니다.

수학적으로도 채무가 지불될 수 없습니다. 나는 많은 사람들과 대화를 했는데 그들은 하나같이 채무 지불이 불가능하다고 했습니다. 다른 견해를 표하는 사람을 본 적이 없습니다.

어떻게 이런 접근을 할 수 있을까요? 어떤 사람은 이자를 포함해 10년 지불유예를 구성하는 방안을 제시했습니다. 외교적이고, 기분 좋고, 우아한 용어들은 중요하지 않습니다. 만일 이자를 포함해 10년 지불유예를 정말 얻을 수 있다면, 그것은 실제로 채무를 무효화하는 것과 마찬가지일 것입니다. 왜냐하면 축적될 숫자는 천문학적인 숫자로 축적될 것이고, 당연히 더 지불이 훨씬 더 불가능해질 것이기 때문입니다. 따라서 이제 분명히 해결책을 밝혀야 합니다.

나는 단결을 위한 필요성을 말하고 있습니다. 이것은 매우 중요합니다. 우리는 계급투쟁과 일련의 문제들에 대해 이야기해왔습니다. 나는 이 전쟁에서 싸우기 위해 제3세계 국가들 내부에서, 그리고 제3세계 국가들 사이의 관계에서 단결을 위한 필요성을 제기했습니다. 물론 이것은 일반원칙입니다. 이것이 어떻게 각각의 특수한 사례에 적용될 수 있는지 확인해야 할 것입니다. 내가 칠레 내부의 단결을 촉진하는 일이 불가능하다고 생각하고, 칠레를 떠났습니다. 이와 같이 불가능한 나라들이 있습니다. 그곳은 국가 내부의 단결을 달성하기가 불가능하지만, 그런 경우에도 야당들, 다양한 세력들이 무효화, 즉 채무 폐지라는 목표 달성을 위해 투쟁할 수 있다고 생각합니다.

채무가 무효화된다고 해도, 피노체트 정권을 구할 수는 없을 겁니다. 피노체트 정권은 너무 고립되고, 이 정권에 대항하는 적의가 엄청나게 쌓여 있습니다. 그리고 이 문제에 대해 책임져야 할 몫이 너무 크기 때문입니다. 훗날 일어날 민주화 과정에서 칠레 사람들이 피노체트가 늘려놓은 막대한 채무를 지불하는 것은 불가능합니다.

나는 이 전쟁을 벌이기 위한 전제 조건으로 국가 내부에서 단결해야 한다는 것을 상정하고 있습니다. 내게 이것은 기본적인 문제와 같습니다. 이것은 라틴아메리카 국가들 사이의 단결과 제3세계 국가들 사이의 단결에도 적용됩니다. 왜냐하면 그 모든 나라들이 같은 문제로 심각하게 피해를 당했기 때문입니다.

우리는 단결을 위한 방식을 제기하고 있습니다. 그것은 전쟁을 벌이는 데 필요한 힘을 비축하기 위한 국가 내부의 단결, 올바른 조건에서 경제적 문제들을 제기하기 위한 단결, 각 나라의 발전을 위해 희생을 제안하고 우리 제3세계 나라들의 최악의 사회문제를 해결하기 위해 필요한 부를 창조하기 위한 단결입니다. 우리는 저개발이 아니라 발전을 위한 희생을 제안하고 있습니다. 지불 불가능한 채무를 갚기 위해 노력하는 무익한 희생이 아니라 그 나라 내부에 가능한 투자인 동시에 희생을 제안합니다. 우리는 외채를 무효화하고 유엔의 승인을 받은 신국제경제질서 이행을 위한 투쟁을 벌이기 위해 다른 라틴아메리카와 제3세계 국가들 사이에 단결을 제안하고 있습니다. 채무의 무효화가 유예를 가져오지 않는다면 문제의 기본적인 원인을 해결할 수 없을 것입니다.

내가 이 모든 것을 완벽하게 설명하기는 어렵습니다. 이미 발행된 자료들을 참고해야 합니다. 기본적으로 우리는 이 문제에 맞서기 위해, 채무의 무효화를 달성하거나 채무의 무효화에 상당하는 성과를 달성하기 위해, 신국제경제질서 실시를 목표로 투쟁하기 위해, 우리 제3세계 국가들의 발전 조건을 만들어내기 위해, 국내의 단결과 라틴아메리카 국가들 사이의 단결을 제안합니다. 우리는 채권자 은행이나 국제적 재정 시스템이 파산할 것을 제안하지 않습니다. 우리 논지의 핵심은 채권국들, 부강한 채권국들이 그들 소유의 은행에 있는 채무에 대한 책임을 맡는 것입니다. 그 책임은 현재 매년 10억 달러에 달하는, 그들의 군사비의 12퍼센트를 이 목적을 위해 할당하는 것입니다. 그들은 단지 12퍼센트로 채무 문제를 다룰 수 있습니다. 생존의 문제가 달려 있기에 우리가 이겨야만 하지만, 만일 우리가 이 전투에서 이기고 신국제경제질서를 수립하면, 채무 문제를 해결하고 신국제경제질서를 위해 군사비를 30퍼센트까지 삭감하여 사용할 수 있습니다. 부강한 국가들은 여전히 약 7,000억 달러를 무기에 사용하는데, 불행하게도 지구상의 인구를 여러 번 전멸시키기에 충분할 정도입니다.

이제 우리는 경제문제가 이러한 방식으로 해결되어야 한다고 제안합니다. 하지만 채권국에 있는 납세자들이 더 많은 돈을 내야 한다는 의미는 아닙니다. 채권국의 은행 예금자들이 자신들의 돈을 찾지 못할 것이라는 의미도 아닙니다. 나는 이런 조치가 세계를 경제위기에서 구할 것이라고 생각합니다. 만일 외채 무효화와 공정한 국제경제관계 시스템 수립의 결과로 제3세계가 부가적으로 매년 3,000억 달러의 구매력을 갖게 된다면, 이것은 산업국가들의 고용 기회를 증가시킬 것입니다. 지금 산업국가들의 문제는 근본적으로 재정 문제가 아닙니다. 그것은 실업 문제입니다. 그 해결 방안은 일자리 수를 늘리는 것입니다. 즉, 실업자 수를 줄이고, 발전된 자본주의 국가의 산업 능력을 증가시키고, 수출업체의 이익을 늘리고, 수출산업의 이익을 늘리는 것입니다. 그럼으로써 더 많은 일자리가 생기고 소비를 진작시키기 때문에 국내 시장을 위해 생산하는 산업에도 혜택을 줄 것입니다. 또한 해외 투자에서 나오는 이익을 늘어나게 할 것입니다. 은행들은 파산하지 않고, 세계 재정 시스템도 파산하지 않을 것입니다.

나는 모든 각도에서 이 문제를 검토했습니다. 나는 이 방식 외에는 다른 해결책을 찾지 못했습니다. 만일 우리가 해결책을 이행하지 않는다면, 경제위기는 계속 악화될 것입니다. 선진산업 세계는 그런 위기로부터 등장하지 않습니다. 그리고 어떻게든 혁명적 성격을 띨 수밖에 없는 라틴아메리카에서는 통제할 수 없는 사회적 폭발이 일어날 것입니다. 사회적인 격동이 있을 것입니다. 아르헨티나, 우루과이, 브라질, 그리고 다른 나라들에서는 민주적 개방 과정이 완전히 파괴되었습니다. 이러한 격변은 예견할 수 없는 결과들을 가져왔습니다. 그리고 추세는 민간인, 군인, 혹은 민간인과 군인 모두에 의한 혁명적인 사회의 격동으로 이어집니다. 이것은 어떻게든 해결해야 되는 문제이기 때문입니다. 누군가는 이 상황에서 아이를 낳는 것을 도와야 합니다. 아니면 극심하게 고통스럽고 비극적인 문제들이 발생할 것입니다. 누군가는 민간인이든 군인이든, 혹은 민간인과 군인들이 함께 이 불가피한 출산을 도와야 합니다. 그것은 해석의 문제나 기술적 방식을 통한 해결책을 찾는 문제가 아니기 때문입니다. 그것은 행동과정과 해결책을 필요로 하는 참된 치유 방안을 적용하는 문제입니다. 이것이 우리가 제안하는 것입니다. 누군가 내게 혁명가로서 무엇을 하고 싶은지 물었을 때, 나는 이렇게 말했습니다. "나는 이 위기에 벗어날 질서정연한 방법, 즉 가능한 한 최소한의 충격을 받으며 출산을 하고 싶습니다. 나는 우리를 임계량까지 더욱더 가까이 데려가려는 상황에서, 이 연쇄반응이 통제되지 못한 채 폭발로 나타나는 것이 아니라, 원자로 안의 통제된 반응으로 나타나도록 만들고 싶습니다." 그리고 또 말했습니다. "이 시점에서 한 번, 두 번, 세 번, 네 번, 혹은 다섯 번의 혁명보다 훨씬 더 중요한 것은 이 위기에서 탈출하는 것이고, 신국제경제질서를 확립하는 것이며, 발전을 위한 조건들을 만드는 것입니다. 이것은 미래에 우리의 사회문제들을 풀기 위한 자원으로, 그리고 단기 및 중기의 필수적이고 불가피한 사회적 변화들을 수행하기 위한 독자적인 방법으로 우리에게 제공될 것입니다."

나는 각 나라가 스스로 결정해야 한다고 말했습니다. 내가 제안하고 있는 단결에 대한 입장에는 국가 내부의 조치들이 포함되어 있지 않습니다. 우리는 국가별 위기 해결책을 지시할 의도가 없습니다. 그것은 내정 간섭이 될 것입니다. 그것은 각 나라가 스스로 결정해야 합니다. 본질적으로 우리가 제기하는 것은 협력입니다. 이것은 국가 전복과는 정반대입니다. 이기적이고 터무니없는 정책, 국제통화기금, 약탈 등으로 미국 내 레이건 정부는 신속한 전복을 추진합니다. 그들은 연쇄반응과 무질서한 폭발을 시작하려는 것입니다. 나는 질서정연한 연쇄반응의 타당함을 말하고 있습니다. 이것이 내가 제안하고 있는 것입니다. 나는 이것이 우리 시대의 핵심 문제라고 생각합니다. 만일 정치인들이 이러한 상황을 명백하게 이해하지 못한다면, 만일 그들이 이러한 사실을 숙고하지 않는다면, 그리고 만일 그들이 불가피하게 이 사실들과 마주해야 한다는 인식을 하지 못한다면, 그가 누구든 정치인이란 단어가 갖는 의미에 부합하지 않는다고 생각합니다. 우리는 평온합니다. 우리의 입장은 성찰의 결과입니다. 그것은 의식적이고 건설적인 입장입니다. 지금 우리는 단지 일어날 사건들을 기다릴 뿐입니다. 지도자들은 결정해야 합니다. 만일 그들이 가장 비상하고 현명한 경로를 취한다면, 진보는 이루어질 수 있습니다. 그것이 내가 바라는 것입니다. 만일 그들이 이 일을 하지 않는다면, 예견할 수 없는 결과들과 함께 격변이 발생할 것입니다. 문제는 어떻게든 해결될 것입니다. 그러나 통제하지 못하는 사회적 격변이 라틴아메리카 사회에 어떤 결과를 가져올지는 아무도 가늠할 수 없습니다. 다른 질문이 있습니까?

브라질과의 관계

베토 사령관님, 시간이 많이 지났습니다. 그래도 당신이 허락한다면, 두 가지 질문을 더 하고 싶습니다. 첫째, 쿠바 정부는 브라질 정부와의 관계를 재수립하고 싶습니까?

카스트로 글쎄요, 우리는 쿠바와 브라질의 관계를 깨뜨리지 않았습니다. 그것은 군사 쿠데타가 일어나자마자 발생했습니다. 브라질과 쿠바는 정치적, 사회적, 경제적 체제가 다름에도 불구하고, 다른 제3세계 국가들처럼 서로 이해를 공유하고 있습니다. 대부분의 라틴아메리카 국가들이 쿠바와 관계가 없는 것은 미국의 정책, 영향, 압력에 좌우되고 있기 때문입니다. 어쨌든 미국은 멕시코를 제외한 모든 라틴아메리카 국가들에게 우리와의 관계를 단절하도록 강요했습니다.

우리는 그러한 시험을 견뎌내고 실제로 남반구에서 홀로 고립된 채, 저항해왔다는 자부심을 느끼고 있습니다. 나는 우리 인민들이 일치, 강인함, 용기의 빼어난 모범을 보이고 있다고 생각합니다. 우리는 살아남고, 전진하고, 발전했으며, 사회적·경제적으로 굳건한 기반 위에서 계속 발전할 것입니다. 어떤 라틴아메리카 국가들보다도 더 발전할 것입니다.

우리와 다른 사회주의 국가들과의 관계에서, 우리가 신국제경제 질서로 기술될 수 있는 내용에 도달할 수 있습니다. 사실상 산업화된 국가들과 제3세계 국가들 사이의 관계에서 제3세계 국가들에게 적용되었어야 하는 것과 같은 방식을 우리는 사회주의 국가들에 제안하고 있습니다. 장기신용, 저이자율, 10년이나 15년 혹은 20년 거치 무이자 채무에 대한 재융자, 우리 생산품에 대한 공정한 가격 등 사회적이고 경제적인 업적들을 달성할 수 있는 조건들입니다.

당신은 이 조건들 중 일부에 대해 언급했고, 우리는 이 인터뷰에서 그중에 조금만 다루었습니다. 의심할 바 없이, 우리나라는 제3세계에서 의료 분야 1위를 차지하고 있으며 산업화된 여러 나라들보다 앞서 있습니다. 우리는 저개발 국가들 가운데 교육 분야 1위를 차지하고 있으며 미국을 포함한 산업화된 여러 국가들보다 앞서 있습니다. 미국에는 2,600만 명의 문맹자와 약 4,700만 명의 반문맹자, 즉 읽고 쓰는 기술이 부족한 사람들이 있습니다. 미국은 교육 면에서 48번째 위치에, 쿠바는 그보다 훨씬 우위에 있습니다. 의료에서는 거의 동등합니다. 우리의 기대수명은 미국과 같고, 미국의 유아사망률은 우리보다 3포인트 더 낮습니다. 유아사망은 쿠바에서는 1,000명의 정상 출산 중에서 15명인데, 미국은 12명입니다. 비록 미국의 자원, 생산성, 국민총생산이 우리보다 훨씬 더 높지만, 우리는 미국과 동등하거나 미국을 능가한다고 확신합니다.

우리는 브라질을 포함한 다른 제3세계 국가들과 상당히 많은 공통점을 지니고 있습니다. 일반적으로 라틴아메리카 정부들은 미국의 명령에 순종적이며, 미국의 명령을 따르는 데 익숙합니다. 그런데 우리와 매우 다른 사회 체제를 가진 아시아와 아프리카의 많은 국가들은 쿠바와 탁월한 관계를 맺고 있습니다. 예를 들어 인도네시아는 쿠바와 정상적인 관계를 맺고 있고, 파키스탄도 마찬가지입니다. 그들의 정치 체제와 이념은 우리와 판이하게 다릅니다. 브라질과 쿠바의 사회적·경제적 체제의 차이점은 우리의 관계를 저해하지 못합니다. 우리 공통의 관심이 우리의 차이보다 훨씬 더 중요합니다.

나는 브라질의 미래가 기본적으로 다른 제3세계 국가들과의 관계를 강화시키는 데 있다고 믿습니다. 나는 쿠바에 대한 고립정책과 두 나라의 소원한 관계가 브라질의 국가적 이익에 위배된다고 생각합니다. 비록 브라질의 국토와 자원에는 미치지 못하지만, 우리나라는 많은 영역에서 상당한 경험을 하고 있으며 제3세계의 이익을 증진시키기 위한 국제적인 투쟁 현장에 적극적으로 참여하기 때문입니다. 이 요인들을 과소평가해서는 안 됩니다.

나는 우리가 브라질의 과거 정부를 지지했다고는 말하지 못합니다. 그렇게 말할 수 없습니다. 그러나 관계 수립을 막는 극복할 수 없는 장애물은 없었습니다. 이제 민주적으로 개방되어 있고, 우리에겐 더 많은 공통 관심이 있습니다. 우리는 거대한 위기에 직면해 있으며 출구를 찾기 위해 연합해야 합니다. 브라질은 이 어려움을 극복하기 위해 우리와의 연대에 의지할 수 있습니다. 나는 브라질이 라틴아메리카 다른 나라들의 입장에서도 연합할 필요가 있다고 생각합니다. 물론 다른 나라들 입장에서도 브라질이 이 투쟁에 합류해야 할 필요가 있습니다. 브라질은 천억 달러 이상을 빚을 지고 있고 이 채무는 갚을 수 없습니다. 어떠한 말이나 요구가 있더라도, 지불 불가능합니다. 브라질은 이자만 1년에 120억 달러를 지불해야 합니다. 만일 당신이 브라질의 외채를 1초에 1달러씩 센다면, 그것을 세는 데 3,343년이 걸리고 단지 10년 동안 지급한 이자 지급액을 세는 데 3,858년이 걸립니다. 만일 100명이 같은 금액을 센다면, 하루 24시간 일하더라도 38년 6개월이 걸립니다. 850만 2,000제곱킬로미터로 라틴아메리카에서 가장 큰 나라이자 세계에서 가장 거대한 나라인 브라질은 제곱킬로미터당 122.18달러, 헥타르당 12,218달러를 빚지고 있습니다. 10년 동안 이자만 제곱킬로미터당 140.98달러, 헥타르당 14,098달러를 지불해야 합니다. 이자율이 더 낮더라도, 달러가 어느 정도 평가 절하되어도, 나머지 라틴아메리카 국가들의 채무 금액인 2,600억 달러를 지불할 수 없는 것처럼, 브라질 같은 개발도상국은 그런 압박감을 견딜 수 없을 것입니다. 브라질의 무역균형은 작년보다 올해 더 악화될 것입니다. 1984년에 120억 달러였던 무역수지 흑자가 올해 100억 달러 이하로 떨어질 것으로 추정됩니다. 이런 상황은 멕시코와 아르헨티나도 비슷할 것입니다. 이들은 라틴아메리카에서 브라질 다음으로 가장 채무가 많습니다.

사람들에게 단지 이자를 갚기 위해 큰 희생을 요구할 수 없습니다. [브라질 전 대통령인] 탄크레도 [네베스]는 부채를 지불하기 위해 국민들을 희생시키지 않을 것이고, 발전을 희생시키거나 불경기를 초래할 정책을 쓰지 않을 것이라고 분명히 그리고 용기 있게 말했습니다. 모든 사람들, 우루과이 대통령, 아르헨티나 대통령, 브라질의 대통령까지 이렇게 말했습니다. 이 경우에 나는 수학적인 명료성이 필요하다는 것을 분명히 알 수 있습니다. 그리고 우리가 가장 이성적이고, 논리정연하고, 일관되고, 공정하고, 도덕적인 방식을 제기하고 있다고 생각합니다. 그것은 제3세계 국가의 채무를 전체적으로 무효화하는 것입니다.

어떻게 이 무효화가 시작될까요? 아마도 연간 이자를 지불하지 않거나 대출금으로 이자를 지불할 것을 요청한 다음, 이 지불할 기간을 오랫동안 고심하면서 협상을 통해 2년, 다음에는 3년, 5년, 10년 연장합니다. 채권자들은 협상에 동의할지 모르며, 혹은 채무자들은 채권자들에게 협상을 요구할지 모릅니다. 그런 일이 라틴아메리카 국가들의 합의를 통해 일어날 수 있거나, 혹은 더 개연성이 있는 일로, 한 국가나 한 무리의 국가들이 자포자기 상태에서 채무지급 유예를 일방적으로 결정할 수 있으며 나머지 국가들도 선례를 따를 것입니다.

단지 채무의 무효가 제3세계 문제를 해결하지는 못할 것입니다. 현재의 상황 아래 우리가 돈을 요구하는 것이 아니라 돈을 주는 것이라고 설득하며, 우리가 어떤 것을 요구하려는 게 아니라 우리 주머니에서 돈을 꺼내어 산업화된 국가에 넘겨주려고 손을 내밀면서 우리는 주도권을 잡을 수 있습니다. 우리는 단결이 절실히 필요합니다. 나는 단합하는 것, 주도권을 잡는 것, 채무만이 아니라 보호무역주의, 덤핑, 불평등 무역조건에 대한 문제를 풀기 위한 노력이 올바른 전략이라고 생각합니다. 이것은 간단히 말해 신국제경제질서의 확립인데, 이미 유엔의 승인을 받았습니다. 이것은 역사상 유일한 기회입니다. 이를 알아채지 못한 정치 지도자들은 그 이유를 역사에 답해야 할 것입니다. 나는 정치 지도자들이 자신들의 책임을 받아들이고, 문제를 이해하고, 올바른 조건을 말하고, 채무의 무효화와 신국제경제질서의 이행을 위해 투쟁하기를 바랍니다. 우리는 고뇌의 길을 선택하는 것이 아니라, 구체적이고, 현실적이고, 결정적인 해결책을 정해야 합니다. 우리는 갈바리아를 향해 가야 하는 것이 아니라 명확하고, 이성적이고, 효과적인 해결책을 정해야 합니다.

충분히 오랫동안 힘겨운 투쟁을 하고 있습니다. 우리는 갈바리아의 고문만이 아니라 시시포스의 고문도 받았습니다. 시시포스는 언덕 위로 바위를 밀어 올리면 바위가 꼭대기에 이르는 순간 매번 아래로 굴러떨어져 다시 밀어 올리기 시작해야 합니다. 우리의 상황은 갈바리아보다 더 좋지 않습니다. 갈바리아는 빠르게 올라갈 수 있기 때문입니다. 우리는 오랫동안 언덕을 올라가고 있습니다. 그리고 계속 다시 시작해야 합니다. 갈바리아는 시시포스의 고문보다 더 낫습니다. 우리가 갈바리아에 올라갔다면, 우리는 틀림없이 부활도 했을 것입니다.

우리가 원하는 것은 그 문제에 대한 진정한 해결책입니다. 그러나 제국주의와 산업화된 자본주의 나라들은 이 해결책이 이행되는 것을 막고 사람들을 분열시키려 애쓸 것입니다. 그들은 이곳저곳에서 약간의 도움을 줄 것입니다. 그렇기 때문에 각자 자신의 갈바리아에 있게 될 것입니다. 실은 갈바리아도 아니고, 끝없이 언덕 위로 바위를 밀어 올리는 고통스러운 고문이 계속해서 있을 것입니다. 그러다 어느 날 사람들은 요구할 것입니다. "얼마나 더 오래 우리가 이런 조건을 참아야만 합니까?" 그러고 나서 그들은 해결책을 발견할 것입니다. 다시 한 번 강조합니다. 나는 종속과 저개발 문제에 대한 질서정연한 해결책, 내적이고 외적인 일치, 참되고 결정적인 해결책을 선호합니다.

그것이 브라질과 쿠바가 공통의 중요한 이해관계를 갖고 있다고 내가 믿는 이유입니다. 우리는 외교적 관계를 고집하는 것은 아닙니다. "공식적인 관계라면, 경제적 이익에 즉각적으로 부합하는 것은 무엇이든지 하십시오"라고 우리가 우루과이와 다른 사람들에게 말한 것과 똑같이 브라질 사람들에게도 말하고 있습니다. 당신들 국가 모두가 열심히 국가 부채 협상을 하고 상환 일정을 변경하고 있다는 것을 압니다. 그리고 주요 채권자인 미국은 그런 관계 방식에 대해 극도로 흥분하고 있습니다. 우리는 어느 누구도 쿠바 때문에 어려움에 처하기를 원하지 않습니다. 쿠바는 그런 문제가 없습니다. 미국은 우리를 더 어렵게 만드는 방법을 다 써버렸기 때문입니다. 우리는 충분한 시간을 가지고 그 나라들이 관계를 다시 시작할 적정한 시간을 결정할 때까지 기다릴 수 있습니다. 나는 이것이 우리나라의 진실하고 이타적인 정책을 보여주는 가장 좋은 방법이라고 생각합니다. 기다리는 것이 우리에게 나쁠 것이 없습니다. 각 나라는 그 나라의 민주적 과정에 맞춰 긴급한 경제문제의 해결책으로 가장 적합하게 쿠바와의 관계 문제를 다루어야 합니다. 그것이 우리의 입장입니다.

체와 카밀로

베토　감사합니다, 사령관님. 나의 마지막 질문은 브라질의 청년들과 연관이 있습니다. 브라질 국민은 1억 3,300만 명이며, 그들 중 약 8,000만 명은 25세 미만입니다. 이 청년들 중 많은 이가 두 동지, 카밀로 시엔푸에고스와 에르네스토 체 게바라를 대단히 존경합니다. 그 혁명가들에 대한 당신의 개인적인 인상을 듣고 싶습니다.

카스트로　단 몇 마디 말로 표현하기는 어렵습니다. 체는 개인적으로도, 정치적으로도, 도덕적으로도 대단히 진실한 사람이었습니다.

베토　그를 처음 만났을 때가 몇 살이었습니까?

카스트로　1955년에 감옥에서 석방되고 멕시코에 갔을 때 체를 만났습니다. 그는 이미 그곳에서 우리 동지들 일부와 접촉하고 있었습니다. 그는 과테말라에서 왔는데, 그곳에서 그는 CIA와 미국에 의한 내정간섭과 아르벤스 정부의 전복과 범죄들을 목격했습니다. 대사관을 통했는지 아닌지 모르겠지만, 어떻게든 그는 그곳을 빠져나왔습니다. 그는 의사로 대학을 졸업하기 얼마 전에 아르헨티나를 떠나 몇 차례 볼리비아와 다른 몇 나라들을 여행했습니다. 그와 동행했던 아르헨티나 동료는 지금 쿠바에 살고 있습니다. 그의 이름은 그라나도이며 지금 과학자로 일하고 있습니다. 그는 체와 남미여행에 동행했습니다. 그들은 나병 환자들을 위한 병원이 있는 아마존까지 갔었습니다. 대학을 졸업한 두 사람은 선교사와 같은 사명감이 있었습니다.

베토 그가 당신보다 나이가 더 적었습니까?

카스트로 아마 두 살 더 적을 것입니다. 내 기억에 그는 1928년생입니다. 그는 의과대학을 졸업하고 스스로 마르크스레닌주의를 공부했습니다. 그는 배우기를 좋아했고, 신념에 차 있었습니다. 그는 인생과 경험을 통해 그가 모든 곳에서 본 것들을 차근차근 배워나갔습니다. 내가 체를 만났을 때, 이미 진정한 혁명가가 되어 있었습니다. 게다가 그는 이론을 제시하는 탁월한 능력과 함께, 뛰어난 재능과 지성을 갖추었습니다. 때 이른 죽음으로 그의 혁명 사상을 글로 남기지 못한 것은 커다란 비극입니다. 그는 매우 뛰어난 작가였습니다. 그의 문체는 헤밍웨이처럼 현실적이고 표현력이 풍부했습니다. 그는 단어를 함부로 쓰지 않았지만, 그가 쓰는 단어들은 정확하고 틀림없었습니다. 또한 그는 보기 드문 인품을 지녔습니다. 동료애와 이타심이 깊고, 사심이 없고 용감한 사람이었습니다. 물론 내가 그를 처음 만났을 때는 이런 것을 잘 몰랐습니다. 나는 과테말라에서 일어났던 일에 대해 대화를 나누었던 아르헨티나 청년이 좋아졌습니다. 아르헨티나 출신이기 때문에 사람들은 그를 체라고 불렀습니다. 짧은 시간 동안 대화를 나누고 나서, 그는 우리 원정에 합류해야겠다고 신속하게 동의했습니다.

베토 당신이 그를 체라고 불렀습니까, 혹은 그가 자신을 그렇게 불렀습니까?

카스트로 거기에 있는 쿠바인들은 그를 모두 체라고 불렀습니다. 만일 다른 아르헨티나 사람이 있었다면, 그들도 똑같이 불렀을 것입니다. 아르헨티나 사람들은 보통 서로를 그렇게 부릅니다. 그의 평판과 명성이 높아지면서 체는 그의 별명이 되었습니다. 그의 친구들이 그를 부른 이름이었고, 나도 그렇게 그를 알았습니다.

그는 의사였고, 그의 능력은 우리 원정에 꼭 필요했습니다. 그는 군인으로 오지 않았습니다. 물론 게릴라전 훈련을 받았고, 잘 단련되어 있었으며 사격을 아주 잘했고 좋아했으며 스포츠도 좋아했습니다. 거의 매주 포포카테페틀 산을 등반하려고 했지만, 등반에 성공한 적은 없었습니다. 그래도 계속 시도를 했습니다. 그는 천식을 앓았습니다. 그러니 그의 육체적인 노력과 뛰어난 위업은 특별한 찬사를 받아 마땅합니다.

베토 그도 당신만큼 요리를 잘했나요?

카스트로 내가 더 요리를 잘했다고 생각합니다. 내가 더 나은 혁명가라고는 말하지 못하겠지만, 확실히 체보다 더 나은 요리사입니다.

베토 멕시코에서 그는 괜찮은 고기 요리를 준비했었습니다.

카스트로 그는 아르헨티나식으로 고기를 굽는 요령이 있었습니다. 하지만 시골 한가운데에서만 그렇게 할 수 있습니다. 우리는 혁명 활동 때문에 멕시코 감옥에 있으면서 쌀, 마른 콩, 다양한 형태의 스파게티를 먹었고, 요리는 나의 일이었습니다. 그는 요리에 대해 조금밖에 모르지만 나는 꽤 숙련된 요리사였습니다. 당신이나 당신의 어머니가 전문가적인 훌륭한 평판을 지키려는 것처럼 나도 나의 전문가적인 평판을 지키려고 합니다. 당신의 어머니는 놀라운 요리사입니다. 어쨌든 체는 그의 인간적이고 지적인 성품으로 인해 단연 돋보였으며 전쟁 후반부에는 그의 군인다운 특성, 즉 그의 지도자적 능력과 용기가 더욱 돋보였습니다. 이따금 그는 너무 대담해 내가 그를 제지해야 했습니다. 나는 그가 계획했던 어떤 작전들을 축소시켜야 했습니다. 전투가 시작되자 그는 전적으로 전쟁 속에 몸을 던졌습니다. 게다가 그는 인내심 있고 끈질긴 성격이었습니다. 나는 그의 가치와 능력을 인식한 다음부터 전에는 다른 간부들과 함께 했던 일을 혼자 하게 되었습니다. 간부들이 경험이 쌓이자, 나는 새로운 간부들을 찾아 전술적인 임무를 맡기고, 전략적인 작전을 위해 가장 대담한 간부들을 배치했습니다. 다시 말해 가끔 나는 뛰어난 새 전투원들을 단순하지만 위험한 작전에 배치하면서 그들이 소단위 부대를 명령하는 경험을 쌓도록 했습니다. 그리고 나는 전략적인 임무를 위해 더욱 경험 많은 사람들을 모았습니다.

덧붙여 체는 도덕적으로 위대한 진실한 사람이었습니다. 그는 심오한 사상가, 지치지 않는 일꾼, 임무를 완성함에 엄격하고 체계적인 사람임이 증명되었습니다. 무엇보다 그는 모두를 위한 모범을 세웠습니다. 그는 모든 면에서 최고였습니다. 그는 자신이 규정한 모든 규칙들을 준수했습니다. 그리고 동료들 사이에서 대단한 명성과 커다란 영향력을 가졌습니다. 그는 라틴아메리카에서 그의 세대 가운데 가장 위대한 인물 중 한 사람이었습니다. 그가 살아 있다면, 얼마나 많은 일들을 성취했을 것인지 아무도 말할 수 없습니다.

멕시코에서 그가 우리 운동에 합류한 뒤에, 그는 나와 약속을 했습니다. 쿠바에서 혁명이 승리하면, 체가 자기 고향이나 라틴아메리카의 다른 나라로 전투를 하러 떠나는 것을 허락하겠다는 약속이었습니다. 그는 중요한 책임을 수행하기 위해 쿠바에 몇 년간 머물렀습니다. 그의 마음속엔 항상 그 약속이 있었습니다. 나는 그를 붙잡지 못했습니다. 오히려 그가 믿는 것을 실행하고 의무를 다하도록 도움을 주었습니다. 그때 나는 나의 행동이 바로 나에게 손실을 끼칠 수 있을 것이라고 생각해보지 못했습니다. 나는 충실히 내가 했던 약속을 지켰습니다. 그리고 그가 "혁명가의 사명을 이제 계속 수행하고 싶습니다"라고 했을 때, 나는 "좋아요, 약속을 지키겠습니다"라고 말했습니다.

모든 것은 위대한 조화 속에서 이루어집니다. 이른바 쿠바 혁명에 대한 의견 충돌이란 말은 악명 높은 중상모략이었습니다. 우리는 다양한 주제들에 대해 형제처럼 논의하고 항상 조화, 의사소통, 모든 면에서의 완전한 일치, 긴밀한 관계 속에 있었습니다. 왜냐하면 그역시 절제력이 상당했기 때문입니다.

그가 떠난 뒤 오랫동안 우리 사이에 문제가 있어 그가 사라졌다는 소문이 돌았습니다. 훗날 자이르로 알려진 전 벨기에령 콩고에서 일어난 명망 있는 아프리카 지도자의 사망 이후, 사실 체는 쿠바 국제주의자 그룹과 루뭄바의 추종자들이 동맹해서 싸우는 국제적 사명을 수행하기 위해 아프리카에 있었습니다. 체는 여러 달 그곳에서 보냈습니다. 그는 그들을 도우려 최선의 노력을 했습니다. 왜냐하면 그는 아프리카 국가들과 큰 연대감을 느꼈고, 장차 자신의 투쟁을 위해 더욱 많은 경험을 그곳에서 했기 때문입니다. 이 국제주의 사명 이후, 체는 남아메리카로 가기 위한 최소 조건이 채워지기를 기다리는 동안에 탄자니아에서 얼마간 시간을 보내고 쿠바로 돌아왔습니다.

콩고로 떠나면서 그는 나에게 작별의 편지를 썼습니다. 모든 사람들이 다 아는 그 편지 말입니다. 몇 달간 나는 작별을 공개하고 싶지 않았습니다. 체가 아프리카를 떠날 일이 생길까 하는 단순한 이유 때문이었습니다. 실제로 그는 아프리카를 떠나 쿠바로 돌아와 잠시 여기에서 체류했습니다. 그리고 체와 함께 엄격한 훈련을 받고 남아메리카로 갈 수 있도록 시에라 마에스트라 출신 지원병 그룹을 허락해달라고 나에게 요청했습니다. 체는 볼리비아뿐만 아니라 고국 아르헨티나는 물론 다른 국가에서도 싸울 의향이 있었기 때문에 그곳을 선택했습니다. 물론 그 기간에 쿠바를 반대하는 은밀한 흑색선전들이 난무하기 시작했습니다. 나는 그때까지 그 편지를 숨기고 공개하지 않았습니다. 나는 체가 볼리비아 내에서 그가 택했던 지역에 도착했다는 확신이 들었을 때, 편지를 언론에 공개했습니다. 그 즈음에 중상모략 선전이 시작되었습니다.

단순히 말해 만일 체가 가톨릭 신자였다면, 만일 그가 교회에 속해 있었다면, 그는 아마도 성인이 되었을 것입니다. 체는 모든 미덕을 갖추고 있었기 때문입니다.

당신은 다른 동지인 카밀로에 대해서도 말했습니다. 카밀로 역시 인민의 사람입니다. 그는 전형적인 쿠바인으로 총명하고, 정열적이고, 용감했습니다. 그는 어렸을 때부터 혁명적인 사명을 수행하기 시작했습니다. 바티스타에 대항하는 투쟁 초기에 그는 대학생과 접촉해 몇몇 시위에 참석해서 부상을 입었습니다. 내가 멕시코에서 원정을 조직하고 있었을 때, 그는 우리의 운동에 결합해 우리와 합류했고, 군인으로 등장했습니다. 그는 생존자 가운데 한 명이었고 용맹함과 주도력으로 인해 뛰어난 전사가 되었습니다. 1957년 1월 17일, 적들이 모두 죽거나 부상을 당할 때까지 저항했던 군인과 선원들의 혼성부대와의 전투에서 스물두 명의 전사들과 함께 첫 승리를 거두었을 때, 카밀로는 뛰어난 활약을 했습니다. 그때 우리는 부상당한 적들에게 약을 주었습니다. 우리는 그들을 돌보고 치료했습니다. 카밀로는 첫 번째 전투에서 위대한 군인으로서의 자질을 보여주었습니다. 그는 체와는 성격이 달랐습니다. 언제나 유머가 넘치고, 허물없고, 사람들을 더 잘 이해했으나 체보다는 덜 지성적인 사람이었습니다. 그는 활동가였습니다. 매우 총명하고, 정치를 잘 이해하고, 비록 체만큼 철저하게 금욕적이지 않았지만 모범을 보였습니다.

장교로서 그는 많은 전투에서 주도력, 능력, 용기로 뛰어남을 보여주었습니다. 전쟁의 최종 단계에서 나는 그에게 라스비야스 주 점령이라는 전략적인 임무를 맡겼습니다.

카밀로는 사람을 휘어잡는 능력도 있었습니다. 만일 당신이 카밀로의 사진을 보았다면, 턱수염 난 얼굴이 사도들의 모습과 유사하다고 생각할 것입니다. 동시에 그는 전형적인 쿠바인으로 매우 소통을 잘하고 용감한 사람입니다. 그가 무모하다고 말할 수는 없습니다. 그는 어떠한 작전도 시도할 수 있었고 대담했지만 무모하지는 않았습니다. 체는 자신이 죽을 수도 있다는 것을 더 강하게 인식하고 있었을지 모릅니다. 그는 일종의 운명론을 받아들였습니다. 카밀로는 그렇게 느끼지 않았습니다. 아무리 감당하기 어렵고 위태로운 일이라 하더라도 그는 무슨 일이든 할 것입니다. 그리고 적에게 기회를 주지 않았습니다. 그는 우수한 게릴라이자 타고난 게릴라입니다. 그는 처음으로 시에라 마에스트라를 떠나 소규모 게릴라 부대가 있는 평원지대로 갔습니다.

혁명의 승리 후 몇 달 동안, 카밀로는 우리 모두가 했던 일을 하고 있었습니다. 그는 어떤 안전 조치도 취하지 않고 차와 비행기, 혹은 헬리콥터로 다녔습니다. 카밀로는 후버 마토스의 반역행위 직후 나와 함께 카마구이로 비행기를 타고 갔습니다. 후버 마토스는 제국주의와 공모하기 시작했습니다. 그는 반동 계급들을 시켜 카밀로를 혼란에 빠뜨리고 반혁명 음모를 촉진하도록 했습니다. 우리는 총한 방 쏘지 않고 사람들을 진압했습니다. 카밀로는 내 옆에 있었습니다. 우리가 카마구이에 도착했을 때, 나는 가담자들을 무장 해제시키려고 수비대를 향해 비무장인 채로 걸어 들어갔으며, 그곳 주민들 모두가 뒤를 따랐습니다. 그들은 사기가 꺾여 총도 쏘지 못할 것이라고 확신했습니다. 그러나 카밀로는 내가 위험을 감수하는 것을 그대로 두지 않았습니다. 그래서 내게 말도 하지 않고 자신의 경호원과 선두에 서서 연대 수비대로 들어가 장교들을 무장해제하고 군대를 통솔했습니다. 그곳에 후버 마토스가 있었습니다. 그는 내가 도착했을 때 이미 그곳에 있었습니다.

카밀로는 군의 수반이었습니다. 후버 마토스의 반역이 만들어놓은 상황을 결론짓기 위해 그는 후에 또다시 카마구이에 다녀와야 했습니다. 그날 저녁에 아바나로 돌아오기 위해 그는 작은 비행기를 타고 출발했습니다. 폭풍우가 몰아치는 가을이었죠. 그런 날씨에는 아무리 좋은 비행기가 있어도 절대로 비행을 하지 말았어야 합니다.

베토 그게 몇 년도였습니까?

카스트로 혁명 첫해인 1959년 10월이었습니다.

베토 그가 몇 살 때였습니까?

카스트로 그는 나보다 나이가 적었습니다. 사망했을 때 스물일곱 살이었습니다.

오늘날 우리는 레이더가 있는 고가의 비행기, 효율적이고 안전한 항공운송 조직이 있습니다. 운항 중에 어디에 뭉게구름이 있는지 알려주고, 고가의 비행기들은 각각 지상에서 추적을 할 수 있습니다. 카밀로는 해질녘에 섬의 북부지역을 따라 작은 비행기를 타고 돌아오고 있었습니다. 카밀로가 출발은 했으나 도착하지 않았다는 것을 다음 날 알게 되었습니다. 여기 우리 모두가 혁명 첫해 동안 비행기나 헬리콥터 사고를 겪었습니다. 나도 그렇고, 라울도, 다른 몇 명의 지도자들도 그렇습니다. 오늘날 항공여행을 위한 조직, 안전 조치들이 당시에는 존재하지 않았습니다. 카밀로의 실종 뉴스는 바로 다음 날 보도되었습니다. 우리는 비통함에 잠겼습니다. 슬픔과 상실감이 닥쳐왔습니다. 나는 개별적으로 쿠바 외곽의 작은 섬들까지 수색했습니다. 우리는 비행기로, 배로, 차로 그를 찾았으나 그는 결코 나타나지 않았습니다. 이 사건도 혁명에 반대하는 악명 높은 중상모략과 음모의 대상이 되었습니다. 경쟁관계 때문에, 질투심 때문에, 우리가 카밀로를 암살했다고, 이 모든 일이 일어났다는 말을 들었습니다. 인민들은 압니다. 인민들은 어느 누구에게도 속지 않습니다. 그들은 우리에 대해 모든 것을 알고 있고 우리의 윤리가 무엇인지, 우리의 기준, 우리의 생활방식, 우리의 원칙이 무엇인지 알고 있습니다.

나는 조금 전에 체가 교회에 속해 있었다면 어떤 모습이었을까 말했었지요. 나는 카밀로의 죽음에 대해서도 똑같이 말할 수 있습니다. 초라한 집안에서 태어나 혁명가로서의 짧은 생애 동안 보여주었던 모범적인 활동은 엄청나고 무한한 인민들의 잠재력을 증명했습니다. "인민들 가운데 많은 카밀로들이 있다." 인민들에 대한 열망과 위안의 메시지로 나는 이렇게 말했었지요. 나는 혁명의 역사를 믿습니다. 그리고 우리의 26년은 인민들 사이에 많은 카밀로들이 있다는 것을 증명한 기간이었습니다. 나는 더 많은 카밀로들이 있음을 더욱더 확신하게 되었습니다. 마찬가지로 아르헨티나 국민들 사이에는 수많은 체들이 있을 겁니다. 라틴아메리카에는 수만 명, 어쩌면 수십만 명의 카밀로와 체와 같은 사람들이 있습니다.

최종적인 분석을 하면, 쿠바에 상륙한 82명의 우리 원정대 중에서 처음 힘든 패배를 당한 뒤에 우리는 약 14명, 15명, 혹은 16명이 가까스로 재편성되었고, 카밀로와 체는 그 가운데에 있었습니다. 100명이나 1,000명이 고귀하고 올바른 사고를 진전시키기 위해 함께 모일 때, 많은 카밀로와 체들이 있을 것이라 확신할 수 있습니다.

베토 인터뷰를 마치기 전에, 과중한 업무에도 불구하고 귀중한 시간을 이토록 많이 할애해주신 당신의 마음에 깊은 감사를 드립니다.

나는 당신이 들려준 개인사, 신앙에 관한 입장, 쿠바의 혁명과 세계의 여러 문제들에 대한 견해, 그 밖의 다양한 경험이 정치적인 참여를 하고 있는 신자들에게 용기를 주고 그리스도인으로서의 삶을 사는 데 용기를 줄 것이라고 확신합니다.

감사합니다. 사령관님.

카스트로 감사합니다.

우리가 오랜 인터뷰를 마쳤을 때는 이미 태양이 떠올라 있었다. 국제적으로 역사적으로 커다란 관심을 모으고 있는 흔치 않은 자료들이 내 손에 있다는 사실은 별로 대수롭지 않았다. 나는 피델에게 형제적인 존경을 드리며 감동에 휩싸인 채, 전능하신 아버지께 침묵의 감사 기도를 드렸다.

삶의 행복을 꿈꾸는 교육은
어디에서 오는가? 미래 100년을 향한 새로운 교육

 혁신교육을
실천하는
교사들의 필독서

▶ **교육혁명을 앞당기는 배움책 이야기**
  혁신교육의 철학과 잉걸진 미래를 만나다!

 핀란드 교육혁명
한국교육연구네트워크 총서 01 | 320쪽 | 값 15,000원

 일제고사를 넘어서
한국교육연구네트워크 총서 02 | 284쪽 | 값 13,000원

 새로운 사회를 여는 교육혁명
한국교육연구네트워크 총서 03 | 380쪽 | 값 17,000원

 교장제도 혁명
한국교육연구네트워크 총서 04 | 268쪽 | 값 14,000원

 새로운 사회를 여는 교육자치 혁명
한국교육연구네트워크 총서 05 | 312쪽 | 값 15,000원

 혁신학교에 대한 교육학적 성찰
한국교육연구네트워크 총서 06 | 308쪽 | 값 15,000원

 혁신학교
성열관·이순철 지음 | 224쪽 | 값 12,000원

 행복한 혁신학교 만들기
초등교육과정연구모임 지음 | 264쪽 | 값 13,000원

 서울형 혁신학교 이야기
이부영 지음 | 320쪽 | 값 15,000원

 혁신교육, 철학을 만나다
브렌트 데이비스·데니스 수마라 지음
현인철·서용선 옮김 | 304쪽 | 값 15,000원

 혁신교육 존 듀이에게 묻다
서용선 지음 | 292쪽 | 값 14,000원

 다시 읽는 조선 교육사
이만규 지음 | 750쪽 | 값 33,000원

 프레이리와 교육
한국교육연구네트워크 번역 총서 01
존 엘리아스 지음 | 한국교육연구네트워크 옮김
276쪽 | 값 14,000원

 교육은 사회를 바꿀 수 있을까?
한국교육연구네트워크 번역 총서 02
마이클 애플 지음 | 강희룡·김선우·박원순·이형빈 옮김
352쪽 | 값 16,000원

 **비판적 페다고지는
세상을 변화시킬 수 있는가?**
한국교육연구네트워크 번역 총서 03
Seewha Cho 지음 | 심성보·조시화 옮김 | 280쪽 | 값 14,000원

 마이클 애플의 민주학교
한국교육연구네트워크 번역 총서 04
마이클 애플·제임스 빈 엮음 | 강희룡 옮김 | 276쪽 | 값 14,000원

 미래교육의 열쇠, 창의적 문화교육
심광현·노명우·강정석 지음 | 368쪽 | 값 16,000원

 대한민국 교사, 어떻게 가르칠 것인가?
윤성관 지음 | 320쪽 | 값 15,000원

 아이들을 어떻게 가르칠 것인가
사토 마나부 지음 | 박찬영 옮김 | 232쪽 | 값 13,000원

 아이들의 배움은 어떻게 깊어지는가
이시이 준지 지음 | 방지현·이창희 옮김 | 200쪽 | 값 11,000원

 모두를 위한 국제이해교육
한국국제이해교육학회 지음 | 364쪽 | 값 16,000원
2015 세종도서 학술부문

 경쟁을 넘어 발달 교육으로
현광일 지음 | 288쪽 | 값 14,000원

 독일 교육, 왜 강한가?
박성희 지음 | 324쪽 | 값 15,000원

 대한민국 교육혁명
교육혁명공동행동 연구위원회 지음 | 224쪽 | 값 12,000원

▶ 비고츠키 선집 시리즈
발달과 협력의 교육학 어떻게 읽을 것인가?

생각과 말
레프 세묘노비치 비고츠키 지음
배희철·김용호·D. 켈로그 옮김 | 690쪽 | 값 33,000원

도구와 기호
비고츠키·루리야 지음 | 비고츠키 연구회 옮김
336쪽 | 값 16,000원

어린이 자기행동숙달의 역사와 발달 I
L.S. 비고츠키 지음 | 비고츠키 연구회 옮김
564쪽 | 값 28,000원

어린이 자기행동숙달의 역사와 발달 II
L.S. 비고츠키 지음 | 비고츠키 연구회 옮김
552쪽 | 값 28,000원

어린이의 상상과 창조
L.S. 비고츠키 지음 | 비고츠키 연구회 옮김
280쪽 | 값 15,000원

연령과 위기
L.S. 비고츠키 지음 | 비고츠키연구회 옮김
336쪽 | 값 17,000원

성장과 분화
L.S. 비고츠키 지음 | 비고츠키 연구회 옮김
308쪽 | 값 15,000원

관계의 교육학, 비고츠키
진보교육연구소 비고츠키교육학실천연구모임 지음
300쪽 | 값 15,000원

비고츠키 생각과 말 쉽게 읽기
진보교육연구소 비고츠키교육학실천연구모임 지음
316쪽 | 값 15,000원

비고츠키와 인지 발달의 비밀
A.R. 루리야 지음 | 배희철 옮김 | 280쪽 | 값 15,000원

수업과 수업 사이
비고츠키 연구회 지음 | 196쪽 | 값 12,000원

▶ 평화샘 프로젝트 매뉴얼 시리즈
학교 폭력에 대한 근본적인 예방과 대책을 찾는다

학교 폭력 어떻게 만들어지는가
문재현 외 지음 | 300쪽 | 값 14,000원

학교 폭력, 멈춰!
문재현 외 지음 | 348쪽 | 값 15,000원

왕따, 이렇게 해결할 수 있다
문재현 외 지음 | 236쪽 | 값 12,000원

젊은 부모를 위한 백만 년의 육아 슬기
문재현 지음 | 248쪽 | 값 13,000원

아이들을 살리는 동네
문재현·신동명·김수동 지음 | 204쪽 | 값 10,000원

평화! 행복한 학교의 시작
문재현 외 지음 | 252쪽 | 값 12,000원

마을에 배움의 길이 있다
문재현 지음 | 208쪽 | 값 10,000원

▶ 교과서 밖에서 만나는 역사 교실
상식이 통하는 살아 있는 역사를 만나다

 전봉준과 동학농민혁명
조광환 지음 | 336쪽 | 값 15,000원

 남도의 기억을 걷다
노성태 지음 | 344쪽 | 값 14,000원

 응답하라 한국사 1·2
김은석 지음 | 356쪽·368쪽 | 각권 값 15,000원

 즐거운 국사수업 32강
김남선 지음 | 280쪽 | 값 11,000원

 즐거운 세계사 수업
김은석 지음 | 328쪽 | 값 13,000원

 강화도의 기억을 걷다
최보길 지음 | 276쪽 | 값 14,000원

 광주의 기억을 걷다
노성태 지음 | 348쪽 | 값 15,000원

 선생님도 궁금해하는 한국사의 비밀 20가지
김은석 지음 | 312쪽 | 값 15,000원

 걸림돌
키르스텐 세룹-빌펠트 지음 | 문봉애 옮김
248쪽 | 값 13,000원

 교과서 밖에서 배우는 역사 공부
정은교 지음 | 292쪽 | 값 14,000원

 팔만대장경도 모르면 빨래판이다
전병철 지음 | 360쪽 | 값 16,000원

 빨래판도 잘 보면 팔만대장경이다
전병철 지음 | 360쪽 | 값 16,000원

 영화는 역사다
강성률 지음 | 288쪽 | 값 13,000원

 친일 영화의 해부학
강성률 지음 | 264쪽 | 값 15,000원

 한국 고대사의 비밀
김은석 지음 | 304쪽 | 값 13,000원

 조선족 근현대 교육사
정미량 지음 | 320쪽 | 값 15,000원

 **다시 읽는 조선근대교육의 사상과 운동**
윤건차 지음 | 이명실·심성보 옮김 | 516쪽 | 값 25,000원

 음악과 함께 떠나는 세계의 혁명 이야기
조광환 지음 | 292쪽 | 값 15,000원

▶ 창의적인 협력수업을 지향하는 삶이 있는 국어 교실
우리말 글을 배우며 세상을 배운다

 중학교 국어 수업 어떻게 할 것인가?
김미경 지음 | 340쪽 | 값 15,000원

 토론의 숲에서 나를 만나다
명혜정 엮음 | 312쪽 | 값 15,000원

 토닥토닥 토론해요
명혜정·이명선·조선미 엮음 | 288쪽 | 값 15,000원

 이야기 꽃 1
박용성 엮어 지음 | 276쪽 | 값 9,800원

 이야기 꽃 2
박용성 엮어 지음 | 294쪽 | 값 13,000원

 인문학의 숲을 거니는 토론 수업
순천국어교사모임 엮음 | 308쪽 | 값 15,000원

▶ 더불어 사는 정의로운 세상을 여는 인문사회과학
사람의 존엄과 평등의 가치를 배운다

밥상혁명
강양구·강이현 지음 | 298쪽 | 값 13,800원

좌우지간 인권이다
안경환 지음 | 288쪽 | 값 13,000원

도덕 교과서 무엇이 문제인가?
김대용 지음 | 272쪽 | 값 14,000원

민주 시민교육
심성보 지음 | 544쪽 | 값 25,000원

자율주의와 진보교육
조엘 스프링 지음 | 심성보 옮김 | 320쪽 | 값 15,000원

민주 시민을 위한 도덕교육
심성보 지음 | 500쪽 | 값 25,000원
2015 세종도서 학술부문

민주화 이후의 공동체 교육
심성보 지음 | 392쪽 | 값 15,000원
2009 문화체육관광부 우수학술도서

교과서 밖에서 배우는 인문학 공부
정은교 지음 | 280쪽 | 값 13,000원

갈등을 넘어 협력 사회로
이창언·오수길·유문종·신윤관 지음 | 280쪽 | 값 15,000원

오래된 미래교육
정재걸 지음 | 392쪽 | 값 18,000원

동양사상과 마음교육
정재걸 외 지음 | 356쪽 | 값 16,000원
2015 세종도서 학술부문

대한민국 의료혁명
전국보건의료산업노동조합 엮음 | 548쪽 | 값 25,000원

교과서 밖에서 배우는 철학 공부
정은교 지음 | 280쪽 | 값 14,000원

교과서 밖에서 배우는 고전 공부
정은교 지음 | 288쪽 | 값 14,000원

교과서 밖에서 배우는 사회 공부
정은교 지음 | 304쪽 | 값 15,000원

전체 안의 전체 사고 속의 사고
김우창의 인문학을 읽다
현광일 지음 | 320쪽 | 값 15,000원

교과서 밖에서 배우는 윤리 공부
정은교 지음 | 292쪽 | 값 15,000원

카스트로, 종교를 말하다
피델 카스트로·프레이 베토 대담 | 조세종 옮김
420쪽 | 값 21,000원

▶ 살림터 참교육 문예 시리즈
영혼이 있는 삶을 가르치는 온 선생님을 만나다!

꽃보다 귀한 우리 아이는
조재도 지음 | 244쪽 | 값 12,000원

선생님이 먼저 때렸는데요
강병철 지음 | 248쪽 | 값 12,000원

성깔 있는 나무들
최은숙 지음 | 244쪽 | 값 12,000원

서울 여자, 시골 선생님 되다
조경선 지음 | 252쪽 | 값 12,000원

아이들에게 세상을 배웠네
명혜정 지음 | 240쪽 | 값 12,000원

행복한 창의 교육
최창의 지음 | 328쪽 | 값 15,000원

밥상에서 세상으로
김흥숙 지음 | 280쪽 | 값 13,000원

북유럽 교육 기행
정애경 외 14인 지음 | 288쪽 | 값 14,000원

▶ 남북이 하나 되는 두물머리 평화교육
분단 극복을 위한 치열한 배움과 실천을 만나다

10년 후 통일
정동영·지승호 지음 | 328쪽 | 값 15,000원

선생님, 통일이 뭐예요?
정경호 지음 | 252쪽 | 값 13,000원

분단시대의 통일교육
성래운 지음 | 428쪽 | 값 18,000원

김창환 교수의 DMZ 지리 이야기
김창환 지음 | 264쪽 | 값 15,000원

▶ 출간 예정

근간 **한글혁명**
김슬옹 지음

근간 **학교 민주주의의 불한당들**
정은균 지음

근간 **어린이와 시**
오인태 지음

근간 **서울 마을교육공동체 만들기**
박동국 외 지음

근간 **민주시민을 위한 역사교육**
황현정 지음

근간 **왜 학교인가**
마스켈라인 J. & 시몬 M. 지음 | 윤선인 옮김

근간 **핀란드 교육의 기적은 어떻게 만들어지나**
Hannele Niemi 외 지음 | 장수명 외 옮김

근간 **역사 교사로 산다는 것은**
신용균 지음

근간 **함께 만들어가는 강명초 이야기**
이부영 외 지음

근간 **고쳐 쓴 갈래별 글쓰기 1**
(시·소설·수필·희곡 쓰기 문예 편)
박안수 지음(개정 증보판)

근간 **의식과 숙달**
L.S 비고츠키 | 비고츠키연구회 옮김

근간 **함께 배움,**
주 1회로 시작하는 학생 주도 수업
니시카와 준 지음 | 백경석 옮김

근간 **세계 교육개혁의 빛과 그림자**
프랭크 애덤슨 외 지음 | 심성보 외 옮김

근간 민·관·학 협치 시대를 여는
마을교육공동체 만들기
김태정 지음

근간 **학교를 개선하는 교장**
마이클 풀란 지음 | 서동연·정효준 옮김

근간 **혁신학교 사전**
송순재 외 지음

근간 **미국의 진보주의 교육 운동사**
윌리엄 헤이스 지음 | 심성보 외 옮김

근간 **경기의 기억을 걷다**
경기남부역사교사모임 지음

근간 **민주주의와 교육**
Pilar Ocadiz, Pia Wong, Carlos Torres 지음 | 유성상 옮김

근간 **고쳐 쓴 갈래별 글쓰기 2**
(논술·논설문·자기소개서·자서전·독서비평·
설명문·보고서 쓰기 등 실용 고교용)
박안수 지음(개정 증보판)

참된 삶과 교육에 관한
생각 줍기